검도

검도

허광수

직지

中也者 天下之大本也
和也者 天下之達道也

중(中段)은 모든 자세(構)의 근본이요.
화(어울림)는 마땅히 가야 할 길이다.
-본질론에서 · 붓글씨 송기영

검도

저자_ 허광수

초판 1쇄 인쇄_ 2015. 5. 19.
초판 2쇄 인쇄_ 2015. 11. 22.
개정판 1쇄 인쇄_ 2021. 11. 22.

발행처_ 직지
발행인_ 이보식

등록번호_ 제195호
등록일자_ 2014. 10. 15.

경기도 용인시 수지구 대지로 58, 가-503(선진포리스트) 우편번호 16873
편집부 070-4248-1021, 팩시밀리 031-266-1022

ⓒ 저자와의 협약 아래 인지는 생략되었습니다.
이 출판물은 저작권법에 의해 보호를 받는 저작물이므로 무단 전재와 무단 복제를 할 수 없습니다.

값은 표지에 있습니다.
ISBN 979-11-955262-0-8 93690

독자의견 전화_ 070-4248-1021
홈페이지_ http://www.jikjimedia.com
이메일_ jikji7@gmail.com

좋은 독자가 좋은 책을 만듭니다.
도서출판 직지는 독자 여러분의 의견에 항상 귀 기울이고 있습니다.

검도를 사랑하는
후학들에게 이 책을 바칩니다.

차례

추천사(지승룡, 오병철, 서병윤, 송기영) • 15
서문 • 24 | 검도 • 26
개정판을 내면서 • 28

검도의 본질(本質) • 31   본질론

몸 공부(修身) • 32
인간의 보편성 • 34
검(劍)과 죽도(竹刀) • 36
일대일 • 38
일도양단(一刀兩斷) • 39
존심(存心) • 41
잔심(殘心) • 42

검의 이법에 따라 • 44
유효격자 해석 • 46
칼의 궤적(刃筋)과 칼날(刀) • 49
한판(一本) • 52
타격의 진화 • 54
중화지기 • 56

검도의 정의(正義) • 63   정의론

사람됨(爲人) • 64
검도이념(理念)과 정의(定義) • 68
사유화(私有化) • 70
차별화 전략 • 71
원조(元祖) • 73
검도의 정체성 • 75
진정한 검도 • 76
선순환(고령인 검도) • 79
검도인(劍道人) • 80
우리가 지켜야 할 보편적 가치들 • 82

60대 역할론 • 83
공명정대 • 84
반칙제언(反則提言) • 85
사심(私審)을 줄이는 방법 • 86
존심 유감 • 87
실격사항 • 90
Sports 興亡 • 92
뜻을 구하다 • 93
검도의 교육성 • 96

검도의 각성(覺醒) •101   각성론

성(性) •102
성향(性向) •104
솔성(率性) •105
기(氣) •107
인(仁) •109
중(中) •112
정(正 바름) •114
화(和 어울림) •116
성(誠 다함) •119
지(知 알다) •122
고(顧) •124

겸(謙) •126
용(勇) •128
사랑(愛) •129
경(敬) •132
감사(感謝) •134
믿음 •135
검덕(劍德) •137
자유함 •138
성 공부 •140
검도의 인문학 •143

검도의 이법(理法) •145   이법론

유효격자의 과정별 이법 •146
격의(格義) •154
검도의 3요소(몸·氣·劍) •154
기본(基本_의식두기) •158
이합(理合) •160
극의(極意) •163
검도의 본 극의 •164
대도 2본의 극의 •166
정대(正對) •167
정면(正面) •169
삼각구 •170
우산의 원리 •172
준거(蹲踞) •173
정중선(正中線) •173
인중로 •176
중축집중(中軸執中) •179

중앙선 •180
간격(間隔) •181
간격(間合)의 분류 •182
정간(正間) •183
공세(攻め) •185
삼살법(三殺法) •187
제비다리(鳥不飛) •188
입신(入身) •188
타다(乘) •189
몰아감 •189
서파급(序破急) •190
거착 •191
승타법의 근원 •193
눈길 •193
동선시(動善時) •194
선(先先의 先) •195

검도의 이법(理法) — 이법론

나오려고 할 때 • 197
끝보기(見切り) • 198
하려고 할 때(機) • 199
기합(氣合) • 200
축경(溜める) 발경(發勁) • 202
활의 원리 • 203
몸 던지기(捨身) • 204
正面(머리) 치기 • 206
도끼의 원리 • 208
칼의 궤적(刃筋) • 209
솜씨(冴え[sae]) • 211
휘어짐의 극의 • 215
일원삼류(一原三流) • 216
회수(回收) • 218
마음 공부 • 218
간결함 • 219
자연스러움 • 221

검도의 지도(指導) • 223 — 지도론

지도상의 유념 • 224
기초지도 • 226
검도 격자의 특징 • 229
격자의 손운용 • 230
손운용(手の内) • 232
격자의 발운용 • 234
발운용 • 237
후리기 · 정면치기 • 242
기회의 2단계 • 244
공세 방법론 • 245
20분 공세 연습법 • 249
타법(打法)의 분류 • 254
머리치기 방법 • 256
연격의 분석 • 257
호흡 지도 • 260
의식 두기 • 261
경기력 향상 지도 • 262
승부수(勝負手) • 265
페인팅(feinting)의 목적 • 267
패자의 공격 특징 • 268
오류 • 268
8단 심사지도 • 271
다구치(田口)범사 지도내용 • 272
어린이 검도지도 마음가짐 • 275

검도의 계고(稽古) • 279 — 계고론

계고의 마음가짐 • 280
규범(規範) • 281
계고와 시합 • 282
계고(稽古) 분류 • 283

검도의 본(本) 계고 의미 • 286
지도계고 • 289
대련의 의의(意義) • 292
계고 극의 • 293
대련의 품격(品格) • 294
관록(貫祿) • 295
사범(師範) • 296
검도를 즐겁게 하는 요소 • 298

하수(下手) • 299
통합(統合) 능력 • 299
즐검(樂劍) • 300
효과적인 대련 연습 • 302
대화(對話) • 305
검도의 본질을 추구하다 • 307
도장(道場) • 308
검도의 수파리(守破離) 단계 • 311

검도의 단상(斷想) • 313

단편론

새벽도장문을 열 때 • 314
스트레스 • 315
평상심(平常心) • 317
절제(節制) • 318
비움(虛)이란 • 319
노당당 • 320
정정당당 • 321
응무소주 이생기심 • 322
검은 몸으로 닦고 저절로 가는 것이다 • 323
심사유감(審査有感) • 324
선수(選手) • 325
호연지기(浩然之氣) • 325
모자람 • 326
칼따라 벗따라 섬기며 즐검 • 327
착각(錯覺) • 328
새벽 개인 수련 • 328
韓(城南市) −日(福岡 岡垣町)
少年劍士 親善交流會 • 329
동량탁(棟梁擢) • 334
눈물 • 334

허심탄회(虛心坦懷) • 335
검생호일(劍生好日) • 335
우보천리(牛步千里) • 336
유용규 형! • 338
어린이 검도 수련의 목적 • 340
60 즈음에 • 342
범사에 감사기도 • 344
Camino(길걷기, 순례) • 346
조승룡선생님을 그리며 • 347
인(仁)한 대한민국! • 350
第110回 全日本劍道演武大會
참관기 • 352
성기인야 • 355
도(道) • 361
군자시중 • 361
극기복례 • 363
일이관지 • 365
정명 • 367
유현 • 368

부록 •373

검도의 본(本·形) •375
대도의 본 •382
소도의 본 •395

검도의 본 소고 •403
한판의 시대적 배경 •404
검도의 본 제정 유래 •407
사물이현의태(事物而現意態_物格顯心境) •409
검도의 본 요약 •411
검도의 본 이법 •413
"검의 이법에 따라" 출처 •414
검도 지도의 마음자세 •414
검도·검도의 본·검법의 비교 •416

검도 용어사전 •419

찾아보기 INDEX •451
후기 •459

· · · · •추천사/지승룡

수련 과정과 이론을 모아 검도를 이해하는 데 좋은 교과서적 가이드북

　허광수 선생도 다른 검도인들과 마찬가지로 8단에 도전하기 위해 수많은 시련과 수련, 갈등을 거쳐 어렵게 검도 8단의 영예를 안은 것으로 안다.
　선생이 8단 승단 이후 나와 만나 나눈 대화 중 "8단이 되니 모든 게 다 된 줄 알았더니, 단에 맞는 품위를 지키고 후배들에게 귀감이 되기 위해 전보다 더 열심히 수련을 해야 되더라."고 하였다.
　세상의 이치는 결국 하나의 선으로 수렴되는 것 같다.
　최고를 지키기 위해서는 더욱 노력해야 하고, 공부하여 안다고 하면 모르는 것이 더욱 많아져 알수록 힘들다는 것이다.

　허 선생과의 인연은 20대 중반으로 거슬러 올라간다.
　20~30대에 걸쳐 사업과 병행한 선생의 검도 수련은 열정적이었다.
　한번은 중앙도장(서대문)에서 연습을 끝내고 샤워도 하지 않고 어디론가 가버린다. 물어보니 몸이 더 빠른 대학생들과 연습을 하기 위해 성균관대, 세종대 등으로 가는 것이었다. 그러한 열정이 1983년 서울시대표로 전국체전 일반부 단체전에 출전하여 우승을 하고, 6단, 7단부에서도 상위권에 입상할 수 있었던 원천이 되었을 것이다.

　허 선생은 20대나 환갑이 지난 지금이나 얼굴 미소가 해맑다. 물론 선생의 성격은 강직하고 대담하나 그의 미소는 언제나 선했다. 1990년 선생은 성남시로 이사옴과 동시에 그의 성품대로 지역사회와 은행초·중학교 학생들의 검도 양성에 힘썼다. 물론 도로 공사나 경원대(현재는 가천대)의 성인 검도 보급에도 힘썼으나 어린 학생들의 검도 선생으로서 그는 교육자였다. 어린 학생들에게 검도를 통한 인격 형성을 강조하고, 편법보다는 정도로 이기는 검도를 가르쳐왔다.

  선생의 검도 수련이 깊어질수록 갈등도 많이 겪은 것으로 안다.
  검도가 어떻게 인격 형성에 기여하는가?
  검도의 검리는 어떻게 해석해야 하는가?
  검도의 문화와 철학은 무엇인가?

  수많은 의문과 고뇌 속에서 그동안의 수련 과정과 이론을 모아 검도를 이해하는 데 좋은 교과서적 가이드북을 출간하심을 검도인의 한 사람으로 축하드리고, 이 책이 많은 검도인들에게 읽히고 후학들의 검도 수련에 좋은 규범이 되었으면 한다.
  더 높은 경지의 검도 수련을 위해 허광수 선생의 건강과 가정의 평안을 기원한다.

2015. 4. 29.
前 대한검도회 회장
8단 지승룡

····**추천사**/오병철

술(術)을 넘어선 도(道)에의 지향을 담은 검도 문화

평소에 존경하던 허광수 사범이 지금껏 온 삶을 던져 검도를 수련하고 가르치면서 연구하고 터득한 모든 것을 후진들을 위해 정리해서 한 권의 책으로 내놓았다. 《검도》다.

얼핏 훑어보니 실전 지침에서부터 많은 인문학적인 해석과 단상에 이르기까지 한 권의 책으로서는 넘칠 만큼 방대한 자료를 담고 있다. '검도의 본'과 '검도용어사전'까지 곁들여 검도를 배우고 가르치는 데 기본 교과서로서도 모자람이 없겠다.

나아가 검도를 오래 수련하시는 분들에게는 몸짓 하나하나에서 마음가짐 하나하나에까지 검리의 해석과 의미에 대한 깊은 성찰을 담고 있어 한 단계 위로 수련의 새로운 지평을 여는데 좋은 지침서가 되지 않을까 생각한다. 이 《검도》는 허 사범의 남다른 검도에 대한 열정과 탐구심 그리고 치열했던 사색의 결정물이기 때문이다.

이 책은 검도의 길이 검리에 따른 기술 수련의 길이기도 하지만 그를 통한 부단한 인성의 단련과 자기 성찰을 통한 고도의 정신 수련의 길임을 잘 드러내 주고 있다.

저자는 검도 고수들의 언록 속에 체현된 지혜를 구하고 중용, 논어 같은 동양 고전 속에서 보편적 진리와 손잡는다. 거기엔 서양의 성경도 예외가 아니다.

그러다 보니 검도의 하나의 몸짓, 하나의 호흡, 나아가 공방의 매 순간이 우리 존재의 보편적 의미로 승화되어 기(技)와 이(理)가 통일되는 경지에까지 이른다.

저자의 이런 인식의 경지는 그동안 수많은 실천적 학습과 치열한 사색의 징검다리를 건너지 않고서야 어찌 이루어졌겠는가. 그 성실한 열정에 경의를 표한다.

이 책은 검도의 길이 검리에 따른 기술 수련의 길이기도 하지만 그를 통한 부단한 인성의 단련과 자기 성찰을 통한 고도의 정신 수련의 길임을 잘 드러내 주고 있다.

아직 이 책을 다 통독하지도 못한 데다 설사 다 읽었다 해도 그 한 자락이라도 제대로 체득할 만한 공력이나 지력이 부족한 저로서 감히 이렇게라도 이야기하는 것이 너무 외람스럽지 않을지 모르겠다.

다만 우리 검도계에도 이젠 술(術)을 넘어선 도(道)에의 지향을 담은 검도문화가 정착하고 검도인들이 수도인으로서의 자세와 긍지를 갖는 데 이 책이 일조가 될 수 있었으면 한다.

아울러 이 책의 출간을 계기로 검도에 대한 더 깊은 성찰과 실천을 담은 검도 연구서가 후검들에 의해서 많이 나오기를 기대하면서 검도를 사랑하는 검우 여러분과 뜻있는 무도인 그리고 수양인들에게 이 책을 삼가 추천합니다.

2015. 5. 8.
제심관 관장
오병철

•••• **추천사**/서병윤

끝없는 수련과 자기성찰의 결과물

　국내외 고단자들 중에서 많지 않은 분들만이 일생을 통하여 수련하며 축적된 검도의 기량과 정신에 대하여 저서를 내고 있는데 이는 그만큼 검도에 대한 저서를 내는 것이 그리 쉽지 않다는 것을 보여주는 것이라 할 수 있다. 그런데 이번에 허광수 선생이 많은 어려움에도 불구하고 큰 용기를 내어 이제까지 나온 기술적인 면을 주로한 검도에 관한 서적들과는 다른 각도에서 검도에 대한 접근을 하며 이를 책으로 출간하게 되었다.

　관념론적인 면에서 검도의 본질과 각성, 정의(定義) 그리고 실천론적인 면에서 수련과 이법(理琺) 및 지도에 이르기까지 본인이 이제까지 처절한 고뇌와 수련을 통하여 나름대로 체득한 정신적 결정체들을 공부와 연구를 통하여 다듬고 정리한 내용들이라서 읽으면서 우선 잔잔한 감동을 느끼게 된다. 저자의 성격상 단정적이고 투박한 표현들이 다소 거슬릴 수도 있으나 오히려 진실함과 솔직함이 전해져와 받아들이는 데 거부감이 없다. 또한 내용이 일부 난해한 점도 있으나 한 항목 한 항목을 음미하며 읽어보면 많은 것을 자각하게 하며, 또한 깊은 사유 속으로 빠져들게 하는 부분이 많아 인성교육의 부재를 한탄하는 작금의 우리 사회 속에서 검도를 왜 그리고 어떻게 수련하여야 하는지를 알려주고 숙제를 던져주는 의미 깊은 내용이라고 아니 할 수 없다.

　수 십 년간 검도를 통하여 허광수 선생과 같이 하면서 대한검도회 정보분과 위원회에서 대한검도회의 홈페이지 제작과 전국 도장의 홈페이지 제작 추진, 지금은 사라진《월간 검도》잡지의 창간 및 대한검도회의 로고 제작과 전개 등 많은 일들에 늘 같이 땀 흘

그의 끝없는 검도에 대한 열정과 고뇌에 찬 사유의 아름다움 및 자기성찰에 조용한 놀라움과 찬탄에 빠지지 않을 수 없다.

리며 노력해 왔었고, 때로는 치열한 검도의 수련을 통하여 교검지애를 수없이 나누어 온 필자로서는 항상 그의 올곧은 성품과 추진력에 큰 믿음을 갖고 있지만, 이번 그의 저서를 통하여 새삼 그의 끝없는 검도에 대한 열정과 고뇌에 찬 사유의 아름다움 및 자기성찰에 조용한 놀라움과 찬탄에 빠지지 않을 수 없다.

많은 검도인들이 이 책을 반드시 한번은 읽어보고 비록 그 내용이 자기의 생각과 같건 다르건 간에 다시 한 번 자신의 검도를 되돌아 볼 수 있게 되기를 바라며, 아울러 자신의 검도와 우리사회의 검도 그리고 우리나라의 검도가 어떠한 방향으로 나아가야 할까를 깊이 성찰할 수 있는 계기로 삼았으면 하는 생각이다.

허광수 선생에게 축하와 함께 그 노고에 대하여 큰 위로의 마음을 전한다.

2015. 5. 7.
前 대한검도회 전무이사
8단 범사 서병윤

· · · ·●**추천사**/송기영

검도의 모든 지도자가 진정으로 어떤 지도자가 되어야 할 것인가에 대하여 길을 제시

    1980년대 아직 독립문 공원이 조성되기 전 서대문구치소 안에 대한검도회 중앙도장 시절의 많은 일들이 아련히 생각납니다. 중앙도장은 원래 일제 강점기 서대문 형무소 무도장으로 지은 것이어서 건물은 낡았으나 전국에서 올라온 검도의 열심당원들이 모여 여름이고 겨울이고 가리지 아니하고 검도인의 길을 성실히 달려가던 곳이었습니다. 넓은 마루에 울리는 소리가 공명현상을 일으켜 더욱 혼을 다하여 기량을 연마하는 젊은 검도인들의 영혼을 고양시켜 주었습니다. 아무리 추운 겨울이라도 고막을 찢는 기합과 함께 격렬한 몸놀림으로 인하여 땀이 온 몸을 적시고 발바닥이 갈라지는 줄도 모르고 모두가 미쳐 훈련에 몰입하였습니다.

    그러나 서울시의 독립문 공원의 조성사업으로 도장이 헐리게 되면서 중앙도장을 구경기여고 체육관으로 옮겼으나 내외사정상 더 이상 존립시킬 수 없게 되었습니다.
    이러한 수많은 시련 속에서도 중앙도장은 수없는 검도인들을 지도자로 양성하여 배출하게 되었는데, 위와 같은 중앙도장 해체의 아픔이 사설 검도장의 개설을 촉진하는 결정적 계기가 되었습니다. 그 사설 도장 개설의 주역들은 대부분 중앙도장에서 땀 흘려 훈련을 받았던 검도인들이었습니다.
    이와 같이 중앙도장이 검도 역사에 끼친 영향은 결코 과소평가할 수 없고, 이러한 역사의 배후에 고 김영달 선생, 고 한승호 선생, 고 조승룡 선생과 현재 대한검도회장으로 마지막 헌신을 다하고 계신 이종림 선생 등 수많은 한국 검도의 스승들이 버티고 계셨음은 물론입니다.

그리고 이러한 스승들을 모시고 중앙도장의 큰 살림에 늘 솔선하여 앞서 희생한 사람이 있었으니 그 분이 바로 허광수 선생입니다.

허광수 선생은 젊은 시절부터 이미 검도의 지도자로 뚜렷한 족적을 내디디기 시작하여 40년이 넘는 오늘에 이르기까지 흔들림 없이 오로지 한 길을 고집하여 걸어 왔습니다. 특히 1990년대에 처음 한국사회인검도연맹을 결성하면서 조직 정비와 훈련 과정에서 허광수 선생이 보여주신 헌신과 열정과 고난은 이루 말할 수 없습니다. 대한검도회의 이사 등 중요한 업무에서부터 지역사회와 학생검도지도 등에 이르기까지 허광수 선생이 검도의 보급을 위하여 보여주신 열정적이고 모범적인 삶은 이 시대의 모든 검도인이 마땅히 본받아야 할 것입니다.

인터넷 시대의 개막과 함께 세상은 한없이 편하여지고 육신의 단련을 통하여 정신수양에 큰 중점을 두는 여러 운동이 스포츠화되고 심지어 즐겨가며 노는 도구의 하나로 전락하여 가고 있는 암울한 세상이 되었습니다. 안타깝게도 스포츠화된 여러 운동이 겉보기에는 화려하고 재미있는 듯하나 실상은 나의 영혼을 멍들게 하고 바보로 만들며 돈벌이의 수단으로 변질되어가고 있는 현실을 부인할 수 없게 되었습니다.

그런데 검도는 건강을 위한 일반 스포츠의 수준을 한 차원 뛰어넘는 정신수양의 도를 포함하고 있습니다. 이러한 깊고도 높은 내적 성찰이나 인내와 집중을 축적하기 위한 혹독한 훈련의 과정이 없다면 검도는 이미 검도가 아닌 것입니다. 그러나 현실의 검도 세계에서는 주위의 열악한 환경을 쉽게 버티기가 어려운 나머지 도장 유지를 위한 회원 확보나 개인적 기술의 연마 수준을 뛰어 넘지 못한 채 정신세계의 고양은 그야말로 구두선으로 끝나기가 쉽게 되어 있습니다. 그럴 여유도 없고 능력도 부족하며 열정도 이미 식어 있기 때문입니다. 검도를 위하여 내 한 몸을 던진다는 일이 어디 쉬운 일이겠습니까. 안중근 의사의 정신에 버금가는 정신적 집중과 자기희생이 없으면 어려운 일입니다. 이미 많은 검도 지도자들은 거칠기 짝이 없는 황야에 이미 내던져져 자기와의 싸움

•••• **추천사**/송기영

그가 한 자 한 자 쓰고 갈파한 한 마디 한 마디는 이미 사물의 이치를 깨달은 구도자의 길에 그가 들어서고 있는 것 아닌가 하는 경외감이 느껴질 정도입니다.

에 피를 흘리고 있습니다. 그러나 이러한 시련은 이 시대의 검도 지도자들이 반드시 극복하여야 할 싸움입니다.

   이러한 어두운 상황 속에서 허광수 선생은 변함없이 고뇌하고 공부하며 한 걸음 한 걸음 성찰의 길을 달려온 분입니다. 그가 한 자 한 자 쓰고 갈파한 한 마디 한 마디는 이미 사물의 이치를 깨달은 구도자의 길에 그가 들어서고 있는 것 아닌가하는 경외감이 느껴질 정도입니다. 한 마디로 검도의 모든 지도자가 진정으로 어떤 지도자가 되어야 할 것인가에 대하여 길을 제시하고 있다고 할 수 있습니다.
   이 책은 현재는 물론 미래의 모든 검도 지도자들에게 그 길을 제시하고 있다고 할 수 있습니다. 앞으로 이러한 좋은 성찰의 책들이 많이 출간되어 검도인들의 영적 양식이 되는 것은 물론 검도를 모르는 일반인들에게도 훌륭한 정신수양서가 되었으면 하는 바람입니다.
   피와 땀과 온갖 열성으로 검도를 위하여 그 몸을 불사르신 허광수 선생에게 진정으로 존경의 념을 표하고 축하의 메시지를 전하여 드립니다.

2015. 4. 30.
법무법인(유한) 로고스 상임고문
前 한국사회인검도연맹 회장
6단 송기영

서문

인간인 이상 몸을 초월할 수 없다.
설혹 성인의 경지로서 초월할 수 있다 하여도 그것이 보편성이 될 수는 없다.
성현도 몸에서 자유롭기 위해 평생 수신을 한다.
이 또한 몸의 욕(慾)을 초월하고자 하는 욕(欲)이지 않나하는 생각이다.

범인의 삶이란 도리와 욕(欲)과 조화를 이루고 살아간다.
이를 중용지도(中庸之道)라고 한다.
그렇다고 중용의 삶도 적당히 사는 것이 아니라
엄격한 수신을 전제로 한다.

"伐柯伐柯 其則不遠"(벌가벌가 기칙불원)
도끼자루를 베네! 도끼자루를 베네!
자루의 법칙이 자기 도끼자루에 있는데 멀리서 찾으려 하네!

수련에 의한 내 몸 안에서
내가 가르친 제자들의 변화 속에서
나의 문하생인 자녀들의 성장 속에서
견성성불(見性成佛)을 본다.

마음을 다루기보다는 생겨나는 것을 관찰한다.
생겨나는 마음 중 선한 마음을 선택하는 것이 아니라
기(氣)를 단련함으로써 건전한 마음이 생성되도록 한다.

검도에서는 늘상 심신일여의 경지를 요한다.
자기 몸에서 끌어낼 수 있는 최고의 기를 끌어내어
검의 이법에 담아 발현시키고 보존하여 체화한다.
이는 검체일체로 나타나며, 끝없는 기(氣)를 단련하는 몸 공부이다.

몸 공부는 나의 삶에서 어떤 의미인가?
앞으로 검도는 무엇을 지향해야 하는가?
검도의 본질로 가까이 가고자 제시하는 담론들은
일상의 삶 속에서 검도를 통한 몸 깨달음을 정리한 글이다.

2015년 1월
허광수

劍道

마땅함을 몸(生)에서 구하다.(活)
몸은 기(氣)를 통해 언행으로 나타나며,(動)
언행은 학습으로 지향성을 가진다.(運)
지향성은 성향(性向)이 되고 기질(氣質)이 되어 삶이 된다.(化)

몸을 심신으로 분리하여 공부함은
심(心)은 끝없는 공허함에 젖어들고
신(身)은 맹목으로 빠져든다.
몸은 관계 속에서 앎과 함으로 흐른다.
흐름이 마땅함은 심신의 화(和)에서 비롯되며
이를 조화로운 기(氣)라 한다.(沖氣以爲和)

검도는 몸공부이다.
호흡으로 기(氣)를 모아 검체일체(劍體一體)로 기(氣)를 발현한다.
발현하는 기(氣)를 존심으로 나의 몸에 보존한다.
굳건함은 정기(精氣)가 가득함이요.
나약함은 탁기(濁氣)가 스며듦이라.

중단은 대본달도(大本達道)라!
너와 나는 인(仁)의 단초요

교검(交劍)은 화(和)를 체화(體化)한다.
중화지기(中和之氣)를 지극한 경지까지 밀고 가면
일체의 마땅함을 얻는다.

검은 스스로 바르고
바른 것이 나를 바르게 하고 세상을 바르게 한다.
상대의 검 끝을 향한 혼신의 몸 버리기(捨身)는
상호 바름의 기 부딪침이며
中·正·和의 공부요, 지기(志氣)의 단련이다.

검을 통해 성(性)을 본다.
나의 삶이 무엇에 지배받고 있는가를 깨닫는다.

검의 이법에 따라 충실한 기세를 몸짓으로 나타내며
감사 반성 속에 기(氣)를 정제(精製)하여 정기를 배양한다.
이는 성(誠)한 자만이 능하며 임사이중(臨事以中)의 삶을 살아간다.
평생검도는 성지자(誠之者)의 길이며
이 길을 검도라 한다.

개정판을 내면서

2015년 〈검도〉 초판을 발행하고 나서,
인간성찰의 도구로서 〈검도〉의 담론들이 합리적인가!
대련과 지도에서 「이법론」이 효율적인가!
이를 검증하고 체득하는 귀중한 시간이었다.
「劍理는 천지자연의 理」를 계속 공부 중이며, 현재는 감사검도를 하고 있다.

검도의 기본 구성을 「일대일, 일도양단, 존심」으로 가설(假說)하고,
수신을 중용의 성론(性論)으로 접근하며, 이법을 검도의 본에서 찾고자 함이
검도의 본뜻에 크게 반함이 없다고 사료(思料)된다.
초판은 직관력에 의존하여 「인식론, 실천론, 부록」으로 편집하였다면
「개정판」에서는 아홉 단원으로 나누어 심도있게 체계화하고자 하였다.

「인식론」은 검도의 이념 중 "검의 이법에 따라 수련함으로써 인간형성의 도다."라는
말은 검도하면 사람이 된다는 막연한 믿음이 아니라
'검의 이법' 을 어떻게 공부해야만 사람됨으로 가는 지에 대한
중용(中庸)을 통해 필연성을 설명하고자 하였다.
이는 검도만이 지니고 있는 수신의 덕목과 교육성이 탁월하기 때문이다.

「이법론」은 유효격자의 흐름 속에 검의 이법을 파악하고,
과정별로 5편, 30단계로 나누어 분석하였다.
이법은 몸의 보편성을 근거로 하여 검도의 본과 실전에서 찾고자 노력하였다.
검도의 궁극(窮極)은 이법들의 혼연일체를 통한 한칼한판의 간결함이다.

부록 「검도의 본」은
『검도강습회 자료 「일본검도형」 2002년 판』의 원본(1933년)을 중심으로 하고,
보충 설명으로 개인적인 해석을 첨부하였다.
이는 원본을 훼손하여 본래의 취지에 벗어난 자기식대로의 해석을 방지하고자 함이며,
뛰어난 후학들에 의해 검의 이법들이 재해석되기를 바라는 마음에서다.

「검도용어사전」은 초판 이후에 필요한 개념들을 첨부하였다.
「개정판」을 교정할 때 용어를 통일하고자 하였다.
모든 문화의 척도는 「사전」이다.
새로운 검도용어가 생겨나지 않는 것은 한국 검도 문화의 정체(停滯)를 의미한다.

이 책의 취지는 이기는 기술보다는 검의 이법에 따라 이기는 원리와 몸공부가
'인간형성'에 어떠한 영향을 주는가를 밝힌 것이다.
또한 검도의 참뜻을 찾고자 평생검도를 하는 사범들을 위한
하나의 길을 제시하는 데 주안점을 두었다.

나의 견해로는 8단부터는 단을 내려놓고,
겸손함으로 자기 검도와 삶을 정리하는 시기이다.
그 경험을 바탕으로 많은 기록물이 나와야 한다.
후학들이 이 자료들을 참고하여 인식의 틀을 확장하는 것이 검도의 진화이며,
본질을 찾아가고자 하는 다양성이 한국 검도 문화의 창달이라고 생각한다.
검도의 참뜻을 구하고자 끝없는 몸공부의 길이 성지자(誠之者)의 삶이며,
뜻을 함께하려는 이들에 의해 「검의 이법」이 대한검도회에 온존(溫存)히 정착되도록 하는 것이 검도인의 소명이 아니겠는가!

2021. 晩秋에

허광수

검도의 본질

검도의 본질은 바른(正) 것이요.
바른 것은 어울림(和)에 의해 이루어지며
이것을 키우는 것이 다함(誠)이다.
검도 수련은 자신을 바르게 하는 데 있다.
(본질론 중에서)

몸 공부(修身)

모든 관계 속에서 마음이 생겨나며(性)
그중 바른 마음을 따르는 것(率性)을 마땅함(道)이라 하고
마땅함을 함양하는(敎) 것은 성향(性向)을 만든다.
바른 성향은 덕성(德性)을 만들고 그 덕은 「사람됨」으로 이어진다.
사람됨은 당연히 세상을 널리 이롭게(弘益) 해야 한다.

일상에서 물을 논할 때 그 물의 구성분자인 수소와 산소를 분리하여 논하지 않는다. 물의 물 됨을 논하는 것이 더 의미가 있다.
사람을 몸(身)과 마음(心)으로 분리하여 논하는 것은 그럴듯하게 여길지 모르나 끝없는 공허함과 맹목으로 빠질 가능성이 있다.
기(氣)는 몸과 마음을 결합시켜 언행(言行)으로 표출되며 표출되는 언보다는 행을 통하여 사람 됨됨이를 논함이 타당하다.

수신(修身)은 활쏘기와 같다.
화살이 과녁에서 빗나가는 원인과 결과를 철저히 내 몸에서 구한다.
우리의 삶은 과녁에 적중하는 것보다 화살이 과녁까지 가도록 내 몸을 만드는 과정에 삶의 의미가 있다.

몸 공부는 심신(心身)일체가 되어 최선을 다하는 것을 말하며 온몸을 다하려는 내 몸 안의 기(氣)를 단련하고 보존하는 것이다. 최상의 기(氣)는 심신의 조화를 말함이며 그 조화로운 기(氣)가 바른 마음이 생겨나게 하는 성향을 만든다.

삶(生命)은 관계의 연속이고, 무수한 생각을 낳는다.
"나는 생각한다. 고로 존재한다."는 명제처럼…

劍以美其身/阿部

관계 속에서 생겨난 여러 마음 중 선택하여 바른 마음을 따르는 것(率性)이 아니라 바람직한 마음만 생성되어 실천력을 가질 때 교육의 의미가 있다.
   생각이 많다함은 심신이 건강하다 할 수 없다.

몸은 마음을 생성하는 근원이요, 그릇이다.
그릇 안에 생성되는 마음은 기(氣)를 통해 언행으로 표출한다.
몸 공부는 무형의 기(氣)를 유형의 몸짓에 담아 그 기(氣)를 제련(製鍊)하는 것이다.
예부터 바람직한 유형의 몸짓을 예(禮)라 한다.

극기복례란 극기하여 예를 찾는 것이 아니라,
자신의 욕을 억제하고 예를 학습함으로써 선한 기(氣)를 함양하는 것이다.
몸 공부는 바른 행동을 반복함으로써 사람됨으로 나아가는 성지자(誠之者)의 길이다.

인간의 보편성

사람의 좌우 기(氣)를 하나로 결합하는 중심축을 공략하는 것은 모든 무도의 근본이다. 그것을 단 한번(一擊)에 결정지으려는 행위에서 인간의 위대한 보편성이 나온다. 위대한 보편성이란 중(中) 화(和) 성(誠)을 말한다. 검도 수련은 몸, 마음, 기(氣)의 조화와 끊임없는 몸 공부를 통해 상대와의 관계에서 최선을 끌어 내어 자기를 진화시켜 가는 것이다.

"나의 중심을 가지고 상대의 중심을 가르는 것" 이것이 검도의 본질이다.
상대의 중심을 가르기에 앞서 나의 중심을 만들어 가야 한다. 나의 중심은 중(中) 정(正)의 끝없는 몸 공부의 화두로서 수신의 과정이며, 상대와의 중정(中正)의 겨룸은 화(和)의 과정이다.

검도의 몸 쓰임은 1:1과 쌍수집병검법에 본바탕을 둔다.
쌍수집병에서의 좌우합일에 의한 대중지정(大中至正)의 사상,
1:1 관계에서의 화(和)사상을 낳는다.
치중화(致中和)는 성(誠)하지 않으면 덕(德)으로 가지 못한다.

삶은 만남의 연속이다.
교검(交劍)은 검보다 사람을 먼저 알아간다.
검을 통한 상대와의 교감에서 마음이 생겨나며(性),
생겨나는 마음들을 다듬어가며(省察) 자기를 진화시켜가는 것을 인(仁)이라 한다.

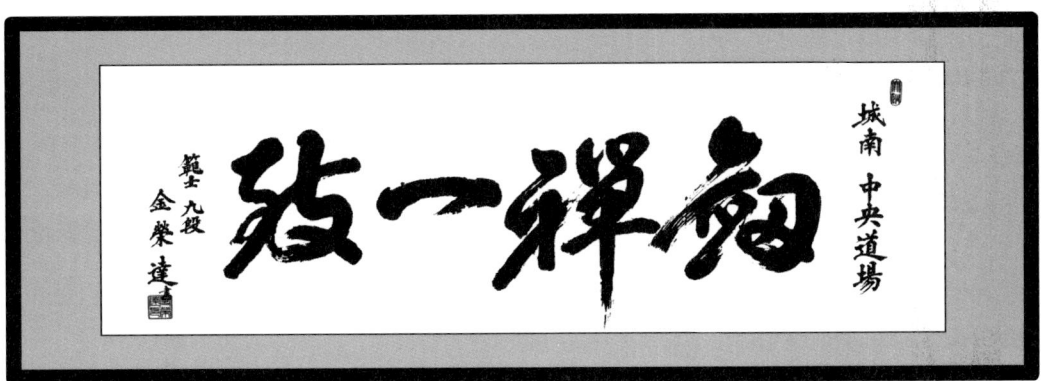

劍禪一致/김영달

검도는 인을 배양하는 몸 공부(修身)이다.
몸 공부는 기(技)를 통하여 지(志)를 굳건히 하며 성향(性向)을 만들어 간다.
성향은 '사람됨'으로 이어진다.

'됨'은 완성형이 아니라, 되려고 노력하는 진행형이다.(誠之者)
'되어감'을 위해서는 쉼없는 공부를 통해 지(志)를 바로 해야 한다.
지(志)는 행(行)의 길잡이며 그 행은 세상을 이롭게 해야 한다.(弘益)

검의 이법에 따른 몸 공부는 마땅함(道)으로 나아가야 한다.
검도는 교검(交劍)을 통한 쉼없는 몸 공부이다.
기(技)로써 도(道)를 구하고, 도(道)로써 덕(德)을 드러내는 것이다.
한판의 시대적 배경 (p407~408 참조)

검(劍)과 죽도(竹刀)

검을 사용하는 것에는 검술, 검법, 병법 등 많은 명칭이 있다.
죽도를 사용하는 것을 검도(劍道)라 칭한다.
검도인들은 검과 칼과 죽도를 같은 개념으로 쓴다.
때에 따라 논리를 전개할 때는 뜻을 명확히 할 필요가 있다.

언어는 한 집단의 약속이다. 효율적 집단이 되려면 정언(正言)할 필요가 있다.
정언은 말을 똑바로 하는 것이다. 그러나 언어로 정의되는 순간 언어의 격의(格義)에 의해 한계에 봉착된다.
「道可道 非常道 名可名 非常名」처럼...

가끔 사물과 현상을 그대로 바라볼 필요가 있다.
필요에 의해 붙여진 이름에 사로잡히면 본질을 놓쳐버리는 경우가 있다.
'직지인심 견성성불 (直指人心 見性成佛)'이란 있는 그대로 보라는 뜻이다.
우리말에 '거시기'가 오히려 어떤 때는 서로의 뜻을 잘 전달하기도 한다.
선문답처럼 서로의 공감대가 같아 본질로 가기 때문이다.

테니스와 배드민턴 라켓의 기법이 다르듯 검과 죽도의 용법이 다르다.
진검에서 죽도로 진화하는 과정에서 전승되는 핵심이 **'1:1, 일도양단, 존심'**이다. 이는 한판의 주요골격으로 유효격자의 요건으로 진화했으며 이를 집약시킨 것이 검의 이법이다. 즉 검과 죽도의 연결고리가 '검의 이법에 따라'이다.
1:1관계에서 진검의 일도양단의 기(氣)와 기(技)를 어떻게 죽도로 실현하고 그 기(氣)를 보존하느냐가 중요하다.
이는 인간의 보편성에 따른 당연함이며 이를 간과함은 본질의 이탈을 말한다.

이러한 이법들을 모아놓은 것 중에 하나가 '검도의 본'이다.
'검도의 본' 발생 배경은 검도 지도의 통일성과 효율성에서 비롯된다. 원칙 없이 휘두르는 죽도를 경계하여 원칙을 제시한 것이다.

'검도의 본'은 아는 만큼 보이고 깨달은 만큼 응용된다.

〈검도 지도의 마음자세〉 중 죽도의 의미는

검도의 올바른 전승과 발전을 위해, 검의 이법을 바탕으로 죽도의 조작법 지도에 힘쓴다.

검도는 죽도에 의한 '심기력일치(心氣力一致)'를 목표로 하여, 자신을 창조해 가는 도(道)다.

'죽도라는 검'은 상대를 향하는 검인 것과 동시에 자기를 향한 검이기도 하다.

이 수련을 통해 죽도와 심신의 일체화를 이루는 것을 지도의 요점으로 한다.

검도 · 본 · 검의 비교 (p416 참조)

	죽도(검도)	眞 劍		진검→ 검도의 본→ 죽도
		劍道의 本	검법	
상대	1:1(교검)	1:1(교검)	1:多	交感, 三角構, 正對, 正中線
한판사상	一刀一本	一刀兩斷	多刀多殺	初太刀 一本 面
목적	경기화(유효격자)	지침(교범)용	실전훈련용	사람의 도
자세(體)	삼각구 자연체	삼각구, 자연체	임기응변	中也者, 大本也
기운용(用)	氣劍體一致	심기력일치	劍體一體	和也者, 達道也
발운용	一足一刀	二足一刀/정면	수족일체	힘과 技의 근원
손운용	手의 內, 冴え	手의 內, 刃筋	양손일체	칼의 궤적(刃筋), 솜씨
격자원리	직선(관통)/발구름 뛰어들기(捨身)	원심력 당기기(상체)	원심력 당기기(상체)	신근전달력
존심	유효격자 조건	마무리		수신의 덕목

일대일

 검기(劍技) 수련의 발달사를 크게 전시성(戰時性), 예도성(藝道性), 경기성(競技性)으로 나눌 수 있다.
 전시성은 총이라는 이기가 나오기까지 많은 상대를 제압하는 최고의 선이었다. 예도성은 검리(劍理)를 통한 내면의 심화(深化)와 수신을 목적으로 하는 본 수련이 주류를 이룬다. 경기성은 죽도와 호구의 개발로 본(本)의 진미를 맛보거나 이합을 검증할 수 있었으며 수련생끼리 또는 타류와의 우열을 가릴 수 있는 토대가 되었다.

 우열을 가리는 방식은 대련이나 시합이라는 형태로 주로 1:1의 관계로 진행된다. 1:1의 경기성은 1대 다자 간의 이합을 도태시키고, '너와 나'의 관계에서 이루어지는 검리의 기술화와 감각의 경기화로 진화한다. 기술화와 경기화를 계기로 인간의 한계를 끌어내는 죽도의 무게와 길이가 탄생했다. 1:1의 겨룸은 인간의 보편성에 따른 정대(正對) 정면(正面) 정중선(正中線)의 이법을 중시하는 결과가 되었으며 한칼한판(一刀一本)의 기법으로 귀착된다.

 1:다(多)의 관계에서 중요하지 않던 너와 나와의 교감능력이 중요한 테마로 떠오른다.
 일대일 교검(交劍)의 진정성은 너와 나의 교감으로 인(仁)의 중요한 단초를 제공한다. 경기는 엄격한 한판의 규범 안에서 인간의 한계 능력을 끌어내는 덕목이 될 수 있으나 승자 본능의 욕이 최고의 선이 될 수는 없다. 예도성에서 경험한 내면의 심화와 수신의 가치를 소중히 지켜가는 것도 중요한 테마였다.

 모든 무도의 대중화는 경기성을 필연으로 한다.
 경기성은 빠름을 우선으로 하는 테크닉(technic)으로 이기는 것만이 공동의 선으로 형성된다. 현재의 검도는 검의 이법과 죽도의 경기성, 수신과 승자 본능을 어떻게 조화를 이끌어 나갈 것인가 하는 무도 스포츠의 딜레마에 빠져 있다.
 검도의 대중화, 이 어렵고도 힘든 작업에 검도의 미래가 달려 있다.

일도양단(一刀兩斷)

나의 정중선으로 상대의 정중선을 가른다.
단 일격으로…
나의 좌우의 기(氣)를 정중선에 결합시켜 그 기를 도끼의 날과 같이 날카롭게 하여 상대를 관통하면서 가르는 것. 그리고 그 기를 보전하여 나아가 존심을 취하는 것. 도끼로 장작을 패면 도끼가 받침대까지 박히듯 온몸이 죽도와 함께 상대를 관통하는 것.
이것이 검도의 한판이다.

도끼질을 하기 전에 도끼날을 세우듯 나의 기를 정중선에 모아 다듬는 것은 중정(中正)의 끝없는 수신이며, 상대와의 관계에서 이어지는 정중선 다툼은 고도의 집중력 훈련과 끊임없는 몸 공부의 연속이다.
· '검도의 본'에서 보듯 진검의 일도양단의 기(氣)를 응집시켜 표출하고, 그 표출된 기를 보존하여 존심으로 이어가며 계고(稽古)한다.
경쟁을 통해 인간의 한계 상황까지 끌어올리는 것은 스포츠의 덕목이며 이 과정을 통해 뿜어져 나오는 기를 보전하여 솔성(率性)으로 가는 것이 무도의 지향점이다.

지극히 단순한 일도(一刀)에서 모든 칼을 이기는 기법이 한칼한판(一刀一本)이다.
다양하게 변화하며 날아오는 칼을 상대로 그 일도가 통용되기까지 반복 또 반복하여 음미하고 몸에 익히는 것이다. 검도가 공방(攻防)아닌 공격과 반격(攻反)의 운동이라는 이유가 여기에 있다.

일도의 사상을 한판에 어떻게 포함시킬 것인가하는 문제는 무도의 목적인 수신과 스포츠의 장점을 어떻게 조화시킬 것인가하는 현대 검도의 큰 과제이기도 하다. 이것은 또한 '첫 칼 한판을 어떻게 할 것인가' 라는 계고에서 매우 중요한 테마이기도 하다.

검도는 "죽도로 '한판'을 결정짓기 위한 겨루기다."
한칼 한판은 단순함 속에 오묘(奧妙)함이 있다.

一刀兩斷/森島健男

오묘함의 극의가 지극히 단순함이다.
이 지극함이 혼(魂)으로 혼돈을 제거하는 것이다.

"왜 검도를 하는가!
지극히 단순함 때문이다!
이 지극히 단순함이 무한한 생명력(élan vital)을 만난다."
한판의 시대적 배경 (p407~408 참조)

존심(存心)

격자 이후 마무리까지 기(氣)의 늦춤이 없는 심신의 자세와 기의 단속을 말한다.
격자할 때 온몸의 기가 남김없이 죽도의 격자부로 상대의 격자 부위에 투과(透過)하여야 한다. 격자 후 솜씨(冴え)에 의하여 일어나는 죽도 자세를 그대로 유지하고 칼의 궤적(刃筋)을 살려 상대를 관통하여 나아가 정대하며 마무리한다.
격자 후부터 마무리까지의 지(志)를 통한 기(氣)의 단속을 존심이라고 한다.

진검승부 시 일도양단의 기로 내려 베고 반격에 대비하는 심신의 자세와 기의 충만함을 검도를 통하여 실현한다. 격자 후 일도양단의 기를 온전히 보존하고 마무리하며 감사 반성으로 존심의 덕성을 기른다.

격자할 때 힘과 기합이 몸에 남아 있지 않도록 모든 것을 쏟아부어 비워야 한다.
남아있을 탁한 기마저 몰아내야만 들숨을 통하여 정한 기를 다시 받는 것이다. 마치 올림픽종목의 투포환과 원반 선수가 투척하고 나서 땅에 떨어질 때까지 기합을 동반한 날숨으로 모두 쏟아내는 것과 같다. 그러한 몸짓이 기록이나 근력과 기력증진에 도움이 되기 때문이다.

존심의 발생 배경은 1927년 이전 시합에서의 한판은 심판의 주관적 판단에 맡겨졌으나, 일본무덕회의 〈검도시합심판규정〉에 "격돌(擊突)은 충실한 기세와 칼의 궤적(刃筋)을 바르게 한 기술을 적법한 자세로써 행함을 유효로 한다."라는 세 가지 조건을 명문화 한다.

1975년에 제정된 〈검도의 이념〉에 충실하고자 「죽도의 격자부로 상대의 격자 부위를 격자하고 존심(잔심)이 있는 것으로 한다」(검도시합·심판규칙 제12조)를 첨부하여 개정한다.
2003년 〈죽도의 본의, 예법, 평생검도〉의 개념을 〈검도 지도의 마음자세〉로 정리하여 인간형성의 의지를 보완한다.
과열된 스포츠현장에서의 승리지상주의가 검도의 참 가치 실종으로 이어진다. 이를 우려하여 검도이념에 충실하고자 제도적 교육적 장치로서 「존심」과 〈검도 지도의 마음자세〉를 정하여 인성교육의 수단으로 강화하였다. 스포츠를 통한 검도의 대중화가 가지고 있는 모순을 극복하려는 의지이며, 검도의 경기화와 수신의 덕목을 어떻게 병행시킬 것인가하고 고민하는 대목이다.

계고 현장에서 존심은 승자만이 가지는 마무리의 마음이 아니라 상호 간의 가지는 마음이다. 결정자는 반성의 마음을, 인정자는 승복하고 감사의 마음으로 예를 취하는 것이다. 이는 검도만이 가지고 있는 독특한 예의 정신세계이며 기(氣)의 단련법이라 할 수 있다.

존심이든 잔심이든, 참된 의미는 말(言)에 있는 것이 아니라 기의 보존인 행위에 있다. 즉, 마음을 남기는 것이 아니라 다음에 대응하는 것을 말한다. 심판 규칙에서 '존심 없음'이란 친 것에 마음을 빼앗기는 것을 말한다. 격자 이후 마무리까지의 몸짓을 통하여 어떤 기(氣)를 가지고 행할 것인가가 핵심이다.
방심하지 않는 마음보다 기로써 의지와 실천과 덕성을 쌓는 것이 더 중요한 것이다.

검도나 존심 등을 정의(定義)할 때 행위 그대로 해석하고 본뜻을 살리면 혼돈이 없다. 행위의 명칭인 문자에 사로잡혀 변질되게 해석하거나 본질을 이탈하는 것은 표음문자인 영어문화권에는 없는 회의문자권인 한자문화권의 폐단이기도하다. 이는 스스로를 속이는 행위요, 말장난에 지나지 않는 것이니 경계해야 한다.

잔심(殘心)

격자한 후에도 방심하지 않고 상대의 반격에 대비하는 것.
격자 시 조금도 여운을 남기지 않고 전력으로 치고 들어가면 재생의 힘도 솟구쳐 오

殘心/栖崎

른다. (부록_용어사전)

  전항은 행위와 마음가짐이며, 후항은 잔심의 생성 방법이다.

  방심하지 않는 마음보다 마지막까지 전력을 다하는 것이 본질이다.

  격자 시 일도양단의 정신으로 뛰어들 때 잔심은 저절로 나오는 것이다.

  뛰어들 때 한 점의 미혹됨 없이 나가는 마음과 충실한 기세를 잔심이라는 형태에 담아 마음과 기를 보존하는 검도 수련과 수신(修身)방법이다.

  흔히 남기는 마음의 양을 의미하는 것이 아니라, 마음이 생겨나는 성(性)을 말함이다. 최선을 다했을 때 심기력(心氣力)이 소진되는 것이 아니라 힘차고 새롭게 생겨난다는 경험이다.

  유효격자의 취소 사항(제27조) '부적절한 행위'와 '잔심이 없는 것' 중 후항을 삭제하였다. 이미 심판이 기를 들었을 때는 잔심이 있었기 때문에 뒤늦게 없다하여 취소하는 것은 모순이라는 취지이다. 이는 심판 판정의 흐름을 간과한 것이다. 격자 후 필요 이상의 행위는 그 마음에 득점이 머물러 있으므로 잔심이 없다고 할 것이다.

  그러므로 '부적절한 행위'를 삭제하고 '잔심이 없는 것'을 취소 사항으로 두는 것이 현실적으로 합당하다.

한판의 시대적 배경 (p408 참조)

검의 이법에 따라

이법이란 이치와 법칙과 도리와 예법을 아우르는 말이다.(부록_용어사전)

'한판'에 이르는 몸·마음·검의 유기적 관계를 이합이라 하고, 그 기초를 이법이라 하여 이 모두를 「검의 이법」이라 한다. 기(技)로써 도(道)를 추구하는 과정에서 이(理)가 없다면 도(道)로 가지 못한다. 깨달음이란 기(技)로써 도(道)에 이르는 것으로 이법으로서 도를 구하고 덕을 들어내는 것이 검도다. 이기는 것만이 아니라 자연과 인간의 도를 가 하나임을 깨우치는 것이다.

「검의 이법에 따라」라 함은 이기는 원리 속에 수신이 되는 방법론을 제시한 것이다.

"검리는 천지 자연의 리"(徐廷學 範士)
"검의 이(理)는 하늘의 이(理)요, 인륜의 근본"(柳生流)
"검의 길은 사람의 길"(澤庵) 등 이런 말들은 검리의 깊은 깨달음은 모든 것을 통(通)한다는 천인일치(天人一致) 사상과도 부합한다. 이는 "검의 이법에 따라 수련함으로써 인간형성의 도"라는 이념에 도달한다.

검기(劍技)의 발달사를 보면 전시성에서 경기성으로 이어지는 연결 단계가 예도성(藝道性)이다. 예도성에서 검의 심오한 경지가 내면에 체화함으로 인간형성에 지대한 영향을 끼친다는 사실을 실천지(實踐知)를 통해서 알게 된다. 실천지인 '1:1' '일도양단' '존심' 등 핵심 개념이 검의 이법으로 정립된다. 이는 현대의 경기성에서 유효격자의 조건으로 진화한다.

검도는 "죽도로 '한판'을 결정짓기 위한 겨루기"이다.

한판(一本)은 보편적 원리인 몸의 쓰임이며, 몸 쓰임의 효용인 '심기력일치(心氣力一致)'를 통해 자기를 진화시켜 간다. '1:1' '일도양단' '존심'의 덕성은 중심을 잡고 충실한 기세로서 선의 기로 나아가 격자하고 존심을 취하며 감사 반성으로 기를 다듬는 것이다. 그 정기를 나의 몸에 체화한다.

한판을 통한 몸 쓰임을 규범화한 것이 '유효격자'이다.

한칼(一刀)을 완성시키기 위한 유효격자의 요건으로서 충실한 기세로써 적정한 자세

源水不爭先

유수부쟁선/조승룡

를 가지고, 정확한 격자 기술인 칼의 궤적(刃筋)을 바르게 익히고, 상대와의 교감을 통해 거리. 기회. 몸운용(体捌). 손운용(手の内). 솜씨(冴え) 등의 요소를 통섭하는 조화로운 기(沖氣)의 감각으로 실행하는 규범이다.

검도의 이념 및 검도 경기 심판 규칙 제1조 등 모든 검도 행위 전에는 「검의 이법에 따라」라는 전제(前提)가 붙는다. 이는 단순히 이기는 원리만을 논하는 것이 아니라. 어떻게 수련하여야만 수신이 되는가라는 과제를 안고 있다. 정해진 룰 안에서 수단 방법을 안 가리고 승리를 쟁취하려는 일방적인 욕(慾)의 치우침을 경계하며 조급함을 억제하고 이법에 충실한 검도의 운동 강령을 정한 것이다.

바른 수신은 밝게 깨닫고(明悟) 깊이 연구하고(記繹) 삶이 확장되는 것(愛欲)이다.
수신의 방법론인 검의 이법은 방금이며 진화의 속성을 가지고 있어야 한다.
이법은 삶의 현장이나 자연에서 또한 모든 스포츠에서도 내재되어 있다.
최고의 이법은 '자연스럽게' 이다.(道法自然)
검도에서 자연스러움이란 겨룸 자세의 내면에 품고 있는 각각의 이(理)가 기회에 응하여 스스로 작동하는 것, 상대와의 관계에서 억지스런 힘을 빼고 부드럽게 순응하는 것, 자연의 이치(역학)에 따라 최소의 힘으로 최대의 힘을 발휘하는 것, 자기 몸의 능력에 맞게 욕심없이 행하는 것을 말한다. 검도는 자연스러움을 찾아가는 과정이다.
"검의 이법에 따라"출처 (p414 참조)

유효격자 해석

유효격자는 충실한 기세와 적정한 자세로써, 죽도의 격자부로 상대의 격자 부위를 칼날(刃部)을 바르게 하여 격자하고 존심이 있어야 한다.(대검 검도경기, 심판규칙 제12조)

1927년 이전 시합에서의 한판은 심판의 주관적 판단에 맡겨졌으나, 일본무덕회의 〈검도시합·심판규정〉에서 "격돌(擊突)은 충실한 기세와 칼의 궤적(刃筋)을 바르게 한 기술을 적법한 자세로써 행함을 유효로 한다."라는 세 가지 조건으로 명문화되었다.

1975년에 제정된 〈검도의 이념〉에 충실하고자 "죽도의 격자부로 격자 부위를 격자하고 존심이 있는 것으로 한다."(검도시합·심판규칙 제12조)를 첨부하여 개정한다. 2003년 〈죽도의 본의·예법·평생검도〉의 개념을 〈검도지도의 마음자세〉로 정리하여 인간형성의 의지를 보완한다.

본뜻을 살펴보면 1927년에 기검체일치의 유효격자는 이미 완성되었다고 볼 수 있다. 1975년 첨부된 격자부와 격자 부위는 득점의 조건을 구체화한 것이고, 존심은 유효격자보다는 한판의 조건을 강화한 것으로 볼 수 있다.

'칼날이 바르게' 라 함은 격자 시 죽도의 격자 방향과 칼날부가 동일 방향일 경우를 말한다. 세칙 제10조는 「칼의 궤적(刃筋)」의 인식 부족에서 나온 해석이다.(칼의 궤적 참조)
제27조 「유효격자의 취소」사항 중 존심을 뺀 것도 잘못이다.(존심유감 참조)
제13조 죽도의 격자부는 세칙 제10조와 중복되며 정작 物打(유효부)에 대한 개념이 빠져있다.

"한판은 충실한 기세로 격자를 바르게 하고 존심이 있는 것으로 한다." 로 규칙을 정하고 '격자를 바르게' 의 내용인 칼의 궤적(刃筋), 끊어침(강한冴え), 격자부는 세칙에

기검체일체/김종필

서 해석함이 어떤가 한다. 유효격자 영역과 한판의 영역을 명확히 구분함으로써 혼돈을 줄여야 한다.

현 규칙은 유효격자의 결정조건(體)으로 기세, 자세, 칼의 궤적, 격자부, 격자 부위, 존심이 하나라도 결여되면 안 된다. 발생요소(用)는 거리, 기회, 몸운용(体捌), 손운용(手の內), 솜씨(冴え) 등 운용의 차이에서 생겨난다.

이 중 칼의 궤적(刃筋)과 솜씨(冴え)는 심판의 주관적 판단에 의해 이루어진다. 온몸을 이용한(捨身) 격자로서 진검으로 보면 일도양단의 기가 실현되었는지를 판단하는 것이다.

권투의 경우 넉클펀치에 의한 유효타를 넘어 KO가 됐느냐를 가려내는 것이다. 3인 심판 중 2인 이상 공감대가 있어야 하며, 물론 상대방 선수, 감독, 관중까지도 공감대가 형성되어야 한다. 이 공감대를 '간(間)주관적'이라고 한다. 간주관적이란 각자의 주관성이 공통적인 가치관을 이루고 있을 때를 말한다.

유효격자의 판정은 격자 순간보다는

공세 → 축경(蓄勁, 溜める) → 기회 → 격자 → 존심의 과정에서 이합의 적부로서 판단해야 한다. 그 결과가 기합, 타격, 발구름이 결합된 검도 특유의 소리로 나타난다. 기검체일치는 시각으로 판단하고, 맞는 순간 힘의 투과 여부는 청각이 더 예리하다.

즉, 시각으로 과정과 이합을 살피고 청각으로 결과를 확신한다.

유효격자의 가치관은 어려서부터 도장과 경기장에서 엄격하게 확립되어야 한다.
유소년의 정확한 기초 지도, 지도자의 열정, 공정한 심판 진행, 본인에게 엄한 계고 등 시합술의 능함보다 검도의 참 가치가 발현되는 한판의 검도 문화 정착이 우선되어야 한다.

세계검도선수권대회의 경우 유효격자의 기준은 각 나라마다 수준차이가 있다.
자기나라의 기준에 의해 선발된 선수들이기 때문에 판정에서 견해차가 생긴다. 세계검도연맹은 올바른 검도 문화 정착을 표방하고 있다. 그 핵심이 바른 유효격자의 기준이며 검도 이념의 실현이다. 그러나 현실에서는 보편성을 상실한 심판 운용과 때에 따라 달라지는 일관성을 상실한 판정 기준은 수성(守成)에만 집착하고 있다는 인상을 지울 수가 없다. 50년이 넘도록 국제 경기 단체에 걸맞게 심판 문화 수준을 끌어올리지 못하는 행정 능력은 검도의 세계화에 부정적인 면으로 작용한다. 이것이 곧 검도 이념의 실종으로 이어지는 안타까움을 금할 길이 없다.

칼의 궤적(刃筋)과 칼날(刀)

'칼의 궤적이 바르다' 란 정확한 격자의 기술을 말한다.
칼의 궤적(刃筋)이란 칼날(刀刃)과 칼등(棟)의 궤적이다. 즉 후리기를 말한다.
'칼의 궤적을 바르게' 란 칼날의 동선과 칼등의 동선이 격자의 방향과 일치하여 관통하는 것을 말한다. 이를 충실한 기세와 적정한 자세로 행하는 것이 유효격자이나 본질은 타력이다.

칼의 궤적(刃筋)의 개념
진검으로 짚단을 베어보면 날이 표면에 닿는 순간 느낌으로 베어짐을 알 수 있다.
직선으로 날아가는 칼날(刃)과 칼등(棟)의 동일 궤도 선상에 격자부(物打)에 의해 결정된다. 이는 바른 검의 조작과 자세. 간격. 힘의 전달이 필요조건이다. 잘 베어진 짚단은 단면이 직선으로 나 있으며 잘못 베어진 것은 중간에 도려낸 듯하며 그 자리에 칼날이 박힌다.

칼의 궤적(刃筋)과 칼날(刀)
검의 이법 상 '칼날(刃)이 바르다' 는 개념보다는 깊은 의미가 있다.
칼날은 칼날부(刃部)가 물체에 닿는 상태를 말하며, 칼의 궤적(刃筋)은 격자의 효율적 베어짐을 말한다. 연격을 할 때 왼주먹이 정중선이 아닌 사선으로 움직임을 보이거나, 손목을 칠 때 허리를 틀면서 왼주먹이 정중선을 이탈 할 때, 퇴격머리를 칠 때 칼날은 바른데 옆치기로 하면 '칼의 궤적이 바르지 않다' 고 한다. 검도의 본에서 격자자세가 상대와 정대(正對)하여 왼주먹이 정중선을 이탈하지 않는 것은 '칼의 궤적을 바르게' 하기위한 가르침이다. 즉 칼의 궤적(刃筋)은 관통의 기술이고, 칼날(刀刃)은 명칭이다.

진검에서 검도로 전이
칼의 궤적(刃筋)은 죽도에 진검의 격자를 부여한 개념이다.
"충실한 기세로 칼의 궤적(刃筋)을 바르게 한 기술을 적법한 자세로써 행함을 유효로 한다."는 초기 유효격자의 요건이다.

칼의 궤적은 따로 해석하기 보다는 3가지 조건이 서로 연관성을 가지고 격자할 때 '기검체일치'가 되어 일도양단의 기가 실현되는 것이다. 이것은 검도 특유의 뛰어드는 격자 동작과 솜씨(冴え)와 격자 후 격자 부위에 칼을 밀어서 써는 듯한 자세, 그 자세를 섬세한 발걸음으로 유지하고 나가는 존심으로 진화된다.

검도 경기 · 심판 규칙 해석

칼의 궤적은 효율적 격자에 대한 상징적 단어로서 심판 규칙에서 유효격자의 조건이다. 검도 경기에서 '칼의 궤적이 바르다'는 것은 격자 시 죽도의 격자 방향과 격자부가 동일 방향인 내리 침을 말한다. 육안 상으로는 등줄이 격자부위에 수직으로 위치하고 반동으로 올라온 정도를 끊어치기(강한 冴え)라 한다. 물론 뛰어들 때 충실한 기세(捨身)와 적정한 자세는 갖추어져야 한다.

한판 판정

심판은 시각, 청각, 감, 경험을 동원하여 솜씨가 한판의 조건을 만족시켰는지를 판정한다. 평타와 봉타는 자세가 바르지 않기 때문에 힘과 소리가 충실하지 못하다. 바른 격자에 의한 솜씨는 손맛을 통해서 알 수 있고 맞는 사람도 인정되는 것으로 당사자들이 몸으로 느끼는 검도의 참맛인 것이다. "솜씨(冴え)가 없는 것은 한판이 아니다."
(이법론 솜씨 참조)

스포츠의 달인

축구에서 킥은 온몸의 힘이 발등에 실려 움직이는 공의 중심부에 차 준다.
실전에서는 변화무쌍한 공의 중심부를 맞추지 못하면 공이 뻗어가지 못한다. 몸에서 생긴 힘이 남김없이 공으로 빠져나갈 때 효율적인 슛이 된다. 이는 하루 천 번 이상의 킥 연습으로 감이 다져질 때 만들어진다. 각 종목 스포츠의 스타들은 효율적인 힘의 사용자로 '칼의 궤적이 바르다'의 달인인 것이다.
검도의 격자는 위와 같이 두 가지 조건인 온몸의 힘이 실린 격자부로 움직이는 격자 부위 중심부를 격자하고 힘이 남김없이 빠져나갈 때 '칼의 궤적이 바른 격자'가 이루어진다.

큰칼/솔뫼 오병철

생성력 → 전달력 → 집중력 → 투철력의 과정이 효율적일 때 칼의 궤적이 바른 유효격자가 된다.

칼의 궤적의 이법
'칼의 궤적이 바르다'는 격자부(物打)의 궤적으로서 산뜻하게 베어지는 전 과정을 말한다. 심기력일치를 통한 바른 격자가 본질이다.

검도 입문에서 바른 격자까지는 많은 단련의 시간이 필요하며 스포츠 현장에서는 관중들과 공감대가 형성되는 감동 있는 격자가 되어야 한다.

'칼의 궤적의 이법'은 평생공부로서 어떻게 진화시킬 것인가가 검도인들의 당면과제이다.
한판의 시대적 배경 (p407~408 참조)

한판(一本)

〈검도경기·심판규칙〉은 검의 이법에 맞는 한판인 유효격자를 정하고 있다.

한판은 승부를 결정짓는 것 이상으로 교육적 의미를 지니고 있다. 어떤 과정을 통해 어떤 한판을 추구할 것인가? 한판에 대한 공통적 가치관이 그 사람과 집단의 검도의 질과 인격을 좌우한다.

유효격자 요건(要件)으로는 "충실한 기세와 적정한 자세로써, 죽도의 격자부로 격자부위를 칼날을 바르게 하여 격자하고 존심이 있어야 한다."

요소(要素)로는 거리, 기회, 몸운용(體捌), 손운용(手の內), 솜씨(冴え) 등이 있다. 판정은 2명 이상의 심판원이 유효격자를 표시했을 때와 1명이 유효격자를 표시하고 다른 2명의 심판원이 기권 표시를 했을 때 유효격자가 선언된다.

한판의 본질을 논할 때 "상대의 정중선을 가르는 것.(正面)"을 기본으로 한다.

상대의 정중선을 가르기 위해서는 '칼날(刃部)을 바르게'가 아니라 '칼의 궤적(刃筋)을 바르게' 하는 것이 맞다. 또한 정중선 가르기를 방어하는 요소들을 제거하는 손목, 허리, 찌름도 한 판으로 인정한다. 그리고 정당하지 못하거나 원활한 경기진행을 방해하는 요인에 반칙을 주고 이를 누적시켜 한판으로 인정한다.

어떤 한판이 심신을 단련하고 인격을 추구하는 무도가 될까?

본질에 충실한 한판은 어떤 정신이 담겨 있어야 할까?

검도에서 한판은 1:1 관계에서 발현되는 검의 이법을 추려 기술화한 것이며, 인간의 한계인 혼과 찰나를 넘나드는 감각적 요소를 경기화한 것이다. 다른 스포츠의 득점이 경기 규칙에 의해 획일적, 객관적으로 인정되는 것이라면, 검도에서의 득점인 한판은 경험적, 간주관적, 교육적인 것이 내포되어 있다.

모든 무도와 스포츠는 진화되지 않으면 도태된다.

진화의 내용은 장비와 승부를 결정짓는 경기 규칙의 변화이다. 검도가 살아남기 위해서는 장비의 현대화와 한판의 개념이 미래지향적이며 생산적이지 않으면 안 된다.

계고(稽古)에서 추구하는 한판은 무엇이 담겨 있어야 하는가.
- 검의 이법에 맞게 일도양단의 기로 하는가.
- 4쾌(유쾌, 상쾌, 통쾌, 오쾌_悟快)를 동반하는가.
- 움직임에 몸과 마음을 합일시켜주는가.
- 인간의 한계 능력(반사 신경, 근육계통)을 넘나드는가.
- 기술의 한계를 넘어 혼으로 치는가.
- 상생검도(감사, 반성, 격려)를 실현하는가.
- 인(仁)을 배양하는 교감 있는 계고를 하는가.
- 인간의 감성과 이성을 통합하여 맛을 이끌어내는가
- 삶을 윤택하게 하는가.
- 계고를 통해 검덕이 배양되는가.

상기 사항이 내포된 한판이 득점으로 인정되어야 한다.
한판의 수련은 중(中)·화(和)사상을 바탕으로 정(正)의 덕성이 배양되어야 하며 인간에 대한 보편성이 검도수련 안에서 발현될 때 비로소 검도의 미래가 있는 것이다.

한판의 시대적 배경 (p404~405 참조)

타격의 진화

존재하는 것은 변화한다. 변화 중 진화하지 않으면 도태된다.
경쟁을 통해 검증되며 살아남기 위해 끝없는 궁리를 한다.
이것이 도(道)이다.

인간이 힘을 쓰는 것은 굴근의 긴축력과 신근의 신장력이다.
경쟁은 굴근에 의한 부분의 힘에서 신근에 의한 전체의 통합된 힘으로 진화한다. 전체의 힘은 부분의 강함보다 부드러움의 통합 능력이다. 이 통합 능력은 신장체의 전달 능력이며 자연의 이치를 거스르지 않는다.
이것을 도법자연이라 한다.

스포츠의 스타와 무도의 명인은 신장력의 달인이다.
남보다 한발 앞서 신근의 효용을 찾아 낸 사람들이다.
Citius! Altius! Fortius!(더 빨리! 더 높이! 더 힘차게!) 올림픽의 구호는 신근의 한계 능력을 요구한다. 스포츠의 덕목 중 하나는 경쟁을 통해 최선의 능력이 발현되어 거품이 없다는 것이다. 붙어보면 아니까!

일대일 대련의 방식에서 수많은 유파 중 유독 두각을 나타낸 신음류의 '열십자 치기(合擊)', 일도류의 '키리오토시(切り落とし)' 등이 일도(一刀) 비법이 되면서, 그 지극히 단순한 일도에서 모든 칼을 이기는 기법이 체계화된다. 이들의 검의 작법은 일도(一刀)를 통한 신근의 단련으로 신장력의 효용을 앞서간 것이다. 이들의 작법이 검도로 전수된다.

오노파(小野派一刀流)의 파지법 중 무지구(엄지 밑의 불룩한 부위)의 활용

미야모토 무사시의 대도를 두 손가락으로 자유자재로 다룰 줄 알아야 한다는 대목 "아래 근육을 사용하라."는 등 수많은 파지법의 가르침

검도의 본에서 일도의 격자는 신장력을 활용한 것으로 현재 검도 특유의 격자로 진화한다.

검도경기는 스포츠의 보편성을 실현하기 위해
1. 빠르고 → 충실한 기세
2. 정확하고 → 칼의 궤적(刀筋)을 바르게
3. 힘있고 → 적정한 자세
4. 품위있게 → 존심을 '유효격자의 요건'으로 규칙을 정하였다.

현대의 스포츠에서는 장비를 개발하고 운동의 역학원리를 최대한 활용하여 인간 한계에 끝없이 도전한다. 검도에서의 격자는 일견 모순돼 보이는 4가지의 조건을 충족시켜야 한다.

특히, 빠르고 강한 격자는 온몸의 생성력이 죽도를 통해 투과력을 극대화하는 쪽으로 진화할 것이다.

격자 결정이 선수와 관중 사이에 하나의 공감대가 형성되어 감동있는 한판이 진정한 한판으로 인정되어야 한다.

격자의 기법과 장비와 규칙의 진화가 없다면 미래의 스포츠 현장에서 도태될 것이다.

중화지기(中和志氣)

사람은 저마다의 기질을 가지고 태어난다.
기질은 중화의 정도를 말한다.
배움의 의미는 중화의 질을 변화시켜 명(命)을 바꾸는 것이다.
타고난 기질에 의한 운명은 공부를 통해 보다 나은 삶을 개척하는 것이다.

검도에서의 몸 공부(修身)는 지극한 중화지기를 체득하는 데 있다.
中은 모든 것들의 근본이요, 和는 관계 속에서 중심을 잡아나가는 과정이라!
和는 中에 도달하기 위한 수단이며, 中은 가장 아름다운 和라고 할 수도 있다.
德은 和보다 큰 것이 없고 道는 中보다 바른 것이 없다.

中은 양극단을 헤아려 중심을 잡아나가는 자아의 주체로서
항상 배우는 것을 즐거워하여 앎의 깊이를 더하는 것이다. (好學)
和는 관계 속에서 주변과 조화를 이루는 것으로,
궁극에는 지경을 넓혀 소명 있는 삶을 말한다. (力行)
志氣는 뜻을 세워 쉼 없는 몸 공부로서
지극한 중화의 덕성이 몸에 배도록 하는 데 있다. (誠)

검도에서는 마음(心)을 존재론보다는 생성론적인 측면에서 접근한다.(性)
수련 중에 감사 반성을 통해 생겨나는 마음이 中和에 반함이 없는지 성찰(性察)한다,
그 결과를 되돌아보고(顧) 수렴해 나아가 다시 실행한다.

검도는 수신의 한 길이다.
검도 수련은 검의 이법에 따른 늘 쉼 없는 수련으로 몸을 단련하고, (誠之者)
감사 반성으로 중화지기를 단련하여 날마다 새로워지는 것이다. (日新又日新)
이는 기(技)로서 도(道)를 구하는 수신을 말하며 (下學上達)
수신된 자만이 지극한 중화의 삶을 살아간다. (致中和)

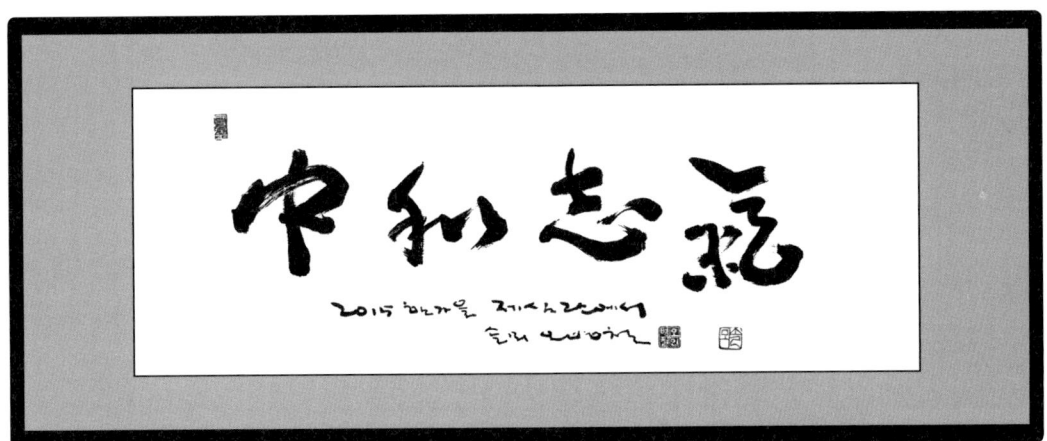

中和志氣/솔뫼 오병철

검도 수련의 궁극적인 목적은 상황에 맞추어
중을 발현할 줄 아는 사람을 만드는 데 있다. (君子而時中)

「誠者自成也 而道自道也 君子誠之爲貴 故時措之宜也」
성(誠)은 스스로 이루어 가는 것이요,
도(道)는 스스로 당연함으로 나가는 것이다.
군자는 성하려고 노력하는 것을 삶의 가장 귀한 덕으로 삼는다.
고로 성(誠)은 어떠한 상황에 처하여지더라도 반드시 그 사물의 마땅함을 얻는다.

2015년 겨울 검도사범 허 광수

中和志氣

人間はそれぞれの気質を持って生まれる。
気質は中和の程度を言う。
学修と言う意味は中和の質を変化して「命」を替えるのである。
生まれつきの気質による運命を学修を通じてより良い生を切り開くのである。

剣道での体の修身は 至極な中和志気を体得することの有る。
「中」は万物の根本で、「和」は関係の中から中心を取って行く過程である。
「和」は「中」に到る手段で、「中」は一番美しい「和」とも言えるだろう。
「徳」には「和」より 大きいのがなく、「道」には「中」より正しいのはない。
「中」は両極を推し量ってその中心を取って行く自我の主体として
常に勉学を楽しみ、その深さを加えるのである。（好学）
「和」は関係の中から周辺と調和を成すことで、
究極的にはその境地を広げて召命ある生涯を言う。（力行）
「志気」は「志」を立てて、休みない体の勉強として
至極な中和の徳性が身につくようにすることにある。（誠）

剣道では「心」を存在論としてよりは生成論的な側面から近付く。（性）
修練の過程に生まれる感謝と反省の気持を通じた心が 中和に違反しないように性察し、
その結果を顧み、取り集めて行き、又、その過程を繰り返すのである。

剣道は修身の一筋である。
剣道の修練は剣の理法に従って、休みない修練を通して身を鍛え、（誠之者）
感謝と反省で「中和之気」を鍛え、日々に新しくなるのである。（日新又日新）
これは「技」で「道」を求める修身を言い、（下学上達）
修身を為した者だけが至極な中和の生を生きて行く。（致中和）

剣道修練の究極的な目的は状況に合わせて
「中」を発現することのできる人間の養成にある。（君子而時中）

「誠者自成也 而道自道也 君子誠之為貴 故時措之宜也」
「誠」は自ら為されることで、「道」は自ら行うことである。
君子は誠実に努力することを生涯の最終の徳としている。故に「誠」はどんな状況に処されても必ずその事物の根本を追求するのである。

2015年嚴冬 剣道師範 許光洙（譯 金昌德）

Coordination for Core and Spirit with Aim

中和志氣

Each of us is born with one's own disposition.
Disposition means the degree of Coordination for Core中和.
Learning means that you can alter your destiny命 by changing the quality of Coordination for Core.
Thus, you would make a better life through learning your destiny made by your natural disposition.

Body Disciplining修身 in Kendo means to learning the utmost Coordination for Core and Spirit with Aim中和志氣 through practices.
Core中 is the root of everything, and Coordination和 is a process of keeping the root in relationships.
Coordination is a way to reach Core, so Core may be the most beautiful Coordination.
There is no bigger thing than Virtue德 for Coordination, and no more correct thing than Core for Dō(way)道.
Core is to deepen your knowledge to enjoy learning (好學), as a subject who keeps finding the center while considering both extremes.
As Coordination is to harmonize with surroundings, Ultimately it means living a life with its calling, through broadening boundaries (力行).
Spirit with Aim志氣 is to build up the virtue of the utmost Coordination for Core by a continuous body discipline with an aim (誠).

In Kendo, Mind心 is approached from a generative perspective rather than ontology (性).

Through the disciplining, reflect on whether your mind grown by appreciation and self-reflection is against Coordination for Core or not. Then review顧 the consequences correct them, and further practice them again.

Kendo is one of the ways for the body disciplining.
Training Kendo is to exercise your body in a constant discipline followed by the principles and methods of sword (誠之者), and is to renew it day by day in strengthening Coordination for Core and Spirit with Aim through appreciation and self-reflection (日新又日新).
This means that the goal of body discipline is to acquire Dō(way)道; by skills 技 (下學上達); therefore, only those who try to discipline their bodies can live a life of the utmost Coordination for Core (致中和).
The ultimate purpose of Kendo training is to cultivate a human to manifest Core according to proper situations. (君子而時中).

"誠者自成也 而道自道也 君子誠之爲貴 故時措之宜也"
Sincerity誠, the achieving things by itself,
Dō(way)道, the progressing to being natural.
A noble man regards his efforts to achieve things himself as the most valuable virtue of life.
For this reason, no matter what situation Sincerity is in, it must obtain the appropriateness of the object.

in the winter of 2015, Kwang-Soo Hur, Kundo 8th Dan

검도의 정의

배움을 즐거워(好學)하는 것은 지(知)에 가깝고,
힘써 행하는 것(力行)은 인(仁)에 가깝고,
부끄러움을 아는 것은 용(勇)에 가깝다.
(정의론 중에서)

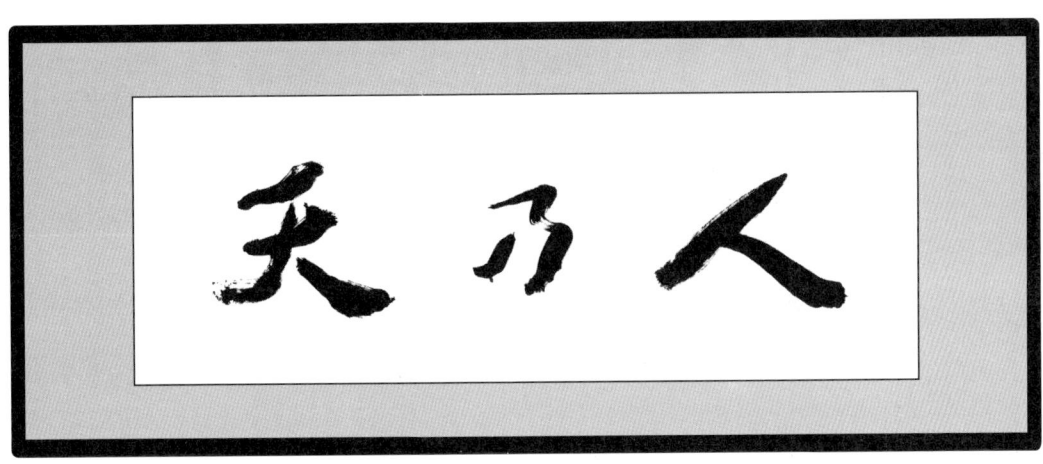

人乃天

사람됨(爲人)

 전검련(全日本劍道連盟)은 1971년12월 현대 검도의 이념 확립을 목표로 검도지도이념위원회를 성립시켰다. 「검도의 이념」 제정은 "검도를 수행하는 사람들에게 지표로 삼을만한 바른 검도를 보급한다."는 염원을 담고 있다. 이후 몇 차례 개정, 수정되었으며 1975년 3월 20일 전검련이사회가 「검도의 이념」과 「검도 수련의 마음가짐〉」을 확립하였다.

검도의 이념
"劍道は 劍の 理法の 修鍊に よる 人間形成の 道で ある"
검도란 검의 이법에 따라 수련함으로써 인간 형성을 하는 도다.

검도 수련의 자세
검도를 바르고 진지하게 배우고
심신을 연마하여 왕성한 기력을 키우며
검도의 특성을 통해 예절을 존중하며
신의를 중히 여겨 정성을 다하고
항상 자기의 수양에 힘쓰며
이로써 국가사회를 사랑하여
널리 인류의 평화번영에
기여하려는 것이다.(전검련 1975년 3월 20일 제정)

검도의 정의
검도는 검도구를 착용하고 죽도를 사용하여 1대1로 격자하는 운동경기 종목이라 할 수 있지만 수련을 거듭함으로써 심신을 단련하고 인간형성을 추구하는 무도의 하나이다. (전검련 제정)

상기 검도 이념이 실천력을 가지려면 "검의 이법에 따라"는 정의될 필요가 있으며, 검의

문무불기/吉田

이법과 검도 경기와의 연관성, 어떻게 수련해야 하는가의 방법론 또한 제시되어야 한다. "인간 형성을 하는 도다"에서는 기(技)를 통한 덕성이 인간 형성에 어떻게 기여하는가와 인간형성의 사회적 역할도 구체적으로 정리되어야 한다.

1975년에 제정한 검도의 이념과 검도 수련의 마음가짐을 지속적으로 실천하고 있던 중, 현실에서는 스포츠의 속성인 승리 지상주의로 인해 청소년들이 검도의 본질을 이탈할 것을 우려한 나머지 2003년 3월14일 전검련은 검도 이념의 실천을 강화하는 방안으로 「검도 지도의 마음자세」를 제정한다.

검도 지도의 마음자세

죽도의 의미
검도의 올바른 전승과 발전을 위해 검의 이법에 따라 죽도 사용법을 지도하도록 노력한다. 검도는 죽도에 의한 「심기력일치(心氣力一致)」를 목표로 하고 자기를 창조해가는 도이다.

'죽도'는 상대를 향한 검인 동시에 자신에게 향해진 검이기도 하다.

이 수련을 통해 죽도와 심신의 일체화를 도모하는 것을 지도의 요점으로 한다.

예법

상대의 인격을 존중하고 마음에 여유 있는 인간을 육성하기 위해 예법을 중히 여기는 지도에 힘쓴다.

검도는 승부의 장에 있어서도 예절을 존중한다.

서로를 존중하는 마음과 자세를 가르치는 예법 지도를 통해, 절도 있는 생활태도를 몸에 익히게 하고, "교검지애(交劍知愛)"의 지경을 넓히는 것을 지도의 요점으로 한다.

평생검도

함께 검도를 배우고 안전, 건강에 유의하면서 평생에 걸친 인간 형성의 도가 되도록 지도에 힘쓴다. 검도는 세대를 넘어 서로 배우는 도이다.

기(技)를 통해 도(道)를 추구하고 사회의 활력을 높이면서 풍부한 생명관을 키우며, 문화로서의 검도를 실천해가는 것을 지도의 목표로 한다.

(전검련 2003년 3월 14일 제정)

검도를 인성교육의 수단으로 강화한 것이다.

인성교육은 스스로 성찰을 통한 삶과 이웃과 더불어 살아가는 데 갖추어야 할 근본적 마음을 배양하는 것을 목적으로 한다. 이러한 「검도 이념」과 「검도 수련의 마음가짐」이 생겨난 사회적 배경의 기반에는 교육이념이 자리하고 있다.

1947년에 제정된 일본의 「교육기본법」의 목적 제1조

교육의 목적은 인격의 완성을 목표로 하고, 평화적인 국가 및 사회의 형성자로서 진리와 정의를 사랑하고, 개인의 가치를 높이 사고, 근로와 책임을 중시하고, 자주적 정신에 충실한 심신과 함께 건강한 국민의 육성을 기대하고 행하지 않으면 안 된다.

1949년에 제정된 한국의 「교육법」 제1조
교육은 홍익인간의 이념 아래 모든 국민으로 하여금 인격을 완성하고 자주적 생활능력과 공민으로서의 자질을 구유하게 하여 민주국가발전에 봉사하며 인류공영의 이상실현에 기여함을 목적으로 한다.

일본의 "인격의 완성을 목표로가" 한국의 "인격을 완성하고" 보다는 현실적이다. 교육법에서 말하는 '인격의 완성' 보다는 검도에서 말하는 '인간 형성' 의 함의(含意)가 더 깊다. 인격의 완성은 결과인 성자(聖者)를 뜻하고, 인간 형성은 과정인 성지자(誠之子)를 뜻한다.
성자는 범인으로서는 이룰 수 없는 절대 인격자를 지향하는 것이며, 성지자는 성(誠)해지려고 노력하는 과정 중에 덕성이 형성되는 것을 말한다.(君子誠之爲貴)
검도는 검의 이법에 따라 수련함으로써 사람이 되어가는 삶을 말한다.

검도는!
바름(正)을 근본으로 하는 "검의 이법에 따라" 수련하여 정기를 배양하고,
정성(誠)으로 하학이상달(下學而上達)하는 능동적인 삶의 자세와
어울림(和)으로 주변과 같이 가는 홍익인간의 실천이 궁극의 목적이다.

검도 이념(理念)과 정의(定義)

　이념은 진리를 뜻하는 것이 아니라 집단의 목표를 정하는 것이다.
　정해진 이념이 일관성, 보편성, 지속성, 생산성을 내포해야만 그 집단이 왕성한 생명력을 가지게 된다. 일관성과 보편성은 집단 구성원들이 하는 일에 대한 가치관, 공동의 선, 구심점을 말하며, 지속성은 집단이 행하려는 의지, 제도, 규범이 있어야 하는 것이며, 생산성은 나타난 성과를 말한다.

　이념은 정의에 의해 실천된다.
　이념과 정의는 일관된 가치관을 지녀야 하며, 이념의 의지에서 정의가 결정되고, 정의의 범위에서 이념을 실천한다.
　즉 정의는 이념을 실현하고자 하는 수단이며 이념의 의지 범주를 벗어나서는 안 된다.
　이념과 관계없는 정의는 가치관의 실종으로 이어지기 때문이다.
　집단의 모든 의사결정과 행위가 이념을 향하고 있어야만 이념의 존립 의미가 생긴다.

　검도 이념에서 '검의 이법'은 검도 문화의 축적을 말한다.
　예부터 전승되어 온 모든 것 가운데 '검도의 정의'에서 밝혔듯 '1:1' 관계로 국한한다. 검의 이법은 너와 나의 관계에서 유효격자를 이루고 있는 구성요소를 말한다.
　둘과의 관계에서 서로 간의 몸, 기, 검에 관한 유기적 관계들!
　과거의 명인들이 남긴 체험적 이합의 축적이 '검의 이법'의 근간을 이룬다.
　이러한 환경 때문에 검도 연습을 '계고(稽古)'라고 부르는 것이다.

　검도 수련을 계고라 한다.
　대련, 연습, 대회, 심사 등 모든 행위를 계고의 일환으로 본다.
　계고를 인간 형성을 하기 위한 수신의 과정으로 보는 것이다.
　구성원들이 공동의 선을 가지고 검도를 접하므로 그 집단만의 문화가 형성되며, 이념에 맞는 한판을 추구하게 된다.

우리는 공동의 선(善)이 없다.

행사 참가자가 추구하는 목적이 모두 다르다.

가장 많이 추구하는 것은 이기는 것이다.

즉 승리 지상주의가 최고의 선이 되는 것이다.

이러한 풍토 속에서는 무도 문화가 형성될 수 없고 이기는 수단만 발달된다.

전적은 있으나 과정이 없으며 선수는 있으나 사람이 없다.

기(技)는 기(技)로서 끝날 뿐이지 도(道)로 나아가지 못하니 덕(德)이 들어나지 않는다.

집단의 이념과 정의는 개인에 의해서 정해질 수 없다.

집단 구성원의 합의에 의해 공감대를 찾아야 하는데 어떤 이념으로 정하느냐에 따라 집단의 최고 가치기준(善)이 결정되기 때문이다. 이렇게 정해진 이념은 정의의 범위 안에서 집단의 목표지향을 위해 규범적이 될 수밖에 없다.

우리는 이념과 정의를 공식적으로 정한 적이 있는지 돌아볼 필요가 있다.

정의 안에서 이념을 실천하는 일본의 검도 수련 체계와 우리 것 중 어느 것이 생산성이 있는가를 비교할 필요가 있다고 본다. 또한 일본의 검도이념과 정의를 달리하려면 중요한 전제조건이 있어야 한다. 먼저 그들의 이념과 정의에 의한 수련이 검도의 본질에 충실한지, 개인의 수신과 사회적 역할이 비효율적인가를 검토해 보아야 한다. 단지 일본 것이라는 이유만으로 그 기본적 정신과 개념을 달리한다면 본질에 역행하는 위험한 결과를 불러올 수 있기 때문이다.

한국에서 검도의 정체성과 경쟁력을 살리기 위해서는 일본이 노력한 것 이상으로 심혈을 기울여 우리의 검도 이념과 정의를 하루 빨리 정립하여야 한다. 글자에 파묻혀 본질 자체를 왜곡되게 해석하는 우를 범해서는 안 된다.

「검도」라는 용어가 일반명사가 되지 않도록 우리는 자기 종목의 정의(定義)를 명확하게 해야 할 것이다.

사유화(私有化)

사유화란 개인이 소유함을 말한다.
정치에서는 권력의 독점을 말하며 문화에서는 사상의 독점을 말한다.

사유화에는 전제조건이 있다.
뛰어난 리더와 그 밑에서 안주하는 기득권층과 선량한 구성원들이 바로 그것이다. 사유화는 구성원들과 처음부터 같이 갈 뜻이 없다는 것이다. 자신의 생각 이외에는 다 미숙하다는 믿음이 있기 때문이다.
사유화의 주체는 집단의 공공이익보다 자기의 목적을 위해서 다른 의견을 가진 사람을 멀리하며 진취적인 인물들을 제거하여 자기가 속해 있는 집단을 우민화시키거나 병약하게 키워 정체시켜 버린다. 그러고는 자신의 사상과 도덕성과 정당성을 부각시키는 것이다.

문화의 독점은 권력의 독점보다 더 위험하며 해악이 심하다.
자기 이외의 모든 생각과 사상을 거부하거나 평가절하하며 선인(先人)들의 행적을 단절시키고 심지어는 제도적 장치나 세력으로 문화의 다양화를 방해하거나 차단한다. 그리하여 본질을 벗어난, 한국화를 빙자한 변질된 문화가 형성되는 것이다.

사상을 독점할 때 가장 먼저 하는 작업은 집단을 바보로 만드는 것이다.
그러기 위해서는 정보를 독점하고 정적을 제거하여 자기보다 나은 사람을 제도권 밖으로 쫓아내야 한다.
급변하는 사회에서 이러한 리더가 있는 집단은 도태될 수밖에 없다. 현대는 진화하지 않으면 살아남기 어렵다. 모든 구성원들이 진취적 기백과 열정과 창의성을 가지고, 실패를 두려워하지 않는 조직 운영이 맞물려 돌아가야만 현대사회에서 생존하는 법이다.

무도는 살아있는 생명체와 같다. 진화하지 않으면 도태된다.
문화는 개인에 의해서 진화되는 것이 아니다.

다양화가 경쟁을 유발하여 진화하는 법이다. 그러나 본질을 벗어난 다양화는 천박함으로 떨어지며 생명력이 약해진다.

창의는 나와 다른 생각을 부정하지 않고, 서로 다른 것을 존중하고, 신뢰가 있을 때만 인간의 뇌에서 다른 것을 연결하는 공감능력으로 발휘된다. 단체의 발전은 집단구성원 간의 존중과 신뢰회복이 가장 기본이다.

길은 혼자 여는 것이 아니라, 여럿이 함께 뜻을 모아가면 저절로 뒤에 생기는 것이다.

차별화 전략

한국사회는 이성적으로 극복이 안 되는 것이 있다.
정쟁(政爭) 국면에서 우리의 정서는 이성보다는 감성에 더 비중을 둔다.
사회적 정서에 휩쓸려 이성이 배제되고 극단으로 치닫는 경우가 있다.
그 대표적인 것이 이념, 종교, 정치 논쟁 등이다.
보수 ↔ 진보, 전라도 ↔ 경상도, 한국 ↔ 일본의 논쟁이 대표적이다.

검도는 한국사회가 반일정서를 가지고 있어 숙명적으로 사회체육의 저변 확대에 많은 지장을 초래하고 있다. 한국의 사회적 정서에서는 정통(正統)의 본질적인 가치계승과 목적보다는 전통(傳統)의 원류, 역사성을 더 중요하게 생각한다.
특히 원조논쟁은 비논리적으로 전개된다.

유사단체들은 검도의 본질보다는 반일정서를 끌어내어 전략적으로 이용한다.
숙명적 상황에서 검도가 한국에 뿌리를 내리게 하기 위해서는 어떻게 해야 할 것인가!
같은 시기에 들어온 유도는 별다른 저항 없이 받아들여지고 있다.
검도도 유도와 같이 올림픽과 아시안게임에 들어가 효자종목으로 활약한다면 저항이 줄어들까?

검도는 이러한 저항에 어떻게 대처해야 하는가?
검도의 본질을 내세워 사회적 생산성을 인식시키는 전략과 당장의 반일정서를 비켜 가며 주체성을 내세우는 원조논쟁 전략이 있다. 전자는 모든 면에서 엄청난 노력과 투자와 인재를 요구한다. 후자는 단기간의 성과와 대중의 호응을 얻어낼 수 있다.

해방 이후 한국은 검도를 한국사회에 뿌리내리게 하기 위하여 후자인 차별화 전략을 구사한다.
용어, 심판 기, 도복, 준거 등 내용보다는 주로 규범을 달리하고 있다. 차별화의 이론적 토대에 검도의 어원, 옛 검법의 재현, 검도의 이념, 정의를 달리하면서 원조 논쟁을 이끌어낸다. 이러한 전략은 단기간의 성과로 형식만을 중시하게 될 위험을 내포하고 있다. 진정한 차별화는 인간의 보편성을 바탕에 둔 창조성과 일본보다 더 나은 생산성을 가질 때 저절로 밖으로 표출되는 것이다. 겉모양을 덧칠하는 의도된 차별화는 검도를 본질에서 벗어나게 하고 왜곡시킬 수 있다.

무도는 문화다.
무도는 과정을, 스포츠는 결과를 중시한다.
스포츠는 온전히 정착되지만 무도는 그 나라의 토속문화와 융합되어 정착하는 경향이 있다.

우리의 검도는 어느 것이 이상적일까?
부정을 통한 방법으로는 단기간에 성과를 거둘 수 있으나 시간이 지나면서 정체되어 버린다. 긍정을 통한 한 단계 업그레이드는 엄청난 노력을 필요로 하는 힘든 길이다. 한국화는 인간의 보편성을 바탕으로 본질적인 것을 이해하고 또한 충분한 경험을 통한 노력으로 한 단계 완성시켜 가는 것이다.

원조(元祖)

4월 16일자 경향신문 기사에 이원희 선수가 대담 프로에서 했던 말이 실렸다.

"일본이 유도 종주국이라는데, 사실은 우리나라 유술을 일본에서 세분화시켜서 스포츠로 만든 겁니다."

이러한 원조 논쟁의 오류는 개념과 정의를 불분명하게 하고 시작한다. 그 원인은 양국 간의 문화적 차이로 인한 인식의 차이거나, 사회의 정서상 차별화 전략에서 행해진다. 또한 논쟁 당사자의 무지에서 비롯되기도 하고, 전략적으로 논쟁의 초점을 흐리게 하기 위해 자행되기도 한다.

무도나 체육 종목에서

"행위가 먼저인가, 명칭이 먼저인가."라고 질문을 던진다면 "바보 같은 질문이다."라는 대답이 돌아올 것이다. 명칭에 의해 행위가 정해지는 것이 아니기 때문이다. 행위에 대한 명칭은 행위를 그대로 표현하는 것이 정의(定義)로서 합당하다. 다만 이념에 따른 의지를 첨가할 수는 있다. 행위보다 뒤늦게 정해진 명칭을 정의하는 것이 아니다.

자동차의 원조 논쟁이 벌어졌다고 가정하자.

바퀴로 굴러가는 원리를 내세워 달구지가 원조라고 하거나, 차(車)라는 용어를 먼저 사용했다고 하여 역사성을 내세운다. 그로 인한 자긍심의 분발이 국산 자동차 시장의 경쟁력에 도움이 되는 것이 아니다. 부질없는 논쟁보다는 엔진의 성능을 높이는 것이 현실적이다.

심미(深味)가 아닌 실용 대상의 원조 논쟁에는 득보다는 실이 많다.

본질이 왜곡될 수 있으며, 자기만족에 이르러 정체되고 만다. 변화되어 가는 세상에서 생산적이고 미래지향적인 창조와 궁리를 하려는 노력이 아닌, 명리를 구하고자 하는 마음이나 상대의 콤플렉스에서 정체는 시작된다.

우리는 일본의 검도 문화를 공유하고 발전시키는 길보다 우선하며 일본을 극복해야 한다는 사회적 명제를 가지고 있다. 이는 창의적인 검도 문화의 창달보다는 변칙적이고 조급하게 이루려는 성과주의에서 비롯된다. 상대의 장점을 흡수하기 전에 왜곡된 방향으로 흐를 가능성이 크다.

누가 먼저 했는가?
같은 것을 행하고 있으면서 정의를 달리하여 원조 논쟁을 일으키면 두 가지 문제점이 야기된다.
첫째는 스스로 유사단체를 인정하는 셈이 되는 것이고
둘째는 본질을 부정하는 방법을 추구하게 되는 것이다.
본질에 충실하기보다는 상대에 대한 부정으로 쓸모없는 소모전을 일으켜 결국 스스로 모순에 빠지게 된다. 그로써 덕성이 자라지 않고 내용면에도 문화가 쌓이지 않으며 점차적으로 타종목과의 경쟁력이 떨어지는 현상이 생겨난다.

온고이지신(溫故而知新)이나 역사를 되돌아본다(顧)는 말의 의미는 모방이 아닌 진화에 있다.
옛것을 통해 진화와 도태의 원리를 찾아 미래를 준비하는 것이다.

검도의 정체성

나는 검도의 정체성을 아주 가까운 데서 발견한다.

일요일마다 연무관(성남시검도회 훈련장)에 50대 이상 사범 20여명이 주축이 되어 자발적으로 모여 즐겁게 계고하는 것을 보면 이것이 검도의 본질이 아닌가 하는 생각이 든다. 너와 나의 관계에서 일주일 동안 수련한 것을 가지고 계고를 통해 자기를 점검하며 서로를 배워가는 것이다.

우리의 검도계가 일본의 검도 이념과 정의를 달리하려면 중요한 전제조건이 있어야 한다. 먼저 그들의 이념과 정의보다 검도의 본질에 충실해야 하며, 개인의 심신을 단련하는 데, 그리고 사회적으로 비효율적인가를 따져보아야 한다.

정의(定義) 안에서 이념을 실천하는 일본의 검도 수련 체계와 뚜렷하게 정하지 않고 하는 한국의 검도 수련 체계 중 어느 것이 더욱 생산적인지 비교할 필요가 있다.

현재 한국 검도계의 문제점은 근원적인 데 있다.

수련을 통한 '검도의 본질'에 접근할 수 없게 하는 환경적 요인이 존재하는데, 이는 계고문화, 검도의 이념, 정의, 기본과 용어의 정립, 가치관, 학문적 다양화, 조직의 합리화 등의 부재이다.

검도의 정체성 확보 방안으로는
1. 검도 안에 내재된 인간의 보편성을 통해 본질적인 가치 계승과 목적을 연구
2. 검도의 생산성 증진을 통한 사회적 역할의 확대
3. 검도의 학문적 다양화와 수련 체계 정립
4. 검도 행정(중앙과 지방)조직의 합리화와 각 분야의 능력 있는 검도인들 활용
5. 검도의 다양한 문화 보급, 장비의 개선, 경기 규칙의 진화 등을 통해 타종목과의 경쟁력을 강화하고 생활체육 종목으로의 활성화

급변하는 현 사회에서 검도가 경쟁력있는 종목으로 거듭나려면 많은 검도인들 간의 신뢰회복을 바탕으로 다양한 채널을 통한 창의적 역량이 결집될 필요가 있다.

진정한 검도

 무도 종목이 번창하려면 스포츠화를 통해 대중성을 지향할 수밖에 없다.
 스포츠는 경쟁을 통한 놀이방식으로 희로애락(喜怒哀樂)을 생산한다.
 무도가 스포츠화 되면 필연적으로 본질을 이탈할 수밖에 없는 운명에 놓인다. 정해진 규칙에 따라 이기는 기술은 발달되고 득점이 힘든 기술은 도태된다. 시간이 지나면서 이기는 기술에 대한 방어술이 개발되어 경기가 지루해지면 퇴출 위기를 맞게 된다. 협회는 재미를 더하기 위해 득점에 변화를 준다. 그럼으로써 점차 무도 본연의 모습은 사라지고 재미 위주의 스포츠만 남는다.
 지도자의 생존은 선수의 승수에 좌우되며, 지도자의 역할은 최단 시일 내에 전적을 내놓아야 하는 것이 된다. 상기와 같은 현상은 악순환이 되면서 계고 문화는 사라지고 승리 지상주의가 우선이 된다. 이런 환경에서 무도 문화는 도태되며 사람과 과정은 없고 관중이 사라진 경기장에 선수와 전적만 있을 뿐이다.

 득점이 스포츠화 되어 있는 태권도가 실전격투기에서 맥을 못 추거나, 정신이나 멋을 찾을 수 없는 것은 무도의 본질을 이탈했기 때문이다. 권투가 오픈블로우(Open blow) 주의를 주는 것은 아마도 본질의 이탈을 막기 위함일 것이다.
 한국의 검도가 이기기 위하여 맞추는 식의 경기 운영을 선호한다면 검도의 본질을 이탈하는 것은 자명한 일이다. 이런 현상이 벌어지면 권위있는 대회에서조차 감동있는 한판이 나오지 않는다. 정신과 감동이 사라지는 검도는 생활체육 종목으로도 경쟁력을 상실하는 것이다.

 '시합을 잘하는 것'과 '검도가 강한 것'은 다른 것이다.
 스포츠에서는 승부가 최고의 관심사이나 검도에서는 과정을 중요시한다. 수단방법을 가리지 않고 승리를 쟁취한 경기는 관중에게 감동있는 한판을 보여줄 수가 없다. 승부보다는 품위있는 자세에서 나오는 공세와 어떤 한판이었는가에 관심을 둔다. 세계검도대회를 치르고 난 뒤 한국 선수와 집행부가 한 목소리로 심판 배정과 판정에 불만을 토로한다.

국내대회에서 한판이 세계대회에서는 제3국의 심판과 관중의 공감대를 끌어내지 못하는 것이다. 역대 코칭스태프들이 가장 고민해왔던 것이 소수의 선수를 제외한 나머지는 한판 요건을 충족시키지 못한다는 점이다. 최선책으로 단체전 명단은 경기력이 떨어지더라도 체격이 큰 선수로 구성한다. 더구나 한국선수들이 시합을 잘 할수록 세계검도연맹(FIK)은 한판을 더욱 강화하려는 움직임이 있다.

한국이 세계검도대회에서 우승한다고 해서 모든 문제가 해결된다고 볼 수는 없다.
2006년 제13회 WKC 대만대회 우승으로 무엇이 달라졌는가를 반문할 필요가 있다. 우승이 일본 검도계를 긴장시킬 수는 있으나 세계검도계의 표상이 된다고 할 수는 없다. 검도를 선택한 세계검도인들의 취향은 서양의 역동적인 스포츠보다는 동양의 선(禪)문화를 선호하는 쪽이라고 보아야 한다. 그들이 검도를 하는 이유는 승부도 수신의 일종으로 보는 계고 문화를 선호하기 때문이다.

일본은 검도가 올림픽이나 아시안경기 종목에 포함되는 것에 동의하지 않는다. 지나친 경쟁이 검도의 본질을 훼손한다는 명분이다. 그들은 검도의 장점을 홍익인간의 정신으로 전 세계인들과 공유하기보다는 검도 문화의 보존성에 더 비중을 둔다.

세계대회가 끝나면 뒤풀이 파티를 한다. 한국과 일본선수를 제외하고는 대부분이 아마추어들이다. 아마추어들은 수련의 한 부분으로 경기에 참여하며 사람을 사귀는 것을 즐거움으로 삼는다. 뒤풀이 파티에서 가장 어울리지 못하고 놀 줄 모르는 선수가 한국인이다. 잘 노는 팀 중에 미국 대표팀을 눈여겨 볼만하다. 각자의 직업에 충실하면서 검도를 열심히 하고 즐긴다. 세계대회 준비도 1년 전에 선발된 10여 명의 선수들이 비행기와 차를 이용하여 일주일에 한 번씩 모여서 합동 연습하는 것으로 대신한다. 그리고도 제13회에 이어 제14회에서도 남자 단체전 준우승을 했다. 더욱 놀라운 사실은 대회 직후 일부를 제외하고는 계고를 하러 일본에 간다.

몇 년 전부터 한-일 대학교류전에서 한국이 우세해졌다. 그 이면에는, 일본대학선수는 훈련시간이 하루 두 시간을 넘지 않고 학업에 전념한다는 사실이다.

우리 지도자들은 스스로 반문해보아야 한다.

尚武/藤田

어느 나라 젊은이들이 글로벌 시대에 국제 경쟁력이 있는가?
누가 진정 생애 마지막까지 검도를 예찬하면서 계고를 즐기는가?
우리는 검도를 통해 어떤 인간으로 키워야 하는가?
선수를 위한답시고 자기의 보신을 위해 승리를 갈망하지 않나?
의무감으로 하는 검도와 자존감으로 하는 검도 중 누가 진정한 검도를 하는가?

선순환(고령인 검도)

1990년 초에 일기 시작한 검도 붐은 1995년 드라마 〈모래시계〉에서 절정에 이른다. 이때 검도를 시작한 사회인들이 50대에서 60대로 넘어오면서 노년의 검도 시대가 도래하였다. 한국사회에 고령의 고단자는 있으나, 고령 검도인의 시대는 이제 시작이다.

현재 계고를 꾸준히 하는 부류의 동기는
- 검도의 매력
- 심신건강
- 승단(5~7단)에 대한 도전
- 이기려는 욕구

그러나 검도의 본질에서 오는 몸 깨달음, 검도 안에 담겨있는 웅혼한 사유의 세계를 경험하는 부류는 소수에 불과한 현실이 안타깝다.

이에 노년의 검도 문화 정착을 위해 지승룡 전 대한검도회장님의 익산고등학교에서 2011년부터 「지천명검도인 친선합동연무제」를 실시하기에 이르렀다. 현재 한국 검도계는 고령인 검도문화 정착을 위해 다음과 같은 과제를 극복하여야 한다.

- 검도의 본질에 충실
- 남녀노소 검도인의 공감대가 형성되는 계고 문화
- 근력이 떨어지는 과정에서 '힘과 스피드의 검도' 한계를 극복
- 기와 중심 검도로의 진입
- 50대에서 60대로 넘어가는 과정에서 생기는 경제적 불안과 가정 내외의 대소사
- 승단(6~7단)에서의 좌절
- 10~20년 후 지향하고자 하는 롤 모델 부재

고령인 검도 문화의 정착은 검도인의 바다와 같다.
성지자(誠之子)를 지향하는 검도인의 종착지인 것이다.
어린이 → 학생 → 실업, 사회인 → 노년의 검도가 선순환적이어야만 검도 문화가 형성된다.
이 문화가 온전히 정착하지 않으면 한국 검도의 미래는 없다.

검도인(劍道人)

참 검도인
1. 모든 원인을 자기 안에서 구하고 스스로 부족함을 통감하고 노력하는 자.
2. 제자나 지역사회에 헌신하는 자.
3. "生活즉劍道 검도즉생활"을 실천하는 자.
4. 스스로에게 엄하고 남을 격려하며 상생 검도를 실천하는 자.

불인(不仁)한 검도인
1. 배우려 하지 않는 자. 스스로 만족하는 자
2. 스스로 속이는 자.
3. 교만한 자.
4. 자기의 부족함을 밖에서 찾는 자.
5. 확인하려는 자. 과시하려는 자.
6. 한판을 취하고 우쭐대는 자.
7. 상대에 따라 성의 없이 대련하거나 속여서 치려고 하는 자. 겁주려 하는 자.
8. 절대적인 비기(秘技)나 단기간에 이기는 비법을 얻고자 하는 자.
9. 근본(선생)이 없는 자.
10. 검도를 자기 수준으로 끌어내려 자기화하는 자.
11. 상황에 따라 가치관이 바뀌는 자. 신념이 없는 자.
12. 현재 수련은 등한시하면서 왕년에 소리를 끝없이 해대며 과거 속에서 사는 자.
13. 선생은 제자를 추종자로 만들려고 하고, 제자는 선생을 능가하려고 노력하지 않는 자.
14. 기초부터 가르친 변변한 제자가 없는 자.
15. 어린이를 소명의식으로 가르치지 않는 자.
16. 제자에게 사심으로 상처 주는 자.
17. 심판과 심사를 사심으로 보는 자.
18. 직책을 이용하여 정보를 독점하는 자.

19. 지역사회에 헌신하지 않고 상이나 직책을 좋아하는 자.
20. 권력 지향적으로 윗사람에게는 잘하나, 아랫사람이나 주변사람은 안중에도 없는 자.
21. 단을 군대 계급장으로 착각하여 기본예의(長幼有序)조차 망각하는 자.
22. 수련시간보다 여흥시간이 긴 자.
23. 검도 수련 정도를 검도 시작일로 계산하는 자.
24. 검도를 예찬하면서 주변인(자식)에게 검도를 시키지 않는 자.
25. 코치, 감독을 하면서 남의 자식은 혹독하게 대하는 자.
26. 길이 아닌 곳에서 길을 찾는 자.

    나는 몇 항목이나 들어갈까?

우리가 지켜야 할 보편적 가치들

바른 것(正)이 힘을 얻어 세상에 내세워질 때
바르지 못한 것(不正)들은 수면 아래로 잠복한다.
부정은 쉽게 소멸되지 않으며, 소멸된 것처럼 보일 뿐이지
때를 기다리며 잠복하고 있다.
정(正)에 힘이 실리지 않으면 부정은 다시 되살아나
정(正)을 소멸시키려고 총력을 기울인다.
정(正)은 부정을 항상 경계하며 스스로를 되돌아 보아야 한다.
결국 정(正)은 부정으로 몰락하는 것이 아니라
정(正)이 정(正)답지 못할 때 소멸하는 것이다.

계고를 통한 "정기배양 검덕정본"
국제교류를 통한 "이웃 사랑 제자 사랑 검도 사랑"
어린이 전국대회를 통한 민족의 "강건한 청소년 육성"
정직, 신념, 배려, 관용, 봉사, 사랑 등
우리가 지켜야 할 보편적 가치들은 뜻이 좋아 저절로 이루어지는 것이 아니라 힘과 지혜로움으로 다스려나갈 때 지켜지는 것입니다. (10' 6/1 廣渡 쥬川 만나고서)

검덕정본/연무관 현판/솔뫼 오병철

60대 역할론

계고가 끝나고 말씀으로 지도받을 경우 연령별로 선생님마다 지도내용이 다르다.
70대 이상은 검도를 통한 사람됨을 말하고
이합에 대하여는 당신이 사사한 스승의 말씀을 전한다.
60대는 본인의 경험과 본인이 터득한 이합에 대하여 말한다.
50대는 대련으로써 증명하려고 한다.
연령에 따라 지도의 영역이 다르다.

문화의 형성에는 연령에 맞는 각자의 역할이 있다.
70대 이상은 과거 문화의 전달자로서
60대는 과거의 문화를 기(技)로써 도(道)를 보여주는 연결자로서
50대는 지도받은 과거의 기(技)와 현실에서의 적응을 융합시켜
새로운 문화의 창달자로서 소임을 다하는 것이다.
검도문화의 계승은 연령에 맞추어 자기의 역할이 있는 것이다.
60대의 역할은 스승에게서 직접 사사한 검의 이법을 열정으로 지도하기에 적당한 연령이다.

김민조 선생님이 문하생들과 함께 구마모토에 가서 친선검도교류회를 할 때 가메이(龜井)선생이 대표로 영접하면서 전하는 말이 "지역에 훌륭한 원로들이 많으나, 연로하여 계고가 잘 안 되니 네가 나가서 주관이 되거라." 하신다. 우리가 음미해 볼만한 말씀이다.

문화는 흐르는 물과 같아, 앞서 생성된 물이 미래의 물을 끌어내는 것이 자연의 이치이다. 이치를 거역하면 썩는 것이다. (10' 11/5)

공명정대
(검도 경기·심판 규칙 제1조「본 규칙의 목적」)

검도 경기. 심판 규칙 제1조「본 규칙의 목적」
이 규칙은 검도 경기에서 검의 이법에 따라 공명정대하게 경기를 하며,
적정 공평하게 심판하는 것을 목적으로 한다.

'검의 이법에 따라'를 명확히 정의내려야 한다.
'공명정대하게 경기를 하며'는 선수의 권고사항인지,
심판의 경기진행 시 의무사항인지가 명확하지 않다.
공명정대는 공정하고 떳떳하다는 뜻으로,
최선을 다하는 선수를 이르는 말에 공(公↔私)이라는 단어는 적합하지 않다.

공명정대(公明正大)의 본 뜻은 호연지기(浩然之氣)로서
크고 올바른 기운으로 경기에 임하라는 선수의 권고사항인 듯하나
정정당당이라는 용어가 쉽고 명확하게 와 닿는다.

승자 본능의 의지에 따라 선수는 룰 안에서 최선을 다해 승리를 쟁취하려고 한다.
결국 정정당당한 경기가 되도록 진행하는 것이 심판의 의무조항이기도 하다.
나타나는 현상에 대해 반칙을 적용하는 소극적인 진행보다는
선수의 마음가짐도 정정당당할 것을 유도하는 적극적인 진행이 되도록
규칙을 강화할 필요가 있다.
요즈음 스포츠의 추세를 보면 정정당당함을 회피하는 행위에 대해서는 반칙 조항이 엄격하다.
"체육은 인간을 굳세고 아름답게 가꾸어 쓸모 있게 하는 정화 과정이다."라는
체육인의 헌장에도 반하고, 관중들도 외면하기 때문이다.

적정(適正)은 알맞고 바름

공평(公平)은 어느 한쪽의 치우침이 없이 고름
알맞고 바르게 어느 한쪽의 치우침이 없이 고르게 판정하는 것을 말한다.
바르게 판정하라는 것을 강조한 듯하다.

심판의 기능은 진행과 판정이다.
진행은 최선의 기량을 끌어내어 승부를 겨루게 하고,
판정은 일관성 있는 기준으로 선수와 관중의 공감대를 이끌어내야 한다.

검도 경기는 호연지기를 가지고 정정당당하게 경기에 임하는 것이 기본이다.
선수나 심판의 경기 진행이나 이 원칙을 벗어나면 안 된다.
다른 종목들은 규칙 안에서 수단과 방법을 가리지 않지만
검도는 경기도 계고의 일종이자 수신의 방법으로 보기 때문이다.

전검련이 정한 어렵고 애매한 문장보다
"이 규칙은 검도 경기에서 검의 이법에 따라 정정당당하게 경기를 하며,
바르게 심판하는 것을 목적으로 한다."
상기 표현이 쉽고 명확하게 와 닿는다.

반칙제언(反則提言)

〈검도 경기, 심판 규칙〉의 목적 중
검도 경기에서 검의 이법에 따라 공명정대하게 경기에 임할 수 있게
원활한 경기 진행을 방해하는 요소들을 모아 반칙으로 규칙을 정함이 어떠한가 제언한다.

1. 정정당당한 경기를 회피하는 것
  1) 정당한 공세를 피하는 행위
  2) 왼손을 쳐들고 자주 거리를 끊는 행위
  3) 부당한 코등이싸움
  4) 반칙을 유도하여 승을 취하려는 행위

2. 시간을 지체하는 것
  1) 경기 중 본인이 부주의한 결과, 장비로 인해 시간을 지체하는 행위
  2) 공격을 위장한 시간벌기 작전
  3) 정당한 몸받음에 의해 넘어지는 행위
  4) 죽도 놓침에 한 번의 공격 찬스를 주고 그때까지 정상적인 수습이 안 되는 행위

3. 장 외
  충실한 기세로 인한 장외가 경기시간의 지장을 주지 않는 상황이라면 경기가 속계될 경우 반칙에서 제외

사심(私審)을 줄이는 방법

  사심은 詐審과 私審이 있다. 승부를 조작하는 차원은 전자에 가깝고, 공평성을 지키지 못하는 것이 후자에 가깝다. 51:49로 기울어도 공평하다 할 수 없다.

방법
- 부단한 계고
- 스스로를 고결하게 하고 경기장을 수양의 장으로 여긴다.
- 선입견을 버리고 반사신경에 맡겨 깃발을 올린다.
- 스스로에게 공평하게 보겠다는 다짐을 한다.

주의사항

1. 공감대 – 각 종목에 따른 심판 3인의 공감대 형성
2. 신뢰와 따라 드는 것을 구별 – 심판 위치를 서로가 존중하는 것
3. 자세 – 이동 중에는 중단 자세를 취하는 기분으로, 정지 중에는 정대하여 자연체로
4. 지도 – 심판 이전에 지도자

(09' 11/09 제13회 성남시검도회장기 검도대회 심판장 주의사항 중)

존심 유감

시작이란 말이 있다.
가위로 종이를 오릴 때 언제 시작이라고 할 것이냐이다.
가위로 종이를 댈 때는 아직 베어지지 않았으니 시작이라 할 수 없고
베어질 때는 이미 오려졌으니 이것도 시작이라 할 수 없으니, 결국 시작이란 없다.
이는 시간이 배제된 개념이 모순에 빠지고마는 언어의 한계를 설명해주고 있다.

전일본검도연맹(전검련)은 「유효격자의 취소」 사항 중 하나인
「격자 후 존심이 없는 경우」(심판세칙 제24조 1항)를 삭제하였다.
그 이유는 심판원이 기를 들고 유효격자를 표시하였다면
경기 규칙 12조(유효격자)에 따라 이미 존심의 요건이 충족되었다고 간주한 것이므로
뒤늦게 존심이 없다하여 취소를 하는 것은 모순이라는 것이다.

이는 존심의 본질을 이탈한 것이다.
판정에서 취소 사유 중 대부분은 경기장의 질서를 문란하게 하는 언행보다는
존심이 없는 경우이다.

특히 학생들에게 이 조항을 적용시켜 바람직한 검도로 지도해나간다.

검도는 다른 스포츠 종목에 비하여 관람 문화가 약하다.
관중에 대한 배려가 거의 없다.
스탠드에서 선수의 식별이 불가능하며 단체전의 경우 경기 진행 상황을 알 수가 없다.
심지어 심판원이 합의하여 반칙을 판정하는 경우 경기 당사자인 선수나 감독도
그 이유를 모르는 경우가 많다.
관람 문화 중 판정의 타이밍은 관람의 즐거움을 배가시킨다.
선수가 격자하는 순간 기검체일치에서 나오는 소리, 심판원의 절도있는 기(旗),
관중들의 탄성, 주심의 단호한 득점 선고, 장내의 박수소리, 품위있는 존심,
주심의 판정 선고 등의 연출 상황들이 경기장에서 감동을 주는 득점 장면이다.

검도 경기의 특성상 심판원의 기 표시는 대부분 격자 순간 이루어지고
주심은 부심의 상황을 보고 득점선고를 한다.
선수는 개시선에 돌아와 죽도를 맞춘 뒤 주심의 '승'이나 '두판째' 선고를 기다린다.
유효격자 이후에 벌어지는 부적절한 행위로 심판원이 한판을 줄 수 없는 경우의 합의
내용을 정리한 것이「유효격자의 취소」사항이다.

주심은 합의에 따라 기를 밑으로 흔들어 득점을 취소하고 경기를 재개한다.

유효격자와 한판은 다르다.
유효격자는 행위요, 한판은 결과다.
유효격자는 심판원의 기 표시에 의해서 이루어지고, 한판은 주심 선고에 의해서 이루어진다.
존심은 격자 이후 마무리까지 기(氣)의 늦춤이 없는 심신의 자세와 기의 단속을 말한다.
경기 흐름상 존심의 유무는 기 표시 때보다는 양선수가 개시선에 죽도를 맞추고
주심의 판정 선고를 기다릴 때 판단하는 것이 바람직하다.
오히려 부적절한 행위도 존심의 영역으로 끌어들여 근본 취지를 살리는 것이 교육적

존심함양/연무관 현판/솔뫼 오병철

이다.

"유효격자가 있고 나서 존심이 있는 것을 한판으로 한다."라는 규정이 이상적이다.

잘못된 규정은 계속해서 모순된 해석을 낳는다.

전검련의 모순된 결정을 따라가서는 안 된다.

이는 1975년 존심(잔심) 추가 이전의 검도로 돌아가는 것으로

존심의 본질을 인식하지 못한 것이다.

규정 삭제는 그 규정이 경기 진행에 방해나 도움이 되지 않을 경우에 한해야 한다.

전검련의 유효격자 취소 사항은

부적절한 행위로서 "격자 후 필요 이상의 여세로서 유효를 과시하는 경우"이다.

잔심의 본뜻이 "격자에 마음이 머물러 있지 않고 상대의 반격에 대응하는 자세"를 뜻한다면

부적절한 행위란 "잔심이 없음"이라고 해석하는 것이 타당하다.

실격 사항

경기 중 당사자에게 반칙의 불이익을 줄 경우는 명시된 근거에 의해야 한다.
대부분 〈검도 경기·심판 규칙〉이나 「대회 요강에 의한 실격 사항」에 근거한다.
그 외에는 주최 측의 해석이나 심판원의 합의에 의해서 결정된다.

〈검도 경기·심판 규칙〉의 제17조 1항 「부정 용구」에 관한 내용에는 「죽도의 규격」 밖에 없다.
경기장에서 주로 발생하는 사례가 죽도 검인에 관한 것인데,
검인이 있으나 규격에 맞지 않는 것, 검인은 없으나 규격에 맞는 것 등 여러 상황이 있다.

검인 사항은 주최 측이 원활한 대회 운영을 위해 대회요강에 명시하는 것이지,
〈검도 경기·심판 규칙〉에 명시된 사항이 아니다.
따라서 검인이 없는 죽도를 「부정 죽도」라 하여 「부정 용구」로 적용하는 것은 잘못이다.
규칙은 규칙집 안에서 해석되어야 한다.
검인이 없는 죽도는 대회 요강에 의한 실격 사항이 될 수는 있지만,
규칙에 명시된 부정용구는 아닌 것이다.
대회 요강에 명시되지 않았다면 상황이 복잡해진다.

초등대회의 경우 죽도의 규격을 정하지 않는 것도 잘못이다.
규칙은 초창기부터(1956년) 중학생까지만 명시되어 있다.
전검련도 초등학생의 경우 중학생에 준하여 적용한다는 구태한 입장이다.
죽도의 규격을 정하는 것은 경기의 보편성에 관한 사항이다.
체격에 따라 34(尺)와 37죽도를 가지고 경기한다는 것은 형평성을 상실한 것이다.
또한 현 규칙은 약 30년 전에 정해진 것으로,
체격이 좋아진 현 시점에서 다시 고려해 보아야 한다.

경기장에서 자주 볼 수 있는 실격 사항으로 요판이 있는 도복, 세 번 호명에 응답이 없는 것, 검인 없는 죽도, 규정 위반 명패, 개회식 불참건 등이 있다.
그것도 대회 요강에 명시되었을 때나 그렇다.
실격에 의한 패를 어떻게 처리할 것인지도 과제이다.

패(敗)도 여러 가지다.
판정패, 반칙패, 실격패, 기권패, 몰수패, 경기불능패, 부정 선수에 의한 패 등
중요하고 예민한 종합대회에서는 각각의 패에 따르는 벌칙이 본 경기 외에도
소속단체 순위에 중요한 변수로 작용한다.
이제는 주관적 해석이나 관례에 따르는 것보다
경기장에서 자주 발생하는 사례들을 모아 「경기·심판분과위원회」가
사례집을 내어 경기 문화를 주도해가는 것이 바람직하다.

Sports 興亡

1. 한계상황
  1) 선택반응(작전/두뇌)
  2) 거리(한계상황/규정)
  3) 반사신경(연습/육체)
  4) 運三技七(변수)
  5) 몰입, 보는 재미(관중성), 하는 재미(성취감)

2. 장비
  1) 통쾌감-손맛, 몸맛(스트레스 해소)
  2) 안정성
  3) 경제성

3. 생산성
  1) 심신 건강
  2) 교육적 효과(사회성)
  3) 품성 함양
  4) 심미적 효과

모든 스포츠를 포함하여 검도도 상기 조건을 갖추지 못한다면 도태될 것이다.
쾌(快)를 통한 인간 형성에 충실하며 진화하지 않으면 대중화와 멀어지고 경기 단체로만 남을 것이다.

뜻을 구하다

무도는 몸 공부로 사물의 뜻을 구하고 의지(意志)를 굳건히 하며, 단체는 이념을 정하여 구성원들이 뜻을 같이하여 수련한다. 검도는 자기 종목에 대하여 명칭의 뜻(定義)을 정확히 정하고,(正名) 몸 공부를 통한 깨달음의 길로 가는 이념을 정해 구성원들이 같은 뜻으로 계고하여야 한다. 뜻을 바로 하지 않으면 구심점이 사라져 혼동으로 인해 길이 만들어지지 않는다.

「뜻을 구하다」는 것은 삶의 네비게이션(navigation)으로 성현들은 다음과 같이 가르친다.
공자는 정명(正名) (子路曰:"衛君待子而爲政, 子將奚先?" 子曰:"必也正名乎!")
자사는 솔성(率性) (天命之謂性, 率性之謂道, 脩道之謂敎)
맹자는 성의정심(誠意正心) (格物致知 誠意正心 修身齊家 治國平天下)
주자는 거경궁리(居敬窮理)
소크라테스는 "너 자신을 알라."
예수는 "먼저 그의 나라와 그 의(義)를 구하라." 마태복음(6:33)

의(意)가 성(性)으로 생각이라면, 의(義)는 솔성(率性)으로 도의(道義)의 준말로서 바른행위에 가깝다. 둘 다 의미(意味)의 내용을 지녔으며 우리말로 '뜻'이다.
「뜻을 구하다」는 자기 삶에 대한 끝없는 질문이며, 자유의지로 선(善)을 택하려는 성지자(誠之者)의 길이다.(誠之者, 人之道也. 擇善而固執之者也.)
매사에 최선을 다하려고 노력하는 것이 인간의 길이라면, 그 뜻을 결정하고 합력하여 선을 이루시는 이는 하나님이시다.

노자는 뜻의 어려움을 "道可道 非常道 名可名 非常名"라 하여 언어의 한계를 갈파했다.
공자는 아침에 도를 깨우친다면 저녁에 죽어도 여한이 없다고 하셨고,(朝聞道, 夕死可矣) 15세에 학문에 뜻을 세워 50에 지천명이라 하여 하늘의 뜻을 알았다고 하셨다.
성철스님은 본인을 만나기 전에 삼천 배를 주문하여 스스로 뜻을 찾는 깨달음을 주셨다.

　김수한 추기경은 "사랑이 머리에서 가슴으로 오는데 70년이 걸렸다"라고 하여, 사랑의 진의는 관념이 아닌 덕의 언어로 실천하면서 만감을 경험하도록 가르침을 주셨다.
　안중근 의사는 사형 집행 직전 "5분만 더 시간을 주십시오 아직 책을 다 읽지 못 했습니다" 이는 일생 공부를 통해 뜻을 구하고자 하는 평상심의 극치를 보여주는 성지자의 자세이다.

　뜻은 언어로 구체화되거나, 체험을 통해 공감대를 형성한다. 사물의 구분을 위해 언어로 정의(定義)되거나, 속뜻을 나타내고자 체험적인 덕의 언어를 써서 비유적으로 표현한다. "하나님은 사랑이시라" "검리는 천지자연의 리" "인간형성의 길" "중화지기" "극기복례" 이런 의미들은 지식의 전달이 아닌 삶의 내공 표현이며 덕을 세우는 말씀이다. 이는 체험적인 경험에 의해 삶의 마디마디마다 공감대로 전달된다. 성현들의 이런 가르침은 평생 공부를 과제로 내준 것이다.

　"행복으로 가는 길은 존재하지 않는다. 행복 자체가 길이다."라고 하듯 뜻있는 한마디는 해답이 아니라 화두를 붙들고 가는 과정자체이며 삶이다. 자기가 평생 걸어가야 할 길이 헛되지 않고, 속뜻을 체험하면서 보람 있게 살아가는 길을 제시하여 준다. 의지가 약하거나 천박한 자는 삶의 뜻을 구하지 못하고 의미 없는 생을 마감하게 된다.

　평생 검도하면서 깨달은 것은 "딱딱하면 죽는다."는 것이다. 몸이든 생각이든 중심을 잡고 물 위에 떠있는 배처럼 유연하지 못하면 가라앉는 것이다. 사물의 시간을 배제하거나 한편만을 바라보면 편견적 언어에 매몰되어 사고도 편협해진다.
　다양한 면을 살피는 것이 중용적 사고이며 중화지기에 가까운 진실에 다가가는 것이다. 생물의 세계에 DNA를 지배하는 것은 종족 본능의 욕망이 최우선일 것이다. 자기의 생각이 욕망이나 잘못된 가설에 의해서 출발했다면 올바른 뜻에 도달할 수 없다. 뜻을 구하기 위해서는 자기의 관점을 되돌아 볼 필요가 있다. 그리고 심층에 깔려있는 무의식을 걷어내고 자연의 소리를 가슴으로 듣는다.

뜻은 정의(定義)되는 순간 언어의 한계로 왜곡될 수 있다.

집단의 리더는 그 집단이 공유하는 정재된 언어를 사용하여야 한다. 성직자는 하늘의 뜻이 어디 있는가를 구하여 구원적 언어로 신앙을 돈독히 하여야 하며, 자기의 삶이 하나님의 뜻에 부합되는지 갈구하며 실천을 통해 믿음으로 살아가는 것이다.

정치가는 국민의 뜻이 어디 있는가를 구하여 정명(正名)으로 민중들의 삶의 질을 끌어올려야 한다. 무도인은 평생 몸공부로 무도의 뜻을 구하고 정갈한 언어로 자기를 정화시켜야 한다.

"검도란 검의 이법에 따라 수련함으로 인간형성을 하는 도다."

검도하면 사람이 되는 것이 아니라, 검의 이법에 따라야만 인간 형성이 되는 것이다. 검의 이법이 무엇이며 어떻게 통섭하여 연습해야 인간 형성의 길이 되는지를 탐구하여야만 검도의 뜻을 구할 수 있는 것이다. 계고(稽古)는 몸 공부로 검의 이법을 체험함으로 선인들의 인식의 깊이를 공유하는 것이지 관념의 조작으로 도달하는 것이 아니다.

「검도의 뜻」은

"호구를 착용하고, 죽도를 사용하여 검의 이법에 따른 한판으로 계고하는 것이며, 수신의 한 방법으로 자기를 정화시키는 것"이다.

수련 방법은 거경궁리(居敬窮理)로 항상 몸과 마음과 칼을 삼가서 바르게 가지고 최선을 다하고, 널리 검의 이치를 궁구하여 사물의 이치를 깨닫는 데 있다.

"검의 이법은 중화지기(中和志氣)요, 검도는 생생지위역(生生之謂易)이다."

검도는 중화지기의 길을 가면서 나도 살리고 남도 살리는 평생 몸공부이다.

2019. 입동에

검도 8단 허 광수

검도(劍道)의 교육성(敎育性)

 검의 기법은 총이라는 이기가 나오면서 소멸될 수밖에 없으나, 수련 과정에서 축적된 지혜는 오늘날 검도라는 형태로 진화되어 교육수단으로 활용되고 있다.
 이 지혜는 「一刀의 思想」으로 한칼에 결정짓는 수련 방식에서 파생되는 文化이다.
 「한칼 한판의 이법」은 일대일에서의 교감 능력과 본인이 발현할 수 있는 가장 강한 정기(精氣)와 상대의 모든 기법에 대응할 수 있는 이합을 함양하는 수신(修身)방법이다.

체(體)
사람의 모든 생각과 행동은 몸을 바탕으로 이루어질 수밖에 없다.
검도는 「기검체일치(氣劍體一致)된 동작을 되풀이 수련함으로써 "인(仁)한 몸"」을 만드는 것이다.
훈련 동작 속에 자아(自我)를 밖으로 표출시켜, 감사(感謝) 반성(反省)으로 되돌아보아(顧) 스스로 자기를 만들어 가는 것이다.
"성기인야_인간형성(成己仁也_人間形成)"는 이를 말함이다.

덕(德)
선(善)을 반복적으로 행함으로써 무의식 영역에 쌓아놓는 것.
검도는 「자기의 정중선으로 상대의 정중선을 관통하는 것으로 한판」을 정한다.
여기서 최고의 입법은 바름(正)이다.
바름이란 정정당당(正正堂堂)이며, 이는 호연지기(浩然之氣)를 말한다.
"기(技)로서 도(道)를 구하고, 도(道)로서 덕(德)을 드러내다"
「똑바르게(正) 최선을 다함으로(誠) 뜻(志)을 구하고, 뜻을 구현(具現)하여 덕을 드러낸다.」
그 덕을 "검덕정본(劍德正本)"이라고 한다.

지(智)
안다는 것은 사물마다의 중(中)을 알아 화(和)의 이치를 깨닫는 것이다.

검도는 「중화(中和)를 몸으로 닦아 궁극에는 자연스러움에 이르는 것」이다.
자연의 순리인 「생생지위역(生生之謂易)」에 따라 중화지기(中和志氣)를 단련함으로 날마다 새로워지는 것.
중심을 가지고 주변과의 조화를 통해 더불어 살아가는 지혜를 터득함으로
"생명활동(élan vital)"을 구현해 가는 것이다.

지덕체(智德體)를 앞세워 전인교육(全人敎育)을 지향하는 학교교육현장에서
「삼척장검중만권경서재(三尺長劍中萬券經書在)」란 검도가 교육 수단으로 얼마나 유용한가를 나타내는 말이다.
"하학상달(下學上達)"은 이를 말함이다.

2018. 02. 23   검도 8단 허 광수

검도(劍道)의 교육성(敎育性)

검도 교육성					유교사상			
要素	內容	敎育	劍道稽古	修身	日常	中庸	孟子	日本
體	仁	交感	一刀思想 (一刀一本)	誠一誠之者 (人間形成)	力行	性	集義	力行(仁)
德	和	正本			又日新	修道	不惑	廉恥(勇)
智	中	時中			好學	率性	知言	好學(智)
大本	達道	能久	下學上達	誠者自成也	誠	仁也	君子	마크

劍道の教育性

　劍の技は銃という利器の出現によって、消滅の道を辿るしかなかったが、
　稽古の過程で蓄積された知恵は、今日の劍道という形に進化され教育手段として活用されている。
　この知恵は「一刀の思想」で　一刀で決まる修練の方式から派生した文化である。
　「一刀一本の理法」とは一對一での、交感能力と自分本人が發現できる最も強い精氣と相手のすべての技に對應できる理合を涵養する修身の方法である。

體
人間のすべての考えと行動は体をもとに行われざるを得ないことである。
劍道は「氣劍體一致の動作を繰り返し修練することで、"仁"の身」を作ることである。
修練の動作の中の自我を外に表出させ、感謝と反省の心で省みて(顧)
自分自身を形成して行くことである。
「成己仁也(人間形成)」即ち此である。

德
「善」を繰り返し行うことで無意識の領域に積んでおくことである。
劍道は「自分の正中線で相手の正中線を貫通するのを一本」と決める。
ここで最高の理法は「正」である。
正しさとは、正正堂堂であり、これは浩然之氣をいう。
"技をもって　道を　求め、道として德を　あらわす。"
「正しく(正)最善を盡くして(誠)(義)志を求め、志を正しくして德を現わす。」
その德を「劍德正本」と言う。

智
"知る"ということは万物の「中」を知り、「和」の道理を悟ることである。
劍道は「中和」を体で練磨して究極には自然さに達すること"である。

自然の順理である「生生之謂易」に從って「中和志氣」を鍛練することで、
日々新たになることである。
中心を保って周邊との調和を通じて、共に生きる知惠を會得することで
「生命活動(élanvital)」を具現していくことである。

智德體を揭げて全人敎育を志向する學校の敎育現場で
「三尺長劍中萬券經書在」という劍道が敎育手段としてどれだけ有用なのかを表す言葉である。
「下學上達」とはこれである。

2018. 02. 23

劍道 8段 許 洸 水
飜譯 金昌德

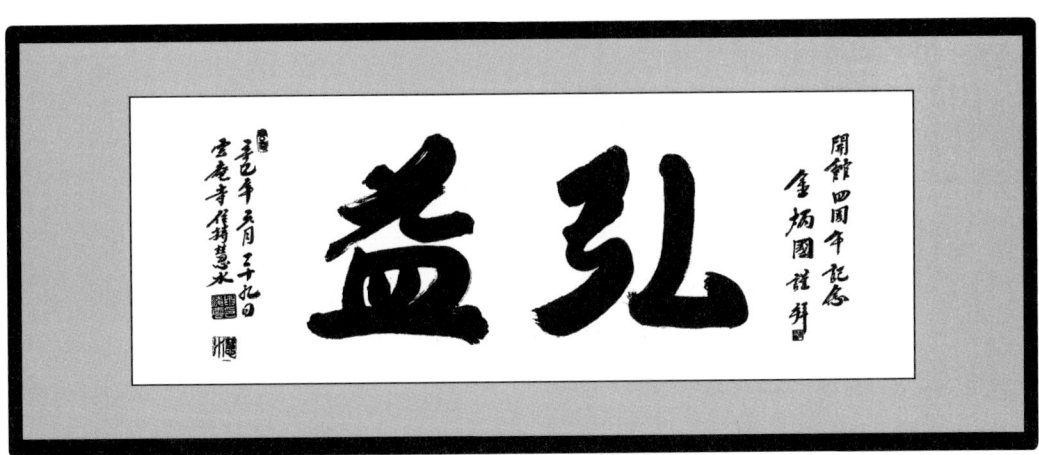

弘益/慧水

검도의 각성

언(言)은 격의(格義)에 의해 한계에 갇히며, 행(行)은 무작정 흐를 가능성이 있다. 언은 행을 돌아보아야 하고 행은 언을 돌아보아야 한다.(言顧行 行顧言) 둘의 관계는 변증법처럼 앞으로 진화해 끝없이 나아가야 하며 멈추어 정의되는 순간 생명력을 다한다.(각성론 중에서)

劍(인의예지신)/2014. 교토대회

성(性)

性은 「忄」이 변으로 쓰일 때는 마음, 즉 「心」을 뜻한다.
生은 활(活), 동(動), 운(運), 화(化)로서 삶을 말한다.
삶이란 끝없는 마음의 생성이며 이를 중단하는 것은 곧 생을 마감한다는 것이다.
"나는 생각한다. 고로 존재한다."라는 명제처럼

인간은 수많은 관계 속에서 복잡다단한 마음들을 만들며 살아간다.
마음은 몸을 근거로 한다.
"몸은 보이는 마음이며, 마음은 보이지 않는 몸이다."
이를 심신일여(心身一如)라고 한다.

마음은 불꽃과 같다.
지금 활활 타고 있는 불꽃은 언젠가는 소멸하고 만다.
불꽃은 옆으로 번지거나 남은 재가 작은 불씨가 되어 다른 불꽃을 만들기도 한다.
산다는 것은 다양한 불꽃을 만들어가는 것이다.
우리의 몸은 화로와 같이 여러 불꽃을 지니고 살아간다.

마음을 비우거나 바꾼다는 것은 불꽃을 바꾸는 것이 아니라
이전의 불꽃보다 더 강한 다른 불꽃이 생겨난다는 것이다.
관계에 따라 여러 가지 불꽃이 생성된다.
불꽃을 관리할 수 있는 능력인 자아(自我)를 신이 우리에게 부여하였다.

자아의 능력은 교육과 공부에 의해서 개발되며 본인의 자질에 의해 더해진다.
자아는 관심사의 지경을 넓힐 수 있으며 단련을 통해 불꽃의 세기를 조절할 수 있다.
뜻있는 사람은 관계의 지경을 넓혀 성(性)을 만들어 간다.
이를 소명(召命) 또는 지천명(知天命)이라 한다.

存養省察/검당 송기영

불꽃에서 공기의 역할이 기(氣)이다.
공기 중에서 불꽃에 필요한 산소는 정기(精氣)와 같다.
공기를 정화시켜 질이 좋은 산소를 유지하듯 몸 공부를 통해 정기를 만든다.
관계 중에서 건전한 성(性)을 위해 좋은 기를 유지할 필요가 있다.
늘 몸 공부가 필요한 이유가 바로 그것이다.

성향(性向)

성(性)은 학습에 의하여 안정된 틀을 갖게 된다.
그 틀이 곧 성향인데, 성향은 그 사람이 가지고 있는 성의 지향성을 말한다.
성향은 사람이 관계에서 가지고 있는 생각, 감정, 행동의 지향성이다.
선악의 갈림길에서 어떤 선택을 하는가는 그 사람의 성향에 따라 달라진다.

어린 선수들이 검도대회에 나가면 두 부류로 나뉘게 된다.
자신의 부족함을 깨닫거나, 한 차원 높은 검도의 경지를 느끼는 긍정적 부류와 경기의 요령, 반칙의 활용, 심판 판정의 불만 등을 먼저 배워오는 부정적 부류들이다. 이는 지도자의 자질과 선수들의 성향에 의해 결정된다.

성향은 태어날 때 부모나 가정환경에 의해 형성되는 기질(氣質)이 대부분이고, 교육이나 신앙의 영향을 받는다.
교육계에서는 지·덕·체를 내세워 학습으로 해결하려 하고,
종교는 가르침과 믿음으로 성향을 바르게 하려 한다.
기독교에서는 성향이 변화하는 것을 '거듭남'이라 하여 본인의 의지보다는 성령에 의해서만 될 수 있는 것이라고 말한다.

성향을 바르게 한다는 것은 기질을 바꾼다는 것으로, 무척 어려운 일이다.
범인(凡人)들은 자기를 변화시키기 보다는 신앙과 교육을 자기 수준으로 끌어내려 편리하게 믿거나 자기만족화 한다.
세련되고 교육이 잘 되어 있는 사람일수록 성향을 바르게 하기보다는 세련된 매너로 위장하여 자기의 타고난 성품을 드러내지 않는 편이다.
그러다 이해관계가 생기면 비천한 성품을 드러내며 그 원인을 남의 탓으로 돌리고 자기합리화를 한다.
성향이 바른 사람은 그러한 생각조차 염두에 두지 않는다.
마음과 생각에 앞서 그의 영혼이 맑기 때문이다.

검도는 반복된 수련 속에서 심신을 단련하여 의지를 바르게 하는 것이다.

검의 이법에 따른 몸 공부로 정기를 배양하며 성향을 바르게 한다.

'생활 즉 검도' '검도 즉 생활' 이라는 말은 계고에서나 삶의 현장에서 정직함으로 손해를 보는 훈련을 통해, 그리고 끝에 가서는 정직함이 통하는 검의 세계를 통해, 성향을 바르게 해나가는 것이다.

성품이 바르지 않으면 아무리 좋은 제도도 소용이 없다.

이는 어려서부터 좋은 습관을 몸에 익히는 학습에서부터 출발한다. 우리의 삶 속에서 수련으로 배양되는 정기를 통해 성향을 바르게 하는 훈련을 해야 한다.

솔성(率性)

天命之謂性, 率性之謂道, 修道之謂敎(德).
관계로 마음이 만들어지며,(天命之謂性)
그 중 바른 마음을 따르는 것을 마땅함(道)이라 하고(率性之謂道)
마땅함을 닦음으로(敎) 덕성(德性)을 쌓는다.(修道之謂敎)

산다는 것은 살아 명을 받는 것으로(生命)
삶의 마디마디 여러 마음이 발생(發生)하는 것이다.(性)
생을 마감한다는 것은 관계의 단절이며, 마음의 소멸을 뜻한다.
이는 무관심이며 성(性)이 사라지는 것이다.

감정(感情)의 기를 성이라 한다.(喜怒哀悲之氣, 性也)

각자의 성은 환경과 학습에 의해 방향성을 갖는다.(習與性成)
바람직한 성의 지향성(性向)은 삶의 매 순간마다 감정을 컨트롤(control)하며 살아간다.
이러한 삶은 덕성(德性)을 형성한다.

명(命)은 교감이며 인(仁)한 자(者)만이 능할 수 있다.
불인(不仁)한 자는 느낌이 마비된 자를 말한다.
바른 마음을 선택하는 것은 인을 배양하는 것이요. 욕(欲)과의 조화를 이루는 것이다.
불화(不和)는 적자생존에 의해 몸에서 비롯되나 이상(道理)과 충돌한다.
솔성은 삶의 상황 속에서 중용지도(中庸之道) 하는 것이다.

솔성을 향상(向上)시키는 것은 바람직한 성향(性向)을 만든다.
스스로 보편성의 훈련을 통해 주변과 더불어 살아가는 삶(弘益人間)
일상의 삶 속에서 예(禮)를 통해 몸가짐을 바르게 하여 작은 선(善)부터 실천하는 것.
성(誠)함으로 하학상달(下學上達)하여 자연의 순리를 터득하는 것.
호학역행(好學力行)을 통한 몸 공부로 심신의 조화를 이루어 인을 배양하는 것.

中庸之道/이규호

검도의 본질을 깨닫고 정기를 배양하는 것.

수신(修身)은 관계 속에서 발생하는 여러 마음 중
바른 마음을 선택하는 것이 아니라
바른 마음이 생겨나도록 심신을 건강하게 하는 데 그 의의가 있다.
상황에 맞는 감성이 우리 삶을 지배할 때 비로소 건강한 삶이라 할 수 있다.

기(氣)

존재하는 것은 그럴만한 이유가 있다. 소멸하는 것도 마찬가지다.
검술은 현재의 삶 속에서 그 의미가 없다. 다만 검술을 운용하는 기(氣) 중 일도양단의 역동적인 기는 우리의 삶에 필요한 것이다. 그 기를 검도를 통해 내 몸에 발현되게 하거나 함양하는 데 의미가 있다.

검도에서는 만물의 근원이 되는 모든 기를 다루기보다는 교검(交劍)에서 이루어지는 교감(交感)능력과 심신(心身)의 조화를 이루는 기(沖氣)에 한해서만 다루고 있다. 기검체일치, 심기력일치, 심신일여라는 표현은 기에 의한 심신의 조화가 죽도를 통하여 몸짓으로 나타나는 움직임을 말한다. 1:1관계 속에서 나의 정중선으로 상대의 정중선을 일격에 가르는 '일도양단의 기'를 인간에게 잠재하고 있는 가장 강한 기(氣)와 잘 정제된 이합의 기(技)로 본다.
이 기를 검도로 잘 다듬어 정기(精氣)로서 일상의 삶에 활력을 불어넣는 것이다.

검도에서 몸 공부(氣學)는 4단계로 만들고, 발현하고, 학습하여, 체화한다.
자신이 발휘할 수 있는 최고의 심신일여의 기를 끌어내는 것과 끌어낸 기를 검의 이법에 따라 정제(精製)하는 것, 정제된 기를 보존하여 덕성으로 가는 것이다.

「바른 마음 바른 자세 바른 검도」를 실행하는 것이 기이다.
바른 자세 속에 정기(正氣)는 검의 이법에 따른 바른 검도를 표출하며, 바른 검도는 바른 마음을 생성시키는 성향을 만든다. 이는 상호보완적으로 작용하여 서로 상승작용을 한다. 상호작용을 하게 하는 것이 바로 기(氣)다.

검도에서의 모든 행위는 몸짓으로 표출된다.
유형의 몸짓에 무형의 기를 담는 것이다. 수련의 정도에 따라 몸짓이 풍기는 향기(香氣)가 품격으로 드러난다. 드러난 몸짓의 품격을 기위(氣位)라 하고, 그 정도에 따라 등급이 결정된다. 검도에서는 수준에 걸맞은 세련되고 절제된 기를 몸짓에 담아낼 줄 알아야 한다.

우리는 기에 의해 끝없이 생성되는 현상이나 마음을 단절시켜서 바라보거나 저장하는 습성이 있다. 현상이나 마음은 시간이 정지된 채로 존재하지 않는다. 우리는 다만 단절시킨 현상이나 마음을 통해 현재의 상태가 지속되고 있다고 믿을 뿐이다. 건강한 심신의 상태는 최상의 기가 유지되고 있을 때뿐이다.
최상의 기가 유지되기 위해서는 매일 매일의 몸 공부를 하는 수밖에 없다.

검도 수련으로 매일 매일 새로워져야 하는 이유가 있다.
우리는 심신의 바람직한 조화를 유지하거나 향상시키기 위해 단련을 한다. 몸 공부는 기의 단련이며 내 몸과 관련된 관계들을 건강하게 지켜가는 것이다. 온 몸을 다하는 수련만이 심신의 화(和)를 유지시킬 수 있다. 끊임없는 몸 공부를 자연에서 배운다.
자연을 성(誠)이라 한다.

무형의 기(氣)를 몸짓(技)에 담아 날마다 닦는다.
몸짓이 곧 검의 이법이며 예(禮)이며 그 쌓임이 검덕(劍德)이다. 지기(志氣)는 욕망이나 사(詐)된 마음 등을 검의 이법으로 다스리려는 의지이다. 사람됨이란 품격에 걸맞은

志氣道/정인재

몸짓에 기(氣)를 담아 표출할 줄 아는 것이다. 검도는 '심기력의 조화'를 목표로 하여 나날이 자기를 진화시켜 가는 도(道)다.

계고는 자기의 기를 정갈하게 하는 운동이며, 궁극에는 기의 완전체를 구현하는 것이다. 기(技)로서 도(道)를 구하고 덕을 들어내는 것이다.

인(仁)

인(仁)은 "어질다, 민감하다, 씨, 만물을 낳다."등의 공시태(共時態)의 뜻이 있다.

어질다는 의(義), 민감하다는 교감(交感), 씨는 생명, 만물을 낳다는 지속의 의미를 내포한다. 작은 씨앗이 자연환경의 변화 속에서 쉼 없는 교섭을 통해 커다란 나무로 성장하듯 상호관계에서 지속적인 교감을 통해 만물을 생성하는 이 모든 과정(力行)을 인이라 한다. 인간관계에서 의로운 감성을 선택하고 가꾸고 지속하여 나의 덕성으로 만드는 것 즉, 수신(修身)의 궁극적 목적인 '자기를 이룸(成己仁也)'을 말한다.

공자는 인의 본질은 서(恕)라고 하였는데, 이는 감정이입(感情移入)으로 나의 마음을 타인의 마음에 이입하여 같이 느끼는 공감이다.
효(孝), 극기복례(克己復禮), 능구(能久)가 인에 가깝다고도 하였다.
효(孝)를 두고 "부모는 오직 자식이 병들까 걱정이다."라고 말씀하신 바, 부모의 마음이 있기에 거기에 감응(感應)하여 발하는 것이 자식의 마음이라는 것이다.
극기복례는 인간의 일곱 정을 예로서 순화시키는 것으로 의로운 감성의 선택을 말한다.
능구는 학습을 지속함으로써 그것이 내 몸에 배어 덕성으로 발현되는 것을 뜻한다.
인은 관계 속에서 교감하고 감응(感應)하는 기(氣)의 공감 능력이며 덕성이다.
또한 이성을 포섭하는 심미적 감성이며, 윤리적이어야 한다.

인은 정기(精氣)를 근본으로 하고 의(義)와 함께 한다.
인은 모든 덕의 기초이며 도덕과 정치이념의 근간이다.
검도 또한 인의 배양이 궁극적 목적이다.
인(仁)은 고어(古語)로 두 마음(忎)으로도 표기되며,
두 마음의 기 파장으로 파생되는 교감을 말한다.

交劍知愛, 交劍知友에서 애(愛)와 우(友)도 칼을 통한 기의 교감에서 나오는 것이다.
감성(感性)은 교감하는 능력이다. 교감은 기의 부딪침으로써 느낌을 주고받는 것이다. 교검(交劍)으로 오고 가는 칼을 통해 느낌을 주고받는 동안 많은 마음이 파생된다.
검도로 인이 배양이 되는 이유는 기술만이 아닌 사람의 만남으로 이루어지기 때문이다.

검도에서 수신은 1:1 관계에서 교검을 통한 인의 배양을 말한다.
검의 이법에 따른 정중선의 다툼 속에서 기(氣)의 교감을 통해 감성을 가꾸는 것이다. 즉 상호관계에서 죽도를 통해 표출되는 자아를 성찰하고 반성하며 그 과정을 통해 공감능력을 섬세하고 세련되게 확대해 나아가는 것이다.
한서 예문지 병기고「검도삼십팔편」주석에

忠恕/三浦

"신·염·인·용(信廉仁勇)이 없이는 검(劍)을 논하지 말라."라고 하는 구절을 보면 예부터 검을 통한 덕성 가운데 인이 중요한 덕목으로 자리하고 있음을 알 수 있다.

'離見の見(리켄노켄)' 일본 전통극 '노(能)'에서 연기의 최고 경지를 이르는 말이다. '마음의 눈'으로 객석에서 자신을 바라보는 자세이다. 남의 입장에서 남을 생각하는 '역지사지(易地思之)'보다 진일보한 관법(觀法)이며, '리켄'의 자세로 관조(觀照)하는 것도 검도에서 인을 배양하는 하나의 방법이다.
　인자무적(仁者無敵)이란, 어질기 때문에 적이 없다는 뜻이라기보다 부단한 몸 공부로 자기를 이룬(成己仁也) 사람에게는 상대할 만한 적수가 없음을 말한다.

　교검에 의해 자아가 표출되며, 내면에 숨겨져 있는 또 다른 나가 드러난다. 극한상황 속에서 표출되는 자아를 성찰을 통해 되돌아본다. 견성성불(見性成佛)은 마음이 생겨나는 것을 들여다보라는 뜻이다. 자기가 무엇에 의해 지배받고 살고 있는가를 정확히 인식하는 것이 바로 그것이다.
　인(仁)한 자는 이를 통해 자기를 만들어 가는 것이다.

중(中)

계고에 임하매 중(中)을 발현한다.(中庸)

중단(中段)은 모든 자세(構)의 근본이요,(中也者 天下之大本也)

발현하기 전에 모든 상황에 대해 준비되어 있는 당당한 상태를 말한다.(沖氣以爲和)

발현할 때 모든 가능성을 살펴,(執其兩端)

변화하는 상황 속에서 최선의 결단을 내려(允執厥中)

일도양단의 기를 발현한다.(發而皆中節)

화는 마땅히 가야할 길이며(和也者 天下之達道也)

발현할 때 타이밍과 밸런스가 맞는 상태를 말한다.(謂之和)

화를 실천하게 하는 덕목으로는 지(知)·인(仁)·용(勇)이 있다.

지·인·용의 덕목이 몸에 배려면 성(誠)해야 하며(一以貫之)

성실한 자만이 하늘의 명을 받는다.(自誠明謂之性. 知千命)

고로 군자는 성해지려고 노력하는 것을

삶의 가장 귀한 덕으로 삼는다.(是故君子誠之爲貴)

중(中)이 체(體)라면 화(和)는 용(用)이다

화(和)는 흐름 속에서 중(中)에 도달하기 위한 수단이며,

중(中)은 상황 속에서 가장 아름다운 화(和)라고 할 수도 있다.

가장 적절한 화(和)의 상태가 곧 시중(時中)이다.

덕(德)은 화(和)보다 큰 것이 없고, 도(道)는 중(中)보다 바른 것이 없다.

공부의 본질은 중화지기(中和志氣)를 체득하는 데 있다.

중과 화를 지극한 경지에까지 밀고 나가면,(致中和)

너와 내가 일체가 되고,(物我一體)

천지자연의 이치를 깨닫는다.(天人一致)

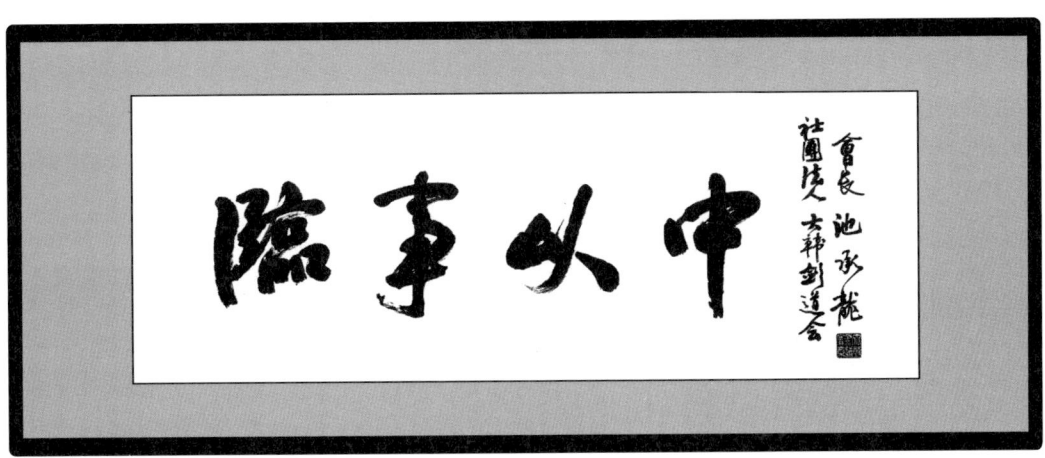

臨事以中/지승룡

검도는 수신의 한 길이다.

검도수련은 검의 이법에 따른 쉼 없는 수련으로(誠之者)

중화지기를 체득하여 날마다 새로워지는 것이다.(日新又日新)

이는 기(技)로써 도(道)를 구하는 몸공부를 말하며,

수신된 자만이 임사이중(臨事以中)의 삶을 살아간다.

검도 수련의 궁극적인 목적은

상황에 맞추어 중을 발현할 줄 아는 사람을 만드는 데 있다.(君子而時中)

정(正 바름)

검도의 본질은 바른(正) 것이요
바른 것은 어울림(和)에 의해 이루어지며
이것을 키우는 것이 다함(誠)이다.
검도 수련은 자신을 바르게 하는 데 있다.

검은 스스로가 바르며, 그 바름이 나의 근본을 바르게 하고,
이것이 세상을 바르게 한다.(劍德正世)
검은 바른 것을 밝혀 드러내는 것이고,
도는 올곧은 마음을 항상 보존하는 것이다.(劍顯正道存心)

나의 정중선은 정(正)의 근간(根幹)이 되고, 너와 나의 관계에서 정중선은 화(和)을 제공한다. 검도는 나의 정중선으로 상대의 정중선을 가르는 무도로서 나의 몸에서 예리한 정중선을 만들어 구하는 것은 평생의 공부이다. 검도의 본(形)에는 이러한 이법들이 담겨 있다. 부단한 대련(稽古)을 통해서 바름을 몸으로 깨우칠 때 진정한 검도가 된다.

검도의 으뜸 덕목은 바름이다.
검도 이념, 검도 수련의 마음가짐, 경기 및 심판규칙, 심사의 주안점 등 검도와 관련된 모든 규범들은 「검의 이법에 따라」가 기본 전제조건이다.
검의 최고의 이법은 바름이며 첫째 덕목도 바름이다.
상대를 정대(正對)하여 정대(正大)하는 동작을 되풀이하는 과정에서 올곧음을 체득하게 되며, 중심(中心)과 중심(重心)이 합일(合一)이 되어 있는 것을 지키고 공략하는 몸 공부 과정에서 정(正)에 대한 깨달음을 얻게 된다.

"자신을 바르게 하는 것이 검도, 자신을 바르게 하고 있으면 상대의 올바르지 않은 점을 알 수 있다."라는 말처럼 나의 바름이 세상을 향하여 담대하고 당당하게 실천하는 것이 검도의 궁극적 목적이다.

對人以正/지승룡

화(和 어울림)

　화(和)란 다름을 존중하는 것이다.
　다양성을 인정하고 어울리되 같지 않는 것이 화이부동(和而不同)이다.
　상대를 제압하여 자기의 우월성을 내세우는 것을 동(同)이라 한다.
　한쪽의 우월성으로 개체 간의 어울림이 사라지고 획일화되는 것이 동이불화(同而不和)이다. 화는 존중의 논리로서 진화의 법칙이며 동은 권위와 획일주의 논리로서 도태의 법칙이다.
　진화는 다양한 가치가 공존하는 화의 논리에 의해서만 가능하다. 서로 간의 신뢰를 바탕으로 교감하는 공감능력에서 창조력이 발휘된다.

　무도의 기본명제는 상대를 제압하는 것이다.
　무도는 자기의 우월성을 내세우려는 승자 본능의 의지가 강하기 때문에 동으로 가기 쉽다. 그리해서는 높은 경지에 다다를 수 없다.
　검도는 상대의 마음을 살피고 읽는 것에서 시작된다.
　어울림을 통해 다양성을 체득하고 서로를 알아간다.
　춤을 출 때 같이 어울리지만 분명 어느 한 쪽이 리드를 하고 있다.
　당사자들이 기(氣)를 주고받는 느낌으로 상대를 인정하는 것이다.
　이런 느낌의 교감이 즐거운 계고가 되는 것이다.
　단지 제도(制度)가 가져다주는 것으로 우월성을 느끼는 사람은 검도라는 노동을 하는 사람이다.

　어울림(和)은 상대를 배려하는 마음에서 출발한다.
　아이들의 가위 바위 보 놀이에도 나름대로 무언의 약속이 있다.
　정간의 거리, 한칼 한판, 攻-反의 검도, 감사 반성, 상호 격려 등
　대련의 규범을 지키는 것을 기본으로 한다.
　시합에서는 이기기 위해 모든 것을 동원하여 선(先)을 독점하려 한다.
　어울림의 계고에서는 선(先)과 힘과 속도를 배려하면서 이합을 주고 받는다.

和/湯村正仁

상수는 후에 선, 동료끼리는 대등의 선, 하수는 선의 선으로 한다.
이때 속이거나 정당한 공세를 피하거나 거리를 끊거나 목에 칼을 걸거나 하면 어울림이 이루어질 수 없다.
서로의 정중선을 공격하고 반격하면서 어울림의 묘미를 맛볼 수 있다.

검도는 댄스나 섹스와 같이 너와 나의 관계에서 이루어진다.
상호 간의 육체적, 정신적 교감이 없으면 즐거움이 배가되지 않는다.
혼자 하는 일방적인 댄스나 섹스는 화(和)가 없다.
"창 밖에 앉은 바람 한 점에도 사랑은 가득한 것."이라는 노랫말처럼
풀 한 포기에서도 자연에 대한 경이로움을 느끼지 못하는 감성의 소유자라면 화의 깊은 경지에 이르지 못할 것이다.

검도는 1대1 관계에서 이루어진다.
우리는 상대(相對)를 서로 마주 대하거나, 서로 겨루는 대상으로 정의한다.
라이벌이나 제압해야 하는 대상의 이미지가 강하다.

일본은 相手(아이테)라고 한다.
예능이나 무도에서 계고의 상대, 무엇을 함께 하는 짝으로서
파트너(partner)의 개념이다.
중국은 상대(相待)로서 솔직하게 진심으로 대하는 대상으로 정의한다.
검도는 교감(交感)의 운동이며, 서로의 마음을 주고받는 상호(相互)무도이다.
상대(相對), 상수(相手), 상대(相待)의 개념이 조화를 이루는 검도가 상대를 존중하는 무도가 될 것이다.

"쳐서 이기려고 생각지 말고,
상대와의 조화를 도모하고,
검선도 자연스럽게 사용하고, 조화롭게 하여 상대와 일체가 되면 기의 부딪침을 느낄 수 있게 됩니다."(賀來俊彦 범사)

"치지 마라, 맞으라. 상대와 사이좋게, 자세는 아름답게, 향기와 같은 잔심을~"
"자연스럽게 자연스럽게"(持田盛二 범사)

"검도는 중심의 쟁취에서 이루어지는 화(和)"라는 것을 이해하고 실천하지 못하면 불행히도 검도의 진수를 알 수 없게 된다.

"和樂"(전영술 범사)

"大中至正"(치우침이 없이 화를 이루는 것이 바른 것이다)

상기 명언들은 화의 진수를 말하고 있다.

성(誠 다함)

최선
성(誠)은 일이나 관계에서 최선을 다하는 것을 말한다.
"일이관지(一以貫之)하니 그것은 성(誠_다함)이다." 어떠한 일을 이루려 함에 있어 성실함이 없다면 아무것도 이룰 수 없다.
관계에서도 성(誠)이 없으면 서로 스쳐가는 무관심한 존재일 뿐이다.
수신의 덕목인 지인용(知仁勇)도 성을 바탕으로 이루어진다.

꾸준함
위대한 능력은 결코 좋은 환경에서 얻어지거나 타고나는 것이 아니라 성(誠)을 바탕으로 만들어지는 것이다. 위대한 능력은 "반복된 훈련의 결과"이다. 수없이 실수를 되풀이하면서 본인도 모르는 사이에 놀라운 능력을 갖추게 된다. 물방울이 바위를 뚫을 수 있음은 그 힘이 아니라 꾸준함이다. 꾸준함을 이기는 비법은 없다.

계속
계속은 힘이다.(능구_能久) 지속적으로 노력하는 과정은 '삶'의 연속이며 그 자체가 그 사람의 긍정적인 '삶'이다. 인생의 뜻있는 길은 결과에 있지 않고 바른 길을 찾고자 하는 과정에 있는 것이다. 결과는 동기부여나 자기만족은 될 수는 있으나 '삶'의 전부라 할 수 없다.

궁리
검도의 향상(向上) 과정은
「궁리 → 연습 → 대련 → 성찰 → 반성 → 궁리 → 연습」의 선(善)순환이다.
궁리(窮理)는 사물의 이치를 깊이 연구하는 것이다. 심지어 하나밖에 없는 최선의 방법을 찾아낼 때까지 궁리하고 또 궁리하는 것이다. 검도에서의 궁리는 연습 못지않은 즐거움이다. 궁리 없는 검도는 공세(攻め)없는 검도와 같다. 진정한 낚시꾼은 낚는 것 보다 궁리가 더 즐거운 법이다. 반성 없는 궁리는 사념(思念)에 불과하고 궁리 없는 반성

은 자괴감으로 끝난다. 성찰 반성(顧)은 완벽을 향한 지름길이다.

몰입

궁리를 통한 성실한 연습은 몰입(Flow)을 가져다 준다.

긍정적 몰입은 행복감의 원천이다. 어떤 과업을 마치고 피드백을 받으면 자신의 잠재력이 확장되는 느낌을 얻는다. 몰입으로 파생되는 에너지는 창의력과 문화발전으로 연결된다. 몰입의 조건은 외적인 재능, 뚜렷한 목적의식, 행동 후 돌아오는 피드백 이 3가지가 균형을 이룬 상태이다. "몰입은 삶을 훌륭하게 가꿔주는 것, 개인을 각성시켜 성장시키고 행복감을 느끼도록 한다."(칙센트 미하이 저《몰입》)

집중력

"성공의 열쇠는 적성이나 재능이 아니라 집중력이다."(The Power of Concentration) 주의를 집중하면 의식적인 행위와 무의식적인 행위 모두가 그것을 달성시키기 위한 방향으로 움직이기 시작한다.

장한나는 "첼로를 연주하는 순간 나 자신을 잊어버린다. 연주 중 손의 위치를 생각하는 순간 음악의 끈을 놓쳐버린다. 연주하는 순간만큼은 나는 그저 음악을 전해주는 통로일 뿐이다."라며 무서운 집중력을 말하고 있다. 검도의 장점은 건강한 몰입인 무아지경이다.

즐김

이러한 몰입은 즐기는 단계까지 이르게 한다.

경기 자체를 즐기면 경기가 다시 마음을 즐겁게 만든다. 검도에서 수(數)는 끝이 없으며 궁리는 무궁무진하다.

무도에서 수는 살아있는 생명체와 같아서 정의되는 순간 죽은 것이 된다. 같은 상대라 하여도 오늘 통하던 수가 내일은 통하지 않는 경우가 다반사이다. 상대도 궁리하고 나왔기 때문이다.

이렇게 진화해가는 과정이 바로 검도의 묘미이다. 정간에서 일족일도의 거리까지 접근하는 것이 검도의 기술의 진수이며 재미이다. 그 접근이 섬세할수록 더 재미있다. 훈련

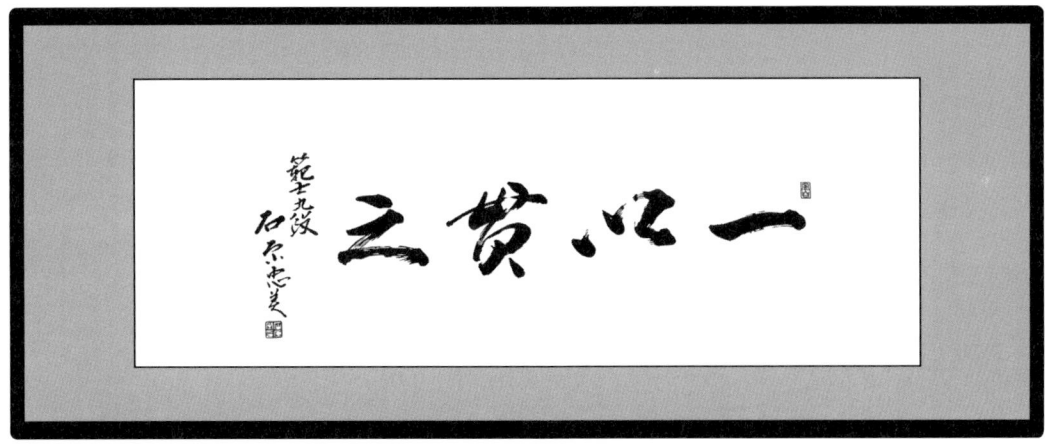

一以貫之/石原忠義

이 고통스럽거나 의무감에서 행한다면 당신은 진정한 일류라 할 수 없다.

깨달음

검도의 장점은 깨달음의 즐거움이 끝이 없다는 데 있다.

자아실현, 몸 깨달음, 교검지애, 통쾌감, 묘미, 건강, 담소 등이 계고를 통해서 얻어지는 즐거움이다.

"兼劍爲樂 悟劍爲第一樂"(이호암 범사)

"悟劍萬藝亨通"(서정학 범사)

"이날까지 검도를 할 수 있다는 것에 대하여 감사하게 생각한다. 또한 죽는 날까지 검도를 할 수 있다면 나의 인생에서 즐거운 일이 아니겠는가?" 2006년 지바(千葉仁)선생과 연습 후 대화 중 나온 말이다.

"아는(머리) 이는 좋아하는(가슴) 이만 못하고, 좋아하는 이는 즐기는(실천) 이만 못하다."(知之者 不如好之者, 好之者 不如樂之者) 즐겁게 하는 것이 최고의 도(道)라는 공자님 말씀이다.

"작심 3일은 3일을 넘기기 힘들지만 즐거워서 하는 일은 평생 할 수 있다."

거듭남(又日新)

날마다 새롭게 하는 것이 검도이다.

"오늘의 나는 어제의 나를 이기고 어제의 나는 오늘의 나를 이긴다."

"연습을 하루를 안 하면 내가 알고, 이틀을 안 하면 상대가 알고, 삼일을 안 하면 관중과 심판이 안다."

"일신 일일신 우일신(日新 日日新 又日新)날로 새롭게 하며 나날이 새롭게 하며 또 날로 새롭게 함."

날마다 잘못을 고치어 그 덕(德)을 닦음에 게으르지 않음을 이르는 말이다. 우리의 삶은 늘 새롭지 않으면 도태되어 버린다. 검도는 성(誠)을 바탕으로 수련할 때만이 늘 심신을 새롭게 하는 최상의 무도가 된다.

성지자(誠者自)

「誠者自成也 而道自道也 君子誠之爲貴 故時措之宜也」

성은 스스로 이루어가는 것이요,

길은 스스로 길을 내는 것이다.

군자는 성해지려고 노력하는 것을 삶의 가장 귀한 덕으로 삼는다.

고로 성은 어떠한 상황에 처하여지더라도 반드시 그 사물의 마땅함을 얻는다.

(중용 김용옥 해석 참조)

지(知 알다)

무도에서 가르침이 전달된 때는 이해의 차원을 넘어 몸으로 맛을 느낄 줄 알 때이다. 「뛰어머리」를 만 번 한 자와 책을 통해 이해한 자와는 아는 것이 서로 다르다. 책을 읽고 천 번 한 것으로 만 번 한 것처럼 모양을 내는 것도 잘못된 것이며, 어느 시점에서 만 번 한 자가 이렇다고 정의내리는 것도 잘못이다. 또한 모든 사람이 만 번을 했다고 하

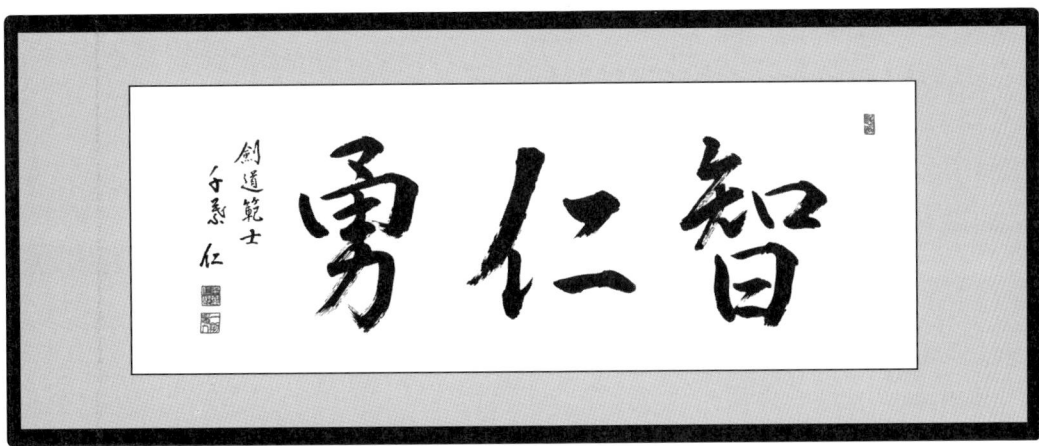

智仁勇/千葉仁

여 똑같이 맛을 공유할 수 있다고 믿는 것도 착각이다.

   가르침으로써 자기의 경험을 바탕으로 방법이나 길을 제시할 수는 있으나 자기와 똑같은 맛을 느끼게 할 수는 없다. 공부하는 자의 노력과 재능에 따라 각자의 맛을 달리하는 것이다.

   언(言)은 격의(格義)에 의해 한계에 갇히며, 행(行)은 무작정 흐를 가능성이 있다.
   언은 행을 돌아보아야 하고 행은 언을 돌아보아야 한다.(言顧行 行顧言)
   둘의 관계는 변증법처럼 앞으로 진화해 끝없이 나아가야 하며 멈추어 정의되는 순간 생명력을 다한다.

   바르게 산다는 것은 본질에 어긋남이 없는 것을 말한다.
   참뜻의 끈을 놓치지 않는다는 것은 하고자 하는 것을 정확하게 인식하고 실천하는 것을 말한다. 수신의 삶은 언행일치를 통해 지행합일로 나아가는 것이다.

   수신의 덕목 중에 배움을 즐거워하는 것(好學)은 지(知)에 가깝고, 힘써 행하는 것(力行)은 인(仁)에 가깝고, 부끄럼을 아는 것은 용(勇)에 가깝다는 말에서 수신에서 지는 안다는 것보다 쉼 없는 공부를 말하고 있음을 알 수 있다.

問問問中知 묻고 묻고 또 묻다 보면 알게 되고
聽聽聽中解 듣고 듣고 또 듣다 보면 이해하게 된다.
去去去中知 걷고 걷고 또 걷다 보면 알게 되고
行行行裏覺 행하고 행하고 또 행하다 보면 그 속뜻을 깨닫게 될 것이다.
검도는 몸으로 닦고, 몸으로 깨닫고, 몸으로 맛을 아는 것이다.

지(知)	머리(이성)	언(言)	도(道)	이해	척(흉내)
각(覺)	몸(감성)	행(行)	덕(德)	맛	배다(習性)

고(顧)

고(顧)는 돌아보다, 반성하다, 순회하다, 그러므로, 가다 등의 뜻이 있다.
우리의 삶은 흘러간다.
자칫 시간이 배제될 수 있는 사고의 영역에 선 순환적 가치를 발현시키는 역할을 한다.

언고행(言顧行) 행고언(行顧言)은
언은 행을 돌아보아야 하고 행은 언을 돌아보아야 한다는 뜻이다.
언은 격의에 의해 한계에 갇히며, 행은 무작정 흐를 가능성이 있다.
둘의 관계는 변증법처럼 앞으로 진화해 끝없이 나아가야 하며
멈추어 정의되는 순간 생명력을 다한다.
언행일치는 위와 같이 해석되어야 한다.

고(顧)는 "같이 간다, feedback, control, 즉(卽)" 등 서로를 보완하여 진화하는 기

능이 있다.
 음양의 관계는 서로에 의해 존재하는 것으로 아우르며 함께 가는 것(倂重)이다.
 대립관계 속에 상호작용으로 진화되어 앞으로 나가는 것이다.
 아래 상응하는 담론들의 중용 실천방법이 고(顧)이다.

 심기력일치와 기검체일치
 몸과 氣
 본(形)과 검도(실전)
 理와 事
 體와 用
 用과 感
 技와 道
 中과 和
 仁과 義
 虛와 實
 앎과 함
 믿음과 이성
 검도와 생활

 심기력일치는 기분이 발동하여 힘을 내는 내면의 상태를 말하며,
 기검체일치는 기운에 편승하여 검체의 조화를 이루는 현상을 말한다.
 내면의 상태가 검을 통해 밖으로 표출되는 것이다.
 검도의 수련은 기검체일치의 현상을 보고 자기를 되돌아보는(顧) 것이다.
 본인은 심기력일치가 되어 표출하였더라도 기검체일치의 정도를 보아
 심기력 상태를 되돌아볼 필요가 있다.
 나타나는 기(氣)를 통해 나타나지 않는 기(氣 정신)를 컨트롤해 나가는 것이다.

 본(形) 즉 검도, 검도 즉 본

자기의 검도는 본을 통해 되돌아보고(顧), 검도를 통해 본이 재해석(顧)되는 과정이 있어야 한다. 본이 재해석된 다음 자기의 검도를 진화시키지 못한다면 자기의 통찰력이 부족한 것이거나 본이 본으로서의 생명력을 다한 것이다.

이사병중(理事竝重)이란 이론과 실기가 아우르며 가는 것을 말한다.

기의 활동운화(活動運化) 중
운(運)은 반복적 운동을 통해 변화되는 것이며,
반복적 운동은 고(顧)를 통해 진화되는 것이다.
고를 동반하지 못하면 정체되거나 맹신으로 떨어진다.
검도도 고를 통한 몸 공부로 자기를 진화시켜 가는 것이다.
"이기고 반성하고 지고 감사한다." 검도만의 수신 방법이다.

겸(謙)

길(道)은 여러 갈래 있다.
어떤 길이든 겸이 없으면 사도(邪道)로 빠지기 쉽다.
인간의 욕(慾) 때문이다.
겸(謙)만이 온전히 목적지에 도달하게 한다.

겸으로 그 사람의 그릇이 결정되며 주워담을 수 있는 양이 결정된다.
겸이 있는 사람만이 호학역행으로 본질에서 이탈하지 않는다.
스승의 지극한 뜻을 전수받는 방법은 오로지 겸(謙)이다.

"상대에게 맞고 감사하고 때리고 반성하라."
나의 빈틈을 가르쳐주었으니 감사하고,

나의 격자가 완전한 한판이 되었는지 반성한다.
검도만이 가질 수 있는 정신세계이며,
감사와 겸이 생기는 수신의 덕목이다.
수련을 통해 겸손이 몸에 배지 않는다면 둘 중에 하나이다.
머리가 나쁘든지, 재능이 없든지!

"내 인생에서 벌어지는 일들을 겸허히 받아들여라."
제8회 세계검도선수권대회 오픈경기 출전 중 아킬레스건 파열로 캐나다 병원에 입원 수속을 받을 때 서병윤 선생님이 하신 말씀이다. (1991년)

크리스토퍼 라이트 선교학자는
지도자들이 빠지기 쉬운 3대 우상을 「GPS」, 즉 탐욕(Greed)과 권력(Power), 성공(Success)이라 전제하고
이를 타파할 개념으로 「HIS」를 제시한다.
「HIS」는 겸손(Humility)과 정직(Integrity), 단순함(Simplicity)이다.
「HIS」를 한 단어로 요약하면 '본질'이다.
겸손과 정직, 단순함은 본질적 요소다. 기능적 요소가 아니다.

참 삶이란!
최선을 다하는 과정을 즐겨라.
결과를 겸허히 받아들여라.
참 삶의 마지막에는 겸손을 남겨라.

용(勇)

자로가 강에 대하여 공자에게 물을 때(子路問强)
너그러움과 유순함으로 가르치고(寬柔以敎)
화합하면서도 흐르지 않는 것(和而不流)
임사이중(臨事以中)하면서 치우침이 없는 것(中立而不倚)
지조가 변치 않는 것(不變塞焉)
평소의 신념이 변치 않는 것(至死不變)
이러한 강이야말로 진정한 강함이로다!(强哉矯) 라고 하였다.

부끄럼을 아는 자.
우리에서 나로 독립하여 독립적 관점에서 사물을 통찰할 줄 아는 자.
경계 선상에서의 리더.
신념을 지키는 자.
시대를 앞서 나가는 자.
일상에서 선을 택하여 실천하는 자.
홀로 있을 때도 도리에 어긋남이 없도록 언행을 삼가는 자.
정직으로 인하여 손해볼 줄 아는 자.
인간의 감정 상태를 바르게 선택하는 자.
홀로 나의 길을 흔들림 없이 가는 자.
아는 것(知)으로부터 실천(仁)으로 가는 길목에서 선의지를 가지고 결단하는 자.
선택한 그 길을 나 홀로 갈 줄 아는 자.
본질(진리) 속에서 자유함을 누리는 자.

사랑(愛)

사랑은 앎의 시작이다.

검도의 계고는 사랑(交劍지愛)과 친구(交劍지友)를 만든다.
'지'가 '知'면 아는 것이요 '之'면 ~이거나, 가는 것이다.
서로의 칼끝을 통해 주고받는 심장의 파동이 서로를 알아가는 것이다.
"Love is play"란 말처럼…

빛은 밝음의 시작이다.
항상 사랑은 앎의 시작이다.(여수 식당에서)
사랑한다는 것은 무한한 빛 속에서 머무는 것이다.(〈사랑의 役事〉_쇠얀 키르케고어)
사랑은 관심을 가지고 알아가는 것이며
사랑의 반대는 미움이 아니라 무관심이다.
정(情)도 미운정 고운정이라고 하지 않았는가!

"하나님은 사랑이심이라."

"사랑하는 자들아 우리가 서로 사랑하자
사랑은 하나님께 속한 것이니
사랑하는 자마다 하나님께로 나서 하나님을 알고
사랑하지 아니하는 자는 하나님을 알지 못하나니
이는 하나님은 사랑이심이라."(요한1서 4:7~8)

생기(生氣)를 불어 넣으므로써 인간이 만들어진다.
생기는 사랑이며 임마누엘(Immanuel_하나님이 우리와 함께 계시다)이다.
살아있는 것은 사랑 안에 거하고 사랑으로 생명력을 이어간다.
인간의 속성은 사랑이며 사랑이 없으면 생명력을 잃게 된다.

하나님은 사랑이기 때문이다.

사랑은 기다리는 것이다.

"사랑은 오래 참고 사랑은 온유하며 투기하는 자가 되지 아니하며
사랑은 자랑하지 아니하며 교만하지 아니하며
무례히 행치 아니하며 자기의 유익을 구치 아니하며 성내지 아니하며
악한 것을 생각지 아니하며
불의를 기뻐하지 아니하며 진리와 함께 기뻐하고
모든 것을 참으며 모든 것을 믿으며 모든 것을 바라며 모든 것을 견디느니라."
(고린도전서 13 : 4 ~ 7절) 중
사랑의 속성 중 "참는다"와 "아니하며"의 절제를 가장 많이 사용한다.
오래 참고, 성내지 아니하며, 모든 것을 참으며, 모든 것을 견디면서
이루어질 때까지 기다리는 것이다.

사랑은 긍휼히 여기는 마음이다.

맹자 공손추편(公孫丑篇)에
"불쌍히 여기는 마음"은 어짊의 극치이고,
부끄러움을 아는 마음은 옳음의 극치이고,
사양하는 마음은 예절의 극치이고,
옳고 그름을 아는 마음은 지혜의 극치이다
(惻隱之心 仁之端也 羞惡之心 義之端也 辭讓之心 禮之端也 是非之心 智之端也)

강영우 저 〈도전과 기회 3C혁명〉 중
"3C(Competence 실력, Character 인격, Commitment 헌신)는 미 연방정부의 인선 기준이다. 인격과 헌신의 기본정신은 자존감과 측은지심(compassion)이며 이들도 학

습될 수 있다. 남의 아픔을 함께 나누는 마음이야말로 인간이 가져야 할 최고의 가치인 것이다."

장영희 교수는
불굴의 정신은 단순히 생에 대한 집착이나 오기가 아니라 끝까지 포기할 수 없는, 존엄한 자기존재에 대한 뜨거운 긍정으로 "진리의 분화구"에서 솟는
"불길 같은 사랑의 힘"이라고 하였다.
"신은 다시 일어서는 법을 가르치기 위해 넘어뜨린다."
"사랑하지 못하는 마음이야말로 이 세상을 살아가는 데 가장 불편한 장애이고, 희망을 버리는 것이 곧 천국을 버리는 것."
영원히 남는 것은 사랑뿐이다.

사랑은 의연하다.

윤봉길 의사 어록 중
장부출가불생환(丈夫出家不生還)은
나라와 겨레에 바치는 뜨거운 사랑이다. 부모의 사랑, 처자의 사랑보다 한층 더 강의(剛毅)한 사랑이 있다는 것을 우리의 청년들에게 깨닫게 한다.

사랑의 지속은 용서이며, 가슴으로 하는 것이다.

김수환 추기경은 "사랑이 머리에서 가슴으로 내려오는데 70년이 걸렸다."고 한다.
사랑의 지속은 의(義)와 함께 끝없는 용서이다.
사랑은 덕의 언어로 체험으로만 느낌이 전달되는 것이다.

경(敬)

검도는 몸 공부이다.
되풀이 과정(稽古)에서 인(仁)을 배양하고 정기(精氣)를 함양한다.
검도수련은 경을 통해 사람을 만들어가는 길이다.

경(敬)은 예(禮)를 반복하는 몸 공부이다.
예는 문화의 축적이며 이를 규범화한 것이다.
예에 깃든 옛 선현들의 의식을 공유하고 체화시켜 덕성을 키운다. 일상생활에서 습관적으로 행하는 일들을 규범화(禮)하여 정기를 함양하는 것이 경이다.

배려를 가르칠 때
화장실에서 슬리퍼를 앞쪽으로 가지런히 벗어놓고 나오는 것을 습관화한다면 수많은 도덕경전으로 교육하는 것보다 효과적일 것이다. 더 효과적인 것은 다음 사람이 편리하게 사용한다는 생각에서 행한다면 배려하는 마음이 더 함양될 것이다.

검도는 규범적인 절차와 검리(劍理)에 따라 수련함으로써 검덕(劍德)을 함양할 수 있는 장점을 가지고 있다.
규범으로 몸가짐을 올바르게 체득할 수 있으며 검리로써 정기를 바르게 할 수 있다.

검의 이법에 따른 수련으로 최상의 덕목인 올곧음(正)을
교검(交劍)을 통한 인(仁)을
이합을 통한 깨달음의 즐거움(悟快)을
상대하고의 조화로움(和)을
시행착오로 인한 되돌아봄(顧)을
감사와 반성을 통한 겸손함(謙)을
일도양단에 의한 혼이 담겨있는 결단력과 집중력(誠)을
그 이외 여러 덕목들을 함양할 수 있다.(劍德正本)

우리는 검도를 통해 경을 일상화하여
나의 몸속에 배어 있는 선비정신을 계승한다.
이는 "검도 즉 삶"을 통해 검덕을 쌓고 덕성을 삶의 현장에서 발현해가는 것이다.
검도수련은 기(技)를 통해 검덕을 쌓아 즐겁게 사람됨으로 가는 하나의 길(道)이다.

敬劍人愛/서정학

감사(感謝)

　도장이나 경기장을 들어설 때 예를 표한다.
　도장의 경우 본격적인 수련에 앞서 장소에 대한 고마움의 예를 표하고, 경기장의 경우 본 대회를 유치한 데 대한 노고를 감사하는 마음으로 예를 표한다.
　몸과 마음을 닦는 장소를 예로 대하는 것이다.

　검도는 "예로 시작하고 예로 끝난다."라는 말이 있다. 계고의 시작 전 선생님에 대한 좌례는 진심으로 가르침을 부탁드리는 표시이며, 끝나서는 성실한 지도에 감사하는 마음으로 예를 하는 것이다.
　계고 중 "맞고 감사하고 때리고 반성하라."
　나의 빈틈을 알려주었으니 감사하고,
　스스로가 완전한 한판이 되었는지 반성하라는 것이다.
　'시종예의(始終禮儀)'란 수련 중에 일어나는 모든 것에 대한 감사의 마음을 말한다.

　8단 심사에 응시하려고 현관문을 나서는 나에게
　아내는 감사하는 마음으로 임하라고 주문한다.
　"심사의 당락은 사람이 아닌 하나님이 주관하시는 것이고 당신을 연단하시려고 하사 감사하는 마음으로 임하라."는 당부의 말이다.

　감사란 겸손과 진정성에서 나오는 무한긍정의 마음이다.
　"범사에 감사하라."는 신의 섭리를 깨닫는 것으로 영적인 인간만이 할 수 있다.
　감사는 감사를 낳는다.
　감사는 더 큰 은혜를 가져오는 통로이다.
　감사는 그 자체가 기쁨이며 행복이다.
　검도수련에서 모든 것에 감사하는 마음을 갖는다면 이보다 더한 즐거움이 어디 있겠는가!

믿음

인간은 믿음을 가지고 같은 행위를 되풀이하는 과정에서
믿음의 덕성이 자라게 된다.

관계 속에서 기(氣)의 교감으로 마음(心)이 생겨난다.
생각, 이성, 감성, 정 등 정신적 기의 작용을 총칭하여 마음이라 한다.
살아가면서 생각은 이성, 감성, 마음이 되고 마음은 학습에 따라 지향성을 갖는다.
지향성(性向)은 덕(德)이 되고 정(情)이 된다.

마음은 신(身)을 떠나 따로 존재하지 않는다.
심신(心身)은 기에 의해 조화되어 있는 몸이다.
몸은 기에 의해 자연과 교감하여 밖으로 발현되며
주변과 함께 '삶'이 된다.
우리 미래의 삶은 연속된 불확실의 세계이다.
"믿음은 바라는 것의 실상(實狀)이요 보이지 않는 것의 증거"라고 했다.
관계 속에서 불확실을 긍정으로 가기 위하여 믿음을 갖는다.
믿음은 의식하고 행위를 반복하면서 길러지는 마음이며
단련에 의해 체화(體化)되면 그 믿음은 더욱 강해진다.
확고한 믿음은 성향이 되고 지(志)가 된다.
믿음과 사랑과 인(仁)의 씨앗은 하나님이 우리에게 준 선물이며
이를 키우고 안 키우고는 우리 자신에게 달렸다.

믿음의 마음이 자라 '사람됨'을 형성한다.
공감의 마음이라 할 수 있는 이 마음들이 인격이 되고,
세상과의 연대를 가능하게 한다.
검도 또한 바른 자세, 바른 검도를 되풀이하는 과정에서
바른 마음이 양성된다는 믿음을 바탕에 두어야 가능하다.

수련을 통해 의지를 바르게 하고 자신의 근본을 바르게 하면(검덕정본)
이로써 세상을 바르게 하는 것과 통하는 것이다.(劍德正世)

어떤 믿음의 마음으로 행하느냐에 따라 그 마음이 자란다.
그 마음이 승부만을 추구하는 근성이 될 수도 있고, 인격을 함양하는 덕(德)이 될 수도 있다. 이런 행위들이 종교. 예(禮), 예(藝), 무도, 운동, 생활, 유희가 되기도 한다.
공자님은 활쏘기를 통해 수신을 가르친다. 반복된 몸짓 속에 정신이 깃들지 않는다면 그것은 노동에 불과하다. 去 去 去 中, 行 行 行 裡도 믿음이 없으면 지(知)와 각(覺)이 나오지 않는다.

불교에서 오체투지(五體投地)나 3천 배는 선한 마음에서 출발한다. 어떤 마음을 가지고 반복된 동작(武道.종교적 행위)을 하느냐에 따라 그 마음이 자라고, 그렇게 자란 마음이 그 사람의 '삶'을 지배한다.
스포츠가 일회성의 성격을 가지고 현장에서 끝난다면 무도는 그 사람의 '삶'이다. 검도가 우리 '삶'에 긍정적 영향을 끼칠 때, 무도로서 진정한 의미를 가진다.

믿음은 이성과 함께 가야 한다.
이성이 배제된 믿음은 맹목적일 수 있고, 믿음이 배제된 이성은 의지력을 상실한다.
믿음과 함께 하는 이성은 보편성과 현실성에서 기준을 두어야 한다. 검도 수련은 검의 이법인 보편성 안에서 향상된다는 굳센 의지의 몸 공부가 덕성으로 발현되는 것이다.

검덕(劍德)

'답다' 는 말은 '배어있다' 라는 말이다.

오랜 기간 같은 환경에서 반복된 삶을 되풀이하면서 몸에 배어 있는 것을 말한다. 배어있는 것이 삶에 긍정적인 부분일 때 우리는 그것을 덕이라 부른다. "박지성답다, 박찬호답다, 김연아답다"라고 할 때는 그 운동의 덕이 배어있는 것을 말한다.

검도 수련으로 인한 것을 검덕(劍德)이라고도 한다. 검덕은 검도의 특성인 正(바름), 和(어울림), 誠(최선) 등을 말하며, 수련함으로써 이 특성이 몸에 배게 한다.

궁극(窮極)의 기술이란 없다.
나이가 들면서 근력이 받쳐주지 않으면 선수 시절처럼
빠르고 힘있는 기술을 구사할 수가 없다.
고단자의 기술은 자신의 현재 조건에서 최선의 수를 구사하는 것뿐이다.
그 최선의 수를 위해 늘 공부하고 연습해야 자기의 존재감이 있는 것이다.
최선의 수는 있어도 절대의 수는 없다.

인간이 나이가 들면 화려한 기술은 가고 이법의 깨달음과 덕만 남는다.
교만함과 권위로 가득 차 있는 고단자나 선생은 검덕이 체화되어 있지 않기 때문이다.
시합의 전적만을 따지는 이들은 이법의 깨달음을 모르는 이들일 수밖에 없다.
결국 검도수련의 열매는 덕인 것이다.

당신의 검도가 진정 강해지기를 원합니까?!
장자의 달생편 최고의 싸움닭 목계구절입니다.
望之似木鷄矣(망지사목계의) : 그를 바라보면 마치 나무로 깎아놓은 닭과 같습니다.
其德全矣(기덕전의) : 그의 덕은 완전해졌습니다.
異鷄無敢應(이계무감응) : 다른 닭들은 감히 덤벼들지 못하고
見者反走矣(견자반주의) : 보기만 해도 되돌아 달아날 것입니다.

德技道

그 덕이 충만하여 다른 닭들이 감히 덤비지 못했다는 목계지덕(木鷄之德)에서
목계는 현상이요, 덕이 본질이다.
목계는 흉내낼 수 있으나 덕은 많은 훈련을 통해 당당함이 몸에 배는 것이다.

자유함

"스스로 말미암음. 나를 둘러싼 모든 것은 내 행위(業)의 결과(報)이다.
이것을 자유라고 한다.
모든 것은 결국 나로 인한 것이니까."

"진리가 너희를 자유롭게 하리라."
본질을 깨닫는 자는 형식에 얽매이지 않고 본질을 누리는 자유함을 얻는다.
본질을 통찰하는 것은 그 분야에 끝없는 노력과 애정이 없이는 불가능하며 영민함에
앞서 용기가 있어야 한다. 부끄러움을 아는 것이 용기이기 때문이다.

신념있는 삶은 타협하며 적당히 사는 것보다 힘들 것 같지만 영적 존재인 인간은 자유함에서 삶의 의미를 갖는다.

"자유함"이란
진정 자기가 좋아하는 일을 하면서 육적인 깨달음과 영적인 즐거움을 동반 추구하는 것으로 자기의 삶에 풍요로움을 더 하는 것이다.
아침에 일어나 두 시간 스트레칭으로 몸을 풀고 연습장까지 10분 거리를 걸어가서 하루 종일 연습을 하는 일상이 지겹지 않고 매일 매일 새롭고 즐겁다고 말하는 강수진 씨는 발레 안에서 진정한 "자유함"을 얻은 사람이다.

자유의지는 인간이 창조될 때 하나님이 부여한 의지이다.
자유의지는 치열한 내면의 단련이 신념이 되는 것이다.
낙후된 사회나 조직에서는 개인의 자유의지가 존중되지 않거나 억압당한다.
이러한 환경에서는 추종자만 양산될 뿐 자기다움을 가진 인물이 나오지 않는다.
추종자는 기득권 세력이 되어 제도권을 만들고 철저히 자유의 싹을 차단한다.

"자유인이란, 명령을 받은 뒤 명령을 피하는 사람이 아니라 미리 명령을 피할 줄 아는 사람일 뿐이다.
진정한 자유란 명령 속에서의 자유가 아니라 명령으로부터의 자유다."(《군중과 권력》엘리아스 카네티)
자유의지를 포기하는 것은 자신의 영혼을 팔아먹는 것과 같다.
자유의지는 신의 선물이며 이는 존엄하기 때문이다.
"네가 어떤 사람인지 다른 사람들이 정의하게 만들지 말고 네가 스스로 정의하라."

자긍심은 스스로에게 긍지를 가지는 마음이다.
성공한 사람의 자질로서 자긍심과 정직을 가장 많이 꼽는다.
자유의지를 가진 자만이 진정한 자긍심을 가졌다고 보아야 한다.
검도인이 자유의지를 실천하는 용기가 없다면 그의 검도를 되돌아보아야 한다.(顧)

검도의 장점은 검도 안에 치유능력이 있다는 것이다.
계고에서 본질을 찾아 평강(平康)함을 누린다면 당신은 진정한 자유인이다.

검도에서 수파리(守破離)단계가 있다.
리(離)의 단계는 기존의 틀에서 자유로워지는 것이다.
자유로움이란 머무름 없이 마음을 내는(應無所住 而生其心) 경지다.
궁극의 검도는 무엇을 하든 법에 어긋남이 없는 경지를 말한다.

성(性) 공부

성(性)은 「심(心)이 생겨나는 것」
마음은 시공간 존재의 관계에서 끝없이 생성되고 소멸되는 것
생성의 합리적 지향성을 추구하는 것이 성 공부이며 검도의 수신이다.

검도는 "상호 성(性)을 지배(支配)하려는 무도"
내가 지배하느냐, 지배당하느냐로 승패가 결정된다.
상대의 생각을 읽거나 만들게 하여 의도대로 끌어내어 결정짓는다.
이를「先先의 先」이라고도 한다.

상대 입장에서 헤아리는 것은 관계의 기본이다.
헤아림(恕)은 인(仁)해야 한다.
인(仁)은 고어(古語)로 두 마음(忈)으로 1:1 관계에서 교감을 말한다.
칼끝을 통한 메시지를 읽지 못한다면 아둔한 검도이다.

성을 지배한다는 것은 상대를 향한 깊이만큼

자기의 내면의 깊이에서도 이루어져야한다.
이를 성찰(性察)이라고 하며 밖과 안이 하나가 될 때
「直指人心 見性成佛」이 된다.

감사. 반성은 性으로 인한 움직임의 결과를 되돌아보는(顧) 것
이러한 경험들이 모여 이법(理法)이 되어 도(道)가 된다.
관계로 성이 생기며, 올바른 성의 선택은 당연함이며,
이를 반복하여 길을 만드는 것이 교육이다.

선인들에 의해 반복하여 만들어진 길이 검리(劍理)다.
검리는 "검도의 navigation"
혼돈의 갈림길에서 이정표다.
검리에 따른 수련은 기본을 중시하며 결과가 더디다.
근기(根氣)가 없는 자들은 조급함으로 요령을 택한다.
결국 길이 없는 곳에서 길을 찾는다.

기본의 충실은 시너지 효과를 이루어 검리의 참뜻을 알게 된다.
뜻있는 곳에 길이 열린다.
그 길 위에서 선인들의 인식을 공유하며,
이러한 인식들이 모여 창조적인 자기를 이루어낸다.
이는 수파리(守破離)의 리의 경지로 「成己仁也」는 이를 말함이다.

2020. 만추에 허 광수

성(性) 출처

● 天命之謂性, 率性之謂道, 修道之謂敎. 중용
(천명지위성, 솔성지위도, 수도지위교)
천(天)이 명(命)하는 것을 성(性)이라고 하고, 성(性)을 따르는 것을 도(道)라 하며, 도(道)를 닦는 것을 교(敎)라고 한다.

곽점『성자명출』 상박『성자명출』　　 BC 4·5세기
● 凡人雖有性, 心無定志, 待物而後作, 待悅而後行, 待習而後定.
(범인수유성, 무심정지, 대물이후작, 대열이후행, 대습이후정)
모든 사람은 비록 성을 가지고 있지만, 그 심 자체는 하나로 정해진 지향성을 가지고 있지 아니 하다. 그 심은 외계의 사물과 접촉이 이루어진 후에야 비로소 발출하는 활동을 시작하며, 기쁨의 감정을 맞이한 후에나 비로소 발출하는 활동을 시작하며, 또 학습을 거친 후에 비로소 그 지향성은 안정된 틀을 갖게 된다.

● 喜怒悲之氣, 性也. 及其見於外, 則物取之也. 性自命出, 命自天降.
(희노비지기, 성야. 급기견어외, 칙물취지야. 성자명출, 명자천강)
희·노·애·비의 기야말로 성이다. 그것이 겉으로 드러나게 되는 것은 바로 사물의 접촉이 그것을 끄집어 내주기 때문이다. 성은 명으로부터 나온다. 그리고 명은 천으로부터 내려온다.

● 道治於情, 情生於性. 始者近情, 終者近義.(도치어정, 정생어성. 시자근정, 종자근의)
도라는 것은 정으로부터 시작하는 것이며, 정이라는 것은 성으로부터 생겨나는 것이다. 도의 시작은 정에 가까운 것이다. 그러나 학습을 거쳐 완성되는 종착지는 의에 가까운 것이다.

검도인문학(劍道人文學)

天命之謂性, 率性之謂道, 修道之謂敎(德).
관계로 인해 여러 마음이 생겨나며
그중 바른마음(솔성)으로 행하는 것을 당연함(道)이라 하고
그 당연함을 가르치는 것이 교육이다.

中也者, 天下之大本也, 和也者, 天下之達道也. 致中和, 天地位焉, 萬物育焉.
중은 사물이 공간(空間)에서 존재하는 원리(體)이다.
화는 사물이 시간(時間)에서 존재할 수 있도록 작용하는 기(氣)의 작용(用)이다.
중화는 사물이 시공에서 존재하는 당연함(道)이다.
사물이 사물다워 지려면 중화지기 원리로서 그 뜻을 먼저 구하여야 한다.

솔성의 지표는 중화지기다.
 변화하는 현실에 중심을 잡기 위해 관계의 영향을 미치는 것을 인식하고 탐구하는 것
  공부의 의미는 中에 영향을 미치는 관계의 조건을 넓고 깊이 연구하여 성의정심(誠意正心)으로 가는 것

자연의 중화를 밝히는 것이 과학
인간의 중화를 밝히는 것이 인문학
사회의 중화를 밝히는 것이 사회학
검의 중화를 밝히는 것이 검의 이법이며, 이를 몸으로 깨닫는 것이 검도의 몸 공부이다.

검도는 일대일. 일도양단. 존심으로 구성되며,
검의 이법에 따른 한판의 몸 공부로 중화지기를 체득한다.
검도의 中은 내 몸의 정중선을 기준으로 하며,
상대의 변화에 따라 정중선을 잡아가는 것이 和이다.
시작과 동시에 나의 몸 안에서 그리고 상대와의 관계에서

지극한 중화지기의 대적세가 검체일체(劍體一體)가 되어 일도양단이 이루어진다.

나의 정중선으로 상대의 정중선을 겨루는 것이 중단세이며, 관통하는 것이 正面 한 판이다.

바른 마음. 바른 자세. 바른 검도의 연결고리가 검의 이법이며,

핵심 키-워드(key word)는 정중선이다.

"검리는 천지자연의 리"(徐廷學 範士)
"검의 理는 하늘의 理요, 인륜의 근본"(柳生)
"검의 길은 사람의 길"(澤庵)
"검리는 중화지기요, 생생지위역이다"(허광수)

一以貫之하니 사물은 活動運化인 기의 작용으로 흐르고,

그 흐름의 원리는 중화지기로 자연에 존재되고 순환한다.

검의 이법은 중화지기이며 천지자연의 이치 또한 중화지기이다.

체득한 검의 이법으로 자연을 바라보고, 마땅함을 얻는 것이 검도인문학이다.

2019. 9

검도의 이법

현상을 밝히는 것이 과학이다.
밝히지 못하는 것을 실재인 것처럼 말하거나,
믿음으로 강요하는 것은
또 하나의 우상화 작업이다.
우리는 밝히지 못하는 것에 대하여 겸손할 필요가 있다.

원인을 규명하고(明悟)
밝힌 것을 궁구하고(記繹)
활용하고 확장하는 것(愛欲)이 홍익인간의 정신이다.

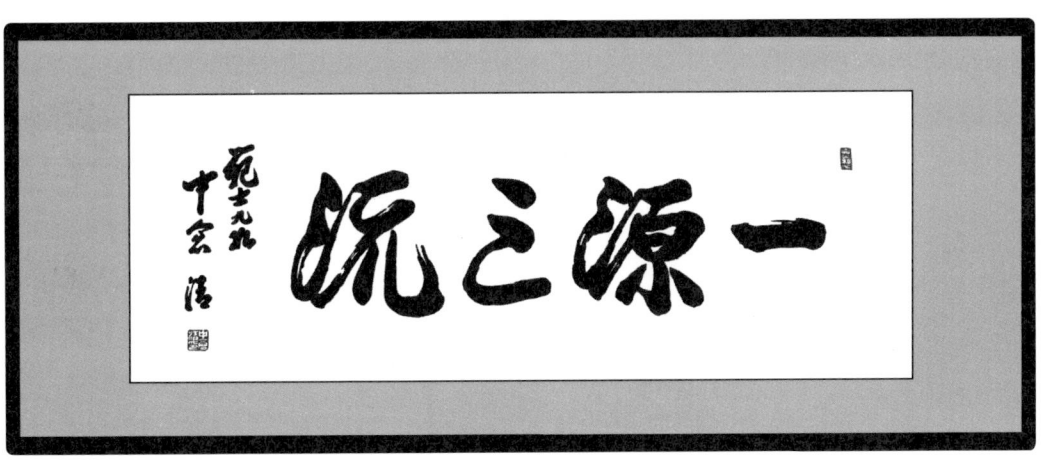

一原三流/中倉

유효격자 과정별 이법

입　회 ▶ 1 대 1 → 자연체 → 정대 → 교감 → 기세 →
대적세 ▶ 정간 → 준거 → 삼각구 → 정중선 → 몸운용 → 손운용 →
공　세 ▶ 중앙선 → 공세 → 몰아감 → 입신 → 타다 → 축경 → 무너뜨림
격　자 ▶ 기회 → 타격거리 → 발경 → 검체일체 → 휘어짐 → 몸 던지기 → 관통 →
　　　　　 일원삼류 → 칼의 궤적을 바르게 한 격자 → 솜씨 →
존　심 ▶ 존심 → 감사·반성

"격돌(擊突)은 충실한 기세와, 칼의 궤적(刃筋 후리기)을 바르게 한 기술, 그리고 적법한 자세로써 행함을 유효로 한다." (1927년 대일본무덕회 제정)

유효격자 과정을 이합이라 하고, 이합의 구성 요소, 요건들이 이법이다. 이합에서 모든 이법들은 충실한 기세로 유기적이면서 효율적으로 운용되어야 하며, 흐름에 따른 전후 이법들 간에 조화가 시너지 효과를 내야 한다. 기검체일치란 격자의 순간만을 말하는 것이 아니라, 기검체일체로서 「후리기(刃筋)가 바른 유효격자」가 되도록 전 과정의 흐름이 합리적이며 필연적이어야만 강한 솜씨(冴え)가 나오는 것이다.

1 대 1

너와 나와의 관계. 너를 상대(相對). 상수(相手). 상대(相待)로 표현한다. 검기(劍技)의 변천사에서 전시성으로부터 예도성과 경기성으로 진화하는 근거를 마련하였으며 현재 검도가 생겨나는 중요한 단초(端初)를 제공하였다. 전시성의 다자간(多者間) 관계에서 예도성의 일대일 관계는 마음의 심화(深化)가 승부의 중요한 이법으로 자리 잡는 변화를 가져온다.

예도성의 일도사상(一刀思想)에 따른 수련 덕목인 「인간형성의 도」를 경기성을 통해 어떻게 발현할 것인가가 현재 검도의 중요한 과제로 떠오른다.

자연체(몸)
몸을 편안(relax)하게 하여 심신의 조화가 이루어진 상태, 신경계통의 호르몬 작용이 반사신경으로 대련하기 위한 최적의 상태를 유지하는 것. 신체가 깨닫고 있어 몸이 시키는 대로 이합을 자연스럽게 행할 수 있는 자세, 대련에서 순간 이법들 간에 결집력을 최대한으로 발휘할 수 있는 자세

정대(構)
상대의 정면을 나의 정면으로 대하는 것으로 진실을 향한 모든 행위의 기본 자세이다. 검도의 시작과 끝은 정대함이요, 예와 모든 이법과 대련의 기본 자세이다.
불리오향으로 심신의 자세를 당당하게 하여 효율적인 삼각구의 근원이 되는 위(位)의 자세이다. 서로 간의 정중선을 일직선상에 놓는 것으로 검선의 치열한 정중선 다툼과 사신을 통한 정대함으로 일도(一刀)로서 「칼의 궤적(刃筋)을 바르게 한 격자」의 근원이 되는 것이다. 검도의 본 중 특히 대도 2본의 핵심 이법이며 기술(기회)의 시작이다.

교감(仁)
정신작용을 극대화하는 것. 성령(性靈)을 정갈하게 하는 것(精氣培養)
감(勘)을 살려 상대 및 상황을 감지하는 감응력과 현재 자기를 보는 성찰력(性察力)
사물을 눈보다 마음으로, 마음보다 기(氣)로 보라.
교감을 통해 모든 이법의 때를 아는 것이다.(君子時中)

기세(氣位)
이합을 행함에 있어서 힘의 근원이 되는 것으로 활동운화(活動運化)인 기의 운행을 말한다. 상대를 이기겠다는 의지의 능동적 에너지로 모든 이법을 능률적으로 실행하려는 힘이다. 정신 집중력과 호흡에 의한 하단전에 기를 모아 충실한 기로 이법을 운용한다. 검도의 본 중 입회 거리에서 선도 후도 상호 선의 기위로 정간에 나가는 기(氣)의 이법이다.

정간(間合)
본(本)은 촉도의 간격. 검도는 선혁이 맞닿는 거리

상대 전체를 효과적으로 교감할 수 있는 거리로 상호 죽도에 영향을 미치지 못하나, 검선과 몸운용으로 상대의 생각을 읽거나, 치열하게 심리적 영향을 서로 주고받는 거리

준거(蹲踞)

정간에서 상호 교감으로 칼을 빼면서 앉아 무릎을 벌리고 상체를 세워 검선을 맞추는 자세. 기 검 체로 호흡을 맞추어 보는 것으로 상호 교감의 능력을 최대한으로 끌어올리는 예식행위. 본격적인 대련에 앞서 정간 이전의 이법을 단속하고 충실한 기(氣)를 갖게 함과 동시에 상대와의 거리와 공수를 위한 자세를 결정하는 준비자세로서의 의미를 갖고 있다.

삼각구(三角構)

중단세를 앞에서 본 자세의 구도(構圖). 바른 후리기(刃筋)의 근원
중단세, 쳐들었을 때, 격자 할 때도 삼각구의 구도를 유지함.
정대의 자세에서 좌우의 기가 균형을 이루고,
검선(劍先)과 양어깨가 기검체일체의 삼각형을 이루어 정중선에 기를 결집시킨다.
중단자세 기의 영역이 상대 정중선을 압박하는 것으로 양 팔꿈치의 상태가 핵심이며
효율적인 손운용(手の內)의 근원이다.
온몸의 자세와 움직임에는 삼각구의 구도가 힘. 스피드. 안정성을 제공한다.
특히 왼발. 왼허리. 왼손목을 단속하여야 한다.

정중선(人中路)

좌우의 기와 근력이 합일(合一)되어 검체일체가 되는 몸의 중앙선으로 중심(中心)과 중심(重心)이 있는 곳
몸운용과 모든 이법을 행함에 정교함과 하나 됨으로 일도양단의 기술적 기준이 되는 곳
검도가 무도로서 문화적 가치를 가지고 현재까지 존재할 수 있는 핵심적 이법이며,
명상의 호흡처럼 정중선 몰입으로 하나 됨을 통하여 중화지기(中和志氣)에 이르는 길이다.

몸운용(體捌)

상체를 무릎 위에 올려놓고 수평 이동으로 정중선을 바르게 유지하며,
수족일체가 되어 움직이는 것.
승부는 기술의 현묘함이 아니라, 상황에 맞는 기술 선택에 의해 결정된다.
기술을 내기 이전에 발이 준비되어 있어야 하며,
몸의 무거운 엉덩이부터 먼저 이동하고 마지막 가벼운 손이 가는 것이 이법이다.
이동(접근). 기회. 기술. 타력의 근원이 되는 섬세한 발운용을 이길 수 있는 비법은 없다.

손운용(手の内)

죽도를 관장하는 손의 이법으로 수족일체가 되어야 한다.
손의 각 지체들은 각자 역할을 효율적으로 운용하여 지렛대에 의한 시너지효과를 내야 한다. 손은 온몸에서 나오는 힘을 「생성력→ 전달력→ 집중력→ 투철력」의 능률적 과정으로 격자로 전환하여, 솜씨(冴え)로 마무리하는 수단이 되어야 한다.

중앙선(생명선)

나와 상대의 정중선을 잇는 최단거리
공격과 방어의 효율적 선(線)이며, 상대의 정중선을 공략하는 최단거리이다.
공세로 검선을 차지함으로써 유리한 상황을 만드는 승타법의 근원이 되는 곳이다.

공세(攻め)

나의 기검체로 상대 정중선을 압박하여 몰아가는 것으로 주도권(先)을 잡으려는 행위
삼살법을 통해 상대를 좌절시키거나 압박하는 이법이다.
중앙선으로 한 번의 공세로 타메(ため)까지 연결하는 연습이 중요하다.

몰아 감(位詰)

공세로 미세한 균형을 깨고 전체를 유리한 상황으로 전개하는 것
대도 3본 후도의 되받아 찌름으로 미세한 우위로 승기를 잡아 선도를 몰아가는 이법

입신(기회 1단계)

공세로 승기를 잡아 기위(氣位)의 자세를 유지하고 상대의 타격권에 들어가는 것
앞발이 들어감은 활의 시위를 당기는 것과 같이하여,
하체에 텐션(축경)을 만들어 접근. 기회. 속도. 타력. 기술의 근원이 되어야 한다.
입신 이후 이법들 간에 시너지효과로 유효격자의 근거를 만들어 주어야 한다.

타다(乗る)

나의 기검체가 상대의 기검체에 올라타 무념무상에서 몸이 흐르는 것.
상대의 죽도의 움직임을 제압하기 위해, 자기의 죽도가 상대 죽도 위에 올라타는 것.
설혹 상대가 올라탄다 하더라도 정신적으로 타고 있다면, 이는 내가 타고 있는 것으로
누가 선을 잡았느냐가 본질이다.
본에서 후도가 선도의 호흡에 올라타, 선도 흐름에 맞춰 후도가 대응하는 것

축경(ため)

공세의 마지막 단계로 나의 텐션을 발경(shooting) 직전까지 끌어올려,
상대를 압박하여 의중(機)을 표출시켜 격자 기회를 만든 것
상대의 타메(ため)를 역으로 끌어내는(引き入む) 기술도 이 상황에서 연출된다.
이를 「선선의 선」이라 한다.

무너뜨림(崩す)

'무너뜨린다'란 공세 축경으로 인해 상대의 죽도 끝이 움직인다던가 손(手元)이 움직이게 되는 겨눔세에 변화가 생기는 것, 앞으로 나오거나 물러나거나 하는 동작, 격자하여 나오는 등의 반응을 일으키게 하는 것이다.

격자 기회(기회 2단계)

축경으로 상대를 압박하여 상대 의중(機)을 몸으로 표출시켜 격자하는 기회.
또는 내가 원하는 쪽으로 표출시켜 격자하는 기회. 이를 「선선의 선」이라 한다.
입신은 들어가는 기회, 타메(ため)는 격자 기회로 2단계가 있다.

타간(打間. 一足一刀)

한 박자로 상대를 격자 할 수 있는 거리

상황에 따라 역동적인 다양한 '일족일도'의 거리가 발생한다.

상대가 나올 때. 제자리(기술을 낼 때. 방어할 때. 기술이 끝났을 때). 물러날 때 등에 따른 대응상황이다.

이때 항상 승타법의 타격거리를 만드는 섬세한 수족일체의 발운용이 요구된다.

발경 : 뛰어들기(踏み動作)

축경(ため)으로 기회가 발생되면 검체일체가 되어 뛰어나가야 한다.

왼발목의 차 줌과 동시에 칼이 정점에 이르러 왼손목 편합근에 텐션이 걸려 연동되어 죽도가 발사되어야 한다.

타간에 따른 적합한 뛰어들기 이법이 이루어져야 한다.

충실한 기세로 기회의 순간 이법들이 연동되어 축경을 기술로 전환시키는 것이다.

검체일체(一刀一體)

검도 특유의 격자동작으로 상대를 향해 뛰어드는 몸과 죽도가 하나 되어 격자하는 것

즉 몸과 죽도가 연동으로 일체가 되어 뛰어 들어가는 것

아마는 부분 힘으로 행하고, 프로는 온몸으로 틀(形)을 만들어 쏜다.

격자의 순간 부드러움으로 혼연일체가 되어 기(技)로 나가는 것이 아니라

기혼(氣魂)으로 나가야 한다.

즉 理로 공세하여 氣로 나간다.

휘어짐(낚아챔)

격자를 빠르고 강하게 하기 위한 이법이다.

죽도를 낚아챔으로써 발생하는 죽도의 휘어짐에 의한 반발력을 이용하는 타법이다.

왼손바닥 장심으로 자루 끝을 밀어올려 검선이 최고점에 도달하기 전에 앞으로 뻗어 줌으로써

죽도의 휘어짐이 발생하여 그 반발력이 가속도를 더한다.

몸 던지기(捨身)

나의 삼각구로 상대방의 검선과 삼각구의 정중선을 관통하는 기분으로 정대하여 뛰어 드는 것. 검도의 본 7본 중 선도가 2족1도로 후도의 검선을 향해 정면으로 뛰어드는 이법이다. 이를 사즉생(死卽生)의 기로 행하며 이외의 이(理外의 理)라고도 한다.

관통(割る)

자기의 정중선으로 상대의 정중선을 검체일체 갈라치기로 나가는 것

진검의 일도양단의 기백을 죽도로 실현하려는 경기성의 진화된 이법개념이다.

치고 나가는 것이 아니라 나가면서 치는 이법으로, 몸 버리기를 통해 혼신의 힘으로 상대를 관통하면서 격자가 행하여져야 한다.

다카노(高野)「치고 나가는 연습」으로 대도 7본의 몸 버리기(捨身)을 바탕으로 이루어진다.

일원삼류(一元三流)

하나의 자세에서 3가지 이상 타법 기술이 나온다.

기술보다 타법의 다양함이 경기를 지배한다.

하나의 타법으로 모든 격자 부위를 격자할 수 있어야 한다.

공세로부터 시작되며 한 가지 타법 속에는 2가지 이상 노림수가 있어야 한다.

칼의 궤적(刃筋)을 바르게 한 격자

격자의 이상적인 칼날의 궤적으로(후리기),

검의 일도양단 이법을 죽도 타격에 실현하고자 하는 것이다.

유효격자 조건으로 충실한 기세(心)와 적정한 자세(體)로 행하는 것(心技體일치).

격(擊)은 몸의 중심 이동에 따라 양손을(手元) 정중선에 똑바로 들어

기검체일체로 정중선을 가른다.

이는 격자의 과정인 「생성력→ 전달력→ 집중력→」이 합리적 흐름이어야 하며, 이법들 간의 시너지 효과를 통해 격자의 투철력을 극대화하는 것이다.

수련의 정도에 따라 나타나는 내공(德)으로 평생 몸 공부해야 하는 격자의 핵심이법이다.

솜씨(冴え) 응축(技)

검도 경기 특유 타법으로 상대를 관통하면서 검선에 힘을 실어 순간적으로 찍어 때리는 것.
「칼의 궤적을 바르게 한 격자」에서 나오는 타력이 격자 순간 검선에 온몸이 실리는 투철력으로 기술의 결정체(結晶體)이다.
"솜씨(冴え)가 없으면 한판이 아니다."

존심(殘心)

한판(面)은 검체일체가 되어 솜씨(冴え)가 있는 정면을 치고, 그 자세와 충실한 기세를 유지하고 양주먹이 얼굴을 관통한다.
그리고 섬세하게 밀어걷기로 나간 다음 상대를 향해 정대하여 대적세를 취할 때 득점으로 인정한다.
형에 마음을 담아, 技로서 그 마음을 양성한다. (事物而現意態)
검도가「인간형성의 도」로서 하학이 상달할 수 있도록 이념의 틀을 마련한 것이다.
(1975)

감사 반성(顧)

때리고 반성하고, 맞고 감사하다.
나의 한판이 검리에 충실한 한판이었나를 반성하고,
상대가 나의 빈틈을 가르쳐 주었으니 감사하다.
모든 원인을 나에게서 찾는 것.
자기를 되돌아보는 성찰 공부.
겸손한 지(智)의 수련자세
감사 반성을 통한 feedback은(顧) 진화의 이법이며,
성기인야(成己仁也)와 교검지애(交劍知愛)가 확장되는 것
부단한 연습을 통한 수신으로 덕을 쌓는 한 방법이다.

격의(格義)

어떤 사물을 이해하거나 설명할 때 그것을 언어로 표현하거나 정의하는 순간
그 언어가 가지고 있는 틀에서 사고의 영역은 결정되고 만다.
우물 안 개구리의 눈에는 하늘이 우물의 입구 크기만큼만 보이듯이,
격의란 자기가 이미 가지고 있는 개념적 틀을 빌려 새것을 인식하는 경향을 말한다.

하나의 문화가 다른 사회로 전이될 때 그 문화는
그 사회의 정서에 의해 변질되기 시작한다.
문화의 차이로 인해 왜곡된 것은 본질을 벗어나 변형될 위험성이 있는 반면
바로 그 차이로 인해 그 사회에서 자생력을 가질 수도 있다.

무도의 진수는 언어로 표현하는 순간 왜곡되기 시작한다.
따라서 스승은 제자의 격의를 한 단계 끌어 올리거나 확장시켜야 한다.
무도(藝)에서는 머리로 하는 이해를 넘어 온몸으로 깨달음을 얻을 때,
비로소 스승의 가르침이 전달되었다고 할 수 있다.

검도의 3요소(몸 · 氣 · 劍)

이해를 위한 이성적 사고를 할 때, 사물과 현상을 분석하기 위해 요소를 명사화하게 된다. 이러한 교육방법은 핵심을 전달하기에 효과적인 방법 중 하나이다. 다만 명사화는 시간을 공간화하여 요소의 본질을 벗어나게 할 수 있으므로 이에 대한 경계심을 늦추어서는 안 된다.

요소의 분석 내용은 개념으로 정립되어 앎에는 기여했으나, 실제 행하면서 그 효과를

점검할 필요가 있다. 능률적이지 못하다면 개념을 수정하거나 요소를 더 세분화할 필요가 있다. 필요에 따라 새로운 개념을 탄생시켜 새로운 용어를 만들어내고 다시 조합을 하는 것이다. 계속해서 새로운 용어를 만들어 내지 못한다면 그 문화는 이미 정체되어 버린 것이다.

몸과 검은 체(體)요, 기는 용(用)이다.
기(氣)는 활동운화로서 모든 사물의 조화와 흐름을 이어 나가는 것이고, 몸(體)은 심신(靈肉)이 결합되어 너와 나의 자아로서 활동의 주체로 존재하는 것이며, 검은 죽도를 말하며 몸과 함께 이법 조작 운용을 총칭한다.

심기력일치는 생각이 기분(氣分)을 타고 발동하는 기운(氣運)을 말하며 기검체일치는 몸의 기운을 타고 검으로 격자하는 현상을 말한다. 격자 후 기의 늦춤이 없이 기를 단속하고 마무리 하는 것(存心)도 중요하다. 요소들이 서로 조화를 이룸으로써 검체일체가 되어 전 과정을 주관해 나가는 것을 의지(意志)에 의한 기(氣)의 작용이라 할 수 있다.

검도의 단련은 기검체일치의 현상을 보고(顧)
내면의 심기력일치인 정신력을 되돌아보는 것(顧)이다.
정신력의 작용을 마음에 속한 것이라 단정하지 않고 심신이 조화된 몸이 관계 속에서 발동(性)하는 것을 성찰하는 것이 타당하다. 항상 심신일여를 목표로 심신을 단련하는 이유가 이 때문이다.
검선일여는 죽도를 가지고 철학(禪)을 할 줄 알아야 한다는 말이다. 기검체의 요소들을 가지고 이법을 추구하고 단련함으로써 생각의 힘을 키우고 기력을 증진시킨다. 기력과 지력이 조화를 이룰 때 경기력도 향상되고 우리의 삶 또한 마땅함(道)으로 흐르기 때문이다.
검도의 장점은 '기와 중심의 검도'를 통해 형이상학적 담론들을 몸으로 깨달을 수 있다는 것이다. 이는 인간의 보편성을 바탕으로 하기 때문이다.
문(앎)과 무(함)의 극의에 도달하는 길은 같다!

기(氣)

생성·발전·소멸하는 모든 것에 작용하는 근원적 에너지의 하나.
인간에게는 지각·감각·본능을 움직이고 있는 동적인 에너지의 하나.
한편, 검도에서는 자기와 상대와의 사이를 이어주는 분위기를 의미하며, 자신의 마음과 신체와의 관계를 결정짓고 있는 것이다.

기검체일치

공방(攻防) 동작을 효과적으로 하기 위한 중요한 내용을 표현한 말. 주로 격자 동작에 관한 것이다. '기(氣)'란 기력을, '검(劍)'이란 죽도 조작을, '체(体)'란 몸의 움직임과 자세에 관한 것으로, 이런 것들이 알맞은 타이밍으로 조화가 이루어져 일체가 되어 작용하는 것.

심기력일치

'심(心)'이란 정신작용의 정적인 면이며, 상대의 동정을 직감에 의해 감지하고 판단하는 능력이다.
'기(氣)'란 마음의 판단에 따라서 외부의 동작으로 나타나는 것으로, 소위 기(氣)는 마음에 이끌려 마음의 명령에 따라서 활동하는 정신작용의 동작적인 면을 말한다.
'력(力)'이란 신체의 힘, 즉 기술을 말한다. '심기력일치(心氣力一致)'란 어느 자극에 대해 마음의 직감으로 지각판단한 것이, 곧바로 정신작용에 의해 기술로 나타난 것이다. 더욱이 이 세 가지가 순간적으로 행해지지 않으면 안 된다.

기력(氣力)

활동을 만들어 내는 동적인 에너지, 마음속에서 솟구쳐 오르는 힘. 체력의 한계를 넘었어도, 여전히 무언가를 할 수 있다는 강한 정신력.

기백(氣魄)

어떠한 고난에도 맞서가는 정신력. 기개(氣槪)라고도 한다.
닥쳐오는 적에 대해 이쪽에서도 압박해 가는 기세.

기위(氣位)
자신감에서 오는 위력. 또는 상대의 공격을 예감하는 높은 능력

기공세(氣攻め)
마음속으로부터 나오는 동적 에너지에 의해 상대를 압도하는 것. 동작으로 공세를 취하는 것이 아니라 '치겠다'라는 강한 기세로 공격하는 것.

기세(氣構え)
상대의 움직임을 충분히 파악하여 언제라도 대응할 수 있도록 온몸 구석구석까지 신경이 미치게 하는 상태.

기받음(氣当たり)
서로 마주보고 있을 때, 상대에 대해 '치겠다'라는 기세를 보여주며, 상대의 반응을 보는 것. 상대의 움직임과 동작을 예감하는 것. 대도 7본 선도 찌름에 후도 반응을 끌어내는 것.

기합(氣合)
상대의 움직임과 자신이 하려고 하는 것에 대해 정신을 집중하고 만전의 주의를 다하는 것. 또는 이런 상태에서 내는 소리.

(참조 부록 검도용어사전)

기본(基本_의식 두기)

체(體)와 용(用)
운동에는 체(體)와 용(用)이 있다.
체가 형성되기까지는 원하는 용이 나오질 않는다.
따라서 기본은 기초 동작을 통해 먼저 체를 만드는데 그 의의가 있다.

좋은 스승
기본은 신체 역학적으로 가장 효율적인 움직임을 가져오는 구성요소를 말한다.
대부분 기본의 중요성을 인지하지 못하거나, 조급함에 조기에 결정되어 버린다.
습벽(習癖)을 교정하는 것은 검도 지도 중 가장 어려운 일로써 잘못된 기본으로 수련한 시간만큼 같은 시간이 소요되는 데 문제가 있다.
좋은 스승을 찾는데 3년도 아깝지 않다.

기본의 중요성
단기간의 성과주의에서는 기본이 무시된다.
기술의 다양성으로 승부를 추구하다가도 어느 시점에 정체되어 버리는 것은 기본이 발목을 잡아 정밀함이 오지 않기 때문이다. 한국 스포츠계의 가장 큰 문제는 기초 동작을 능률적으로 가르치지 못하는 데 있다.

의식두기
가장 중요한 기초부터 순서를 정하여 그곳에 의식을 두고 반복 연습을 한다.
원하는 만큼 기본이 잡히면 다음 곳으로 넘어가서 순차적으로 틀을 잡아나간다.
자유 대련보다 개인 연습이 효과적인 이유는 의식을 자신의 신체에 두고 전념하기 때문이다.
훌륭한 선수란, 기본을 날마다 새롭게 인식하고 부족한 부분을 연구하고 궁리하여 경기에 나가서는 창조적인 플레이(play)를 할 줄 아는 선수이다.

개인연습

검도 10단 모치다(持田盛二) 범사는 50세가 넘도록 몸으로 기본을 익혔다 하였고, 극진가라데 최영의(大山)선생은 주먹 쥐기와 서기가 말년에도 어렵다고 하였다. 기본이 주는 효과는 좋은 스승이 곁에 있고 의식 두기의 개인 연습 시간이 많아야 효과를 거둘 수 있다.

이사병중(理事併重)

조급함과 과시는 검도 수련에서 가장 큰 병이다.
이사병중(理事併重)이란 이론과 실기가 아울러서 가는 것을 말한다. 단기간에 성과를 내려는 사람들에게는 힘든 수련 방식이다. 검도를 제대로 하는 사람은 검도가 '힘들다'는 표현보다는 '갈수록 어렵다'라고 표현한다.
어렵다는 심경에서는 죽어서나 해방될까!

유현(幽玄)

검도는 끝없는 공부이며 갈수록 어려운 무도이다.
저절로 겸손해질 수밖에 없다.
검도 앞에서 교만한 사람은 배움이 얕거나 검도의 진수를 모르는 사람이다.

이합(理合)

개념
- 자기와 상대와의 사이에 이루어지는 움직임이 합리적인 것
- 이기는 원리
- 유효격자의 모든 과정
- 기초가 되는 기둥
- 신체가 깨닫고 있어 몸이 시키는 대로 자연스럽게 움직이는 것

기본의 이합
1. 선의 기(氣) → 기세
2. 거리(間合) → 감각
3. 기회 → 공세
4. 공방 → 기술
5. 존심 → 기의 보존
6. 겨눔 → 이해

공방의 리
1. 정중선 → 中心 + 重心
2. Balance → Form(삼각구) 유지
3. 화(和) → 기술의 상대성. 호흡
4. 선(先) → 位차지
5. Stance → 예측능력
6. 각(角) → 기회
7. 리듬 박자 → Timing

효율적 공격
- 양극이 내재된 한 동작(一原三流)
- 정대(正對)에 대한 정중선 중앙선 선점
- 상황(예측/반사신경)에 맞는 발폭(stance). 축경(텐션)
- 상황에 맞는 검의 각. 이합
- 상대 실허(實虛)에 따른 기술 선택
- 전략의 두뇌회전
- 잔상(殘像)의 전략

효율적 방어
- 선(先)의 기로 다양한 공세로 인한 능동적 방어
- 되공세로 이기는 태세
- 제비다리 원리. 타이밍 선점
- 정중선 중앙선 선점
- 타고(乘る) 나가받음
- 죽도 2.3홈 이용 스쳐받음
- 정중선 가르기(맞받아치기)
- 끌어냄에 의한(引き) 후의 선(선선의 선)
- 공방불이의 방어를 통한 승타법

격자의 원리
- 정중선(中心 重心)
- 중앙선(최단거리)
- 가르기(割る)
- 몸 던지기(捨身)
- 검체일체(劍體一體)

검도의 본 이법 (p413 참조)

유효격자

유효격자											
기검체일치											
이 합										존심	
정확한 격자											
요소					요건					태세(構)	
1	2	3	4	5	1	2	3	4	5	1	2
간격 (間合)	기회	몸운용 (體捌)	손운용 (手の內)	강한 솜씨 (冴え)	자세 (構)	기세 (발성)	격자부위	죽도의 격자부	날길 (刃筋)	기세 (무형)	형세 (유형)

눈 　　　 귀

경험

극의(極意)

'높은 경지' 란 리(理)의 경지를 떠나 모순일 수 있다.

'이외(理外)의 이(理)' 란 이치로 설명할 수 없는 이치 밖에 또 다른 이치가 있다는 뜻이다.

필사의 기술 또는 혼으로 하는 기술을 말한다.

이(理)로 설명이 안 되는 기(氣)의 개념은 사(死)즉생(生)의 경지를 말한다.

이것을 머리로 이해하려 들면 방해가 될 수 있다.

실전을 통한 체험으로 깨닫는 수밖에 없다.

부단한 계고를 통해서 온몸으로 깨달아야만 얻어질 수 있는 것이다.

이는 믿음과 긍정의 마음으로 끝없이 노력한 뒤에 이르는

'백련자득 만일단련' 의 경지를 말한다.

"이(理)로 공세하고 기(氣_魂)로 친다." 함은

이합으로 상대를 압박하여 기회를 만들고 과감한 몸 던지기(捨身)로 격자하는 것이다.

"기로 공세하고 이(理)로 친다." 함은

강한 기세로 상대를 삼키듯 압박하여 흔들어놓고 이합에 맞게 격자하는 것이다.

"검도는 기(技)로 하는 것이 아니라 기(氣)로 하는 것이다."

검도의 본 극의

이합의 가르침이다.
이합은 이기는 원리이며 이법은 기초 원리다.
일정한(形) 기술 속에 이법과 정신(道)의 가르침을 넣은 것이 검도의 본이다.
정해진 형(形)을 그냥 반복한다고 하여 실전에 도움이 되는 것은 아니다.
모든 실전 상황에서 최선의 답을 찾아가는 것이 본 수련의 목적이다.
고도의 집중력과 통찰력으로 연습을 거듭하여 이기는 이치를 터득한다.
그 최선의 답이 이합이며, 이합의 구성요소인 이법을 인식하고 그것에 숙달되면 결국 실전과 수신에 도움이 되는 것이다.

본을 연무할 때 전제해야 할 것은 우선 상호간에 정대하고 선도가 선의 기로 공격할 때 후도도 선의 기로 나와 대적세에서 맞공격해야 한다는 것이다. 선도는 실전에서 상대가 선(先)의 기(氣)로 나올 것을 전제하에 두고 필승의 칼로 나간다. 선도 필승의 칼에 대응해서 이기는 것이 후도의 가르침이다.

선도의 기(技)는 사즉생의 기(氣)로서 일도(一刀)의 기술로 행하고, 이에 대응하는 후도는 자연스러움으로 대한다. 사즉생(死卽生)의 기란 일도양단의 기를 말하며, 자연스러움이란 겨룸 자세의 내면에 품고 있는 각각의 이(理)가 기회에 응하여 작동하는 것이다.

본 수련은 심사에 대비하기보다는 일상적인 연습을 통해 신중하게 음미하면서 깊은 통찰력으로 본에 담긴 검의 이치를 깨닫는데 의의가 있다.
경전(經傳)은 그 안에 담긴 삶의 지혜를 끌어다 써도 마름이 없듯이 검도의 본은 아는 만큼 보이고 깨닫는 만큼 응용된다.

검도의 본에 담긴 이법

交感, 自然體, 태세(構), 겨눔, 三角構, 正對, 正面, 正中線, 正大, 中心, 重心, 和, 先의 氣, 일도양단의 기, 氣合(合氣), 位, 간격(間合), 호흡(리듬,박자), 强柔徐急, 角, 공세, 기회, 축경(溜め), 타다(乘る), 끌어냄, 擊刺(한 박자), 氣劍體一致, 심기력일치, 技手足一體, 칼의 궤적(刃筋), 지켜보기(見切り), 맞받아치기(切落), 능각, 몸운용(体捌), 발운용(足捌), 손운용(手の内), 솜씨(冴え), 빔(虛), 텐션(kinétic poténtial), 가르다(割る), 몸 던지기(捨身), 몸 넣기(入身), 눈길, 氣爭, 기위(氣位), 氣받음(氣当たり), 三殺法, 존심, 예법, 인간의 도

검도의 본 요약 (p411 참조)

대도 2본의 극의

검도의 본 중에서도 심오한 본이 대도 2본이다.
단순함 속에 오묘함이 있다. 이외의 이(理外의 理)가 대도 2본인 것이다.
대도 2본은 선도가 후도의 손목을 치는 것이 아니다.
이치로서 선도가 후도의 손목을 어떻게 쳐야 한다는 명인들의 가르침이 없고,
검도에서도 빈틈이 없는 중단에 손목으로 가는 것은 금기로 되어 있다.
선도는 찔림을 각오하고 칼을 크게 쳐들고 혼을 다하여 후도의 정면을 가른다.
몸과 마음과 칼이 일체가 되어 몸 던지기(捨身) 공세로 가는 것이다.
후도는 정면공격을 피하고 비키어 물러나며 선도를 정대함으로써 승기를 잡는다.
승기를 잡은 후도는 선도의 정면을 가르는 것이 무의미하므로
손목을 쳐서 제압하며, 여기에는 상생의 의미가 있다.
검도는 머리로만 하는 것이 아니라 혼으로 해야 한다는 가르침이 들어있다.

이합

- 상호 선의 기위로 행할 것.
- 정대하고 후도의 정면을 대도 1본처럼 일도양단의 기로 몸 던지기 공세할 것.
- 이 때 후도도 정면으로 나온다는 가정 하에 필승의 칼로 들어가는 한편, 후도의 대응에 따라 변수가 생길 가능성을 충분히 염두에 두어야 한다.
- 후도는 방어의 우선은 거리요, 기회의 우선은 정대함에 있다는 원리에 따라 뒤로 물러나 비키어 정대하고 칼을 크게 쳐들며 들어간다.
- 기회를 잡은 후도는 살생보다는 상생에 의미를 두고 손목을 공략한다.
- 후도의 기술은 표면적으로 후의 선이나, 강한 압박이 선도의 기술을 이끌어내므로 '선선의 선'이라 할 수 있다.

대도 2본의 이법

交感, 自然體, 태세, 겨눔, 三角構, 正對, 正面, 正中線, 正大, 中心, 和, 先의 氣, 氣合(合氣), 位, 간격, 호흡(리듬, 박자), 強柔徐急, 角, 공세, 축경(溜め), 擊刺, 기검체일

체, 일도양단의 기, 칼의 궤적(刃筋), 지켜보기(見切り), 몸운용(体捌) 발운용(足捌), 손운용(手の內), 솜씨(冴え), 텐션(kinétic poténtial), 가르다(割る), 몸 버리기(捨身), 몸 넣기(入身), 눈길, 氣爭, 무형의 존심, 예법, 인간의 도.

본의 연습은 되풀이하는 과정에서 옛 명인들의 인식 깊숙이 도달하는 데 그 의의가 있다.

상기의 해석과 깨달음은 나의 주관적인 것이며, 나의 검도 수련에 적용하는 사례이다. 각자의 본은 지금처럼 주관적인 해석에 따라 응용된다. 심사를 위해 준비하거나 모양을 흉내내어 남에게 평가받는 것은 별 의미가 없다.

검도의 본 이법 (p413 참조)

정대(正對)

수평과 수직
지는 자는 수평이 된다.
최후에 수직으로 서 있는 자가 승리하는 것이다.

정대함은 바로 서기로 정정당당함이며 모든 무도의 기본이고 기술의 시작이다.
동물의 세계에서도 정대함을 지키지 못하면 패자로 분류한다.
쌍수집병검인 검도는 자연체로서 대중지정(大中至正)의 자세로 바로 서기를 하는 것이다.
좌우의 기와 힘과 밸런스를 정중앙에 결집시키는 것은 정대함에서 비롯된다.

검도는 정대함을 기본 중의 기본으로 한다.
기회란, 상대는 비켜나고 나는 상대를 향해 정대하는 바로 그 순간이다.

칼을 바르게 하는 것에 앞서서 몸을 정대하여 들어가는 것이 중요하다.
정대하여 들어가야만 칼의 궤적(刃筋)이 바르다.
정면치기는 자기의 정대함으로 상대의 정중선을 관통해 나가는 것이다.
정대하여 연습함으로써 당당함이 몸에 배게 된다.
존심은 마무리를 정대함으로써 지켜내는 것이다.

검도의 본은 정대함을 기본 중의 기본으로 하며, 특히 대도 2본은 정대함의 핵심이다.
선도가 후도의 손목을 치는 것이 아니라, 사즉생의 기로 후도의 칼과 함께 정중선을 가르는 것이다.
후도는 비켜 물러나 선도를 정대하고 자기의 정중선으로 나가 선도의 손목(정중선)을 치는 것이다.

바로 서기는 무도의 시작이자 완성이다.
사랑을 하든 춤을 추든 바르게 서서 마주 보는 것은 진실을 향한 모든 행위의 기본이다.
더군다나 검도는 정중선을 가르는 것이므로 바로 서기가 이루어져야 한다.
서로가 이 원칙을 지킬 때 검도의 본과 같이 능각을 다투는 검리가 나오고
'중심과 기의 검도'가 된다.
박자나 속임수를 이용하는 검도는 그 한 가지로 끝나,
중심에서 이루어지는 능각의 다툼에는 만 가지 기술이 전개된다.

和/小島

정면(正面)

정면은 '똑바로 마주 보이는 면', '정면승부', '정면돌파'를 말한다.

정면치기는 똑바로 치는 것을 말하며, 진검의 경우 두정부의 면포부가 아닌 이마를 치는 것을 말한다.

상대의 좌우가 균형을 이루는 가운데 기와 힘이 결집되어 있는 정중선을 공략하는 것이 정면(正面)이다. 검도용어사전 – 가르다 (p420 참조)

정면(쇼멘しょうめん)치기 기합을 넣을 때는 '쇼'를 생략하고 '멘~'을 외치는 것이 보통이며, 이는 머리(頭, あたま)나 얼굴(顔, かお)을 의미하는 것이 아니다.

정면치기를 할 때는 자기 자신이 바르게 서서 상대를 대해야 한다.

정면을 벤다는 것은 서로가 정대(正對)했을 때 코와 배꼽을 잇는 정중선을 가르는 것으로, 상대가 정대하지 않을 경우 그의 중심(中心)과 중심(重心)이 겹쳐 있는 정중선을 공략하는 것을 말한다.

검도에서 머리와 정면의 인식 차이는 이념적, 정신적, 교육적 자세의 차이로 나타난다.

'머리'는 손목, 허리와 함께 스포츠 관점에서 득점의 한 부분으로 인식하여 맞추려고 한 것이다. 정면에는 '가르다(割る)'와 '버리다(捨身)'를 근간으로 하는 혼의 정신과, 정중선, 정대(正對), 똑바로, 정대(正大)의 무도인 검도의 본질로서 똑바름의 무도철학이 들어 있다.

삼각구(三角構)

삼각구(三角矩)는 측면에서의 중단 대적세의 포인트를 설명하는 것으로,
- 눈, 배꼽, 칼끝의 삼각형 꼴을 벗어나지 않도록 자세를 취하는 것
- 상대의 눈, 나의 배꼽, 눈의 이등변삼각형 변에 자기 죽도를 올려놓는 것
- 나의 삼각구와 검선을 상대의 정중선에서 이탈하지 않게 하는 것

부록 검도용어사전 참조

삼각구(三角構)는 검도에서 안정적인 자세를 위해 삼각형의 구도를 형성한 모든 자세의 통칭을 말한다. 특히 정중선을 기준으로 좌우 근력의 밸런스를 가져가는 것이 핵심이다.(허광수)

정면에서 바라본 삼각구(三角構)는 「양 팔꿈치와 양 주먹과의 삼각구」를 말한다.
「중단 대적세 → 드는 자세 → 치는 자세 → 나가는 자세」의 손모양이 편차가 다른 삼각구를 이루어야 한다.
각 단계에서 양 팔꿈치 간격에 편차를 두는 이유는 등과 가슴의 신장력을 이용하여 강한 격자를 하기 위함이다.

모든 물체를 효율적으로 던지거나 쏘기 위해서는 안정된 틀이 있어야 한다.
쌍수집병검법의 중단 자세에서는 좌우의 기를 이용하여 강하고, 빠르고, 정확한 격자를 할 수 있어야 한다.
좌우의 기가 조화를 이루게 하는 방법은 검선을 정중선에 위치시켜 삼각구를 만드는 것이다.

'양 팔꿈치와 코등이를 잇는 삼각구'와 '양 팔꿈치와 선혁을 잇는 삼각구'의 기의 영역이 상대가 침범할 수 없는 영역이며 이를 날카롭고 세련되게 하여 상대의 정중선에 걸어야만 우산과 도끼의 원리를 이용한 공방의 리를 실현할 수 있으며, '기와 중심의 검도'로 진입할 수가 있다.

공세를 통한 중단의 다툼에서는 나의 삼각구를 지키고 상대의 삼각구를 깬다.

삼각구를 지키려면 양 팔꿈치의 각이 모든 동작에서 동일하게 유지되어야 한다.

특히 공세에서 오른팔꿈치가 펴지는 순간 급소가 발생한다.

검도의 본에서, 선도의 공격 시 오른팔을 폄으로써 급소가 발생하며 후도는 오른팔꿈치의 각을 그대로 유지하고 응함으로써 한 박자로 격자할 수 있는 것이 검도본에서 가르치는 이법 중 하나이다.

큰 동작시 위에서 내려치는 격자 동작에 상기의 사항이 그대로 적용된다.

소위 밀손·끌손으로 밑에서 올려치는 작은 동작 타법을 구사할 때도 이 원칙을 지키는 편이 효율적이다. 다만 다른 점이 있다면 큰 동작은 등과 가슴의 신축이 힘의 원천이 된다는 점, 작은 동작은 발에서 차주는 힘이 원천이 되어 허리의 신축을 이용하는 것이 주축을 이룬다는 점이다.

어떤 동작을 하든 양 팔꿈치의 각을 동일하게 유지하는 것이 효율적인 이유는 결국 사람의 보편성에서 나온 것이기 때문이다.

나의 삼각구로 상대의 칼과 함께 삼각구를 가르는 운동인 검도에서 상대를 공략하기에 앞서 나의 삼각구가 완전하여야만 정면치기가 가능하다는 것이 극의이다.

온전한 나의 삼각구는 수신의 문제요, 상대 삼각구와의 겨룸은 화의 문제다.

이러한 겨루기는 능각의 활용으로 검도의 본의 주종을 이루고 있는 이법이며, 서로 간의 '기와 중심의 검도' 계고를 통해서만 검의 이법의 진수를 맛볼 수 있다.

우산의 원리

삼각구 폼이 잘 되어 있는 "기와 중심의 검도"에서만 이해할 수 있는 극의이다.

우산을 펴서 부는 바람과 내리는 비를 받아 흘리는 것과 같이 선혁과 코등이까지의 두께 편차를 이용하여 상대의 힘을 비켜가게 하는 것이다.

서로 간의 정중선을 겨루는 중단의 대적 상태에서 찌르듯이 밀고 들어가 머리치기를 시도하면 상대의 죽도가 옆으로 비켜나면서 머리를 치게 된다.

선혁에서 죽도의 가장 굵은 부분(鍔元)과 코등이를 거쳐 양주먹에서 벌어지는 팔꿈치의 벌어짐을 이용하는 것이다.

상호 간의 정중선 다툼에서 이 편차는 능각의 다툼을 이끄는 중요한 기능을 한다.

격자에서는 도끼날에서 몸통의 편차처럼 상대를 가르는 역할을 한다.

방어의 원칙도 마찬가지다.

격자하는 상대의 칼은 받는 힘만큼 되돌아오고, 받아 흘린 만큼 반격할 수 있는 것이다.

들어오는 상대의 칼을 직각으로 받아 상대의 힘을 전부 칼로 받아내면 상대의 힘이 전부 되살아나 공격으로 되돌아온다.

능각으로 스쳐 받아 상대의 힘을 비켜 흘릴수록 그 힘만큼 반격할 수 있는 것이다.

검도의 본에서 후도가 선도의 칼을 받는 것은 능각을 이용한 최소의 힘으로 받아 흘리는 것을 원칙으로 한다.

즉 선도 스스로의 힘으로 떨어지는 것이다.

죽도 폭의 편차를 정교하게 이용하여 섬세한 움직임으로 큰 힘을 발휘하는 자가 고단자이다.

준거(蹲踞)

개시선에서 상호 무릎 꿇고 뽑아 칼 한 자세.(そんきょ)

검도에서는 기의 충만함과 머리와 허리를 수직으로 세운 바른 자세가 필수조건이다.

준거는 본격적인 대련에 들어가기 직전에 행하는 기(氣)의 정화 작업이며, 자세를 정리해주는 예법이다.

이 절차를 생략하는 것은 규범 속에 담겨 있는 실천의 의미와 효과를 상실하는 것이다. 이를 능가하는 규범을 만들지 않는 한 정기(正氣)를 따로 가르친다는 것은 참으로 어려운 교육이다.

규범(禮) 속에 실천지인 경험에 의한 지혜를 문화로 실현하는 것은 그 사회의 문화를 효과적, 생산적으로 계승하는 길이며, 무도 종목이 해야 할 일이다.

정중선(正中線)

나의 정중선은 정(正)의 근간(根幹)을 제공하고, 너와 나의 관계에서 정중선은 화(和)를 제공한다. 정중선은 양미간, 코, 배꼽을 연결하는 사람의 한가운데 선(線), 바르게 서있는 자세에서 척추와 나란히 하는 것, 검(劍), 체(體)를 포함하여 상대를 향한 좌우

대칭 균형이 이루어지는 지점을 말한다. 또한 검(劍), 체(體)의 한정된 공간뿐 아니라 정면을 향한 기(氣)의 영역까지 포함한다.

싸움의 원리는 상대의 중심(中心)과 중심(重心)이 겹치는 곳을 공략하는 것이 기본이다.
승부는 자신의 정중선을 대지 위에 바르게 세울 수 없는 데서 끝이 난다.
검도의 대련은 자신의 정중선으로 상대의 정중선을 공략하는 것이다.
자신이 바르지 않고는 상대를 공략할 수 없다.
"검의 이법에 따라"를 달리 말하면,
바르게 하는 것이 기본이자 최고의 이법인 것이다.

검도의 특징은 쌍수집병검법(雙手執柄劍法) 자세에서 나오는 동작이다.
격자 시 좌우의 근력을 한 순간에 정중선에 일치시킨다.
박수를 치는 원리와도 같다.
격자할 때 좌우에 힘과 타이밍이 일치하는 것을 '기검체일치'라고 한다.
좌로나 우로나 치우치지 않는 것이 바르다는 '대중지정(大中至正)'이라는 말처럼
좌우 균형이 화(和)를 갖춘 상태(中庸之道)를 말한다.
겨눔세, 격자세, 존심세가 바른 것이 한판인 검도에서는 몸짓과 관념과 결과(현상)가 일치되는 정(正)이 바로 덕성이다. (發而皆中節 謂之和)

面(멘)은 正面(쇼멘)의 준말이다.
대도 1본의 선도처럼 상대의 중심(中心)과 중심(重心)이 겹치는 배꼽까지 자르는 것,
적어도 대도 5본처럼 상대의 턱까지 자르는 것을 말한다.
정좌의 자세에서 후리기를 해보면 왼주먹의 궤적이 정중선을 이탈해서는 힘을 쓸 수 없다는 것을 알 수 있다. 허리를 바로하고 단전에 힘이 들어가야만 제대로 된 후리기가 나온다. 이러한 원리를 유효격자의 조건인 '칼의 궤적(刃筋)을 바로 하여'라고 한다.

야구, 골프, 테니스 등 후리는 운동의 원리는 자기의 궤적을 벗어나면 힘이 상실된다. 격자할 때는 바른 자세에서 후리는 범위를 벗어나면 안 된다. 온전한 후리기가 격자부위까지 도달하게 하는 것은 발이다. 실전에서 바른 상체를 유지하려면 하체가 안

정되어야 한다. 상체를 무너뜨리면서까지 행하는 격자는 한판이 될 수가 없다.

생존해 있는 여러 명인을 만나 지도 받은 말씀 중
"칼은 위에서 바르게 치는 것입니다."라는 평범한 지도 말씀을 깨닫는데 한참이 걸렸다. 진정 생사의 갈림길에서 비스듬히 가는 칼은 위에서 바르게 치는 칼에 절단이 나는 것이다. 검도의 본에서 선도나 후도가 어떤 자세를 취하든 격자 순간에는 위에서 바르게 친다.

"손목, 허리에 명인이 없다."는 말을 되새길 필요가 있다. "힘과 스피드 → 타이밍 → 기와 중심의 검도"는 검도의 숙련도를 말한다.

고단자가 행하는 '기와 중심의 검도'의 극의는 바름이다.

나와 상대가 서로의 중심을 공략하는 과정에서 바름은 만 가지 기술을 전개한다.

검도의 본에서는 정중선의 다툼이 능각의 다툼으로 나타난다. 바른 자세 바른 마음 바른 검도는 상호의존관계에 있다. 서로가 상승작용으로 서로를 보완하는 것이다.

무도에서 심신단련이란 바른 몸짓을 통해 기를 정제하는 것이며, 이 기가 심신(心身)에 영향을 끼친다.

검도의 이법 | 175

인중로(人中路)

"검도는 시대에 따라 정중선 공략의 역사이며,
 정중선의 의식은 검도의 시작이다."

1600년경 검술 수련은 일대일 관계에서 자연체가 대적세의 기본자세가 되면서, 정중선이 중요한 테마로 의식한다. 人中路(정중선)를 일도(一刀)에 공략하는 심신의 조화가 승부의 장에서 중요한 요소를 이룬다. 이 극한 상황 속에서 마음의 심화가 인간형성에 도움이 되는 것을 발견한다.

야규(柳生)는 「일도(一刀)의 계고(稽古)」를 통해 사물의 이치와 인간 성찰의 도구로 검의 이법을 체득한다. 가훈으로 타류와의 시합을 금하고, 자기 자신의 구도(求道)에 힘쓰도록 한다.

"적의 마음을 읽고, 자기의 마음을 억제하여 승부에서 이긴다."는
"마음의 병법서"인 〈병법가전서(兵法家傳書)〉를 저술하고,
"검의 이합은 천지자연의 이치이고, 인륜도덕의 근본이다."라고 갈파한다.

이후 각 시대의 명인들에 의해 「일도의 사상」은 검도의 본(本)을 통해 검도(죽도)로 계승되어, 오늘날 "검의 이법에 의한 인간 형성"의 검도이념에 도달한다.

정중선의 이법
좌우의 기와 근력이 합일(合一)되어 검체일체가 되는 인간의 중간선으로 중심(中心)과 중심(重心)이 있는 곳. 몸운용과 모든 이법을 행함에 정교함과 하나 됨의 기술적 기준이 되는 곳. 검도가 무도로서 문화적 가치를 가지고 현재까지 존재할 수 있는 핵심적 이법이며, 명상의 호흡처럼 정중선 몰입으로 하나 됨을 통하여 중화지기에 이르는 길이다.

검도의 본은 '一刀의 정중선 공략'이다.
중단 대적세에서 상호 정중선을 잇는 하나의 선이 중앙선이다.
도로에서 "중앙선은 생명선이다"라는 표어는 검도에서도 통한다.
"정중선과 중앙선은 생명선이다."

본(本)은 검도의 가이드라인을 제시한 것이다.
'검도를 본처럼 본을 검도처럼'
본의 이법을 검도에 도입하여 연습하고, 연습 결과로 본의 검리(劍理)가 재해석되어
나선형의 깨달음으로 자기검도가 진화된다.
이런 몸공부를 삼마(三摩)의 위(位)라고 하며 그 열매가 검덕정본(劍德正本)이다.

「검도 이념」「경기. 심판 규칙의 목적」에서의
'검의 이법'은 정중선이 단초(端初)가 된다.
1927년 처음 '유효격자의 조건'을 명문화한 3가지는
- 좌우합일에 의한 충실한 기세.(氣)
- 격자의 동선(動線)이 몸의 중심선을 벗어나지 않는 칼의 궤적(刃筋).(劍)
- 좌우대칭의 균형에서 오는 적법한 자세는 정중선이 기준이 된다.(體)
즉 격(擊)은 몸의 중심이동에 따라 정중선으로 똑바로 들어 기검체일치(氣劍體一致)로
정중선을 가른다.
정중선의 겨눔은 모든 타점에서 제일 가까운 위치를 점하고 있으며,
공반(攻反)의 코스로 가장 효율적인 중앙선을 제공한다.
기회는 상호 공세 속에서 상대의 정중선을 삼각구로 압박하여 들어간다.
그 과정에서 기(機)의 변화에 대응하는 것으로,
시각과 촉각을 통한 기(氣)의 교감을 극대화하여 무념의 상태에서 반사신경에 맡긴다.
무념은 부교감신경의 활성화로 심신이 이완된 상태이지만
의식의 또렷한 상태를 유지하는 것으로,
몰입에 의한 몸과 마음이 이완된 이율배반적인 삼미(三昧)와 같은 것이다.

정중선을 의식한 몰입된 연습은 좌우가 하나 되어 초월적인 상태를 이룬다.
이 지극히 단순함이 혼돈을 제거하고 무한한 생명력을 만난다.

혼돈 속에서도 대칭과 함께 늘 균형을 유지해야 하는 몸은
밖으로부터 유입된 수많은 정보로 몸의 조화가 깨진다.

검도는 대련 중에 감사 반성을 통해 정중선의 근원이 되는
중화지기(中和志氣)의 평상심(平常心)으로 되돌아가는 것이다.

**현재 검도에서 한판(面)은 검체일체가 되어 상대 정면을 치고,
양 주먹이 얼굴을 관통하여 그 자세를 유지하고 섬세하게 밀어걷기로 나아간다.**
그리고 존심을 취할 때 득점으로 인정한다.
자기의 정중선으로 상대의 정중선을 몸과 죽도가 일체가 되어 관통하는 것으로
진화되어 온 것이다.
이 정면(正面)치기의 격자 과정은 정중선을 근간으로 하며,
이를 몸으로 깨달아 체화(體化)하는 것을 하학상달(下學上達)이라 한다.

**'정중선이 없는 검도'는 하나 됨을 통한 정교함이 사라지고,
도(道)와 덕(德)도 생겨나지 않는다.**
이는 유현(幽玄)이라는 검도의 깊은 세계로 인도하지 못하며
격물치지의 경지에도 도달하지 못한다.
"기(技)로서 도(道)를 구하고, 도(道)로서 덕(德)을 드러내다"

「기(氣)와 중심(中心)의 검도」에서
"정중선의 몰입은
잡다함에서 단순함으로,
혼돈에서 통찰의 세계로 나아감이다.
이는 나의 심연으로의 인도이며,
의식에서 무의식의 연결이고 또 다른 자아(自我)의 만남이다."

중축집중(中軸執中)

대련 중 유독 집중해야 되는 곳이 있다.
상대의 척추를 기준으로 하는 축이나,
호면 쇠테 중앙을 기준으로 하는 가상의 수직축을 그려놓고 집중하는 것이다.
검도의 본의 경우 상대의 콧날을 기준으로 정중선을 잡아나가야 한다.

바로 서기는 상대 중축(中軸)을 정대(正對)하기 위함이다.
중축은 2~3cm 중앙선을 다투는 대련에서는 정교함의 기준이 되는 곳이다.
상대 움직임에 따라 고정되지 않으며, 공간 이동과 시간차를 염두에 두어야 한다.
경기에서는 상대의 중축에 정대하고 중심을 관통하는 자가 승리한다.

다니구치(谷口安則) 범사는
"검도의 묘미 중 으뜸은 상대의 정중선을 갈라서 들어가는 것이다."라고 하였다.
검도란!
정중선(正面치기) 가르기를 되풀이하는 과정에서 몸 깨달음을 얻어가는 길이다.

谷口

중앙선

중단 대적세에서 상호 정중선을 잇는 최단선이 중앙선이다.
"중앙선은 생명선이다"
중앙선은 검선이 상대 격자부위에서 가장 가까운 거리에 있으며
효율적인 공격과 방어의 근거가 되는 하나의 선이다.

중앙선은 교검(交劍)이 이루지는 곳으로
상호 마음이 만나 성(性)이 만들어진다.
각성론 중에 인(仁) 화(和) 정(正) 등 많은 담론들이 파생되며
중앙선에서 전개되는 이법들이 심연의 세계로 안내한다.

공세는 상호 정중선을 공략하는 것이 기본이다.
정간에서는 상호 검선을 중앙선에 올려놓을 수 있으나,
공세를 통해 타간의 거리로 들어가기 위해 입신할 때는 우열의 차이를 가져온다.
마치 전쟁에서 고지를 점령하고자 치열하게 다투는 것으로
중앙선의 선점이 우위에 서는 것이 위(位)검도이며,
'기와 중심의 검도'의 핵심 이법이다.

중앙선의 폭은 죽도 선혁 두께인 약 3cm와 코등이 부분의 약 6cm를 본다면
정중선 공세는 상호 등줄을 기준으로 1.5~3cm의 중앙선 다툼이다.
공세를 통해 입신하여 정면 갈라치기를 할 때
선혁과 코등이까지의 두께의 편차로 인해 몸 던지기가 가능한 것이다.
이러한 정교함이 '우산의 원리'이며, '검체일체'가 되는 것으로,
진검의 '일도사상'을 검도로 재현(再現) 하는 것이다.

간격(間隔)

간격은 일본어로 間合(마아이)라 하며, 두 사람 사이 거리(물리적, 심리적)를 말한다.

검도에서 간격을 설명할 때는 시간이 배제되는 오류가 발생한다. 마치 움직이는 동영상을 정지시켜 설명하는 경우와 같다. 그 대표적인 것이 일족일도의 거리와 검도의 본에서 입신을 설명할 때이다. 이 개념들은 정지된 상태가 아니라 탄력이 붙어 앞으로 나가는 상태라고 보아야 한다.

소도 입신도 대도를 향해 거침없이 상대의 타간으로 들어가는 것을 말하는 것이지, 정지했다가 들어가는 것이 아니다.

정간(正間)은 계고 시 칼을 뽑아 정정당당하게 대적하는 거리, 대적 상태가 죽도의 선혁이 맞닿는 거리 또는 겹치는 거리(3치), 검도본의 경우 검선(切刃)이 맞닿는 촉인(觸刃)의 거리를 말한다. 이 거리에서는 상대의 움직임 전체를 볼 수 있으며, 서로의 느낌을 정확하게 전달받을 수 있다.

정간에서 공세로 거리를 좁히면 이 과정에서 반응이 나오게 된다.

승타법이란 거리를 좁히는 과정에서 기회를 만드는 방법을 말한다. 이 과정이 검도 이합의 대부분을 차지하고 있다 해도 과언이 아니다. 이 과정이 생략되고 일족일도의 거리에서 칼을 맞추고 기회를 찾는 것은 스피드나 페인팅을 주로 하는 검도이며, 공세가 없는 연습이다.

"공세가 없는 검도는 검도가 아니다."라는 말을 되새길 필요가 있다.

타간(打間)이란 상대를 일합에 격자할 수 있는 간격을 말한다.

두 사람이 정간에서 동시에 접근하면 일족일도를 넘어 타간으로 들어서게 되므로 위험해진다. 정지된 개념으로 원거리, 일족일도, 근거리를 지도하기보다 상호 움직임에서 발생하는 정간의 간격, 반응 간격, 타간을 가르치는 것이 대련에서 보다 실질적이고 효과적이다.

간격(間合)의 분류

1. 정간(正間)
선혁이 맞닿는 간격. 검도대도 2본의 경우 촉인(觸刃)의 간격

2. 반응거리
정간에서 공세로 들어갈 때 상대가 반응을 보이는 간격

3. 탐색거리
정간과 반응의 거리 사이

4. 일족일도거리
오노(小野)파 일도류(一刀流)에서 유래된 용어로 검도의 본에서는 촉인의 상태를 말한다. 검도에서는 선혁에서 서로 10cm 교인된 대적 상태에 있는 간격이나, 정간에서 탄력 받은 상태에서 서로 좁힌 일족일도 간격은 기술의 결정간격이다. 본에서 한 발 나가 일도양단하는 것과 검도에서 뛰어나가면서 하는 타법은 공간적, 시간적 개념의 차이를 정확히 인식하고 행하여야 한다.

5. 타간(打間)
일합에 칠 수 있는 간격

6. 코등이싸움 거리

7. 변화를 주는 거리
격자하러 나가면서 진로를 변경하는 간격

정간(正間)

일본 선생님들이 한국에서 계고 후 가장 많이 지적하시는 말씀이 "거리가 가깝다."이다. 대부분이 이 지도를 "가까운 거리에서 치지 말고 멀리서 쳐라."는 뜻으로 알아듣는다. 우리는 공격의 시작을 '일족일도의 거리'에서 하는 것이 규범처럼 되어 있다. 심지어 중앙심사에서 상호 9보 거리에서 인사하고 서로 3보가 나오면 일족일도의 거리가 되므로 뒤로 물러나 연격을 해야 된다는 지도 등이다.

기본기인 삼동작에서 드는 동작과 치는 동작을 분리하듯이 일족일도의 거리나 입신(入身)을 시간이 배제된 정지된 개념으로 받아들이면 안 된다.

중앙에서 상호 간에 선혁을 맞대고 시작하는 간격이 정간이다. 정간에서 탐색이 끝난 후 상호간의 공세로 간격을 좁힐 경우 그 탄력은 두 배로 늘어난다. 탄력을 받아 들어간 일족일도의 거리는 위험한 거리이다.

한판이 이루어지기까지의 과정 중 이렇게 압박하는 과정이 90%라고 한다면 치는 것은 10%라고 할 수 있다.

좁히는 과정에는 공세(攻め), 축경(溜め), 타기(乘る) 등이 포함되어 있다. 이 90%가 제외된 10%만의 연습이 일족일도에서의 연습이다. 이러한 연습은 스피드와 속임수(feint)가 주축이 되며, 난타전의 양상을 띤다. 이것이 타승법(打勝法)이다.

우리는 이러한 칼을 난검(亂劍)이라고 칭한다. 검도의 멋과 맛이 사라진 연습인 것이다. 이러한 풍토 속에서는 대회의 우승자를 점칠 수도 없고, 명선수도 배출되지 않는다.

이러한 현상은 왜 생겨난 것일까?

여러 이유 중 '검도(劍道)' 정의(定義)의 공감대가 형성되어 있지 않다는 점을 들 수 있다.

검도(劍道)는 "호구를 착용하고 죽도를 사용하여 1:1관계에서 검의 이법으로 겨루는 무도"이다. '1:1관계'와 '검의 이법'은 검도의 정의에서 핵심이 되는 용어로, 관계와 방법을 명확히 한 말이다.

상호관계에서 검의 이법 문화가 부족하면 좁히는 기능이 생겨나지 않는다.

압박하는 기술이 없으니 몰아가는 과정도 없다.

일족일도에서 치고 막는 기술만 발달된 것이다.

이러한 연습으로는 '힘과 스피드 → 타이밍 → 기와 중심의 검도' 발달 단계에서 타이밍의 검도 수준을 넘지 못한다.

젊은 날 승부의 관점에서 보면 난검이 정검(正劍)보다 승률이 높다.

그러나 난검은 성과가 빠르나 완숙 단계라는 것이 존재하지 않는다.

정검은 성과가 더디나 완숙 단계인 기와 중심의 검도에 이르면 검덕이 형성된다.

"거리가 가깝다."라는 말은 검도를 할 줄 모른다는 말과 같은 것이다.

공세(攻め)

공세는 압박이다.
자기의 의도대로 상대를 컨트롤하는 과정이다.
상대를 몰아가면서 기다리는 마음,
기다리면서 들어가는 마음을 가지고 행한다.
승타법의 전제조건이기도 하다.
들어가는 기회를 잡아 간격을 좁히거나 공격적 행위를 통해
상대의 심신의 변화를 유도한다.
나의 기·검·체를 가지고 상대의 기검체일체의 화(和)를 깨뜨려
격자의 기회를 만들고 위(位)를 점하는 것이다.

"공세가 없는 검도는 검도가 아니다."
정간의 간격에서 격자의 간격으로 좁히는 과정에서 수많은 수를 주고 받는다.
고수들일수록 섬세함과 단순함 속에 복잡함이 있으며 고도로 지능적이다.
"이(理)로서 공세하고 기(氣)로 격자" 하는 것,
즉 머리로 공세하고 몸으로 치는 것이다.
그러나 진정한 대가는 "기(氣)로서 공세하고 이(理)로서 친다."
이는 기(氣) 공세가 기(技) 공세보다 우위에 있다는 말이다.
정중선에 놓여있는 검과 상대를 가르는 필사의 기로 상대의 정신을 제압한다.
이외(理外)의 이(理)란 혼을 가지고 사즉생(死卽生)의 기로 상대를 대하는 것이다.
씨앗이 일순간 벌어지듯 기(氣)의 충일이 기(技)를 자아낸다.
지극히 단순함으로 혼돈을 제거하는 것이다.

계고는 연령과 단에 따라 공세의 질이 달라진다.
젊거나 승부를 추구하는 부류는 힘과 스피드를 바탕으로 상대를 흔들거나
리듬, 박자를 자기 페이스로 끌고 가는 경향이 있다.
노련하거나 연륜이 있는 검사는 고도의 정신력과 절제된 동작으로

칼끝을 한 치도 낭비하지 않고 "기(氣)와 중심의 검도"를 구사한다.

기와 중심의 검도에서 이합의 중요성을 깨닫게 된다.

자기보다 강한 상대에게는 공세가 통하지 않는다.

일단 공세를 시작했다면 타메(축경)로 이어져야 한다.

상대의 공세에 내가 흔들렸다면 그의 검도 실력이 나보다는 한수 위라는 것을

인정하는 것이 검도를 즐길 줄 아는 사람들의 계고인 것이다.

공세가 검도의 참맛이며, 기술의 결정체다.

공세가 없는 계고로는 검도의 덕목을 함양할 수 없다.

"힘과 스피드 → 타이밍 → 중심과 기의 검도"는 공세의 차원에 따라 그 질이 달라진다.

공세를 통하여 당당함과 조화를 만들고, 이를 통하여 검도의 덕목을 키우는 것이다.

검덕을 키우려면 검도의 계고 문화가 정착되어야 하며

상호간 묵언의 규범이 있어야 한다.

삼살법(三殺法)

상대의 기선을 제압하는 방법에는 세 가지가 있다.

칼, 기술, 기(氣)를 죽이는 것을 삼살법이라고 한다.

칼을 죽인다는 것은 상대의 칼을 누르거나 떨쳐내어, 칼끝의 움직임을 죽이는 것을 말한다.

기술을 죽인다는 것은 먼저 공격을 가해 상대에게 기술을 걸 여유를 주지 않는 것을 말한다.

기(氣)를 죽인다는 것은 기력(氣力)으로 상대를 압도하는 것을 말하며, 항상 선(先)을 취한다면 저절로 기위(氣位)가 높아지고, 상대의 기를 압도할 수 있게 된다.

(부록 검도용어사전)

삼살법은 삼좌절법(三挫折法) 삼절법(三折法)이라고도 한다.

기선을 잡기 위한 방법으로 해석하여 수련하나 실전에서는 별 쓸모가 없다.

대련에서 서로가 기술을 내는 순간은 검도의 3요소(기·검·체)가 조화를 이룰 때이다.

3요소의 조화인 기검체일체를 방해하여 나오지 못하도록 하는 것이 삼살법이다.

그렇다면 기술을 구사하기 전에 몸을 죽이는 것이 현실적이다.

몸운용을 통하여 상대의 중심과 타이밍을 빼앗든가, 중단 다툼으로 삼각구를 무너뜨리든가, 힘이 들어가게 한다.

특히 코등이싸움에서는 상대의 몸을 부자유스럽게 해놓고 기술을 건다.

즉 삼살법은 상대가 기술을 걸기 전에 불편하게 하여 공격 의지를 좌절시키거나, 불안정한 공격을 유도하는 것을 말한다.

특히 기술의 근간을 이루는 발운용은 승타법으로 가는 중요한 이법으로, 궁리하고 단련함으로써 실전에서 기선을 선취하여 기술을 구사한다면 삼살법의 목적을 효과적으로 달성하는 셈이 된다.

제비다리(鳥不飛)

무도에서 상대의 공격 타이밍을 빼앗는 것을 이르는 말.
제비를 손바닥에 올려놓고, 날려고 하는 순간 손바닥을 교묘하게 조절하여
다리의 반동을 빼서 날지 못하게 하는 것.
대련에서 상대의 공격이 일어나려 할 때 자극을 주어 일어나지 못하게 하는 것으로
삼좌절법(삼살법) 중에 하나이다.
(단상 '응무소주 이생기심' 참조)

입신(入身)

입신이란 격자거리로 들어가는 동작을 말한다.
정간에서 상대가 칠 기분이 되었을 때가 아니라 그럴 기분이 되려할 때
상대에게 아무것도 느끼지 못하게 하면서 일순 자신의 거리로 들어가는 것이다.
정간에서 자신의 격자거리까지 들어가기 위해 필요한 것은 검선의 공세, 기의 공세, 발놀림을 포함한 입신이라고 말할 수 있다.
하반신 위에 허리를 올린 크고 여유 있는 자세에서 검선을 살려 쑥 들어가는 것이다.

타다(乘る)

상대가 나올 때 상대 죽도를 올라타 우위를 점하는 것.
넓은 뜻으로는 상대의 움직임이나 정신을 올라타 흐름에 따라
반사신경으로 대응하는 것이다.
검도의 본에서 후도가 자의식보다는
선도의 호흡을 타고 반사신경으로 대응하는 경우도 한 예다.
(지도론의 다구치 범사 지도 참조)

몰아 감(位詰)

병법(兵法)에서 적에 대해 우위인 태세를 갖추고 서서히 몰아감.(일본어사전)
상대보다도 우위의 기세로 자세를 갖추고, 직접 기술을 걸지 않고 한발 한발 접근해 나가는 것.(부록 검도용어사전)

우위의 대적세와 충실한 기위(氣位)로 상대를 압박공세하며 거리를 좁히며 몰아 들어가는 것으로 여기서 기위는 단련을 거듭하여 얻어진 위력. 위풍을 의미한다.
대도 3본 후도에서 스쳐받아-찌름으로 승기를 잡아 점차 우위를 점령하고 몰아가는 이법으로 상대를 상처 입히지 않고 제압하려는 활인검 사상이 내포되어 있다.

진정한 고수는 상대가 느끼지 못하는 승기를 잡아 서서히 몰아 승부를 결정짓는다.
입신으로 기회를 잡아 안정된 기위를 유지하고 타간의 거리로 들어가 승타법으로 이긴다.
몰아 감(位詰)은 상대를 서서히 몰아 거착 상태로 빠트리는 것으로,
미세한 승기를 잡아 유리한 국면으로 가져가는 것이 핵심이다.
검도의 본 요약 (p411 참조)

서파급(序破急)

　　서파급(序破急)은 원래 일본 무악(舞樂) 용어로
한 곡에서 도입 부분의 조용한 박자를 '서(序)',
중간 부분의 변화가 풍부한 박자를 '파(破)',
마지막 부분의 급박한 박자를 '급(急)'이라 하여
세 단계로 구성된 연주 표현법의 원리이다.
다른 장르에서도 시간적 형식원리로서 이 용어가 사용되었고,
만물 전체에 적용되는 구성원리로 취급하였다.(임찬수 서파급의 원리와 생성과정)

　　거합도에서는 석자의 칼을 발도함에 있어서
서(序)라 함은 사물의 시초로 조용함을 나타내는 말로
처음 코등이 부근 한자를 뽑는 것을 말하며,
파(破)라 함은 변화에 대응하여 서(序)를 깬다는 뜻으로 중간의 한자를,
급(急)이란 격렬하게 뽑음을 말하며
그 급에서 칼끝이 벗어날 때는 급 중에 급이 되어야 한다.

　　검도에서는 공세를 하는 방법으로 서서히 몰아 균형을 깨고 전광석화와 같이
한판을 결정짓는다.
　　처음에는 은미(隱微)하게 시작하였으나 마지막은 해일이 덮치듯 상대를 집어삼켜야
한다.
　　또한 나오는 기술이나 응하는 기술을 시도할 때도 서서 기다릴 것이 아니라 상대보다
먼저 몸에 발동이 걸려 있어야 한다.
　　고단자들이 후의 선(後의 先)으로 상대를 제압할 때 마치 가만히 서서 응하는 것 같지
만, 발과 검선은 상대가 모르는 사이에 이미 발동이 걸려 승타법으로 가고 있다.
　　삼선(三先)에서 말하는 선(先)은 이 의미와 가깝다.

　　김영달 선생님은 새벽 풀잎의 이슬방울이 천천히 모여 급하게 흘러 떨어지듯이 자연

의 이치에 따라 검의 쓰임을 가르치셨다.

  이는 기(氣)에서 기(技)로 옮기는 자연의 이치에 대한 가르침이다.

  검의 이법 즉 도법자연(道法自然)이다.

  파(破)의 해석이 가슴에 와 닿는다.

  무도의 수파리(守破離)에서 파는 부정의 단절 의미보다는 진행 속에서 진화의 의미가 강하다.

  수의 충실함과 응용이 파의 본질이다.

  파의 성실함이 진화와 창조력으로 이어지는 것이 리(離)인 것이다.

거착(居着)

거착(居着_이쓰키)이란 「몸과 마음이 경직되는 것」으로 무도 용어이다.
(유의어 : 고착. 경직됨. 멘-붕. 주춤)

"어떠한 일에 마음이 사로잡힌다."거나 "상대방에게 주도권이 있을 때"
"심사나 중요 경기에서의 과도한 긴장감" 또는 "순간 방심 했을 때" 등 다양하다.
대부분 상대하고 검력의 우열 관계에서 생겨난다.
전형적인 거착은 강한 공세에 압도되어 긴장감으로 심신이 교착상태가 되는 것이다.
검도 용어사전 (고착하다 - p422 참조)

  거착의 대표적인 예는 "뱀 앞에 개구리"처럼 꼼짝 못하는 상태에 빠지는 것. 당황하여 신체가 순간적으로 움츠려 들어 죽도 조작이 무거워지는 것 등 다양하다. 반대로 상대를 얕잡아 보거나 방심할 때에도 정신이완이 거착(居着)을 우발한다. 또한 기술을 내려는 순간 과도한 긴장으로 몸이 경직되어 동작이 커진다. "기술이 일어나는 순간(出

頭)"이 최고의 타돌 기회가 되는 것도 거착(居着)에서 비롯된다.

적당한 긴장감은 경기의 좋은 영향을 미치나, 과도한 긴장감은 몸이 굳어지는 현상이다. 이는 호르몬 생성 관계로 교감. 부교감신경의 부조화로 반사신경의 최적화를 방해한다. 이를 뇌파의 관계로도 나타난다.

양궁에서 슈팅하는 순간, 태권도에서 격파하는 순간, 검도에서 격자 하는 순간들은 집중에서 무심으로 변화되는 순간이 최고조를 발휘한다. 뇌파의 내용이 바뀌는 순간이다. 과도한 집중으로 긴장관계를 끌고 가면 몸이 굳어져 유연한 동작을 구현하지 못한다. 결국 심신의 조화가 최고의 동작을 끌어내는 것이다.

거착(居着)은 평상심에서 오는 자연체를 반한 것으로 경기에 어떤 영향을 미치며, 어떻게 극복하고, 적용할 것인가가 중요하다.

이를 극복하는 방법은 평상심. 부동심. 마음의 사계. 명경지수. 목계지덕 등 마음 공부보다는 정확한 기본. 검리의 체득 등 부단한 연습을 통한 몸 공부로 해결하여야 한다.

몸공부

- 매사 性察의 습관화. 원인분석. 중화지기의 체득
- 부단한 훈련에 의한 기술을 저절로까지 끌어 올림 (반사신경 0.12초)
- 많은 사람들과의 연습, 경기를 통한 담력 강화. 一膽二力三精四快
- 평상심을 유지하는 훈련, 자세연구
- 병법가전서. 부동지신묘록. 一刀사상 탐구
- 三摩의 位.「익히고(習い), 계고(대련. 검증), 궁리(工夫)」끝없이 배워가는 것이 중요 평생에 한 번을 써먹을 수 있는 경우의 수도 궁리하는 자세

활용

- 捨身. 일도양단. 理外의 理. 死卽生 등 평범한 한판은 없다.
- 창조적인 play. 두뇌의 유연성
- 선점하는 수 싸움

승타법(勝打法)의 근원

- 상대의 수를 앞질러 가는 것.
- 상대의 격자거리에 들어가는 것.
- 상대를 압박하여 촉발하러 들어가는 것.
- 나갈 때 상대가 나오게 하는 것은 최선책.
  거착 상태에 빠뜨리는 것은 차선책.
  도망가게 하는 것은 하책.
  뒷발을 언제, 어떻게 붙이느냐가 중요.

눈길

한눈에 느낌을 받아들여 반사신경에 맡기는 것.
느낌이란 상대 기(機)를 무심의 눈으로 감지하는 것.
높은 산에 올라 고즈넉이 밑을 내려다보면 산 아래 풍경이 한 눈에 들어온다.
의식해서 보는 것이 아니라 그냥 보이는 것이다.
정간에서는 전체를 보면 경험에 의해 기(機)가 감지된다.

관견(觀見)의 눈 두기에서 관의 눈은 강하게, 견의 눈은 약하게 가르친다.
과연 관의 눈을 가지고 무념무상의 경지로 상대를 대할 수 있을까!
관(觀)과 망(望)에는 의도가 들어가 있지만, 견(見)은 사물과의 의도 없는 조우를 의미한다.
견성성불(見性成佛)이라 했다. 현상 속에 모든 것이 담겨 있으니까!

명인은 명경지수와 같이 견(見)하여 반사신경에 맡긴다.

상대에게서 나타난 현상의 내면을 들여다볼 수는 없으나, 내 마음의 작용을 통해 유추할 수는 있다.

'離見の見(리켄노켄)'. 일본 전통극 '노(能)'에서 연기의 최고 경지를 이르는 말이다.
'마음의 눈'으로 객석에서 자신을 바라보는 자세이다.
또한 남의 입장에서 남을 생각하는 '역지사지(易地思之)'보다 진일보한 관법(觀法)이다.
검도에서, 상대의 눈으로 나를 바라보는 '리켄'의 자세로 관조(觀照)하는 것도
눈길의 한 방법이다.

동선시(動善時)

언제
좁힐 것인가(입신)
세울 것인가(축경)
칠 것인가(捨身)
조일 것인가(솜씨 冴え)
마무리 할 것인가(存心)

선(先先의 先)

틈이 발생되는 공격의 호기로는
첫 번째는 기술이 막 일어나려 할 때,
두 번째 기술을 받아 냈을 때,
세 번째 기술이 다 했을 때이다. 이를 삼불허(三不許)라고도 한다.
이중 가장 중요한 기회로 첫 번째인 상대가 나오려고 하는 순간을 진기회(眞機會)라 한다. 이 때 승부의 중요한 요소가 선(先)인 것이다.

검도에서 선은 다양한 의미를 가지고 있으며 중요한 개념이다.
선(先)은 먼저(現象)와 예지(내면)와 선취(때)의 복합개념이 혼재되어 있다.
이기는 기회를 말할 때 선의 선. 대등의 선. 후에 선으로 구분한다.
선·대등·후는 현상적인 면으로 상대적으로 동작의 전후를 말함이며,
뒤에 선은 선취로서 이기는 때. 기회를 의미한다.

삼선(三先)은 상대와의 관계에서 발생한다.
상대가 서둘러서 나오거나 기다리거나에 따라 나의 대응방법이 달라진다.
그 때를 잘 알아 나가는 것을 동선시(動善時)라 한다.
삼선에 대해서도 상대의 동작을 예측하고 대응하여 이기는 것을 「先先의 先」이라 한다. 이는 현상으로 나타나기 전에 내면에서의 변화를 감지하고 대응하는 것을 말한다.

「선선의 선_先先의 先」이란 상대를 충실한 기세로 압박하여 그렇게 나올 수밖에 없는 상황을 만들거나 움직임의 징조를 감으로 알아채고 예측하여 이긴다는 승타법의 진수로서 후발선지(後發先至)의 극의인 것이다.

야규(柳生)의 "상대의 마음을 읽고 나의 마음을 억제하여 승부에서 이긴다."는 말처럼 일대일 관계에서 상대와 나의 마음을 컨트롤하는 것은 중요한 명제이다.
이는 움직이기 직전에 내면의 작용에서부터 상황을 만들어 나가는 승타법으로

심→기→력의 과정에서 心→氣(내면)를 지배하여 氣→力(현상)에서 이기는 것이다.

검도의 본에서 현상적으로 후도가 「후에 선」으로 행하나,
깊은 경지에서는 1. 2. 3. 5본은 상기 첫 번째인 진기회로서 「선선의 선」으로 이기고,
4. 6. 7본은 두 번째 세 번째의 기회로 「후의 선」으로 이긴다.
즉 후도가 선도를 예지하고 대응하는 것을 「선선의 선」이라하고,
예지하지 않고 대응하는 것을 「후의 선」이라한다.
「先先의 先」에서 첫째 선은 선도를 말함이며,
두 번째 선은 선도의 움직임을 예지하고 대응하는 후도를 말하며,
세 번째 선은 후도의 선취를 말한다.

검도의 본에서 「선선의 선」은 선. 후도 선의 기위(氣位)로 나아가 실전을 바탕으로 연무할 때 도달하는 이법의 하나이다. 이는 검도 경기에서 공세. 축경(溜め). 몸 던지기(捨身). 삼살법. 끌어냄. 타다(乘る)의 이법 등으로 진화하여 승부의 중요한 요인으로 작용한다. 이는 선의 기위(氣位). 기(機)를 보는 눈. 준비되어 있는 임기응변의 자세 등의 능동적인 자세는 현대를 살아가는 능동적인 삶의 원동력으로 기의 단련인 검도가 필요한 이유이다.

현상(現象)면		내용		검도의 본	
현상면에서 본 세 가지의 선	선의 선 (거는 기술)	예지(豫知)한 경우	선선의 선	선선의 선	일본검도 형에서의 세 가지 先
		예지하지 않은 경우	선	선	
	대의 선 (상타의 기술)	예지(豫知)한 경우	선선의 선	선선의 선	
		예지하지 않은 경우	선	선	
	후의 선 (대응 기술)	예지(豫知)한 경우	선선의 선	선선의 선	
		예지하지 않은 경우	후의 선	후의 선	

三橋秀三 著 劍道 293p 1972년 (p376 참조)

나오려고 할 때

타격의 세 가지 호기회는 나올 때. 기술이 끝날 때. 물러날 때이다.
이 중 나올 때를 眞기회로 승부가 가장 많이 난다.
그러나 실전에서는 나올 때를 기다려 「후에 선」으로 가면 낭패를 보게 된다.
더 정확히 말하면 나오려고 할 때이다.
이는 내면에서 모든 것들이 준비되어 계기(契機)가 되면 뛰어 나가려는 상태인 것이다.

선(先)에는 크게 3가지로 선의 선. 대등의 선. 후에 선으로 말한다.
선, 대등. 후는 움직임의 현상적인 면을 말하고, 뒤에 선은 先取를 말한다.
그러나 실전에서는 현상적인 움직임 보다는 내면의 변화를 감지하는 것이 더 중요하다.
상대의 내면의 변화를 나의 주도로 이루어 졌다면 이를 「선선의 선」이라 한다.
대도 본에서 후도가 1.2.3.5본은 「선선의 선」으로 4.6.7본은 「후에 선」으로 이긴다.

「선선의 선」을 정의 할 때 상대를 예측하여 대응하는 것을 말한다.
예측이란 계기를 본인이 주도하여 자기 박자로 나가는 것으로,
이는 상대를 압박하여 그런 상황을 만드는 것이 전제되어야 한다.
본에서 선도 후도 상호 선의 기위로 나아가는 것은,
상호 간에 충실한 기세로 상대를 압박하여 선을 잡으려는 이법이다.
대도 5본에서 후도가 선도의 왼손목을 압박하여, 정면으로 오게 하여 스쳐치는 이법이다.

"상대가 나오려고 할 때가 진기회(眞機會)다.
상대가 나올 때 같이 나아가 천 번을 맞아라.
그래도 부족하면 2천 번을 맞아라.
그러면 상대가 나오려고 할 때가 보인다." (森島健男범사)

나올 때

하도록 하여 : 승타법. 상황을 주도하여 격자 부위 틈을 만드는 것

할 때 : 타이밍. 때를 主導하는 것. 입신으로 마음을 촉발시켜 몸을 움직이게 하는 것

선선의 선 : 공세로 틈을 만들고→ 나오도록 하여→ 나오려고 할 때→ 나아가 선취하는 것

검도에서 선의 선으로 손목을 노리고 빠르게 치면 잘 맞지 않는다.

오히려 정대하여 정면을 노리고 들어가 상대 반응을 끌어내어 양손이 뜰 때 확률이 높다.

대도2본 선도가 몸 버리기로 칼을 크게 쳐들고 정면을 치러 나아 갈 때

후도의 마음을 촉발시켜 움직이는 손목을 친다.

성동격서(聲東擊西)는 페인팅과 같은 의미이다.

그러나 고수끼리는 통하지 않는다.

동쪽으로 강력한 공격이 서쪽이 열리게 하는 것이다.

어려서부터 속임수 보다는 강한 공세를 익히는 것이 바른 가르침이다.

끝보기(見切り)

상대의 치고들어오는 칼날을 예측하고, 자신의 몸에 닿는 그 순간에 피하는 것.

(부록 검도용어사전 p425 참조)

「끝까지 보기」라고도하며 검도의 본에서 후도가 압박하여 선도의 칼이 격자 부위에 확실하게 나오도록 하여 대응하는 「선선의 선」 극의이다.

숙련도에 따라 50cm에서 5cm까지 칼을 끌어드리는 명인의 경지에 이르도록 단련한다.

5cm까지 끌어붙여 한 박자로 반격하는 수족일체에 의한 몸운용이 되어야 한다.

결국 검도는 10~15cm의 격자 부위 거리에서 승부가 나는 공-반의 찰나의 경기이다.

하려고 할 때(機)

기(機)는 기미(機微)를 줄인 말로서 때, 조짐, 낌새를 말한다.
오동잎 하나가 떨어지는 것을 보고 천하에 겨울이 오는 것을 감지하고 준비한다.
사물은 변화하기 전에 징조가 있다.
검도는 기(機)를 감지하는 능력(勘)을 기르는 운동이다.

나오는 기술은 상대가 나올 때가 아니라 "나오려고 할 때"이다.
"하려고 할 때"는 마음을 결정을 하고 신체 역학적으로 준비가 완료되어 계기(契機)가 되면 행동에 들어가려고 하는 상태이며, "할 때"는 이미 늦은 시점이다.
대부분의 사람들은 빠른 것을 추구하면서도 낌새를 보는 감각을 키우려 들지 않는다.

끌어냄이란 나의 주도하에 계기를 마련하여 상대를 움직이게 하는 것
- 상대를 몰아(공세) 선택의 여지를 없게 만드는 것.
- 상대의 패턴을 분석하여 길목을 지키는 것.
- 상대가 좋아하는 상황을 만들어 주는 것.

이를 선선(先先)의 선(先)이라고도 한다.

모리시마(森島健男)범사 지도
상대가 나오려고 할 때가 진기회(眞機會)다.
상대가 나올 때 같이 나아가 천 번을 맞아라.
그래도 부족하면 2천 번을 맞아라.
그러면 상대가 나오려고 할 때가 보인다.

(武者修行중 野間道場에서 00' 5/27)

기합(氣合)

　대련 중 무의식 상태에서 혼이 담겨 저절로 나오는 소리.
　소리를 내어 단전에 기를 넣는 것이 아니라 단전에 기가 들어감으로 인해 저절로 이루어지는 기의 발산.
　검도에서 기합은 소리를 질러대며 흥분하기 위해서가 아니라 냉정해지기 위해 내는 것이다. 단전에 기를 가두고 상체는 긴장을 푼 상태에서 머리는 얼음처럼 냉정해져야 하는 것이다.

　상허하실(上虛下實)은 상체는 부드럽게, 하체는 하단전에 기를 가두어 실하게 한다는 뜻이다.
　하단전에 기를 가두는 방법은 도복과 갑상을 하단전에 오도록 착용하고 숨을 가늘게 내쉬면서 기를 하단전으로 떨어뜨리는 것이다.
　움직일 때에는 복식호흡을 하고 공격할 때는 기합을 내거나 호흡을 멈춰서 행한다.
　연격을 할 때도 몸 받음에 숨을 들이마시고 상허하실을 만들어 기합과 함께 좌우머리를 행한다.
　기합성(氣合聲)이란
　격자 후 나가면서 길게 기합을 넣는 것은 탁기(濁氣)를 뽑아내는 작업이다.
　숨이 남지 않게 기합을 길게 지를 때, 두개골에서 신경을 관장하는 문이 살짝 열리면서 모든 신경계통이 극대화된다.
　기합은 소리가 아니고 호흡이다.
　자기 소리를 찾는 것(개성)이 중요하다.
　목은 통로일 뿐이고 온몸으로 내야하며, 상대를 해하려는 마음보다 신나는 기분으로 행하여야 한다.

기합의 3단계
　1단계-상대와의 대적 상태에서 스스로 기를 북돋우기 위하여 기합을 넣는다.
　기합을 질러 흥분하거나 기가 빠져 나가는 것이 아니라, 하단전에 기를 가두는 것이다.

2단계-격자하는 순간에 투철력을 극대화하기 위하여 기합을 넣으며, 존심을 취하기 직전까지 기합성이 살아 있어야 한다. 임팩트한 뒤 가라앉히지 않고 그대로 보전하여 나가야 한다. 꼭 득점 부위를 외치지 않아도 각자 개성에 맞게 질러도 무방하나 가능한 한 모음으로 행하며 '손목'처럼 자음이 들어가는 것은 피하는 것이 바람직하다.

3단계-격자하고 나서 존심의 상태로 호흡을 정리한다. 득점 부위를 외치되, 만약의 사태에 대비하여 대적세를 취한다.

기합의 2종류

1. 유성의 기합-목이나 폐로 하는 것이 아니라 하단전으로 함.
2. 무성의 기합-거합이나 진검을 다룰 때 행함. 마찬가지로 하단전에 힘을 넣음.

호흡과 근육관계

기합의 본질은 순간적인 호기를 이용하여 신근의 신장력을 강화하는 것이다.

호기(내쉬는 숨)	부교감신경의 긴장	몸의 긴장 완화
흡기(들이마시는 숨)	교감신경의 긴장	몸의 긴장

굴근을 강화하려면 숨을 들이마신다	굴근을 늦추려면 숨을 내쉰다
신근을 강화하려면 숨을 내쉰다	

(참조 吉丸慶雪 著 합기도의 과학)

축경(溜める) 발경(發勁)

"기(氣)와 중심의 검도"의 핵심이며,
공세의 결정(結晶)이고 극의이다.
상대를 압박해서 기회를 만들어 결정짓는 승타법의 정석이다.
축경이 있는 검도에는 품위(品位)와 풍격(風格)이 생긴다.

축경(蓄勁)은 시위를 당기는 것과 같고
발경(發勁)은 화살을 쏘는 것과 같다.
시위를 충분히 당겨서 활의 탄성에너지가 충분히 축적된 상태를 축경이라 한다.
공세에 의하여 입신해 들어가는 발로 하체에 축경을 만들고,
축경이 생긴 뒷발과 허리로 온몸을 쏘는 것(슈팅)을 발경이라 한다.

몸 넣기(入身)로 공세하여 격자 직전으로 몰아간 기(氣)의 상태,
하체의 텐션이 충만하여 즉시 슈팅이 가능한 몸 상태에서
기와 겨눔의 충실함이 상대를 압박하여 기회를 만드는 것,
타메(溜め)는 이처럼 격자 직전 나와 상대의 이상적인 상태를 말한다.
'축경'으로 번역할 경우 나의 축적된 상태만을 말하므로 의미상 한계가 있다.

항상 선(先)을 취하는 것과 언제나 격자할 수 있고 대응할 수 있는 겨눔이 중요하다.
자세를 무너뜨리지 말고 상대의 움직임을 살펴 입신 기회를 찾는다.
시위를 벌리는 것과 같이 앞발을 내밀면서 허리와 뒷발에 축경을 만든다.
이러한 슈팅자세가 충실한 기(氣)공세가 되고 아울러 격자의 기회를 만드는 것이다.
즉 축경의 충실한 정도가 상대를 흔들거나 끌어내는 것이다.
불필요한 격자, 불필요한 움직임이 없어져서 세련된 검도를 할 수 있다.

활의 원리

활의 기능은 쏘는 것과 관통이다.
시위를 당겨 탄성을 만드는 것은 체(體)로서 축경이요,
슈팅하는 것은 발경이며, 화살이 정확히 과녁을 관통하는 것은 용(用)이다.

실전에서 격자의 원리로서 왼발목→허리→왼손→죽도→격자로까지
신근력으로 전달하기 위해서는 활의 원리에 충실할 필요가 있다.

입신하여 앞발을 내미는 동작은 접근 기능 외에도 시위를 당기듯 하체에 텐션을
만드는 기능을 한다.
활의 탄성과 같은 것은 왼발과 허리에서 오는 것이며,
시위는 왼손 엄지와 검지를 제외한 세 손가락과 편합근에 텐션이 걸려야 한다.
하체에 텐션이 실린 상태에서 왼발목으로 온몸을 슈팅한다.
슈팅을 할 때 시위에 걸린 화살처럼 죽도는 왼손바닥에 걸리게 하고
격자할 때 왼손목의 텐션으로 죽도를 뿌린다.

화살촉이 화살의 속도와 화살대의 무게를 싣고 과녁을 관통하듯이 몸이 나가는 것에
죽도가 날아가는 속도와 무게가 실려 임팩트(impact)되어야 한다.
이러한 순과정을 '기검체일치'라고 한다.

효과적인 격자 훈련은 안정된 자세와 신근력과 감을 단련하는 것이다.
격자에 필요한 강한 텐션(kinétic poténtial)이 형성되도록 신근을 단련하고,
상대가 나올 때 정확한 신근의 전달력으로 신속히 격자할 수 있는 자세와
감각을 키워야 한다.
"검도는 치고 나가는 것이 아니라 나가면서 치는 것이다."

몸 던지기(捨身)

생명을 버릴 정도의 각오로 전력을 다하는 것.
승부를 겨룰 때, 승패를 초월하여 온몸을 다해 공세를 시도하는 것.(장심 p42 참조)

검도는 나의 정중선(삼각구)으로 상대의 정중선(삼각구)을 가르는 운동이다.
상대의 검과 몸을 가른다(割る)는 것은 사즉생의 기백으로 찔림을 각오하고, 정면으로 뛰어들어 검체일체가 되어 상대를 관통하겠다는 강한 정신력을 말한다.
이는 몰아(沒我)의 경지에서 가능하다.

몸 던지기는 검도의 기본 중에서 가장 중요한 항목이다.
정면치기는 치고 나가는 것이 아니고 나가면서 치는 것이다.
야구에서 투구의 속도와 축구에서 달리기와 같은 요소다.
일담이력삼정사쾌 중에서 담과 쾌와 힘이 결합되어 나가는 몸을 만드는 것이다.
그 다음이 정교함이다.
대도 7본 상호 선의 기위로 공격 거리로 나아가 강한 기받음(気当たり)으로 찌름을 하고, 상호중단이 되어 선도가 찔림을 각오하고 온몸 던지기로 2족1도로 후도의 정면을 친다.
대도 2본 상호 중단에서 선도가 칼을 크게 들어 찔림을 각오하고 후도의 손목이 아닌 정면을 몸 공세로 간다.
5단 이상 고단자들의 본 수련 시, 선도의 지도적 입장을 벗어나 서로 승리를 쟁취하겠다는 마음으로 실전처럼 연무할 때 도달하는 이법 중 하나이다.

경기에서는 유효격자 판정에 중요한 요소이다.
엉거주춤한 뛰어들기나 중심을 제압당해 나가다 멈추는 동작은 한판으로 인정받지 못한다.
이는 솜씨(冴え)하고도 연결이 되며, 강력한 몸 던지기의 결과로 나타난다.
검도에서는 뛰어드는 동작 속에 몸 던지기 정신이 깃들지 않으면 감동있는 한판이 나오지 않는다.

   검도에서 모든 움직임은 충실한 기세를 바탕으로 한다.
   검도의 본에서 상호 간에 선의 기위로 나아가는 것은 충실한 기세를 말한다.
   상대를 약하게 보아 테크닉으로 적당히 대하려고 하면 백전백패하는 것이 검도다.
   누구와 계고를 하든 경기를 할 때 전력투구하지 않으면 기술이 통하지 않는 것이 검도다.
   또한 상대에 대한 예(禮)도 아니다.
   모치다 범사는 누구와 하든 강한 기세로 나아가 첫판은 선취하라고 가르친다.

   선(先)과 더불어 몸 던지기는 진검에서 전승되어 기를 단련하는 데 핵심적인 이법이다. 강한 기백으로 끝없는 공격 연습을 통해 체화되어야 한다.
   매사에 능동적이고 적극적인 태도와 단호한 결단력, 실행력을 덕성으로 키우는
   몸 공부이다.

正面(머리) 치기

자기의 정면 베기로 상대의 칼과 정면을 함께 베는 것이 기술의 기본이자 극의이다.

흔히 대련에서 움직이는 머리를 향하여 치려하면 상체에 힘이 들어가 정교함이 떨어진다.

자기의 호면중앙쇠와 상대의 호면중앙쇠를 수직선상에 맞추고 정대(正對)하여, 자기의 중심선과 상대의 중심선을 연결한 선상에 양 주먹과 죽도의 등줄을 올려놓는다.

즉 왼손의 엄지 무지구(생명선) 라인과 오른손 중지 둘째 마디의 선상에 칼자루를 올려놓고 도끼의 날처럼 좌우 밸런스와 기를 죽도 등줄 일직선상에 집중시킨다.

자기의 호면중앙쇠가 상대의 호면중앙쇠를 들이받아 뚫고 나가는 기분으로 나아가 정면을 가른다.

치고 나가는 것이 아니라 나가면서 가르는 것이다.

즉 정대(正對)하고 정대(正大)로서 바르게 나가는 것이 정면치기이다.

검도의 본은 정면치기의 핵심이다.

기(氣)의 충만이 상대의 반응을 끌어내고 그 반응이 기(技)를 끌어내어 혼(魂)으로 나가는 것이다.

이를 '선선의 선'이라 하며, 필사의 기(氣)를 가지고 행하는 검도 기술의 극치요, 이외의 이(理外의 理)이다.

나라사키(楢崎正彦) 범사의 머리치기 극의

상대가 어떤 자세를 하고 있든, 중심으로 쳐들어가는 데는 기백(氣魄)이 필요하다. 이 과정에서 상호 간의 칼이 교차하면서 기(氣)의 충만함이 기(技)를 자아낸다. 기회가 감으로 포착되는 것이 아니라, 씨앗이 일순간에 벌어지듯 자연스레 몸뚱이가 튕겨져 나가는 것이다.(《검도총담》 중에서)

氣魄/正春

정면치기는 단순함 속에 오묘함이 있다.
끊임없는 정면치기 몸 공부로 명인들의 인식에 깊이 도달한다.
일이관지(一以貫之)의 원리가 여기에 있는 것이다.

도끼의 원리

도끼의 날이 몸통의 정중선에 서 있는 것을 체(體)로서 삼각구라 하고,
몸 던지기(捨身)로 몸통까지 파고들어 가는 것을 용(用)으로서 가르기(割る)라고 한다.

도끼의 날은 몸통과 함께 수직으로 떨어져 장작을 파고들어 두 쪽을 낸다.
정면을 격자하려고 나가는 것은 수직선상에 궤적을 그리며 날아가는 도끼와 같다.
도끼몸통의 무게와 속도가 도끼날에 모여 장작에 파고들듯 몸통의 질량이 칼날에 모여 상대 정면을 가르는 것이다.
칼과 몸과 기가 하나가 되어 정대(正對)하고 정면을 관통해 나가는 것이 정면치기이다.
관통하는 동일 선상에 힘이 실려 있는 칼의 궤적(刃筋)을 칼의 궤적으로 표현한다.
도끼의 법칙에 충실하려면 서기와 잡기, 차주기 등이 총체적으로 화(和)를 이루어야 한다.
허리가 뒤에 남아 있고 칼만 대는 것은 도끼의 날만 장작에 박히는 것과 같다.
장작을 팰 때는 받침대까지 패는 기세로 내리쳐야 한다.
치고 나가는 것이 아니라 관통하면서 가르는 것이다.
그래야만 검체일체가 되어 상대를 관통하는 검도가 되는 것이다.

칼의 궤적(刃筋)

칼의 궤적(刃筋) [ha-suji]
칼날에 의해 생긴 궤적.
진검의 경우 물체에 대해 날이 직각으로 닿지 않으면 자를 수 없다는 점에서,
죽도라도 손을 짜주어 날이 직각으로 맞도록 하는 것을 말한다. (부록 검도용어사전)

1927년에 대일본무덕회의 「검도 시합 심판 규정」에 '격돌(擊突)은 충실한 기세와, 칼의 궤적(刃筋)을 바르게 한 기술, 그리고 적법한 자세로써 행함을 유효로 한다.'라는 세 가지 조건이 명문화된다.

1975년에 검도의 이념을 토대로 '검도 시합·심판 규칙'의 재검토와 개정이 이루어져, '한판'은 충실한 기세, 적정한 자세를 가지고, 칼의 궤적(刃筋)을 바르게 하여 죽도의 격자부로 격자 부위를 타격하고, 殘心이 있는 것으로 한다. 「검도 시합·심판 규칙 제12조」

기검체일치(氣劍体一致)
攻防동작을 효과적으로 하기 위한 중요한 내용을 표현한 말.
주로 격자 동작에 관한 것으로 효율적 타격을 의미한다.
「氣」란 기력을, 「劍」이란 죽도 조작을, 「体」란 몸의 움직임과 자세에 관한 것으로, 이들이 알맞은 타이밍으로 조화가 이루어져 일체가 되어 작용하는 것. (부록 검도용어사전)

1927년 유효격자의 명문화는
氣는 기력으로서 「격돌(擊突)은 충실한 기세」
劍은 죽도 조작으로 「칼의 궤적(刃筋)을 바르게 한 기술」
體는 몸의 움직임과 자세로서 「적법한 자세로써 행함」
이를 氣劍体一致로 행함을 유효로 한다.

바르다(正しく)는 "비뚤어지지 않다." "올바르다." 개념으로 「칼의 궤적(刃筋)이 바르다」는 칼의 날과 등이 일직선상으로 베어짐을 말한다. 이는 온몸의 조화를 이룬 격자가 한판으로 유효한가로, 여러 이법들이 결합된 격자의 결정체로 평생 공부의 영역이다. 「칼의 궤적(刃)이 바르다」는 물체에 대해 날이 직각으로 닿는 것을 말하며, 날(刃)은 명칭으로 「칼의 궤적이 바르다」의 한 구성 요소일 뿐이다.

골프로 비유하면 칼의 궤적은 스윙, 칼날은 임팩트 상황을 말한다.

「칼의 궤적을 바르게 한 기술」이란 격자부에 온몸의 힘이 실려 물체를 격자 할 때 손운용을 통해 칼날과 등이 같은 일직선상으로 관통하는 것이다. 일도양단이란 刃筋를 바로 하는 삼각구로 상대의 삼각구를 가르는(割る) 것. 이 기술은 몸에 의해 생성된 힘이 도구를 통해 물체에 남김없이 투과되는 것으로 다른 스포츠 종목에서도 통용되는 효율적 타격의 상징적인 단어이다. 이는 검도의 결정체로 품격이자 아름다움이다.

일본과 한국의 검도경기. 심판규칙

규칙 [有効打突] 第12條
- 有効打突は、充実した気勢、適正な姿勢をもって、竹刀の打突部で打突部位を刃筋正しく打突し、残心あるものとする。(일본)
- 유효격자는 충실한 기세와 적정한 자세로써, 죽도의 격자부로 격자 부위를 칼날(刃)을 바르게 하여 격자하고 존심이 있어야 한다. (한국)

규칙 [竹刀の打突部] 第13條
- 竹刀の打突部は、物打を中心とした刃部(弦の反対側)とする。(일본)
- 죽도의 격자부는 유효부를 중심으로 칼날부(등줄의 반대측)를 말한다. (한국)

세칙 第10條
- 規則第12条の「刃筋正しく」とは、竹刀の打突方向と刃部の向きが同一方向である場合とする。(일본)
- 규칙 제12조의 「칼날(刃)을 바르게」라 함은 격자 시 죽도의 격자 방향과 칼날부(刃部)가 동일한 방향일 경우를 말한다. (한국)

솜씨(冴え[sae])

さえ(冴え)
1. (솜씨 등이) 뛰어남, 훌륭함.
2. (두뇌가) 명석함, 예리함.
3. (빛·소리 등이) 맑고 깨끗함.(일본어사전)

　격자할 때 오른손과 왼손이 협동적으로 움직여, 순간적인 손운용으로 조여지면서 격자가 이루어지는 것.
　'사에(冴え)'는 기술을 완결시키는 '결정'과도 관련이 있으며, 유효격자를 판정하는 기술의 최종 국면을 구성하는 중요한 요소이다.(부록 검도용어사전)

　검도의 격자 순간 동작으로 중요한 이법 가운데 하나이다.
　뛰어나가면서 치고 관통하는 경기화된 검도 타법의 특징으로서 죽도로 치고 나서 반동으로 튀어 오르는 현상을 말한다.
　머리를 칠 경우 왼주먹이 어깨의 수평 높이에서 임팩트되는 순간 반대 코킹을 통해 경쾌한 소리와 죽도의 휘어짐이 발생하며 손목의 코킹을 푸는 순간 죽도가 반동으로 튀어 오른다. 이때 어깨가 들리면 '사에(冴え)'가 나오지 않는다.

　지도 입장에서 '솜씨' '산뜻한 격자' '반동있는 격자' '끊어치기'로 설명하면 현상만을 흉내내는 손운용만의 가르침이 되기 쉽다.
　유용규 선생의 응집기(凝集技)라는 해석은 본질로서 탁월한 표현이다.
　순간적인 격자 속에 모든 것들이 응집되어 일어나는 현상을 '사에(冴え)'라고 한 것이다.
　2011년 전검련 강습회 자료의 유효격자 요건 중 '강한 사에(冴え)'로 수정해서 표기한 것을 보면 '冴え'만으로는 부족함을 느낀 것 같다.(이법론 이합 참조)

　현 규칙에서 유효격자의 결정 조건(體)은 기세, 자세, 칼의 궤적, 격자부, 격자 부위, 존심이다.

발생요소(用)는 거리, 기회, 몸운용(体捌), 손운용(手の内) 등 운용의 차이에서 생겨나며 그 결과가 '사에(冴え)'로 나타난다.

유효격자 판정은 격자 순간보다는 「공세→축경(蓄勁_溜める)→기회→격자→존심」의 과정에서 이합이 올바르게 이루어졌는지 시각과 경험으로 판단하고, 그 결과인 기합, 타격, 발구름이 결합된 검도 특유의 소리를 청각으로 기검체일치를 확인한다.

즉 시각으로 과정과 이합을 살피고 청각으로 결과를 확신하는 것이다.

기검체일치에 의한 '사에(冴え)'는 손맛을 통해서 알 수 있고 맞는 사람도 인정하는 것으로, 당사자들이 몸으로 느끼는 검도의 참맛인 것이다.

이런 이유로 "'사에(冴え)'가 없는 것은 한판이 아니다."라고 한다.

(본질론 유효격자 해석 참조)

검도의 타격은 강하게, 상대보다 먼저 쳐야 한다는 과제를 안고 있다.

타격은 생성력 → 전달력 → 집중력 → 투철력이라는 4가지 국면으로 나누어 볼 수 있다.

생성력은 온몸의 축경을 만들어 힘을 비축하는 것을 말하고

전달력은 몸에서 죽도로 운동에너지의 전환을 말한다.

집중력은 격자 직전 선혁에 실리는 힘을 말하며

투철력은 격자 부위에 작용하는 격자의 힘을 말한다.

전달력은 온몸의 신근전달력과 더불어 지렛대원리에 의한 손잡이 조작으로 죽도에 붙은 가속력이 선혁까지 온전하게 전달되는 힘을 의미한다.

집중력은 날아가는 죽도의 운동과 앞으로 나가는 몸 속도의 합으로 이루어진다.

투철력은 집중력의 힘과 반발에 저항하는 몸무게에 의해서 이루어진다.

생성력은 격자 직전의 축경(蓄勁_溜める)에 의한 폭발력을 말하며

전달력은 온몸의 신근전달력과 지렛대원리에 의한 손잡이의 조작으로 인한 죽도의 가속력으로 선혁까지의 온전한 힘의 전달을 의미한다.

집중력은 날아가는 죽도의 운동과 앞으로 나가는 몸 속도의 합으로 이루어진다. 투철력은 집중력의 힘과 반발에 저항하는 손운용(手の內)에 의해서 이루어진다.

전달력과 투철력을 효과적으로 이행하기 위해 채찍질에서 낚아채듯 정지기법을 사용한다.

정지기법에서는 전완부(팔꿈치 앞부분)의 각 관절마다 신근의 지렛대원리를 충실히 할 필요가 있다.

특히 집중력에 의한 투철력을 효과적으로 이행하기 위해 손목과 손바닥의 조임과 풀림에 의해 투철력을 극대화시키는 것을 '사에(冴え)'라고 한다.

격투기에 끊어치기(정지기법)가 있다.

타격점에서 공격을 끊는 것을 말한다. 반대말로는 밀어치기가 있다.

권투에서 샌드백을 칠 때 둔탁한 소리가 나면 흔히들 "힘으로 밀어치지 말고 짧게 끊어쳐라"고 조언을 해준다.

칼의 궤적(刃筋)이 '너클펀치'라면, '사에(冴え)'는 '끊어치기'와 같다. 끊어침으로써 몸의 충실한 기가 순간적으로 죽도를 통해 온전히 상대에게 투과되는 것이다.

정지기법은 움직이는 물체를 정지시킴으로써 운동에너지를 타격의 힘으로 전환시키는 것이다.

마치 급정거한 차에서 사람이 앞으로 튕겨나갈 때의 '에너지보존의 법칙'에 의한 것이다.

검도의 본에서는 앞발을 정지시켜 일도양단으로 정면을 휘둘러 내린다.

야구, 골프, 테니스 등 장비를 휘두르는 스포츠나 타격을 위주로 하는 격투기에서 이 기법을 이용한다.

검도에서는 정면 머리나 손목을 칠 때 보통 두 번의 정지기법이 들어간다.(격자의 단계별 과제 참조)

첫 번째는 박차고 나아가 무릎이 정점에서 몸이 일시 정지되면서 죽도를 세워 앞발이 떨어지면서 죽도를 사출(射出)시키는 것이다.

두 번째는 휘둘러 올라오는(큰동작 : 내려오는) 왼주먹을 입 근처에서 정지시키고(머리치기) 임팩트 때 반대 코킹으로 반발력에 대응하여 투철력을 강화시키는 것이다.

충실한 첫 번째 동작인 전달력과 두 번째의 동작인 집중력과 투철력이 효과적이지 못하면 '사에(冴え)'가 나오지 않는다.

즉 휘둘러지는 죽도의 운동에너지를 순간적으로 온전히 격자 에너지로 전환시켜 격자 부위에 투과시켜야 한다.

특히 찌름의 경우도 이 원칙이 지켜지지 않으면 한판으로 인정받지 못한다.

뛰어나가면서 타격하고 관통하는 검도 특유의 타격방식에서는 바로 이 기법에 의해 '사에(冴え)' 있는 타격력이 유효격자로 결정된다고 보아야 한다.

정지기법과 격자 순간의 손운용을 통한 조임과 풀림의 이법과 현상이 사에(冴え)인 것이다.

솜씨(사에_冴え)가 나오는 손운용법(참조 지도론 격의 원리)
- 왼손 무지구(拇指丘)의 걸침, 오른손 중지의 튕김, 왼손 중지와 약지의 텐션, 양손목의 코킹
- 격자 시 오른손목의 코킹은 왼손목의 약 2배
- 손은 단지 힘을 전달하는 통로

온몸의 신근전달력을 죽도를 통해 남김 없이 상대에게 전달하는 것.

힘이 들어간다는 것은 부분의 힘을 말하는 것이고, 부드럽다는 것은 전체가 통합된 힘을 말하는 것으로 이른바 발경(發勁)타법이다.

온몸의 뛰어나감이(捨身) 좌우의 기가 왼손 장심에 모여 자루 끝을 밀어주면서 선혁까지 기의 흐름을 방해해서는 안 된다.

이 때 양손의 조작은 지렛대원리에 준하며 특히 오른손은 손가락으로 힘을 주어 잡으면 안 된다. 그래야 체중이 실리는 온전한 한판이 이루어진다.

손가락으로 잡지 말라고 하는 것은 이를 뜻한다.

- 머리를 치는 순간, 왼 주먹이 오른 팔뚝의 아래 근육에 일순간 닿는 듯한 느낌으로 한다. 이것을 하려면 통상적인 타격법 이상으로 손목을 돌릴(小手返し) 필요가 있다. 손목에 상당히 부담이 걸리기 때문에 초심자에게는 가르치지 않는다. 처음부터 되는 것은 아니다. 또한 소년기, 성장기에 있는 사람에게도 권하지 않는다. 이것이 건초염(腱鞘炎)이 될지는 모르므로, 저 역시 피곤할 때는 하지 않습니다. 지금은 30번의 후리기중 10번 정도는 이 방법으로 하고 있습니다.

(宮崎正裕의 劍道)

휘어짐(しなう)의 극의

격자를 빠르고 강하게 하기 위한 비결이다.
죽도를 낚아챔으로써 발생하는 죽도의 휘어짐에 의한 반발력을 이용하는 타법이다.
왼손바닥 장심으로 자루 끝을 밀어올려 검선이 최고점에 도달하기 전에 앞으로 뻗어줌으로써
죽도의 휘어짐이 발생하여 그 반발력이 가속도를 더한다.

마치 부드러운 수건이나 채찍을 낚아챔으로써 강하게 되돌아오게 하는 타법이다.
한 손으로 회초리를 사용하면 쉽게 이해하나,
양손을 사용하면 오른손이 방해가 되어 쉽게 되지 않는다.
특히 검도는 치기 전에 공세나 검선의 다툼, 이겨야 한다는 의식,
자기가 익혔던 타법이 이를 방해한다.

투수가 온몸의 축경을 두 손가락에 공을 실어 발경 하듯
온몸이 조화를 이루지 못하면 「휘어짐의 타법」을 실현할 수가 없고,
팔의 힘으로만 타격하게 된다.

이 기법을 사용하려면 휘어짐이 나오도록 하는 이법과 몸운용,
휘어짐을 견딜 수 있는 신근 근력이 뒷받침이 돼 있어야 한다.

이러한 기법은 어려서부터 휘어짐의 감과 자세
이를 받쳐 주는 10년 이상의 신근 단련이 있어야 가능하다.
이러한 부분이 아마와 프로의 차이며, 이를 극복하는 방법은 "계속은 힘이다(能久)"
"이해하고, 연습하고, 터득하여, 진화한다."
이해하는 것과 할 줄 아는 것은 다른 것이며. 많은 시간의 수련이 필요로 한다.
여기에 「性 공부」까지 더한다면 평생 몸 공부가 검도다.

일원삼류(一原三流)

하나에서 세 가지가 흐른다.
하나에서 만 가지가 흐르고, 만 가지는 하나로 귀의한다.
하나의 이치로 모든 일을 꿰뚫는다는 일이관지(一以貫之)와도 통한다.

시각의 선택 반응 시간(ex. 신호등)
　1가지(파랑) → 0.18초
　2가지(파랑+빨강) → 0.32초
　3가지((파랑+빨강+노랑) → 0.37초

검도에서 치는 시간(거리생략)
　1동작 → 0.25초
　2동작 → 0.5초

오감의 단순 반응 시간

시각 → 0.18초

청각 → 0.16초

촉각 → 0.14초

운동감각(반사신경) → 0.12초

공격의 원리로서 하나의 동작 속에 두 가지 이상의 기술이 담겨있어야 한다.
머리(0.25초)를 아무리 빨리 친다하여도 0.18초 이하로 단축시킬 수는 없다.
머리(0.25초) 속에 손목 공격이 섞여 있다면 시각 반응 0.32초보다 빠른 것이다.
게다가 마지막 순간에 변화를 준다면 상대의 시각 반응은 더 길어진다.
공격이 방어보다 유리하며, 압박이 중요한 이치가 여기에 있다.
이는 가위 바위 보 놀이와 같은 원리이다.
주먹을 쳐들고 마지막 순간에 세 가지 중 하나를 선택한다.
이것이 곧 게임의 법칙이다.
초보 단계에서는 가위를 펴들고 가위를 내는 우를 범한다.
그러나 가위를 펴들고 가위로 가는 것이 극의일 수 있다.
그래서 검도에는 묘미가 있는 것이다.

공격 이법

- 격자 한 동작 속에 두 군데 이상 노림수가 있어야 한다.
- 거리를 좁히는 과정에서 노림수가 늦게 나타나는 것이 유리하다.
- 반사신경에 의한 동작을 습득하려면 각 동작마다 3만 번 이상의 연습이 필요하다.
- 방어보다 공격이 절대적으로 유리하다.
- 내가 상대 칼을 보듯 상대 입장에서 내 칼을 보는 것이 중요하다.
- 상대의 잔상(殘像)을 이용한다.
- 상대 시각의 사각지대를 활용한다.
- 심판 판정은 상황에 따라 시각보다 청각이 더 빠르고 정확할 수 있다.
  바람직한 판정 방법은 시각과 청각을 약 6:4 비율로 활용하는 것이다.

회수(回收)

　검도는 격자 직전의 자세에서도 본래의 자세로 회수할 수 있어야 한다.
　수영이나 육상의 스타트 자세 혹은 야구나 골프의 스윙처럼 빠르게 튀어나가거나 휘두르는 것만 가지고 논할 수 없다.
　격자 직전에도 온몸의 관절을 이용하여 몸과 죽도를 회수할 수 있어야 한다.
　상황변화에 대응할 수 있도록 부드럽고 유연하게 회수 능력을 길러야 한다.

마음 공부

　검도에서 마음 공부란 부동심, 평상심, 명경지수, 마음의 사계 등을 말한다.
　마음 공부의 담론들은 상대적 우열관계에서 나타나는 현상이다.
　마음은 공부의 대상이 아니다.

　명인들의 현상을 흉내낸다고 해서 실전에 도움이 되지는 않는다.
　표상은 본질에 충실할 때 저절로 우러나오는 것이며,
　표상을 공부한다고 해서 본질이 나아진다고 할 수 없다.
　목계지덕에서 목계는 현상이요, 덕이 본질이다.
　목계를 흉내냄으로써 덕이 발휘되는 것이 아니라,
　덕이 쌓임으로써 목계처럼 보이는 것이다.
　마음 공부에 집착하기보다는 수를 궁리하고 연습하라.
　그러다 보면 저절로 쌓이게 된다.
　마음 공부란 자기가 가지고 있는 능력을 십분 발휘할 수 있게 도울 뿐이지,
　능력 이상의 실력을 끄집어내지는 못한다.
　마음 공부가 운동량을 대신해줄 수는 없다.

다만 알고 행한다면 효과가 있을 뿐이다.

껌을 씹는다고 야구가 잘 되는 것은 아니다. (08' 5/4)

간결(簡潔)함

아마와 프로의 차이는 간결함이다.
복잡다단한 것을 단순명료하게 구현(具現)하는 것이 프로다.
모든 분야에서 고수는 간결함이다.

몸을 편안(relax)하게 하여 심신의 조화가 이루어진 상태
신경계통의 호르몬 작용이 반사신경으로 대련하기 위한 최적의 상태를 유지
신체가 깨닫고 있어 몸이 저절로 순간 이법들 간에 결집력을 최대한으로 발휘하는 것
이로 인해 부단한 몸 공부로 간결함이 가능한 것이다.

검도의 간결함은
- 하려고, 할 때의 상황을 능동적으로 만드는 것 (승타법)
- 刃筋를 바로 하는 삼각구로 상대의 삼각구를 가르는(割る) 일도양단
- 격자부 약 10cm 내에서 공방일여
- 중심폭 약 2cm 내에서 정중선 공세
- 끝 보기(見切り)로 수족일체에 의한 찰나(一刀)의 결정
- 이법으로 인한 단순함
- 사물의 양면성을 하나로 하는 것 (중화지기)

검도는 이법을 통해 단순함으로 가는 무도이다.
유효격자의 과정별 이법이 간단하기 때문에 아니라,

복잡한 것을 짜임새 있게 구성하여 순간 연출로 시너지(synergy_效果)를 내기 때문이다.
검도의 궁극(窮極)은 입법들의 혼연일체(渾然一體)를 통한 간결함이다.
일도(一刀) 속에 모든 것을 담아야한다.

혼연일체(渾然一體)
모든 것이 완전히 섞이고, 융화되어 하나가 되어 있는 것 (일본어 사전)
"각 부분이 내적으로 완벽해지고 몸 전체가 심장과 일치하게 움직임에 따라 즉 모든 것이 하나로 협력하면서 검이 위대함을 이루게 된다.""마음과 함께 생각하고 한 치의 간격도 없이 팔과 다리가 함께 움직이게 되면 모든 것이 통일되고 검신(劍神)이 탄생한다."

"검의 덕은 세상을 올바르게 한다. 검이 검 자체를 바르게 할 뿐 아니라 검이 사회를 바르게 한다.(劍德正世)
"검도의 완성은 진실을 향하고 진실은 인간을 만든다."
(세이지 노마의 회고록 중에서)

"검도는 나날이 얻는 것이 아니라, 나날이 버리는 것이다."

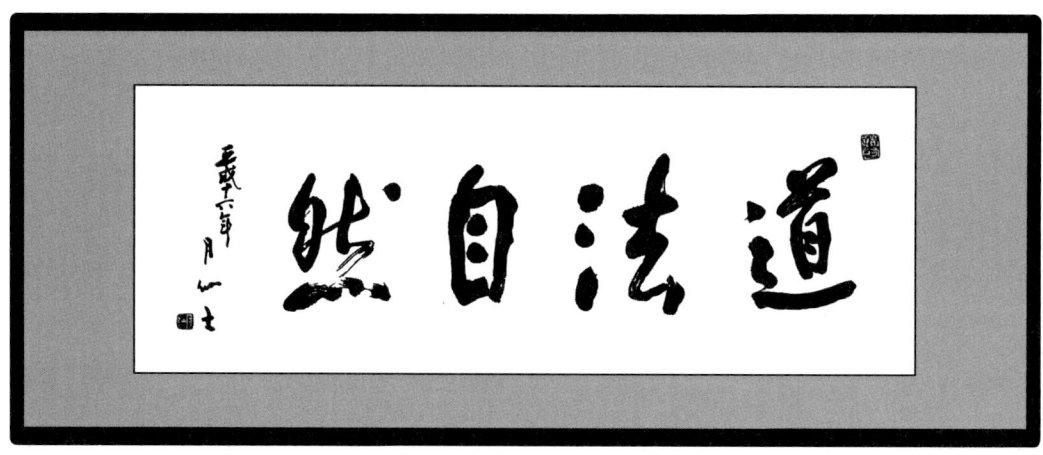

道法自然/月仙士

자연스러움

'도법자연(道法自然)'
걷는 것은 무도의 시초이다.
자연스러운 것은 극히 과학적이며 합리적이고 지금이다.
가장 좋은 자세는 자연에 순응(和)하는 것이며,
아름다운 자세는 최적의 밸런스가 갖춰진 자세이다.
자연스러움은 수많은 단련을 통한 경험과 직관력에 의해 형성되는 것이다.

검도에서 자연스러움이란 겨룸자세의 내면에 품고 있는 각각의 이(理)가 기회에 응하여 스스로 작동하는 것,
상대와의 관계에서 억지의 힘을 빼고 부드럽게 순응하는 것,
자연의 이치(역학)에 따라 최소의 힘으로 최대의 힘을 발휘하는 것,
자기 몸의 능력에 맞추어 욕심 없이 행하는 것을 말한다.
검도는 자연스러움을 찾아가는 과정이다.

"치지마라, 맞으라.
상대와 사이좋게,
자세는 아름답게,
향기와 같은 잔심을
자연스럽게 자연스럽게~"

모치다(持田盛二) 선생이 후학들에게 하는 충고의 말씀이다.

검도의 지도

최고의 사범이란
바르게 해서 이기고,
바른 것이 최선이라는 것을 깨우쳐 주고,
바르게 행하도록 하고,
바른 것을 몸에 배게 가르치는 사범이다.
(지도론 중에서)

三尺長劍中 萬卷經書在

지도상의 유념

기초 지도는 폼(form)과 감에 의한 체(體) 형성이 우선이다.
체가 어느 정도 형성되면 용(用)이 함께 가야 한다.
만약 용이 먼저 가면, 지금 가지고 있는 체에 맞게 감이 발달하여
기본이 조잡해진다.
검도에서 기본이 중요한 이유는 그것이 기술의 본질을 이루기 때문이다.

격자의 원리를 정확히 이해하고 신근력에 의한 메커니즘으로 기초 지도를 한다.
검도의 격자 동작은 다양한 신체 역학적 원리가 조합을 이룬다.
효율적으로 지도하려면 각각의 역학적 원리를 정확하게 알고 단계별 진입에 주의를
기울여야 한다.

언(言)에서 오는 격의에 의해 왜곡된 가르침이 전달되어서는 안 된다.
수련생의 격의의 수준을 알고 수준에 따라 가르침이 달라야 하며,
격의를 확장시켜 주어야 한다.
말로써 가르칠 때와 몸으로써 가르칠 때를 잘 알아서 이사병중의 지도가 되어야 한다.

실력과 인품이 같이 가야 한다.
대가(大家)는 실력과 인품이 같이 겸비된 자를 말한다.
검도 지도의 어려움은 인간의 욕이 앞선다는 데 있다.
그렇다고 욕을 배제할 수는 없다.
지도자는 욕과 이상을 잘 조화시켜 솔선수범으로 이끌어야 한다.
지도 과정에서 성품을 같이 키워야만 참다운 지도자인 것이다.

각자의 개성을 중시하고 다름을 인정해야 한다.
각자의 신체적 특징과 성격을 일률적으로 다루지 말고
스스로가 최선의 길을 터득하여 갈 수 있게 인도하여야 한다.

지도를 통해 기능 향상과 함께 사람이 되도록 하는데 의미가 있다.

기술과 두뇌의 유연성이 함께 해야 한다.
일원삼류(一原三流)는 한 가지 기본에서 만 가지 응용이 전개되는 것을 말한다.
하나를 알면 열을 응용할 줄 아는 능력을 길러주어야 한다.
기계적인 파이터가 아닌 창조적인 플레이를 하는 선수가 되어야 한다.

검도에서 어려운 기술은 없다.
상황에 맞는 기술의 선택이 어려울 뿐이다.
다양한 기술을 익혀 기회가 왔을 때 정확히 기술을 구사하는 정교함이 있어야 한다.

경기장 안에서 스스로 문제를 해결할 수 있는 능력을 길러주어야 한다.
다양한 상대를 경험하여 상황을 만들어가는 능력을 키워야 한다.
타승법이 아닌 승타법을 가르쳐야 한다.

검리는 천지자연의 리(理)이다.
궁극에는 하학상달로 사물의 이치를 터득하는 데 있다.
수련을 통해 세상이치를 깨달아 갈 수 있도록 기초적인 소양을 가르쳐야 한다.

성(誠)을 다하여 궁리하고 연습하며 감사 반성으로 진화하지 않으면 안 된다.
공동체 안에서 선의의 경쟁으로 서로 분발하여 상승효과를 거둔다.
선생은 애정으로 가르치는 데 최선을 다하고 본이 되어야 하며,
제자는 겸손함과 열정으로 배우는 것을 즐겨해야 한다.
사제동행 방식이 검도 지도의 특징이다.

기초지도

폼(form)
어떤 동작을 할 때에 취하는 몸의 형태로서 형(形), 본(本), 태세(構)라고도 한다.
쏜다거나 던진다는 것은 안정된 폼 없이는 힘. 정교함. 빠름이 효율적이지 못하다.

감
목표물에 정확하게 투척하기 위해서는 조절능력인 감각을 키워야 한다.
'一膽二力三精四快', '一眼二足三膽四力' 등 감각을 키우는 능력을 감이라 한다.

체(體)
반사신경에 의한 순간 동작을 소화하기 위해서는
그에 필요한 신근력이 단련되어야 한다.

용(用)
폼, 감, 체, 도구 등을 활용하여 상황에 맞는 기술을 전개해 나가야 한다.

보통 입문하여 기초를 지도할 때
기본의 큰 동작을 익히고 실전의 작은 동작으로 들어간다.
이 때 큰 동작의 역학으로 작은 동작을 이행하는데 문제가 발생한다.
큰 동작과 작은 동작의 역학은 전혀 다르다. 큰 동작은 무게 중심이 상체에 있으며, 작은 동작은 단전에 있기 때문이다.
이를 극복하는 방법은 격자의 과정을 생성력, 전달력. 집중력. 투철력의 단계로 구분하여 역학에 대한 충분한 이해와 함께 큰 동작으로 숙달시켜 폼과 체를 만들어야 한다.
그런 다음 조합하여 작은 동작의 역학으로 점차 빠르게 연습하여 감을 익히도록 한다.
이때 큰 동작은 느긋하고 부드럽게 신체 각 부분의 역할을 의식하며 크게 행한다. 폼과 감을 함께 익혀 체를 만들고 용으로 가야만 한다.

나의 입문자 기초지도 예

1. 발동작
밀어걷기를 통해 하체의 안정성과 기능을 이해시킴

2. 맨손후리기
삼각구를 만들어 제자리에서 양발을 벌리고 기합과 함께 큰 동작을 던지는 의식으로 행한다. 가슴과 등의 신장력 활용 원리를 이해시키고, 이로 인해 후리는 과정에서의 삼각구의 편차와 기능을 익히도록 한다.

3. 한 동작 맨손후리기
발동작과 맨손후리기를 결합시켜 하체와 상체의 조화를 이루도록 한다.
동작마다 마무리는 드는 동작으로 익힌다. (1~3번 일주일 과정)

4. 타격대 치기
죽도 자루 끝에 두 손을 모아 잡아 제자리에서 힘껏 던지되,
왼주먹이 주관이 되도록 한다.
왼손바닥에 오는 감을 그대로 유지되도록 한다.
타력에 힘이 생기면 점차 오른손을 조금씩 내민다.
점차 밀어걷기를 도입하고 후리기와 병행한다.

5. 뛰어머리(빠른머리)
왼발과 왼주먹과 연계되는 역학을 몸에 익힌다.
뛰어머리에서 오른발의 디딤과 뒤로 나오면서 드는 동작은 실전에 도움이 안 된다.

6. 들고 치고나가기
먼저 우상단의 자세로 들게 하고 왼발의 차는 것과 오른발이 구르는 것을 익힌다.
그 다음 중단에서 한 박자로 행하도록 한다.(4~6번 이주일 과정)

상기의 동작들을 단계별 3일 정도 집중시키며 매일 전 과정을 되풀이 하되 점차적으로 밑으로 비중을 높인다. 특히 밀어걷기는 평생을 해야 하는 몸 공부이다. 6번 단계에서 기검체일치를 이해하고 실행할 줄 알아야 다음단계로 진입한다.

7. **중단 자세** : 파지법과 중단세를 익힌다.
8. **3.2.1동작** : 머리, 손목, 허리 등을 익힌다.
9. **도복 착용**
10. **호구 착용** : 앞의 동작을 1개월간 익힌 후에 호구를 착용하고 3개월 정도 기본을 익힌다. 그 이후 대련의 형식으로 지도하되 무리한 동작이 나오지 않도록 주의한다.

중단세는 발과 손의 기능과 폼을 충분히 이해한 다음 함께 익힌다.
본격적인 기본에 들어가기에 앞서 죽도를 크게 던지는 것과 하체와 상체의 신근력을 연결시키는 감각을 먼저 익힌다.
본인이 현재 가지고 있는 최고의 타력의 힘이 기본자세 안에서 나와야 하며, 자세와 감각을 통하여 만들어진 체에서 정교함과 빠름과 더 강한 힘이 나오도록 한다.
'폼 → 감 → 체 → 용'이 형성되는 것이다.

기초 지도 과정에서 도입된 동작이 소기의 목적을 이룰지 모르나, 그 동작 안에 남아있는 불필요한 동작이 습벽으로 남아 성장의 발목을 잡는다.
이를 지도자가 정확히 인식하고 이해시켜야 하며, 습벽이 몸에 붙지 못하도록 지도한다. 그러지 않으면 자세에 파묻혀 모양만 흉내내는 타격이 된다.

폼과 감이 함께 하는 큰 동작을 통한 의식 두기로 부드러운 동작을 익혀 체를 만들고 용으로 가야 한다.
단련이란 기본적인 폼이 형성되고 나서부터이다.
용이 먼저 가면 당장의 승률은 오를지 모르나 기본이 조잡하여 정교함과 빠름에서 뒤떨어져 정상에 도달하기 전에 도태되어 버리고 만다.

엄격한 승부의 세계에서 기본의 정교함에서 오는 간발의 차가 승부를 결정짓는다.
0.1초 안에 10여명의 선수가 진입하는 동계올림픽스포츠 종목이 허다하다.
기본의 대충과 섬세함은 아마추어와 프로의 차이이다.
기초 안에서 문제를 해결할 줄 아는 것이 진정한 프로다.
복잡다단한 격자의 동작을 단순함으로 표출하는 것이 검도다.
그래서 검도는 "할수록 힘들다."라기 보다는 "할수록 어렵다."고 말한다.

검도 격자의 특징

유효격자
충실한 기세+적정한 자세+칼의 궤적(刃筋)을 바르게 한 격자+존심=유효격자

검도의 격자 원리
- 하체의 체중이동에 의한 직선 운동(足捌)과 상체에 의한 곡선 운동(手の內) 합하여 솜씨(冴え)를 낸다.
- "접근. 기회. 체중이동에 따른 격자" 이 세 가지 기능으로 발운용이 중요하다.

격자(擊刺)의 순서 (신근전달력)
왼 발목(脚部:방아쇠) → 허리(腰背部:노리쇠) → 왼 주먹(腕部:뇌관) →죽도(총알)

유효격자 과정
죽도를 세우는 자세는 검선이 겨눔을 떠난 자세로 공격이나 방어를 목적으로 한다.
실전에서는 큰 동작이나 상단자세를 제외하고 밑에서 세워 올라가는 타법으로 전개된다. 모든 스포츠에서 반대 동작은 신근의 힘 비축(축경)을 전제로 한다.

공격을 위해서 세우는 자세는 반격을 당할 수 있는 자세로 빠름과 타이밍이 중요한 승부처가 된다.

왼 주먹 신근의 뻗음으로 빠르게 세울 때 죽도의 휘어짐이 생길 정도로 엄지와 검지를 제외한 세 손가락과 편합근에 텐션이 걸려야 한다.
장심에 자루 끝이 오도록 하여 왼 손목의 코킹으로 자루 끝을 명치 이상 밀어 올리면서 세우는 것이 요령이다. 이때 삼각구의 폼을 유지하며, 오른손은 지점의 역할이지 죽도를 힘 있게 움켜 잡으면 왼손에 텐션이 생기지 않는다.
상호 간에 공세 속에 상대의 검선보다 죽도를 올리는 경우에도 상기의 작용으로 축경이 걸려야 한다.

세워서 축경이 생긴 것을 왼발의 빠르고 강력한 차기를 전달받아 치기를 한다.
손운용을 통한 지렛대원리는 필수이다.
충실한 기세로서 적정한 자세와 칼의 궤적을 바르게 하여 치는 것이 이법이다.
임팩트 순간은 검선(劍先)에 몸이 실려야 한다.
마치 도끼의 몸통이나 화살대가 표적지를 밀고 들어가듯이 검체일체가 되어 격자되어야 한다.

격자(擊刺)의 손운용

1. 허리를 밀면서 왼 손목의 코킹과 신근을 이용하여 죽도를 세운다.
　　(이법론 솜씨 참조)
　1) 오른 손목과 팔꿈치는 움직이지 않는다는 기분으로 가져가되, 오른손 중지와 장심 정도만 도와준다.
　2) 공세에서 삼각구의 폼과 부드러움을 유지하여야 한다.

2. **왼 주먹(세 손가락+장심+손목)을 밀어 올리면서 왼손(세 손가락)에 축경을 건다.**
   1) 왼 주먹의 정지기법은 왼 손가락의 조임으로 행한다.
   2) 왼 주먹의 코스는 가능한 한 오른 주먹의 코스를 벗어나지 않도록 행한다.
   3) 왼 주먹을 밀어 세울 때 명치이상 올라와야 한다.
   4) 왼손과 왼 발목의 축경은 동시에 걸려야 한다.
   5) 왼 발목과 배꼽의 연장선상에 왼 주먹이 와야 한다. 즉 명치수준에 올라와야 한다.

3. **수건을 낚아채듯 왼 주먹으로 죽도를 던진다.**
   1) 왼 발목의 차주는 힘을 왼손으로 전달받아 탄력있게 쏜다는 기분으로 던진다.
   2) 던질 때 모든 관절의 합리적인 흐름에 따라 가속도를 더한다.
   3) 양 주먹과 양 팔꿈치는 안으로 조이는 기분으로 던지되, 임팩트 시 기합과 함께 양팔을 최대한 뻗듯이 행한다.
   4) 뻗은 오른손이 부드럽지 않으면 정교함이 사라진다. 특히 오른손으로 죽도를 힘주어 잡으면 안 된다.

4. **임팩트 시 반대 코킹으로 투철력을 행한다.**
   1) 반대 코킹은 베고자 하는 곳(머리 → 코, 손목, 허리 → 배꼽)까지 가는 기분으로 행한다.
   2) 오른손으로 부드럽게 코킹의 방향을 잡고, 왼손 코킹의 2배가량 오른손 반대 코킹을 행하며, 반발력을 장심으로 눌러 격자부로 격자 부위에 체중을 올려놓는다.
   3) 왼 주먹 반대코킹을 넣을 때는 엄지손가락의 뿌리(拇指丘)가 자루 끝을 잡아주는 역할을 하며, 오른손 팔뚝 밑에 붙이는 기분으로 행한다.

5. **존심을 넣을 때, 반대 코킹을 풀어 임팩트 시의 양 주먹 높이를 유지하고 앞으로 나간다.**
   1) 삼각구 자세를 유지한다.
   2) 회수된 자세에서는 즉시 다시 격자할 수 있도록 발에 축경이 걸려 있어야 한다.

3) 앞으로 나갈 때는 상대의 정중선을 가르고 나간다는 기분으로 행한다.

6. 모든 과정마다 편차가 다른 수직이등분의 삼각구를 유지하여야 한다.

손운용(手の内)

자세(構)
- 삼각구 불변 : 양 주먹(코등이)과 양 팔꿈치가 이등변삼각형

    대적세 → 공세 → 드는 자세 → 치는 자세 → 나가는 자세 → 존심

    단계별로 편차를 달리하는 이등변삼각구(이법론 삼각구 참조)
- 중단세는 왼손 엄지의 두 번째 관절이 배꼽인 정안세, 엄지의 옆면이 배꼽인 청안세

파지(把持)
- 비 오는 날 무심코 우산대를 잡듯, 죽도 무게에 순응함.
- 손가락으로 잡으면 안 된다. 왼손의 생명선과 오른손 중지만으로 잡을 것.
- 왼손바닥 생명선과 등줄을 일치하여 자루를 붙인다. 자루를 마치 생명선에 끼우듯이 엄지 무지구와 중지로 걸친다. 기술에 따라 엄지, 검지를 제외한 나머지 세 손가락을 풀림과 조임으로 행한다. 《오륜서》에서 대도를 두 손가락으로 다루라는 것은 이를 뜻한다.
- 엄지의 두 번째 장지 관절이 검지의 두 번째 장지 관절보다 높으면 안 된다.
- 왼손과 오른손 중지 두 번째 관절에 죽도를 올려놓는다.
- 겨룰 때, 세울 때, 칠 때, 오른손만 잡았을 때 자루 끝이 올라오도록 한다. 올라오는 자루 끝을 왼손 장심(拇指丘)과 세 손가락으로 조작한다. 마치 왼 주먹에 배꼽을 얹어서 배꼽으로 눌러라. 그리고 허리를 올려놓는다.
- 오른손이 나와 자루를 잡았을 때(한 주먹 반에서 두 주먹 사이) 양 팔꿈치의 각이

비슷하여야 한다. 마치 아기를 안을 때와 같이 부드러움과 품이 넉넉해야 한다. 이 양각은 격자 직전 죽도를 세울 때까지 유지하여야 한다. 코등이를 꼭지각으로 양 팔꿈치와 수직이등분을 이루는 삼각구가 되어야 한다.
- 양 손 엄지가 땅을 향하지 말고 상대를 향하게 하라는 것은 엄지의 신근에 의한 무지구(손바닥 쪽의 두툼한 부분)의 역할을 중시한 것

공세(攻め)
- 왼 주먹이 정중선을 지키거나 오른 주먹이 정중선을 지키는 두 가지 공세 스타일
- 코등이를 정중선에 고정시키고 양손의 손목과 장심을 이용한 공세
- 오른 팔꿈치의 각은 격자 시를 제외하고는 불변
- 왼 주먹은 심권(心拳)이라 하여 자기 마음의 변화가 그대로 나타난다.
- 공세하며 앞으로 나갈 때 왼 주먹을 하단전과 한 주먹 내지 주먹 반 거리로 유지할 것
- 섬세함은 왼손장심에서 나옴.
  자루 끝이 허리치기를 제외하고는 장심에서 떨어져서는 안 됨.
- 양 손 모든 관절의 독립된 기능이 조화를 이루어 시너지 효과를 냄
- 양 주먹의 움직임이 정중선을 이탈하지 않으며,
  지렛대 원리를 이용하여 운용하는 것
- 수족일체

격자(이법론 솜씨 참조)
- 큰 동작은 어깨의 힘보다는 가슴과 등의 신장력으로 할 것.
  죽도 자루를 짜는 것이 아니라 정중선으로 조이는 것이다.
- 왼 발목과 왼 손목 손가락 텐션이 연동할 것
- 치는 것이 아니라 쏘는 것이다. 격자부로 치는 것이 아니라 선혁이 꽂히는 것이다.
- 투수가 공을 뿌리듯 오른 주먹은 따라가는 것이지, 잡고 가는 것이 아니다.
- 복싱하는 손 : 펀치가 닿을 때까지 주먹을 쥐면 안 된다.
- 오른 손가락에 힘을 주는 것은 공세, 격자, 연타, 회수, 조급한 마음 등에서 비롯된다.
- 조이기는 왼손 세 손가락과 장심으로 행할 것

- 칼의 궤적(刃筋)을 바르게 하기 위해 왼 주먹이 정중선을 이탈하면 안 된다.
- 솜씨(冴え)가 없는 것은 한판이 아니다.
  솜씨의 요소 : 왼손 무지구의 걸침, 오른손 중지의 튕김, 왼손 중지와 약지의 텐션, 양손목의 코킹, 격자 시 오른 손목의 코킹은 왼 손목의 약 2배
- 손은 단지 힘을 전달하는 통로다.
  온몸의 힘을 죽도를 통해 남김없이 상대에게 전달한다. 힘이 들어간다는 것은 부분의 힘이 작용하는 것이요, 부드럽다는 것은 전체가 통합된 힘으로써 발경(發勁) 타법의 원리이다. 온몸의 뛰어나감과 좌우의 기가 왼손 장심에 모여 자루를 밀어주면서 선혁까지의 기의 흐름을 방해해서는 안 된다. 이때 양손의 조작은 지렛대 원리에 준하며 특히 오른손은 손가락으로 힘을 주어 잡으면 안 된다. 그래야 체중이 실리는 온전한 한판이 이루어진다.
  손가락으로 잡지 말라고 하는 것은 이를 뜻한다.
- 상기의 방법은 「중지파지법」으로 신근 전달력을 이용한 나의 손운용법이며, 각자 신체조건에 맞게 자기만의 이법을 터득할 것.

격자의 발운용

1. 왼 발목의 항력(차주기)
- 하체(脚部)의 신장력에 의한 힘
- 마찰계수(마루와의 마찰력과 수직항력의 비율)를 최대화
- 접근(허리의 수평이동)과 체중 이동
- 아킬레스건의 강화
- 입신을 통한 축경(溜め)과 발경
- 젊은 선수는 뒤꿈치를 높이고 고단자는 낮추는 경향이 있다.
- 강력하고 간결한 차주기에 의한 항력이 타력의 근원이다.

2. 무릎정점에서의 왼 주먹(후리기)
- 왼손 신장력으로 죽도를 세우는 높이와 속도
- 항력에 의한 반발력이 허리 이동의 속도로 전환되어 왼 주먹에 전달
- 왼 주먹에 전달된 신장력으로 순간 정지기법과 낚아챔에 의한 죽도의 운동에너지로 전환
- 전환을 견딜 정도의 왼손 엄지 검지를 제외한 세 손가락 조임에 의한 근력(투수의 손가락)
- 왼손의 생명선(대능형골)과 오른손 중지의 지렛대 원리에 의한 조화
- 나가면서 세우는 것, 세우면서 나가는 것, 다 나아가 세우는 것 등 원리는 같음

3. 수직 내려옴(격자)
- 허리와 팔의 신장력으로 뻗음
- 큰 동작은 팔꿈치를 조여 등과 가슴의 신장성을 이용
- 작은 동작은 빠르게 들고 치는 것을 한 박자로 하고 낚아챔을 이용
- 죽도의 운동에너지에서 투철력으로 전환
- 오른손 중지에 의한 정지(stop)와 왼 손목의 코킹에 의한 임팩트(impact)
- 코까지 죽도를 투과시키는 듯한 누름과 풀림에 의한 솜씨(冴え)

4. 발구름(회수)
- 앞발 뒤꿈치부터 안착하는 바른 착지에 의한 수직항력 발생
- 상체를 세우고 왼발 왼허리를 끌어들여 앞으로 보냄
- 팔로스로우(follow through) 자세의 회복으로 존심이 가능
- 이 동작으로 인해 1~3번의 과정을 바르게 진행할 수가 있고 이로 인한 기검체일치로 검도가 스포츠의 보편성을 실현할 수 있음

5. 나아감(존심)
- 발구름에 의한 자세의 회수, 섬세한 밀어걷기에 의한 나감
- 검체일체가 되어 나가는 것이 아니라 관통하는 것이다.

- 충실한 기세의 보존
- 감사 반성

특기사항

- 1항의 차주기와 죽도세우기는 격자의 근원으로, 기능 중 가장 중요한 항목이나 정작 궁리하지 않는다.
- 상체와 하체의 신장력은 서로 관계되어 있으므로 타이밍이 같다.
- 서로의 간결함이 연동하여 빠름과 강함을 살린다.
- 단계적 분석은 단지 이해를 돕기 위한 것이므로,
  흐름 가운데 이해되고 체화되어야 한다.
- 용의불용력(用意不用力)에 의한 감각이 운동을 주도. 체화되려면
  3만 번 이상 반복 연습해야 한다.
- 감이 근육을 끌고 간다. 보고 치는 것이 아니라
  반사신경에 의해 저절로 행해지는 것이다.
- 목적을 위한 집중력이 하체(脚部)를 최선의 움직임이 되도록 한다.
- 앞서 예측한 움직임이나 생각에 의한 부정, 긍정은 저항을 받거나 탄력을 받을 수 있다.
  치고 나가는 것이 아니라, 나가면서 치는 것이다.
  100% 긍정적인 대시(dash), 몸 던지기(捨身)
- 역도 경기에서 나오는 힘이 인간이 발휘할 수 있는 최대의 힘이다.(자기 몸무게의 약 3배)
- 운동에너지= $\frac{1}{2} mV^2$, 위치에너지=mgh. 운동량, 힘 개념의 이해

격자의 차이

	프로(숙련자)	아마(미숙련자)
타 력	항력(脚신장력)의 전달(勁力타법), 쏜다	자체(팔) 힘, 때린다
타 법	각 단계 신근의 전환이 정확, 신속, 가속	굴근에 의한 부분 힘, 스피드, 기능 저하
양 발	접근과 체중이동 신속, 벌려 짧게 나감	넓게 건너 뜀, 이동 interval이 길다.
상 체	세워 무게중심을 단전에 둠, 一原三流	기울여 무게 중심을 가슴에 둠, 작정 함
공 세	입신에 의한 축경과 발경, 기회, 溜め	탄력에 의한 단순 접근
잡 기	신근 악장력, 조임과 풀림의 조화, 장심	굴근 악긴력, 손가락
격 자	冴え, 허리를 붙임	어깨가 들림, 엉덩이 남김
회 수	텐션이 걸림	굴근에 의한 단순 자세
운 영	用意不用力의한 반사신경이 운동을 주도	用意用力에 의한 의식이 운동을 주도
기 합	신근에 의한 신장성으로 터트리는 발성	굴근에 의한 긴축성으로 가두는 발성

발운용(足捌)

기본자세

- **간격** : 오른발 뒤꿈치 선상에 왼발 앞(검도의 본. 고단자)
  오른발 뒤꿈치와 왼발 뒤꿈치는 죽도 병혁의 길이 (선수)
  폭 : 좌우 발의 넓이는 선의 기술은 가슴 넓이와 후의 기술은 어깨너비

- **왼 발목 (力)** : 슈팅(shooting) 발
  이법 : 차주는 발로서 약 30도 기본 원칙.
  좌우, 위아래로 흔들리거나 이동 중 텐션이 풀려서는 안 된다.
  단련항목 : 지렛대원리. 아킬레스. 마찰력(약지무지구). 항력. 무게중심. 발경

- 오른발 (技) : 기회의 발

이법 : 구루는 발로서 무릎은 수직. 수직 선상에 이마. 발바닥은 지면과 수평

단련 항목 : 타이밍(공세). 지면과 무릎. 텐션(kinetic potential). 축경(溜める)

간격에서의 발운용

- 정간(교감) → 반응 거리(입신) → 격자 거리(溜め) → 상황 거리(격자. 반사신경)
- 접근에 따른 간격과 폭

  안정과 민첩. 강함과 빠름. 멀리와 짧게 등 접근에 따른 발운용(Stance).
- 나가는 앞발, 따라 들어가는 뒷발 원칙

  앞발은 손님 맞이하듯 선을 유지하고, 잽 작업으로 거리를 훔치다.

  발동. 타이밍을 선점. 이동 중 왼발의 텐션유지
- 양발의 체중 이동에 따른 인터벌(interval)원칙 :

  몸의 수평 이동으로 상대보다 짧고. 간결. 다양. 리듬미칼. 불규칙적인 움직임

기회의 2단계

정간(교감)→ 입신(들어가는 기회)→ 溜め→ 격자 거리(치는 기회)→ 격자

|-----90%(기회를 만드는 과정)-----|-------10%-------|

오른발(出足) Taiming 발 (축경)

- 정간에서 왼발을 기점으로 자기 발바닥 간격으로 앞으로 내미는 것을 1족장이라 함
  1. 1족장 → 타이밍(Taiming)의 발
  2. 2족장 → 공세의 발(入身)
  3. 3족장 → 끌어냄과 격자의 발(溜め)
  4. 사선의 흐름 → 중심선과 간격의 변화
  5. 좌우 폭의 변화 → 기술의 선택 (거는 기. 應하는 기)

왼발(力足) 슈팅(shooting) 발(발경)

　(상대) → 차주는 타이밍

1. 나올 때 → 1족장에서(오른발)
2. 나오려고 할 때 → 2족장에서
3. 제자리에서 응하는 기술을 할 때 → 3족장에서
4. 물러나는 상대는 → 나올 때까지 몰고 감, 들어간 발의 간격 절반 정도 뒷발을 붙임.

구르는 발(회수)

- 앞발의 무릎과 정강이는 마루와 수직이 되어야 하며, 그 선상에 이마가 와야 한다.
- 무릎의 정점에서 앞발이 수직으로 내려 올 때 상체 뻗음이 극대화되어 임팩트하고, 마루를 구를 때 뒷발을 당겨 밸런스(balance)를 취한다.
- 구르는 힘은 남자는 자기 몸무게의 약 13배, 여자는 약 9배에 달한다.
- 미숙련자는 나가는 폭이 넓어 체공시간이 길고, 숙련자는 미리 벌려나가 제자리 또는 짧게나가 간결하게 온몸의 신장력으로 결정한다.

발운용(足捌)

- 자동차의 후륜구동과 같다.
  앞발을 들고 나가는 것이 아니라 뒷발이 밀어 저절로 나가는 것이다.
- 상체를 무너뜨리지 않고 상대의 격자 부위까지 이동하는 것이 발이 할 일이다.
- 치고 나가는 것이 아니고, 나가면서 치는 것이다. 검체일체로 관통하는 것이다.
- 기회를 만드는 것은 발이 할 일이다. 죽도와 연동하여 발로 선을 잡아나가 승부의 거리에서 위(位)를 차지하고 일기(一機)에 결정한다.
- 앞발이 나감은 활의 시위를 당겨 텐션을 만들 듯 허리 이하 하체에 축력이 생겨야 한다.
- 정간에서는 기본으로 하고 접근할수록 발의 변화를 가져감
- 좌우 폭의 변화는 기술이고, 앞뒤 간격의 변화는 타이밍이다. 인터벌을 짧게 해야 함.
- 상황(理合)에 맞는 발 폭과 간격이 미리 준비(先)되어 있는 것이 어렵다.

후의 선. 대의 선. 선의 선에 따른 발 폭과 간격의 변화
- 승부는 죽도의 빠름에 있지 않고 상황에 맞는 스텐스(Stance)에 있다
- 하수는 멀리 뛰려하고, 상수는 앞발을 미리 내보내면서 상대를 끌어내어 찍어 때리거나 상체의 신장력으로 친다.
- 하수는 오른발. 상수는 왼발에 검체일치를 행한다.
- 습벽 : 큰 동작의 역학(메카니즘)이 작은 동작으로 이어진다.
- 발을 차줄 때 몸을 위로 올리는 것보다 허리의 수평 이동이 중요하다.
- 정교한 발놀림 연습은 일단의 공격이 결정될 때까지 멈추면 안 된다. 또한 공방(攻防)의 검도가 아닌 공반(攻反)의 검도가 되어야 한다.
- 격자 직전의 정교한 발놀림(footwork)은 밸런스와 타이밍을 보장한다.
- 격자 후 다시 나갈 수 있는 발 자세. 섬세한 이어나가기는 존심의 중요 부분이다.

왼발운용

- 왼발로 들고 왼발로 쳐라 : 교정은 왼발 뒤꿈치를 살려서 오른발 오래들고 있다 치기
- 왼발 엄지는 상대를 정대하여야 한다.(인지와 용천을 잇는 중심선)
- 입신은 왼 무릎에 허리를 얹어 놓고 접근한다.
- 방향 전환 때 오른발에 앞서 왼발이 정대하여야 반 박자 빠르게 나갈 수 있다.
- 왼발 용천이 마루와 밀착하여 마루와의 마찰력을 최고로 가져간다.
- 어떤 움직임에도 몸의 밸런스와 중심축을 밀어주는 역할을 해야 한다.
- 왼발 약지구(4번째 발가락)에 힘을 실어 몸을 튕겨낸다.(마찰계수 최대)
- 튕김에 의한 허리 이동으로 왼발에서 오른발로 체중 이동을 빠르게 행한다. 손운용에 의한 격자 시간은 체중 이동 시간과 동일하다.
- 왼 발목의 위아래 흔들림은 체중 이동, 좌우 흔들림은 허리의 뒤틀림으로 이어진다.
- 1~3족장 나갈 때 왼 발목의 각은 변함이 없이 항시 슈팅이 되어야 한다.
- 승부의 거리에 왼발을 언제 어떻게 갖다 놓느냐에 결정된다. 이를 「거리를 훔친다」고 한다.
- 왼발 아킬레스는 밀고 나가는 것이 아니라 활의 시위처럼 튕기는 것이다. 왼 발목은 저격수

- 검도본을 행하면서 왼발 용천으로 호흡하는 것을 느끼다.
- 검도의 본은 용천이 합당하나 검도는 약지발가락 무지구로 행함이 합당하다. 이는 칼보다 몸이 먼저 正對하여 뛰어들어가기 때문이다.

오른발운용
- 오른 무릎은 마루에서 수직. 그 수직선상에 이마
- 때에 따라 오른발의 체공시간을 길게 해 타이밍을 유리하게 가져 갈 수 있다.
- 한칼(一刀)의 시간은 앞발의 체공시간과 같다.

금언
- 모든 기술의 근간은 발이다. – 화살이 빠른 것이 아니라 시위가 빠른 것이다. 시위가 빠른 것이 아니고 활의 탄성이 강한 것이다.
- 활의 탄성이 강하듯 몸 중심 근육인 코어(Core)의 단련이 필수적이다.
- 경직됨은 부분의 힘이고, 부드러움은 전체 통합 능력으로 이어진다.
- 상체(手の內)의 둔함이 하체(足捌)로 이어진다. 발놀림의 둔함이 상체로 이어진다.
- 마음의 머무름이 하체의 머무름으로 이어진다.(應無所住 而生基心)
- 스포츠(격투기)는 두 발을 지닌 인간의 체중 이동에 의한 경쟁이다.
- 야구에서 변화구의 위력은 속도가 받쳐주지 않으면 안 된다.

후리기 · 정면치기

기본 이합
왼발(重心)로 들어 왼발로 친다.
왼손으로 들어 왼손으로 던진다.

후리기 방법 (세우는 시기에 따라)
1. 나가면서 치기……오른발 나가면서 들고 왼발 붙이면서 치는 방법
2. 제자리서 치기……제자리에서 들고 양발 나가면서 치는 방법
3. 나가서 치기……오른발 나가고 왼발 붙이면서 들고 치는 방법

기본 후리기 동작
1. 드는 동작 (축경.타메)
   1) 왼손 주도하에 죽도를 세워 무게중심 수직선상에 왼손바닥 장심에 오도록 하고 자루 끝(병두)을 밀어 올린다.
   2) 중단의 양 팔꿈치의 각을 유지하며 뒤로 약 45° 정도로 넘기면서 가슴은 확장하고 등은 수축시키며 왼 손가락에 병두(柄頭)의 반동이 걸리도록 한다.(온 몸이 축경이 걸린 상태)
   3) 정상에서 팔꿈치는 상대를 향하되(45°) 얼굴 전면이 보이도록 들어준다.

2. 치는 동작 (발경)
   1) 반동이 걸리는 순간 왼발이 몸을 밀어주는 탄력을 왼 주먹에 이어받아 전방45상방향으로 던져준다.
   2) 던지는 순간 가슴은 수축시키면서 등 근육은 확장시켜 양 팔꿈치는 안으로 모아준다.
   3) 이때 오른손 호구(虎口)를 지점으로 밀어서 던지면서 격자부가 흔들리지 못하게 도와주며 날아가는 죽도를 중지로 걸어주며 손가락에 힘을 주어 잡으면 안 된다.
   4) 3)항 외에 양손호구을 조여 주는 동작도 따로 익혀야 한다.

3. 마무리 동작 (임팩트. 투철력)

1) 임팩트 지점에서 왼손바닥이외의 힘이 들어가면 안 되고 氣가 손을 통해 검선으로 빠져나가는 느낌을 가져야 한다.
2) 병두의 올라오는 반동은 왼손 엄지구로 잡아주고 오른손 중지와 엄지구 밑으로 잡아주며 베고자 하는 부위까지 손목의 코킹을 활용한다.
3) 앞서 모든 동작은 삼각구를 유지하여야 한다.

정면치기

1. 나의 정중선이 상대의 정중선을 정대(正對)하여 정대(正大)하게 가르고 나간다.
2. 정간(正間)의 거리에서 기본 보폭으로 섬세하고 경쾌하게 움직여 나의 중심선을 폭 넓게 가져간다. 항상 상대의 정중선이 나의 정중선을 정대하지 못하도록 운용한다.
3. 오른발은 상대보다 반 족장 항상 먼저 나가있어야 한다.
4. 공세나 되 공세로 나갈 때 승타법으로 해야 한다.
5. 들고 치는 것은 몸의 중심 이동에 따라 양 주먹(手元), 검선이 상대 호면 중심쇠(정중선)를 기준으로 한 박자로 한다.
6. 치고 난 다음의 양주먹은 상대 얼굴을 관통하듯이 하여 그 자세를 유지하고 나간다.
7. 충실한 기세를 보존하여 존심으로 마무리 한다.

(이법론 정면치기 참조)

기회의 2단계

승타법
격자 기회는 정간에서 공세로 반응 간격으로 들어가 압박하면서 발생한다.
이때 상대의 반응을 끌어내어 기회를 만드는 것이다.
승타법은 기회를 만들어서 치는 것이다. 즉 이기고 치는 것이다.

1단계 - 들어가는 기회(入身)
정간(正間)에서 접근하면서 발생하는 여러 상황의 변화에 대하여
유리한 위치(位)에 설 수 있게 들어가려는 타이밍

2단계 - 치는 기회
접근하여 압박하는 과정에서 상대의 반응에 따라 치는 기회가 발생

정간(들어가는 기회) ---------> 반응 간격(치는 기회) ------>격자
   (축경)   (발경)

|---90%(공세로 기회를 만드는 과정)-----|-----10%-----| (이합의 발현)

주의사항
- 일족일도에서의 연습은 기회를 만드는 과정이 생략된 타승법의 연습이다.
- 기회를 만드는 과정이란 입신하여 압박하는 능력(공세)을 말한다.
- 패턴에 의한 반복된 연습은 두뇌를 경직시키거나 기회를 만드는 능력을 상실시킬 수 있다.
- 격자에 의한 이동에는 오른발의 건너뜀보다 허리의 순간 이동이 중요하다. 즉 상대에게 접근하는 기능보다 왼발에서 오른발로 체중을 이동함과 동시에 격자부에 체중(허리)이 실리는 것이 중요하다.
- 전체 움직임 '대적세 → 격자 → 존심' 과정에서 심기력일치에 의한 기검체일체가 격자 순간 기검체일치가 되어야 한다. 항상 지(志)와 기(氣)를 바르게 하여 심신일여 상태에서의 합리적인 흐름이 중요하다.

공세방법론

기본수칙
1. 나와 상대의 정중선을 연결하는 중앙선 상에 검선을 지키는 것을 기본으로 한다.
2. 正對 한다.
3. 입신할 때 1~3족장 발운용을 활용한다.
4. 상허하실에 의한 삼각구의 부드러움을 유지하여 허리로 나간다.
5. 섬세한 스텝을 활용하여 각角과 Barance 및 기회를 만든다.
6. 뒷발의 텐션을 항상 유지하고 상대가 나올 때까지 멈추지 말고 탄력을 붙여 나간다.
7. 삼살법으로 상대 공격의지를 좌절시킨다.
8. 리견의 견(離見의 見), 상대 눈으로 나를 바라본다.
9. 공세를 서서히 시작하여 급하고 다양하게 전개한다.(徐破急)
10. 실을 피하고 허를 선점한다.

주의사항
1. 공세는 왼손의 장심과 양손 중지와 손목이 주도한다.
2. 중단의 다툼은 점에 의한 교차보다는 10cm 이상의 스침(交仁)이 중요하다.
3. 검선의 변화는 기본수칙 1항 안에서 죽도 폭만큼 움직임을 기본으로 한다. 대도3본 참조
4. 정교한 스텝으로 전후좌우의 변화로, 나의 삼각구로 상대 정중선을 공략한다.
5. 상대 명치를 중심으로(十) 사방으로 다양하게 공략하여 실을 피하고 허를 선점한다.
6. 일단의 공세는 상대가 나올 때까지 멈추지 말고 탄력을 붙여 나가되 축경(타메)과 발경까지 이어져야 한다.

위(位) 공세
기본수칙 하에 안정된 자세(構え)로 압박하여 선의 기위로 상대를 좌절시켜 공략하는 공세

- 정안(正眼) 공세
    1. 중단 대적세(構え)의 기본이다.
    2. 양 눈 사이를 겨뤄 정중동의 자세를 가져간다.
    3. 상대에게 점으로 보이게 하여 거리감을 상실시킨다.
    4. 나오는 칼을 능각으로 눌러 정중선을 지킨다.

- 정중선 공세
    1. 검선으로 정중선을 지키면서 중앙선 상에서 위 아래로 조작하여 운용한다.
    2. 발운용을 통한 사선의 움직임으로 중심 폭을 넓게 가져가며 정중선을 선취한다.
    3. 나의 삼각구로 상대의 삼각구를 공략한다.
    4. 상대의 공격을 눈앞 중앙선 상에서 대응하여 검선의 정중선 이탈을 금한다.
    5. 상대 조급증을 유발해 정중선을 이탈하는 무리수를 낼 때 나오는 기술을 낸다.

- 눈높이(星眼) 공세(소도 1본 對上段 후도의 자세)
    1. 왼손 한주먹 정도 더 내밀고 검선은 내 눈과 상대 눈의 수평선에 놓는다.
    즉 상대 입장에서 선혁이 크게 보임.
    2. 상대 죽도를 위에서 올라타 선을 유지한다.
    3. 상대 입장에서 손목 밖에 노릴 곳이 없이 만들어 위축되게 만든다.
    4. 손목을 포기하고 머리로 공략 할 때 반 박자 빠르게 올라타서 공략한다.
    5. 드는 동작 없이 그대로 격자한다. 날아가는 과정에서 변화를 준다.
    6. 가끔 내리면서 공세의 변화를 준다.
    7. 강력한 찌름으로 상대의 경계심을 유발한다.

- 좌청안 공세
    1. 좌측 눈을 겨루고 자연스러운 자세로 임한다.
    2. 자세 그대로 손목치기로 나간다.
    3. 스쳐치기나 받아치기로 나간다.
    4. 입신할 때 검선을 목이나 명치를 겨누며 상대 죽도를 타는 방법도 활용

- **하단전에 의한 공세**
    1. 왼 주먹을 배꼽으로 눌러 항상 하단전에 한주먹을 유지한다.
       이때 양 주먹을 手元라고 하며, 왼주먹을 심권이고도 한다. 즉 심권이 흔들려서는 안 된다.
    2. 배꼽 타법을 활용하여 각을 크게 잡아나간다

거는 공세(능동적)
입신하면서 적극적인 공세로 상대를 압박하여 빈틈을 공략하는 공세

- **밑 공세**
    1. 상대 왼 주먹을 겨누며 죽도가 상대 죽도 밑으로 시야에서 사라지도록 운용한다.
    2. 강력한 밑 찌름과 밑 손목을 노려 상대가 죽도를 들지 못하게 한다.
    3. 올리는 과정에서 상대 죽도를 스쳐 올려 중심을 흐트러뜨린다.
    4. 상대의 오른손에 의해 발생하는 시(視)사각지대를 활용한다.

- **능각(鎬) 공세**
    1. 상대 죽도의 능각에 선혁을 붙여 밑으로 넘나든다.
    2. 밑손목, 찌름, 스쳐올려를 기본전술로 한다.

- **올라타는(乗る) 공세**
    1. 상대 죽도를 왼 주먹으로 올라타 허리를 얹어놓는다는 기분으로 한다.
    2. 상대의 손에 힘이 많이 들어가도록 유도한다.
    3. 검선을 치기 좋은 곳에 두도록 한다.
    4. 조작은 왼손으로 주도한다. 코등이가 움직이지 않도록 한다.
    5. 검도 3본의 선도가 후도의 찌름을 받듯이 상대의 힘을 흘려보낸다.
    6. 상대의 죽도를 올라타 좌우 젖꼭지를 겨누며 앞으로 나간다.
    7. 사선을 활용한다.

- 걷어내는 공세
    1. 중심을 지키는 것을 무너뜨리는 공세
    2. 떨치거나, 스쳐 올리거나, 감거나 하여 각을 만들어 거리를 훔치거나 드는 동작을 방해한다.

공격 공세(一原三流)
강력한 특기로 상대를 각인시켜 빈틈을 공략하는 공세

- 세워 공세
    1. 상대의 타간 거리에 왼주먹이 명치에 오도록 정중선 상에 죽도를 세워 선을 잡아 들어간다.
    2. 강약완급의 묘미를 살려 상대 반응을 끌어내어 공략한다.
    3. 타간 거리는 상대의 검선 안. 밖에 따라 다양하게 전개된다.
    4. 강력한 정면치기가 바탕이 되어 축경이 걸린 상태에서 들어가는 것이 핵심이다.

- 메어치기 공세
    1. 밑과 정중선이 강한 상대에게 손목을 측면에서 공략
    2. 스쳐 걷기와 2스텝을 활용한다.
    3. 큰 동작 작은 동작을 활용한다.

- 크게 들어 치는 공세
    1. 스쳐 걷기로 들어가 크게 쳐들어 상대 방어를 유도하여 빈 곳을 친다.(대도2본 선도)
    2. 상대가 손목을 노리거나 작고 빠른 기술로 들어올 때 한발 나아가 친다.

- 격자 과정에서 공세

1동작에 2가지 이상의 공격으로 격자 과정에서 상황 변화에 따라 반사신경으로 결정한다.

- **밑으로 크게 흔드는 공세 · 방어 공세**
  밑으로 크게 흔들거나 방어 동작으로 상대를 거착 상태를 만들어 각을 만들어 친다.

- **손목-머리 공세**
  손목-머리로 탄력 있게 운용하다가 한발 한칼로 결정짓는다.

- **찌름 공세**
  강력한 찌름으로 상대를 경직되게 하여 빈틈을 만들어 친다.

여러 가지 공세의 장단점을 연구하고 궁리하여 상대의 공세에 되공세로 나가야 한다. 많은 상대하고의 연습을 통해 인간의 공통적 반응을 축적하여 상대에게 통하는 자기만의 공세를 개발하는 것이 바람직하다.

20분 공세 연습법

연격 「몸받음 없는」

큰 머리 「축경. 발경 기본자세」
- 뒷발을 붙이고, 앞발이 가능한 많이 나갈 때 이마를 무릎 수직선상에 놓는다.
- 앞발이 나아갈수록 뒤 발목에 텐션이 강하게 걸려야 한다.
- 왼손의 신근으로 나아가 쳐들 때 온몸에 축경이 균형 있게 걸려 발경이 되어야 한다.

정중선 머리 「중심 공세」
- 정간에서 상대 죽도를 붙이고 중심을 지키고 입신하면서 상대 반응을 끌어내어 격자한다.

- 나와 상대의 정중선을 연결하는 중앙선 상에 검선을 지키는 것을 기본으로 한다.
- 부드러운 손운용과 발운용이 핵심. 특히 따라 들어가는 발이 텐션이 풀리면 안 된다.

정중선 손목-머리
- 입신하면서 받아주는 사람이 정중선을 지키기 위해 힘을 줄 때 위로 넘겨 정중선을 친다.

밑으로 손목 『겨눔 공세』
- 앞발이 깊이 들어가 검선이 상대 오른 손목을 최단거리로 겨눈다.
- 밑 찌름과 밑 손목을 노려 상대를 거착시켜 머리를 보여주고 끌어낸다.(誘い)
- 강력한 밑 손목을 치고, 검선을 살려 빠르게 빠져나간다.

밑으로 제쳐 손목-몸받음
- 받아주는 사람이 손목을 방어할 때 제쳐 정중선을 친다. 정교한 발운용

밑으로 머리
- 손목을 방어하도록 강하게 압박한다.

세워나가 머리 (손목.허리) 『공격 공세』 (선의 선)
- 타간에서 왼주먹이 명치에 오도록 정중선(중앙쇠) 상에 죽도를 수직으로 세워 기선을 잡는다.
- 대치상태에서 상대가 빠르게 나오려고 할 때 들고 들어가 상대 반응을 끌어내어 공략한다.
- 세우는 거리는 상대의 검선 안. 밖에 따라 다양하게 전개된다. 세울 때 나오는 손목을 조심한다.
- 축경이 걸린 상태에서 충실한 기위로 들고 들어가는 것으로 「들고-치는」 2박자로 공략

세워받다 허리 (대등의 선)
- 동시에 정중선으로 세워나가 받아친다.

세워스쳐올려 허리 (후의 선)
- 제자리에서 끝까지 보고 행할 것

각 공세는 같은 자세로 의식두기와 교감하면서 6회씩 교대로 행할 것.
부단한 연습으로 검리를 이해하고, 반사신경까지 끌어올릴 것
숙련도에 따라 경우의 수를 연구하고, 궁리하여 자기만의 공세로 내공을 다질 것

주의 사항

연격 (뛰는 연격)
大强速勁. 연결의 부드러움. 왼손 주도. 수족일체. 정간. 빠르게 뛰면서

큰머리 (생성력)
무게중심이 단전인 작은 동작의 원리로 친다. 몸 전체의 효율적 축경을 지도
뒷발을 붙이고 앞발은 3족장 나가 상대가 움직일 때 친다.
뒤꿈치의 각은 불변. 무릎은 수직. 수직선상 이마. 허리세운 전향자세
뒷발을 찰 때 왼주먹을 쏜다. 치고 나서 양 주먹(手元)이 상대 얼굴을 관통한다.

정중선(중심) 공세
다양한 중단 겨눔에 따라 입신 할 때 상대 검선의 변화를 연구할 것
중앙선이 생명선. 등줄에 집중한다. 호면 중앙쇠는 검선의 상하 움직임의 기준선
중심을 견제하고 들어 갈 때 간격에 따른 촉감을 감지한다. 왼손가락 특히 중지로 조작한다.
항상 품이 넉넉한 부드러운 삼각구 유지. 따라 들어갈 때 뒷발 축경을 유지. 검선의 위치
ex : 정중선-수평손목. 눌림 손목. 찌름

밑으로(겨눔) 공세

확실한 겨눔으로 位선점. 거착시켜 머리를 보여주고 움직임을 끌어낸다.

겨눔에 의한 강한 압박. 입신 타이밍. 밑으로 내리는 정도. 들어가는 발. 허리세우기

6번은 몸받음까지 한 박자. 상황에 따른 다양한 걷어내는 기술을 터득

ex : 밑으로-스쳐머리. 감아머리. 찌름

세워(공격) 공세

정간에서 일족일도까지 중단으로 공세하여 位를 점하고, 보다 한 족장 더 들어간 타간에서 순간 세우기.

서로 간의 빨리 치려는 긴장상태에서 빠르고 절도있게 축경이 충만한 正對자세로 입신 타이밍이 중요

ex : 세워-검선 밖으로 세워. 어깨메어. 감아세워. 정중선-세워

- (仁) 상호 교감하며, 호흡을 맞추어 연습
- (기준) 정간에서 긴장감으로 시작. 각 공세는 같은 타법. 정중선의 기준은 호면중앙쇠
- (때) 상대를 나오도록 하여, 나오려고 할 때 축경으로 나아가 기선을 잡는 것이 핵심
- (이법) 실전에 준하는 연습으로 이법의 정밀함을 체득(理法自然)
- (間合) 정간→일족장(일족일도/리듬)→2족장(반응/압박)→3족장(타간/발경) 상대 機의 변화를 감지
- (몸운용) 발운용의 묘미(1리듬.2압박.3발경). 스탠스에 따른 기술. 대련상황을 설정하여 훈련한다.
- (축경) 생성력(ため)이 극대화 시점에서 발경한다.
- (승타법) 실전에서의 경우의 수. 사전 작업 등 연구
- (三摩의 位) 익히고(習い) 연습(稽古) 궁리(工夫). 세가지 공세 조합 응용. 자기만의 공세

ex : 정중선- 밑으로. 정중선-세워. 밑으로-정중선. 밑으로-걸어세워

도장에서 호구를 착용하고, 2인 1조로 20분 정도 연습한다. 미숙련자는 단계별로 이

법을 지도하고, 빠른 연습보다는 의식 두기로 정확하게 연습한다. 숙련도에 따라 각 공세의 장단점을 체득하고, 궁리하여 본인에 맞는 창조적 공세를 만든다. 지도자는 필요에 따라 각 동작을 받아주며 교정 지도 한다.

20분 공세연습 요약

※ 상대를 거착시켜 타간에서 축경하여 발경한다.(한 타법에서 3곳의 노림수)

분류	중심	겨눔	공격
방법	정중선	밑으로	세워
기술	중앙선 지키게 하고 붙이다	압박(誘い) 견제하고 보여주다	기습 놀라게 하고 끌어낸다
간합	정간 → 타간(3족장)	최단거리(3족장)	정간 → 일족일도 → 타간
감	촉감(육감)	시각	기세
기회	접근 (나갈 때 나오도록)	보여주다 (거착시켜 끌어냄)	촉발 (나오려고 할 때 나감)
단련	정교(가속)	기술(간결)	기선(반박자)
요령	정간에서 타간으로 접근하면서 몸의 가속과 중앙선의 선점으로 상대를 끌어낸다.	격자 부위에 검선을 가까이 붙여, 겨눔으로 거착시켜 위(位)를 선점하고 짧게 끊어 친다.	일족장 타간으로 빠르게 들고 들어가서 기선을 제압하고 변화에 따라 응한다. 순간 세우기, 이동이 중요
기본기	※정면치기	※ 누름손목	※ 세워머리

"검도의 본으로 이법을 이해하고,
실전으로 이법을 깨닫고, 응용하여 한판을 단련한다."

타법(打法)의 분류

기술력
- 기술의 다양함보다 타법의 다양함이 경기를 지배한다.
- 타법의 다양함은 공세의 다양함에서 비롯된다.
  기술을 내기 전에 상황을 만드는 것이 중요
- 머리치기를 기본으로 하되, 연계되는 기술을 충분히 이해하고 습득 할 필요가 있음
- 일원삼류 기술은 강력한 특기를 바탕으로 세트화 될 때 위력을 발휘함
- 섬세한 발운용이 핵심
- 치고 나가는 것이 아니라 나가면서 치는 것이다. 강력한 몸나가기가 있어야한다.
- 다양한 상대와의 계고를 통해 인간의 공통적 반응을 축적할 것
- 상대의 움직임을 기억하여 길목을 지킬 것
- 각자 신체적 특성에 따라 자기만의 특기를 만들어야만 함
- 발. 손목. 머리의 유연성은 필수

1. 겨눔 타법
상대의 죽도를 견제하며 겨눔의 방향(劍線)을 따라 치는 타법

찌름 타법
목찌름으로 공세하여 들어가 치는 기본타법(高鍋進)

밑으로내려 타법
밑 손목을 노리거나 찌름으로 견제하며 치는 타법 (堀口淸 / 西川淸紀 / 西村英久)

좌청안 타법
상대 좌측 눈을 겨냥해 손목을 노리며 치는 타법(中倉淸 / 佐藤博信)

성안 청안 타법
성안이나 청안을 겨냥해 짧은 코스로 치는 타법(東良美)

명치 공세 타법
명치를 공세 해 들어가 상대의 대응에 따라 치는 타법(山田博德)

정중선 타법
단순하게 나의 정중선으로 상대 정중선을 정밀하게 밀어치는 타법

2. 세워 타법
입신할 때 죽도를 세워 들어가 2군데 이상을 노리는 공격적인 타법
(進藤正廣 / 東良美 / 宮崎史裕)

메어타법
왼쪽 어깨 쪽으로 죽도를 세워 입신하며 손목을 노리며 치는 타법(古川和男)

3. 큰 동작 타법
자루를 수직으로 크게 밀어 올려 치는 타법(古田坦 / 瀧澤建治)

4. 변칙 타법

한 손 타법
상단, 이도류 등에서 한 손으로 격자하는 타법(千葉仁 / 戶田忠男)

2스텝 타법
드는 동작 치는 동작 2족 일도로 치는 타법(有馬光男)

돌려 타법

감아 들어가 각을 잡아 치는 타법 (內村良一)

손목방어 타법
죽도를 치거나 앞으로 나아가면서 손목 방어하며 각을 만들어 치는 타법(宮崎正裕)

복합 타법
2가지이상을 섞어 치는 타법

머리치기 방법

1. 큰 머리
3족장, 중단에서 왼주먹이 하나 더 나감, 들 때 왼발을 붙임, 골프 자세로 밀어올림을 활용, 45도로 머리를 덮어씌우듯, 왼주먹으로 상대 죽도를 눌러 치듯이, 코등이를 멀리, 세 가지 키포인트.

2. 성안 머리
앞발 들림에 의한 체공 시간을 조절하여 나감, 서파급(徐破急)으로 타이밍을 빼앗음, 칼날을 세워서 들어가는 기분, 검선의 방향으로 밀어 찍어치는 기분.

3. 제안(臍眼) 머리
좌우 폭을 넓혀 사선으로 나감, 자연체를 유지, 상대 코등이를 공세 최단거리로 하여 나감, 2번 또는 3번 홈으로 정중선을 스쳐넣어.

4. 어깨 메어 머리
허리를 밀어 넣음, 손목과 허리치기를 병행, 크고 작게, 느리고 빠르게 할 것, 상대에게 빠른 판단을 요구하며 치는 칼은 양 주먹이 정중선을 이탈하지 말고 행할 것.

5. 나오는 머리
상대보다 반족장, 한 주먹 먼저 나감, 올라탐, 최단거리 병두를 장심으로 밀어친다.

6. 스쳐 올려(떨쳐) 머리
좌우 폭 넓혀 오른발을 왼쪽으로 모으면서 큰 동작은 떨쳐 기술로 행하거나, 칼을 눕혀 밑에서부터 걷어 올리며 행한다. 상대가 치고 나서 양손을 크게 쳐드는 자세는 안 통한다.

7. 정면 머리
몸 던지기로 상대 선혁을 겨냥하여 갈라 치듯이 들어간다.

8. 배꼽 타법
죽도를 세우는 순간까지 왼주먹을 아랫배에서 떨어지지 않는다는 기분으로 조작하여, 검체일체가 되어 상대 정중선을 가르고 나간다.

연격의 분석

정면치기와 연속 좌우머리치기를 한 호흡으로 조합한 기본동작의 종합적인 연습법.
검도를 배우는 초심자나 고단자 모두 빼놓을 수 없는 중요한 연습법.
올바른 연격은 검도의 자세, 타격(칼의 궤적과 손운용의 작용), 발운용, 거리 잡기, 호흡법, 존심
나아가 강인한 체력과 왕성한 기력 등을 기르며 '기검체일치의 격자' 습득을 목표로 한다.

주의사항

- 총체적인 타법 몸운용 호흡의 결합
- 검도의 타법인 정면치기와 진검의 격법인 좌우머리의 기검체일치 차이를 정확히 알고 행함
- 세 번의 뛰어들며 정면머리치기는 정간에서 다리와 허리의 신장력으로 할 것
- 몸받음은 팔로 밀지 말고 허리로 받을 것. 이때 숨을 크게 들이쉬고,

한 호흡으로 열 번의 동작을 이행 (아홉 번 좌우머리+머리+존심)

- 격자 간격을 유지하여 왼발 허리 왼손의 신근 전달력으로 격자부로 격자부위를 정확히 친다.
- 상허하실(상체는 부드럽고 하체는 안정되게)에 의한 연결 동작의 매끄러움 터득.

연결 동작 중 매듭이 있어서는 안 된다. 경력 타법 숙달

- 조임(壓)과 풀림(解). 펴짐(伸)과 굽힘(屈). 虛와 實. 手와 足. 호흡 등 온몸 운동의 조화
- 연격은 실전을 잘하기 위한 것으로, 의식두기를 통해 정교하게 다듬어 나간다.

좌우머리

- 처음 정면 머리치기의 왼주먹 높이를 끝까지 유지한다.
- 양주먹(手元) 상하 움직임이 정중선상의 이탈 없이 행한다.
- 치고 반동으로 올릴 때 텐션이 걸려 있어야 한다.
- 스쳐걷기에 의한 아홉 번의 좌우머리는 가슴. 등의 신장력으로 한다.
- 들고 치는 삼각구 편차를 이용한 조임의 묘미를 이용하여 상대의 코까지 벤다.
- 좌우후리기에 준해서 행한다. 돌려 치는 것보다 뻗어 치는 기분으로 행할 것.
- 들고 치는 것을 왼손목이 주도하여 단련을 극대화한다.

존심

- 마지막 정면 머리를 치고 나서 그 자세와 충실한 기세를 유지하고
- 양 주먹이 상대 얼굴을 관통하여 똑바로 밀어걷기로 나아가
- 칼을 머리 위로 크게 들어 뒤로 돌아
- "머리" 기합과 함께 상대와 정대하여 정간에서 중단세로 칼을 맞춘다.

몸받음 없는 연격

정면을 치고 뻗은 그 자세를 유지하고 상대가 물러나 격자 간격이 되면 좌우머리를 친다.
즉 몸받음을 하기 전에 상대가 물러나면 연속 좌우머리를 친다.
이 연습방법은 정면머리를 치고 나서 몸받음으로 급하게 끌어내리는 단점을 보완하고자 함
주로 전문 선수들의 연습 방법으로 양발을 동시에 뛰면서 빠르게 실행하기도 한다.
몸받음은 따로 연습을 한다.

수평 연격(뉴~이 범사의 지도법)

1. 종류
좌우 관자놀이. 좌우허리

2. 방 법
왼쪽을 칠 때는 오른손과 죽도를 일직선으로 만들며,
왼 주먹은 오른손 팔뚝 밑에다 붙인다.
오른쪽을 칠 때는 왼손과 죽도를 일직선으로 만들며,
오른 주먹은 왼손 팔뚝 밑에다 붙인다.

3. 효 과
손목이 유연해져 Cocking. Snap이 좋아진다.

乳井義博(輝)라는 劍道家가 가르친 水平切り返し라는 수련법.
宮城縣내의 강호, 小牛田農林高校의 유명한 수련법이 되어 그 이름이 알려지게 되었다.
보통의 연격이 좌우 머리를 45도 각도로 치는데 반해
이 수평연격은 좌우 머리를 90도 각도로 수평으로 친다.
이로써 좌, 우 허리를 치는 손운용이 저절로 강하게 되며 손목, 어깨, 팔굽 등의
관절과 근육이 유연해지고 또한 격자의 솜씨, 날카로움을 얻는데 도움이 된다.

충분히 뻗어 치지 않으면 안 되기 때문에 바른 자세가 절로 나오게 된다.
수평치기이지만 상대의 뼈를 가를 정도로 크고 정확하게 치는 것이 키-포인트!

호흡 지도

- 장호기단전호흡(長呼氣丹田呼吸)으로 뱉는 숨을 길게 하는 훈련을 원칙으로 한다.
- 상허하실(上虛下實)
- 자연체
- 도복 하의 착용 시 배꼽 밑 단전을 단단히 감싸 묶는다.
- 호구 착용 시 갑상을 아랫배에 밀착시켜 단단히 묶는다.
- 폐가 아닌 아랫배로 복식호흡(단전)한다.
- 연격 시 몸받음하고 들숨, 좌우머리 아홉 번과 정면머리는 날숨으로 한 호흡에 행한다.
- 연공 연습은 세트로 하고 수준에 맞게 한 호흡에 할 횟수를 정한다.
- 대련 시 상대보다 한칼 더 나간다.
- 안전한 거리에서 들숨, 공격 시 멈추고 뱉기를 반복하여 한판이 결정될 때까지 날숨으로 행한다.
- 격자 기합은 날숨으로 탁한 기를 몰아내듯 길게 행한다.
- 묵상의 구호는 선배 중 호흡이 충만한 자가 길게 행한다.
- 묵상은 복식호흡으로 행하도록 한다.
- 본 연습을 통해 바른 호흡법을 익힌다.
- 평소 생활 속에서 복식호흡을 하여 횡격막을 단련시킨다.
- 경기 시 입장에서부터 상대 호흡을 잡아나간다.
- 교검을 통해 상대의 심장 파동을 느낀다.

의식 두기

훌륭한 선수란
기본을 날마다 새롭게 인식하고 부족한 부분을 궁리하고 연습하여,
경기에 나가서는 창조적인 play를 할 줄 아는 선수이다.
기본의 향상은 대련보다는 개인 연습이 효과적이다.
대련은 의식이 분산되기 때문이다.

- **의식 두기를 통한 기본을 바로하기(用意用役)**

가장 중요한 곳부터 순서를 정하여, 한 곳에 의식 두기를 통하여 반복 연습을 한다. 원하는 만큼 틀이 잡히면 다음 곳으로 넘어가서 순차적으로 고쳐나간다.
단 경기에 나가서는 모든 것을 잊고 행한다. (用意不用役)

- **기본의 문제점을 인식하는 방법**
1. 가르치면서 잘 안 되는 학생을 분석
2. 선생님 지도
3. 대련을 통해서
4. 개인연습을 통한 몸 깨달음
5. 글과 동영상을 통해서 : 특히 본인의 moniter가 중요
6. 검도의 본을 통해 자기 기본이 검의 이법에 반함이 없는 가를 점검

경기력 향상 지도

태세(構)
- 正對한다.

  상대를 향해 똑바로 서는 것이 무도의 근본이다.

  대도 2본 후도처럼 정대를 선점하는 것이 기술의 시작이다.
- 모든 것을 포함한 중단세는 안정감, 위압감, 관록이 있어야 한다.

  검선에 기가 몰려 있는 위력있는 삼각구 + 염력(念力)
- 정간에서 발은 어깨너비, 상허하실의 자세로 시작하여 상대의 기를 제압한다.

풋워크(足捌)
- 나보다 발이 빠른가, 느린가!

  모든 기술의 근간은 정교한 발운용에 있다.

  누구의 발놀림이 더 섬세한가가 승부를 결정한다.
- 입신기술, 3족장 운용, 후의 선 기술
- 정간에서 어깨 폭을 시작으로 입신하면서 폭을 좁힌다.
- 기술은 호흡이 맞추어진(박자) 다음에 내어야 한다.

공세(攻勢)
- 압박하느냐, 압박당하느냐!

  내가 반응하는가, 상대가 반응하는가!

  내가 내려다보는가, 상대가 내려다보는가!

  내가 호흡을 맞추는가, 상대가 맞추는가!
- 삼좌절법

  마음 → 안정된 삼각구

  자세 → 정교한 공세

  기술 → 일원삼류
- 능동적 방어

- 정중선에 검선이 항상 있어야 한다. 시종 어떤 상황에서도 벗어나면 안 된다.

  습벽으로 허리 젖힘(ducking)이 있으면 안 된다.

  공세의 다툼에서 삼각구가 변화하면 안 된다. 왼손이 주도한다.

  자기만의 손운용(手の內)법을 개발해야 한다.

  서로의 정중선을 잇는 선상에서의 다툼이다.

  공세의 다툼에서는 죽도 폭을 이탈하면 안 된다.
- 상대의 죽도를 부딪치기보다는 10cm이상 교인하면서 죽이는 것이 바람직하다.
- 공세를 걸어 상대를 불편하게 한다. 반응이 없다면 지금의 공세가 안 먹히는 것이다.
- 입신할 때 허리가 동반되지 않고 손으로만 하는 공세는 위력이 없다.
- 일단 공세가 시작되면 타메로 이어져야 한다.
- 상대를 올라타야 한다.(정신, 칼, 자세) 밑 공세로 우승한 자가 없다.

몸 던지기(捨身)

- 치고 나가는 것이 아니라 나가면서 치는 것이다.

  단전의 폭발력으로 행할 것.

  검체일체가 된 삼각구로 상대의 삼각구를 관통하는 것.

  죽도로 맞히는 것이 아니라 온몸으로 상대를 관통하는 것이다.
- 손목이나 허리로는 명선수가 될 수 없다.

  그러나 손목이 능하지 않으면 우승할 수 없다.
- 경기 중에 오로지 정면 머리(호면 중앙쇠)에 집중한다.

  머리치기가 편하지 않다면 이미 진 시합이다.
- 일원삼류: 하나의 기술에 두 가지 공격이 포함되어야 한다.

  늦게 나타날수록 유리하다.

기합(氣合)

- 기합은 자음에 의해 목에 걸리면 안 된다.

  웃는 원리. 신이 나서 저절로 나오는 소리. 메아리치는 소리.

  투포환 선수처럼 모든 것을 뽑아내는 소리.

- 기합은 칠 때만 내는 것이 아니라 기술을 연결시켜주는 역할도 한다.

퇴격 기술
- 퇴격 기술을 즐겨하지 않으면 난관에 부딪쳤을 때 돌파구가 없다.
- 단전에 의한 압박이 기본.

승부수
- 위 기본을 지키되 연습 때마다 변화를 주어 자신만의 승부수를 만들어야 한다. 매 시합은 준비된 승부수로 해답을 찾아가는 과정이다.
- 평범한 한판은 없다.

생각을 바꿈

보이지 않는 것을 치려고 하니까 자세가 흐트러진다.(특히 손목)

보이는 것을 공략하여 보이지 않는 것을 친다. 허실의 변화.

중심을 몰아 들어가면 저절로 보인다.(2010년 전일본검도선수권 우승자 高鍋進 참조)

검도는 똑바로 들어가 죽도 폭 안에서 승부가 나는 것이다.

시합을 즐기는 단계까지 오지 않았다면 창조적인 플레이를 하는 진정한 일류라 할 수 없다.

검도의 승부에서는 세밀함을 즐겨야 정밀함이 온다. 그래야 관록이 붙는다.

승부수(勝負手)

검도에서나 스포츠에서 평범한 득점은 없다.
우연한 승부도 극히 드물다.
승부는 항상 극적인 면을 가지고 있다.
서로가 최선을 다하려는 것이 스포츠의 속성이기 때문이다.
같은 상대라도 오늘 통하던 기술이 내일은 통하지 않는다.
상대도 궁리하고 나왔기 때문이다.

1:1 격투기에서 두 부류의 선수가 있다.
계속해서 자기의 특기를 발휘하여 기술 패턴을 반복하는 선수와
승부수를 띄우기 위해 부단히 실마리를 찾는 선수다.
전자는 몇 회전은 올라갈 수 있을 지 모르나,
아무리 뛰어난 선수라 하더라도 칼이 맞지 않는 상대를 만나면 고전하고 만다.
후자는 전자의 반복된 패턴 속에서 실마리를 찾아 승부수를 띄워 승부를 결정짓는다.
선수권자는 후자의 능력이 있는 선수들이다.

승부수를 띄우려면 경기 중에 해결의 실마리를 찾아야 한다.
그러려면 분석 능력과 기술력이 겸비되어야 한다.
결정력을 가지려면 강력한 특기 기술을 바탕으로
다양한 기술을 습득하고 있어야 한다.
평소에 많은 상대와의 연습을 통해 궁리하고 연구하여,
인간의 공통적 반응을 끌어내어 자기만의 기술을 체화하여야 한다.

승부수 공략법(攻略法)

1. 상대가 방어하는 곳을 공략
2. 상대가 특기로 하는 것(誘い技)을 공략
3. 상대가 주로 하는 공세로 공략
4. 보여(열어)주고 공략
5. 방어를 보여주고 각을 잡아 공략
6. 완급을 조절하여 리듬에 적응하게 하고 공략
7. 상대의 타격 거리에서 공략
8. 작업을 통한 회심의 승부수를 노려 공략
9. 상대의 잔상(기억)을 노려 공략

鬪魂/내무총리

페인팅(feinting)의 목적

페인팅은 상대의 잔상(殘像)을 활용하는 것으로
모든 스포츠의 전술전략에서 중요한 부분을 차지한다.
타이밍의 검도까지는 승률을 높일 수 있으나
기(氣)와 중심(中心)의 검도에서는 활용도가 떨어지며,
기와 중심의 검도 진입을 방해한다.
다만 알고서 당하지 말아야 한다.

목적
- 의중을 표출시킨다.
- 득점 부위를 노출시킨다.
- 거리를 훔친다.
- 타이밍을 훔친다.
- 상허하실을 방해한다.
- 주도권을 가져온다.

패자의 공격 특징

1. 일정한 시간이 되면 반드시 공격하는 자
2. 거리가 가깝다고 공격하는 자
3. 공격 패턴을 반복하는 자
4. 상대의 작업을 눈치채지 못하는 자
5. 압박당해 하는 수 없이 나가는 자
6. 부정적인 생각으로 공격하는 자
7. 상대의 리듬 박자를 못 따라 가는 자
8. 속이려는 자
9. 조급한 자
10. 하나를 가르쳐주면 하나밖에 모르는 자(응용 할 줄 모르는 자)

오류

할 줄 안다고 해서 이법을 알았다고 할 수는 없다.
"무엇을, 왜, 어떻게 한다."는 정확한 분석과 인식 없이는 이법이라 할 수 없다.
오류에 의한 잘못된 검도는 습벽으로 남아 성장의 발목을 잡는다.

오류가 생기는 원인
1. 격의(格義)에서(선입관념)
2. 기초 습득 과정에서(지도자의 수준)
3. 용어 사용에서(언어의 한계)
4. 그 사회문화 배경에서

기능적 오류(잘못된 이해의 출발이 습벽을 낳는다)

1. 때린다 → 던진다(굴근보다 신근사용)
2. 맞춘다(머리) → 가른다(面)(일도양단의 기)
3. 손이 빨라야 한다 → 발이 빨라야 한다(하체의 신근 전달)
4. 천천히 들어 빨리 친다 → 빨리 들어 완급을 조절해서 쳐야 한다(강약완급)
5. 짜준다 → 조인다(짜주는 것은 stop 동작, 가슴과 등 근육을 조인다)
6. 치고 나간다 → 나가면서 친다(치는 동작보다 나가는 동작이 빨라야 함)
7. 빨리 많이 친다 → 한칼 한판(하나의 공격동작 속에 두 가지 이상의 노림수가 있어야 함)
8. 강하게 빨리 친다 → 부드럽고 정확하게 친다(굴근의 힘보다 신근을 통한 경력 타법)
9. 일족일도 → 정간의 거리(정간에서 시작하여 만들어서 친다.)
10. 준거 → 예법(대련을 본격적으로 하기 전에 氣의 정화작업)
11. 뛰어든다 → 박차준다(접근보다 체중 이동을 통한 타력이 중요)
12. 기검체일치 → 기검체일체(역학적 흐름이 중요)
13. 삼살법(기, 검, 기술) → 기검체(기술을 전개하기 전에 상대의 기검체 조화를 깨는 것)
14. 열심히 하면 실력이 는다 → 바르게 해야 실력이 는다.(검의 이법에 따라)
15. 공간치기 → 손 동작보다 정확한 몸운용이 중요.
16. 3동작 → 단련동작이 아닌 교정 동작(用意用力)
17. 몸의 유연성 → 두뇌의 유연성(수를 연구, 연습하여 준비가 되어 있어야 함)
18. 패턴 연습 → 기본 연습(기본의 조합력으로 상황에 맞는 창조적 플레이, 승타법 연습)
19. 머리치기가 제일 중요하다 → 다른 기술과의 조화(머리 50%, 손목 30%, 기타 20%)
20. 오래 하면 여러 기술이 된다 → 각 기술마다 정수(精髓)가 다르다.
21. 고도의 기술 → 기술 자체가 어려운 것이 아니라 상황에 맞는 기술 선택이 어렵다.
22. 상황에 맞는 기술 선택보다 → 상황을 만드는 것이 더 어렵다

기초 지도 과정에서의 오류

1. 큰 동작을 많이 하면 작은 동작이 잘 된다 → 움직이는 원리(mechanism)가 다르다.
2. 짜준다 → 멈추는 동작이지, 격자하는 동작이 아니다.
3. 기검체일치 → 격자하는 순간 앞발과 일치하는 것이 아니라 격자의 합리적 흐름이 중요.
4. 공간후리기
    1) 정확한 체중 중심(中心 重心) 이동보다 예측에 의한 이동을 한다.
    2) 목표지점을 정확히 치지 않고 대충 친다.
5. 타격대 치기 : 강하고 빠르게 치기 위한 단련이라기보다는 기검체일치를 위한 박자 맞추기 연습.
6. 새 호구착용 : 새 호완과 호면은 딱딱하여 동작을 경직되게 하며, 어린이의 경우 큰 갑을 착용하면 양 팔꿈치가 벌어진다. 처음에는 헌 호구로 시작하는 것이 좋다.
7. 연습과 시합 : 서둘러 시합의 성과를 보기보다는 기초적인 동작으로 시합 연습을 하는 것이 바람직함.

8단 심사지도

야마다 요시오(山田義雄)선생

- 20~30초 공세를 통해 상대를 제압할 것.
- 입신하고 뒤로 나오지 말 것.
- 검선을 낮출 것.
- 공세를 통해 상대를 움직이게 하고 칠 것.
- 상대의 진짜 움직임과 가짜 움직임을 구별하여 대응할 것.
- 왼발에 체중을 두고 오른발은 편하게 둘 것.
- 막을 경우 들어서 막지 말고 중단을 견고히 하고 막을 것.
- 몸을 틀어서 치지 말고 정대하여 칠 것.
- 스쳐치기는 나가면서 행할 것.
- 후의 선은 기다리는 것이 아니라 나오게끔 공세를 하는 것.
- 짧게 잡을 경우 칼자루를 줄일 것.
- 검선을 들었다 놨다 하지 말 것.

　(10' 4/16)

전영술 선생님

검도는 두 가지이다.
마음을 열어 놓고 하는 검도와
마음을 닫아 놓고 하는 검도.
굳게 지키는 검도와 열어 놓고 자유자재로 변화에 대응하는 검도.
심사 시 열어 놓은 검도를 하여야만 짧은 시간 안에 자기를 표현할 수 있다. (09' 4/2)

다구치(田口)범사 지도내용
(약력 : 범사 8단 72세/전 경시청 수석사범/호리구치 선생 수제자)

검도 이념 건

1) 검도 이념과 교육 이념이 같은 이유?
   1975년 제정 때에 주관이 된 위원들은 대학에서 지도하는 선생이 다수였다.
   그래서 이념내용에 교육 이념이 들어갔다고 볼 수 있다.
2) 칼끝을 겨누고 교차하며 체득한 기술을 사용하는 것도 검도이지만
   바른 자세, 바른 생활을 하는 바른 사회인으로 사는 것도 검도이다.
3) 칼은 바르게 위에서 아래로 내려쳐야 한다.

간격 (間合)

1. 서로 겨눔세를 취하고 섰을 때 항상 상대를 공략할 기회를 보아야 한다.
2. 기회가 없을 때는 반드시 기회를 만들어 공격해야 한다. 또한 공방중 기회가 오면 신속히 칼이 나가야 한다.
3. 기회가 없는데 치고 들어가는 것은 위험하다.
4. 서로 마주보고 나와 섰을 때의 거리는 내 죽도의 선혁과 상대 죽도의 선혁이 보통 20cm 정도 떨어진 상태이다.(개시선 시작)
   1) 여기에서부터 거리를 좁혀들어가 서로의 선혁 끝이 닿는 정도가 되어야 하고(正間)
   2) 이어 선혁이 교차되는 정도까지 좁혀져야 하며(탐색거리)
   3) 이어서 일족일도의 거리로 들어가는 3단계의 순서로 거리를 좁혀가면서(반응거리) 그 단계에서 기회를 보고 공격을 하여야 한다.(격자거리)
   4) 처음 상대와 마주섰을 때 선혁이 교차된 곳(일족일도)에서 거리를 좁혀가면 자연히 거리가 가까워서 검리에 맞는 칼을 낼 수 없다.
5. 자신감을 가져야 한다.
6. 시합에서 실패해도 이런 연습을 반복하여 쌓아가면 반드시 좋은 결과가 나온다.

손운용(手の内)의 작용과 솜씨(冴え).

1. 죽도는 왼손 소지의 반 정도에 걸치게 잡는다.
2. 엄지와 검지는 갖다 놓는 정도, 중지는 어느 정도 힘을 주었다 풀었다 하는 정도, 약지와 소지는 확실하게 잡아주어야 한다.
3. 격자하는 순간, 소지의 제1관절 라인, 약지의 제2관절 부위, 엄지 밑의 불룩한 부위(拇指丘) 약간 밑 부위에 힘을 주어야 한다.
4. 왼손과 오른손의 힘의 비율은 7:3 또는 6:4 정도로 하는데 사람에 따라 다르다.
5. 위에서 내려치는 칼은 빨라야 하고, 그 순간 뒷발이 재빠르게 앞발에 따라붙어야 솜씨 있는 격자가 나온다.
6. 엄지손가락의 위치는 격자하였을 때 왼손 엄지손가락은 상대의 명치를, 오른손 엄지손가락은 상대의 목을 겨누고 있어야 한다.(中山博道)
7. 올바른 손운용과 솜씨 있는 칼을 연습하기 위하여 가벼운 목도로 빠른 후리기를 하는 것이 좋고, 지구력을 기르기 위하여 무거운 죽도로 후리기를 하는 것이 좋다.
8. 차수건 짜기란 죽도를 잡고 안으로 두 손을 짜는 것도 아니며 밖으로 짜는 것도 아니다. 두 손으로 자연스럽게 죽도를 잡고 타격을 위해 위에서 아래로 뻗을 때, 마지막에 나타나는 순간적인 스냅 동작이다.

발운용

1. 걷기에는 여러 가지가 있다. 그러나 가장 중심이 되는 것은 밀어걷기인데, 앞발은 자르듯이 나아가고 이때 뒷발은 밀면서 앞발에 재빨리 따라붙어야 한다.
2. 가장 나쁜 것은 발을 높이 들며 나아가는 것과 뒷발을 까치발로 미는 것, 그리고 뒤로 물러나는 것이다.
3. 겨드랑이를 좁히고 기가 하복부에서 나오도록 하며 허리로 걷는 것에 묘의(妙意)가 있다.

공세(攻め)에 대하여

(호리구치 선생의 제자인 다구치 선생이 《검도일본》 잡지 금년 11월호에서 소개한 내용으로, 간담회 중 그 일부가 언급되어 전문을 게재한다).

1. 죽도를 타는 것(乘).

죽도를 타면 이기고, 상대의 죽도가 내 죽도를 타면 지는 것이다.

그러므로 검도의 극의는 죽도를 타느냐, 타지느냐인 것이다.

2. 심법(心法)

1) 중요한 것은 마음의 문제이다. 공세를 취하며 상대의 죽도를 타면 어떻게 되는가?

   상대의 마음과 기(氣)와 대적세, 그리고 기술이 깨어지므로 상대는 무너지게 된다.

   그곳을 즉시 타격하는 것이다.

   이긴다는 것과 타격을 한다는 것은 이런 것이다.

   이것이 검도의 근본이다.

2) 확실하게 탄(乘) 상태, 즉 동요하지 않는 마음, 망설이지 않는 마음, 밝고 맑은 마음, 그러한 부동심의 마음으로 탄다면, 상대의 마음과 형태의 움직임은 모두 손에 들어오듯 알게 된다. 자연히 선(先)으로 치고 들어가게 되고, 후의 선(後의 先)도 칠 수가 있게 된다. 자기의 마음가짐 상태가 얼마나 중요한가를 알 수 있다.

3. 격자

1) 서로 공세를 취하여 이긴 다음에는 그것을 어떤 형태로든 나타내야만 한다.

   상대를 타격한다는 것은 공세로 타격하는 것에 의하여 사리일치가 되는 것이다.

2) 확실한 기술을 몸에 익히되, 기회를 의식하여 쳐서는 안 된다.

   신체가 전광석화와 같이 반응하여 기회를 놓치지 않는 단계까지 수련을 거듭해야 한다. 기술의 연마가 그래서 중요한 것이다. 그래야 어떠한 상대의 움직임에 대하여도 천변만화하여 이기는(勝) 형태가 될 수 있다.

3) 나의 경우(호리구치 선생의 경우) 연습에서 상대를 특별히 많이 때리는 것 같은 격자는 하지 않는다. 타격하려고 생각하면 타격할 수 있고 찌르려고 생각하면 찌를 수 있다. 그러나 그렇게 하지 않는다. 상대가 자신이 지고 있다는 것을 인식하지 못하고 공격하려 하면 그런 때에 상대를 공격하여 졌음을 인식시키는 것이다. 이것도 상대의 죽도를 타고 이기는 것을 그러한 형태로 표현하는 것일 뿐이다.

4) 공세를 취하여 죽도를 타는 구체적인 방법 : 서로 상대를 인식하면서 차분하게 기

세를 잡고 칼끝 3촌의 다툼에서 검선 5촌의 일족일도 거리까지 들어간다. 이 과정에서 충일한 기(氣)로 상대를 타며(乘), 이어서 상대의 죽도를 타고(乘) 공세를 취하여 이기고, 마지막에는 기술로 타서(乘) 승리를 얻는다. 여기에 검도의 큰 묘미가 있는 것이다. 타는 것을 상대가 감지하지 못해야 한다. (서병윤 범사 정리)

어린이 검도지도 마음가짐

어린이를 사랑하고, 바르게 지도하는 일은 나라의 소명(召命)이다. (種松)

「검의 이법」에 충실한 교육을 하라. (修道之謂敎)
선인들에 의해 축적된 이법과 문화를 정확히 인식하고, 이를 전수하도록 하라.
바른 마음. 바른 자세. 바른 검도 순환의 연결고리가 검의 이법이며 핵심이 정중선이다.
어려서부터 정중선을 의식한 바른 검도가 인간형성으로 가는 길이다.

검덕을 가르쳐라. (劍德正本)
"기(技)를 통해 도(道)를 구하고 도로서 덕을 드러내다"
도장은 성찰(性察)하고, feedback(顧)하고, 바른 길(道)을 학습하는 곳
검도 안에 검의 덕성인 중(中) 정(正) 화(和) 성(誠)을 배양시켜 삶을 가르쳐라.
검도는 똑바로 최선을 다하여 뜻을 바로 하는 것이다.

인(仁)을 가르쳐라. (成己仁也)
나의 생각과 의지보다 상대를 이해하는 것이 우선이다.
상대와 교감하는 능력을 극대화한다.
상대의 입장에서 자기를 바라보는 훈련을 하라. (離見의 見)

정기(精氣)를 배양하라.(公明正大)
탁기(濁氣)를 멀리하고 호연지기를 개발하여 자기를 정화시켜라.
요령에 의한 결과보다는 정정당당함의 과정을 중시하라.

바른 몸가짐을 체화시켜라.(事物而現意態)
검도 규범은 선인들에 의해 축적된 예의이며 문화이다.
규범이 몸에 배이게끔 지도하여 생활에 실천하도록 한다.
바른 검도는 바른 습관에서 시작된다.

스트레칭을 정확하게 실행하라.
바른 자세는 정확한 체조에서 시작된다.
대충 하지 말고, 바르게 가르치고 중요성을 이해시켜 단련하도록 한다.

격자의 원리를 이해시켜라.
유효격자 과정의 검리에 맞는 한판을 습득시킨다.
진검과 죽도의 일도양단 차이를 정확히 지도하며, 존심이 몸에 배이도록 한다.

기본을 중시하며, 균형 있게 가르쳐라.
절대의 기술은 없다. 상황에 맞는 기술의 선택이 있을 뿐이다.
기본 훈련을 중시하며, 성장에 맞추어 체(體). 감(感) 기(技). 용(用)을 습득시켜야 한다.

신근을 단련시켜라.
움직임의 원리를 이해시켜 필요한 신근을 단련시켜야 한다.
평생 검도의 기반인 체(體)를 만들고 용(用)으로 가야 한다.

코어(Core)를 발달시켜라.
척추를 중심으로 하는 근력을 효과적으로 단련하여야 한다.

선(先)의 감을 키워라.
상대가 나올 때 필히 기술을 내어야 한다.
그래야만 기(機)를 보는 눈과 선의 기위(氣位)를 알게 된다.

스스로 문제점을 발견하고 해결하는 능력을 배양하라.(三摩의位)
궁리를 통해 스스로 풀어나가는 능력을 길러 경쟁력이 강한 인간으로 거듭나야 한다.

경쟁과 공존의 중용을 가르쳐라.(中和之氣)
경쟁을 통해 상대를 존중하는 법을 가르쳐라.
궁극의 검도는 활인검으로 가는 것이다.

자존감을 가르쳐라.(人乃天)
교육의 최선은 인간의 존엄성을 가르치는 것이다.
각자의 특별한 능력이 있음을 일깨워 주어라.
자기 안에 있는 긍정적인 자아를 끌어내어 격려와 칭찬으로 교육하라.

정직하면 손해 보는 것도 훈련이다.
정직하여 손해 보는 것을 두려워하면 안 된다.
검도인은 부끄러움을 아는 것이 진정한 용기이며 명예이다.
궁극에는 정도(正道)가 사도(邪道)를 필히 제압한다는 검도의 본질을 심어 주어야 한다.

성찰하는 법을 가르쳐라.(見性成佛)
대련을 통하여 감사. 반성을 체화시켜 성찰의 힘으로 자기를 진화시켜라.
여러 마음 중에서 불편한 마음이 어떻게 생겨났는지 성찰(性察)하는 법을 가르쳐라.
자신(自我)을 드려다 보는 힘을 키운다.

본질을 찾아가는 능력을 심어주어라.(誠意正心)
몸 공부로 본질의 끈을 붙들고 화두삼아 뜻을 바로 한다.

사물의 격의를 넓혀 그 속뜻을 찾아가는 직관력을 키워야 한다.
하학상달로 검도의 뜻을 바로 한다.

명 선수보다는 대가를 키워라.(人間形成)
어린이의 검도 수련은 선수 이전에 사람됨으로 가는 길이다.
그 길 위에 스스로 재능을 보이고 자기 의지로써 명선수가 되는 것이다.

사랑으로 가르쳐라.(生生之謂易)
상기의 모든 가르침에 사랑이 전제되어야 한다.
지도자는 스스로 엄해야 하며 모범이 되어야 한다.
이것이 사제동행의 검도 교육 방법이다.

검도의 계고

옛 것을 반추하여 연습한다는 것은
과거로 돌아가는 것이 아니라,
진화되어 앞으로 가는 것이다.
임사이중(臨事以中)은 배움의 시작이며
대인이정(對人以正)은 수신의 시작이다.
인(仁)은 의(義)와 짝하여 같이 가듯
두 가지는 공부의 시작이며 성지자(誠之者)의 지향점이다.

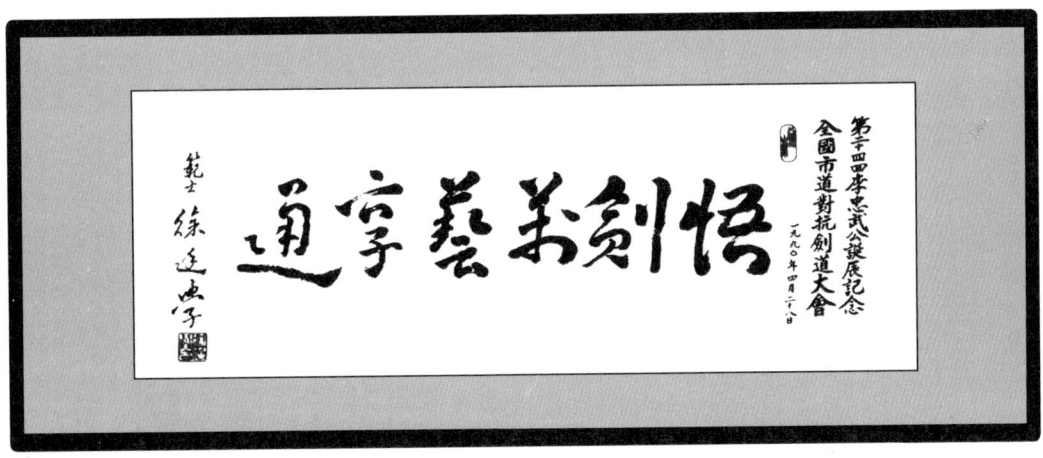

悟劍萬藝亨通/서정학

계고(稽古)의 마음가짐

1. 검(劍)의 이법(理法)

검리에 맞는 바른 검도를 추구하며 항시 자신의 마음가짐과 자세를 바르게 하여야 한다.
"존심 안에서 맞고 감사하고 때리고 반성하라."
"맞고 감사하라."는 나의 빈틈을 알려주었으니 상대에게 감사하라는 것이고, "때리고 반성하라."는 한판으로서 검의 이법에 부족함이 없는지를 되돌아보라는 것이다. 즉 기검체일치를 통해 심기력일치를 되돌아본다(顧)

2. 한칼 한판(一刀一本)

일도양단의 기로 행한다. 온몸을 다하여 첫칼, 한판, 머리로 승부를 결정짓는다는 기세로 임한다. 검에 사(邪)됨이 없어야 하며, 정기(精氣)로써 검체가 일체가 되어 혼으로 격자하여야 한다.

3. 인(仁)의 배양

정간에서 교검에 의한 기의 부딪침을 충실하게 하고 교감의 능력을 키운다.
'죽도'는 상대를 향한 검인 동시에 자신을 향한 검이기도 하다.
이는 심신단련의 도구요, 감사와 반성과 성찰의 도구인 것이다.

4. 덕성 함양

검도(劍道)는 검과 삶의 길을 터득하는 수단이다.
죽도에 의한 '심기력일치(心氣力 一致)'를 목표로 하고 자기를 바르게 해가는 도이다.
인간의 보편성 안에서 검의 이법을 체득하고, 내 삶에서 검의 덕성이 발현되게 한다.

5. 상호 존중

공동체 안에서 서로 존중하며 최선을 다하여 상대를 대한다.
승부의 장에 있어서도 예절을 중시한다. 겸손한 마음과 탐구하는 열정, 절제된 태도를 몸에 익혀 '교검지애(交劍知愛)'의 지경을 넓힌다.

6. 평생 검도
함께 검도를 배우고 안전 건강에 유의하면서 평생에 걸친 인간 형성의 도가 되도록 한다. 검도는 세대를 넘어 서로 배우는 도이다. '기(技)'를 통해 '도(道)'를 추구하며 사회의 활력을 높이면서 풍부한 인생관을 키우며, 문화로서의 검도를 실천해 가는 것을 수련의 목표로 한다. (「검도지도의 마음자세」 참조_99p)

규범(規範)

도장 규범(道場 禮)
1. 상호존중(相互尊重)
2. 상생검도(相生劍道)
3. 시종예의(始終禮儀)
4. 감사반성(感謝反省)

대련의 규범
1. 정간(正間)의 거리
2. 한칼한판(一刀一本)
3. 공반의 검도(防禦不用)
4. 2보 불퇴(二步 不退)
5. 상호격려(相互激勵)

계고와 시합

계고(稽古)
옛 일을 자세히 살피어 공부함.
음미하고 자기를 되돌아봄.
저차원적인 요소를 제거하고 이법에 맞게 행함.
이합의 심화가 내면의 심화로 이어짐.
강하다.

시합(試合)
재주를 겨루어 승부를 다툼.
겨루어보아 모자람을 보충함.
선의 기로 행함.
승자 본능 욕구.
스트레스 해소.
잘한다.

대련(對鍊)
기본형을 익힌 뒤 두 사람이 상대하여 공방의 기술을 연습함.

연습(練習)
익숙하도록 되풀이하여 익힘.

단련(鍛鍊)
몸과 마음을 굳세게 닦음, 반복하여 익숙하게 함.

심사(審査)
자세히 조사하여 등급이나 당락 따위를 결정함. 잘하는 것보다 제대로 하는 것.

	계고(稽古)	시합(試合)
정 의	되돌아 보아(顧) 살피어 공부함	재주를 겨루어 승부를 다툼
목 적	음미하며 자기를 되돌아 봄	겨루어 모자람을 보충함, 자기 정도를 앎
효 과	이합의 심화가 내면의 심화로 이어짐	승자 본능 욕구, 스트레스 해소
덕 목	겸손 이합의 진화	용기 기술의 진화
자 세	감사 반성으로 자기의 부족함을 찾음	선의 기와 자신감으로 행함
방 법	저차원적인 요소를 제거, 바르게 행함	모든 것을 동원하여 최선을 다함
표 현	검도가 강하다	시합을 잘한다

계고(稽古)분류

계고(地稽古) [ji-keiko]
상호 대등한 입장에서 충실한 기세로 시합과 같이 치고받는 수련법.
서로가 기력을 다하여 습득한 기술을 적극적으로 꺼내서 연마하는 종합적 연습법이다.
호격계고(互格稽古)라고도 한다.

지도계고(引き立て稽古) [hikitate-geiko]
지도자가 배우는 자에 대한 지도대련연습으로 바른 기술을 가르치기 위해 행하는 수련법이다. 상위자는 하위자가 눈치 못 채게 자신을 칠 수 있게 하여 하위자에게 격자의 기쁨을 맛보게 하거나, 칠 기회를 가르쳐주기도 하여 동기부여를 하는 연습방법.
소극적인 자에게 빈틈을 만들어 주고, 소리와 동작으로 격려하면서 연습을 시키는 법.

적극지도 계고(掛かり稽古) [kakari-geiko]
지도자에 대하여 빈틈을 찾아내서 치고 들어가며, 틈이 없으면 틈을 만들게 하여 쉴 틈 없이 거는 기술로 치고 들어가는 기본적 연습법이다.
바른 격자는 맞아주고 무리한 격자나 나쁜 격자는 몸받음을 하거나 맞아주지 않는다.
정확한 격자와 왕성한 기력이나 체력을 몸에 익히도록 하는 연습법이다

시합 계고(試合稽古) [shiai-geiko]
경기의 예습을 하기 위해 하는 연습.
습득한 모든 기술을 유감없이 자유롭게 발휘해서 승패를 겨루는 연습법을 말한다.
심판을 세워서 승패를 표시하는 경우와 자기 판단에 의한 경우가 있다.

약속 계고(約束稽古) [yakusoku-geiko]
치는 쪽과 맞는 쪽 사이에 약속을 하여 기본적인 격자연습을 하는 방법.
기본 치고 들어가기(uchi-komi)부터 고도의 기술연습까지 포함되어 있다.

견학 계고(見取リ稽古) [mitori-geiko]
타인의 수련이나 시합을 봄으로써 공부하는 수련.
뛰어난 기술이나 한판을 보고 평가할 수 있는 눈 힘을 기르는 것도 매우 중요한 기능이다.

무제한 계고(立切リ稽古) [tachi-kiri-geiko]
한 사람이 일정시간 여러 명의 상대와 계속해서 경기를 하는 특별한 경기법.

본 계고(形稽古) [kata-geiko]
본(本)만을 연습하는 것을 말한다.
본의 반복연습은 기술 가운데 정신성(情神性)도 습득하는 것을 목적으로 하고 있다.
일반적으로 고무도(古武道)라 불리는 검술유파는 이 본 연습만이 주체이다.

기본 연습(基本練習)
기초가 되는 기술을 몸에 익힐 때까지 되풀이 연습하는 것.

타격 연습(打込稽古) [uchikomi-geiko]
서로 정해진 부분을 정해진 순서에 따라 격자해나가는 기본적인 연습법
여러가지 형태로 응용할 수 있다.

연공 연습(追い込み稽古) [oikomi-geiko]
도장이나 체육관의 끝에서 끝까지 이동하면서 연속하여 격자하는 수련법(稽古法).
뒤로 갈 때도 마찬가지다.

교체 연습(回り稽古) [mawari-geiko]
전원이 2열이 되어 일제히 행하는 연습방법.
전원이 일정 시간 상대를 바꾸어가면서 하기 때문에 기력과 체력을 필요로 한다.
계속해서 상대를 바꾸어가기 때문에 기술을 연마하고, 기력을 기르며 나쁜 습관을 교정하는데 적절한 연습방법이다.

모한 훈련(寒稽古) [kan-geiko]
모서 훈련(署中稽古) [syo-chu-geiko]
일년 중 가장 추위가 심한 시기에 일정 기간 연속해서 기본연습을 하는 것.
정해진 기간 마지막까지 해내는 것으로 정신적 훈련이기도 하다.
한여름 더운 기후 속에서 집중적으로 행해지는 연습.

이미지 트레이닝 [image training]
올바른 기술 따위의 습득을 위하여 머릿속에 그 운동이나 동작을 그려 보는 연습법.
유명선수나 명인들의 모범 자세를 그리며 긍정적인 결과를 생각하며 행하는 연습방법.

검도의 본(本) 계고 의미

검도의 본은 검도를 잘하기 위해서 제정되었다.
무술에서 본(形)은 되풀이함으로써 실전에 도움이 되는 것이 목적이다.
검도본 연습은 이법을 체화함으로써 바른 검도에 활용이 된다.
이법이란 오랜 기간 동안 실전을 통해 검증된 검의 이치를 말한다.

검도의 본 발생 배경은

1911년 중학교의 정규과목인 검도(당시 격검)에 지도의 통일성과 효율성을 기하기 위하여 문부성이 일본무덕회와 동경사범대학교에 본 제정의 필요성을 의뢰한다.

당시 고류형 150여 개의 유파에서 시행하는 형을 종합하여 대도 7본, 소도 3본, 합계10본의 대강을 정리하고, 11개 시(市)에서 23명의 대표자를 선정하여 검토하고 1912년 「대일본제국검도형」을 제정하고, 이를 1933년 주석을 달아 「검도형 원본」이라 하였다.

(검도의 본(形)의 제정유래 p407 참조)

여러 유파들의 견제와 경쟁을 극복하고 대도 7본과 소도 3본의 합의를 이끌어냈다는 것은 음미해 볼 필요가 있다.

각 유파들의 비전인 고난이도의 동작을 추려 만든 것이 아니라, 너무도 평범한 공방의 기술 속에 각 유파들이 보편적으로 행하고 있는 기초이법과 이합, 정신을 삽입한 것이다.

검기(劍技)의 발달사에서 전시성, 예도성, 경기성을 거치게 된다.
예도성(藝道性)에서 검리의 심화가 내면의 심화로 이어져 수신의 가치가 발견된다.
특히 '일도양단의 기'는 인간의 삶에서 필수적이라는 공감대가 문화를 형성하며
경기성을 띤 검도로 전이된다.

예도성에서 경기성으로 넘어오면서 '1:1, 일도양단, 존심'이 정수(精髓)를 이룬다.
이 골격 안에서 검도의 본이 제정된다.

1:多의 이합은 도태되고, 1:1의 이합이 진화된다.
이러한 과정은 인간의 보편성에 따른 당연함이다.

검도의 본을 경시하는 이유
검도의 본은 초보자라도 일주일만 가르치면 순서를 알고 할 줄 안다.
그들이 기대하는 여느 무술의 본에서처럼 이기는 실전 기술은 없다.
검도 특유의 격자 동작과 검도의 본에서의 동작은 연결이 안 된다.
기본에 얽매이지 않고 하는 대련은 승률 면에서 이점이 있다.
이기고자 하는 인간 본능의 거침없는 움직임이 현재의 자기 자신을 최고조로 끌어낸다. 그들이 행하는 대련이나 시합에서의 동작이 실질적이다. 그러므로 결국 그들은 본을 심사용으로만 인식한다.

검도의 본으로 회귀하는 이유
스포츠의 장점은 현재의 자기 자신을 최고조로 끌어올린다는 것이다.
그 최고조는 스피드와 힘에 한계가 올 때 정체가 되기 시작한다.
그 때 자기 자신을 되돌아보기(顧) 시작한다.
과연 내가 수련하는 방법이 옳은 것인가?
나는 기본을 제대로 하고 있는가? 하는 의문이 생기기 시작한다.
이때 자기 검도를 되돌아볼 수 있는 거울이 검도의 본이다.

앞의 수련방식은 되돌아보는 기간만큼 습벽이 몸에 배어있다는 병폐를 갖는다.
이 때부터 기본으로 되돌아가 자기의 습벽을 제거하는 공부가 시작되는데 그마저도 의지가 강한 소수에 한하며, 나머지는 승단으로 위안을 삼거나 자기 검도의 정체(停滯)로 검도를 그만둔다.

검도의 본의 목적은 검도지도의 통일성과 효율성에서 기인한다.
본 연습을 통하여 검의 기술에 숙달하기보다는 그 안에 담겨 있는 이법을 깨닫고
음미하며 체화시켜 자기 검도의 기본을 만드는 것이 합당하다.

중앙심사 5단부터 진검으로 본 학과시험이 엄격하게 시행된다.

본에 대하여 진지하게 생각해 볼 시기가 된 것이다.

검도의 본 계고는 검도를 바르게 하기 위해서다.

너무도 평범한 동작 속에 검의 이법을 담았다.

그 평범함과 지극함이 강한 생명력을 가지고 현존한다.

본 수련은 심사 대비보다는 늘 하는 연습을 통해 신중하게 음미하면서 깊은 통찰력으로 본의 숨은 뜻을 깨닫고 응용하는데 가치가 있다.

검도의 본에 담겨진 선인들의 검리에 대한 인식의 깊이를 공유하는데 있다.

본(顧)검도 검도(顧)본

본은 검도를 돌아보아야 하고 검도는 본을 돌아보아야 한다.

본은 형식이라는 한계가 있으며, 검도는 무작정 흐를 가능성이 있다.

둘의 관계는 변증법처럼 재해석되어 끝없이 앞으로 나아가야 한다.

멈추어 정의되는 순간 정체되어 버리는 것이다.

수련은 본과 검도가 같이 가야 한다.

본 시범의 감상법이 있다.

8단은 기본을 정확하게 할 줄 아는 고단자들이다.

수십 년을 연마해온 기(技)와 기(氣)를 본을 통해 표현하는 것이다.

본 시범을 통해 자기 검도를 보여주는 것이다.

본 시범은 시비의 대상이 아니고 감상의 대상이다.

그래서 행사 지역의 최고 고단자가 시연하는 것이 당연하다.

경전(經傳)은 삶의 지혜를 끌어다 써도 마름이 없듯이

검도의 본은 아는 만큼 보이고 깨닫는 만치 응용된다.

(검도, 검도의 본, 검법의 비교 p411 참조)

지도계고

50대 초반이었던 2003년, NPO 국제 사회인 검도 클럽의 초청으로 한국 사회인팀 단장으로 갔을 때다. 당시 75세쯤 되시는 **미우라 교이치** 8단 범사께 지도 계고를 부탁하였다. 선생님은 단신이신데 머리를 치는 순간 비켜머리가 일품이었다. 나로서는 모든 기술을 구사하면서 최선을 다했다. 두어 번 한판에 가까운 득점을 했는데도 끝내 지지 않는다. 마지막으로 마음을 비우고 똑바로 들어가 머리를 치는 순간 끝내신다.

선생님 왈 "좋은 머리치기가 있는데 왜 쓸데없는 기술을 구사하느냐."

선생을 상대로 완력과 스피드보다는 이법에 의한 계고를 하라는 가르침이었다.

2004년 **다니구치(谷口安則)** 범사와의 계고에서 선생님께서 한판 승부를 제안하신다. 80에 가까운 연세임에도 허리치기가 워낙 빠르셨다. 받아허리로 올라오는 손목을 치고 싶은 유혹을 떨치고 머리치기로 승부를 걸기로 했다. 모든 상황을 유리하게 하고 회심의 머리치기를 나가는 순간 평생 잊을 수 없는 전광석화 같은 허리치기를 맞았다. 선생님은 회심의 미소를 지으신다.

아! 이것이 이심전심의 계고이구나!

사토 히로노부(佐藤博信) 범사의 계고 순서를 기다리면서 선생님의 연무를 감상하였다. 워낙 강하고 유명하신 분이라 이겨보고 싶은 승부근성을 억누를 수 없었다. 연속 세 번을 속이고 치기로 작정하고 들어가 두 번쯤인가 성공하였다.

사요나라 파티에 인사드리러 간 자리에서는 나에게 머리치기를 두 번 당했다며 옆에 있는 사모님에게 나를 소개하면서 호방하게 웃으신다.

그 이후 세월이 지날수록 밀려드는 회한과 부끄러움을 떨칠 수가 없다. 왜 그때 정도로 들어가 지금은 고인이 되신 선생님의 명품 검도를 맛보지 않았는가.

지바(千葉仁) 범사는 상단의 명인이지만 평소 중단도 강하시다. 손목을 많이 허용하고 머리치기를 구사하였다. 계고 후 진정한 한판은 자기의 손목치기에 있지 않고 혼을 실어서 치는 머리치기에 있다고 격려하신다.

"이날까지 검도를 할 수 있다는 것에 대하여 감사하게 생각한다. 또한 죽는 날까지 검도를 할 수 있다면 나의 인생에서 즐거운 일이 아니겠는가?" 2006년 지바선생과 계고 후 대화 중 나온 말씀이다.

2011년 전일본검도대회 관람 차 노마(野間) 도장에 들러 **도모카와(友川紘一)** 선생을 만나 계고를 부탁드리고 그 외 8단 범사 3인과 계고를 했다. 다음날 도장 원로인 손경익 선생님과 동년배인 7단 5인과 힘든 계고를 했다.

5인은 나름대로의 칠십 평생 개성있는 검도를 구사해 오신 분들이다. 계고 후 도모카와 선생이 "계고에는 하지 말아야 할 사람, 본 받아야 할 사람이 있는데 이번 로마도장 5인방과는 하지 말아야 하는 계고였다"고 하신다. 계고 상대를 가려 하라는 말씀이다.

"상대가 이상하게 하면 어떻게 대응하십니까?"

"상대가 이상하게 하는 순간 꽂아 칼 한다. 그것도 지도다."

"검도는 기술이 아니고 예(藝)이다. 기산심해의 기세로 큰 파도가 덮치듯 임팩트가 있고 썰물처럼 존심이 있는 것. 검도는 머리로 치는 것이 아니라 혼으로 치는 것이다."

지바 선생에게도 같은 질문을 드렸다.

"선생님은 기술에 능하신데 난검(亂劍)에는 어떻게 대응하십니까?"

"그런 상대를 만나면 나도 이상해진다. 그래서 적당히 하다 끝낸다."

제1회 8단대회에서 무심결에 헤어져 중 떨쳐기술에 죽도를 떨쳐 반칙패로 탈락하였다. 이 과정을 **전영술** 선생님이 모두 지켜보셨다. 두어 달 뒤에 익산에 들러 지도 계고를 부탁드렸다. 계고 중 떨쳐기술로 나의 죽도를 두 번 낙하시키신다. 세 번째 낙하 당하자마자 강하게 뇌리를 스치는 느낌이 오는 순간 계고를 끝내신다.

"허 사범은 앞으로 죽도를 떨치는 일은 없을 것이네." 떨어질 때의 방심과 순간 원주먹을 쥐었다 폈다 하는 나쁜 습벽을 지도하신 가르침이다. 계고를 통해 스스로 깨우치도록 하는 진정한 지도법을 전수하신 것이다.

전 선생님은 지도 계고 시
최선을 다하나 소질이 보이지 않는 사람을 격려하고 재능이 있으나 최선을 다하지 않는 사람을 엄하게 다루신다. 교만한 사람에게는 좌절을 맛보게 하고 최선을 다하는 사람에게는 희망을 갖게 한다. 말로써가 아니라 계고를 하시면서 말이다. 그래서 우리시대의 진정한 사범님이신 것이다.

교검(交劍)은 단순한 칼의 만남이 아니라 칼을 통한 인격의 만남이다.
말을 섞지 않는다 함은 영혼의 오염됨을 두려워함이며
칼을 섞지 않는다 함은 정기(精氣)의 훼손됨을 염려함이다.
계고의 의미는 바른 칼의 만남으로 서로의 정기를 더함이다.
(12' 12/22_중앙도장 계고에서)

대련의 의의(意義)

- 교감
- 하학이상달, 기(技)로서 도(道)에 이르다.
- 정중선(正面치기)을 가르는 되풀이 과정에서 얻어지는 몸 깨달음으로의 길
- 죽도 폭(약5cm)만큼의 외나무다리를 건너는 경기. 외나무다리를 건너는 비법은 상대를 다리 밑으로 떨어뜨리거나 정대(正對)하여 가르고 몸 던지기(捨身)로 나가는 것이다.
- 대부분의 승부는 착각에서 이뤄진다. 명승부는 두 사람이 정중선 다툼을 하며 2~3cm(죽도 폭)의 착각 속에서 서로 간의 승부수를 띄울 때 펼쳐진다. 결국 누가 더 정교한가에 따라 승부가 갈린다.
- 상대와 우열을 가리는 것보다는 옛것을 반추하여 문제를 해결해가는 과정
- 최선의 해답을 찾아가는 과정.
- 아랫사람과의 연습은 후의 선이요, 동등한 사람과의 연습은 대의 선이요, 선생님과의 연습은 선의 선으로 가야 한다.
  아랫사람과의 연습(稽古)으로는 그 사람 장래의 검도를 점칠 수 있다.
  동등한 사람과의 연습으로는 그 사람의 실력과 성격을 알 수 있다.
  선생님과의 연습은 스스로 부족함과 인품을 느끼게 하며 경외감으로 다가온다.
- 나이와 단의 수준에 맞추어 검도의 정수(精髓)만을 골라 겨룰 필요가 있다.
- 경기는 경기, 연습은 연습이다.
- 어려운 기술은 없다. 다만 상황에 맞는 기술 선택이 어려울 뿐이다.
  기술 선택 능력은 최선의 방법을 찾아가는 훈련에 의해서 길러진다.
- 연습은 묵언의 약속 하에 저차원적인 요소를 제거한 채
  검도의 정수를 느끼면서 하는 것이고,
  시합은 정해진 규칙 안에서 모든 것을 동원해서 승패를 가르는 운동이다.
- 기(機)를 보는 안목(眼目) 향상

계고 극의

바르게 맞아라.
바르게 쳐라.
끝까지 보아라.
터득할 때까지 행하라.
감사하고 반성하라.

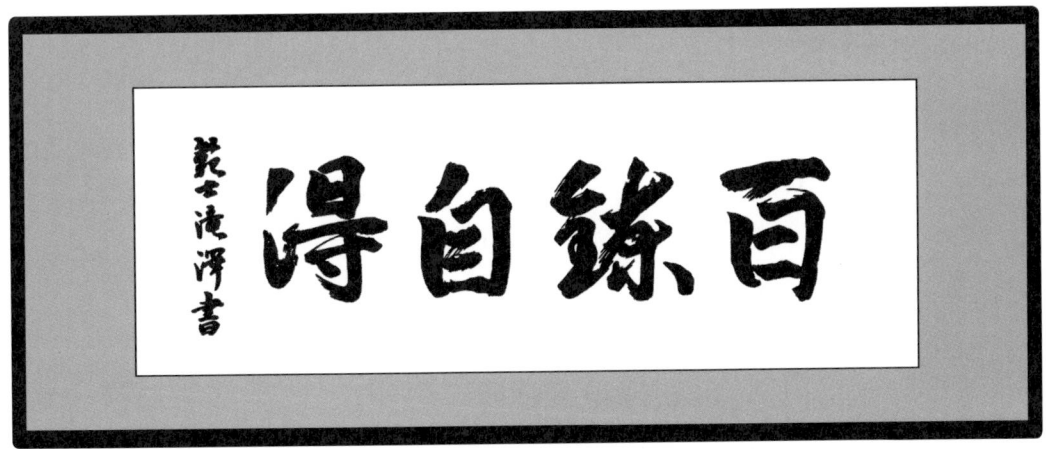

百鍊自得/龍澤

대련의 품격(品格)

검도 대련에는 연령과 단(段)에 맞는 수련 방법이 있다.
격을 갖춰 계고하므로 각 단계에 맞는 검도의 진수를 뽑아내야 한다.

검도 수준의 단계
　　힘(力)과 스피드의 검도 ―――→ 타이밍의 검도 ―――→ 기(氣)와 중심(中心)의 검도
　　(고등학생이하, 3단 이하)　　　(대학생수준, 5단 이하)　　(실업선수이상, 6단 이상)

하위 개념이 갖춰져 있지 않은 상위 개념은 사상누각이다.
○ 일담이력삼정사쾌(一膽二力三精四快) …… 한국
　　빠른 다음에는 정확해야 하고 그 다음에는 힘이 있어야 하며
　　마지막으로 담력이 있어야 한다.

○ 일안이족삼담사력(一眼二足三膽四力) …… 일본
　　정확함은 눈이요, 빠름은 발이다. 담력이 있어야 하나 힘이 받쳐주어야 한다.
　　중요도의 순서를 나열한 것이 아닌 기초습득 과정으로 보아야 한다.
　　뒤의 항목이 받쳐주지 않으면 앞의 항목은 무의미하다.

수준 낮은 검도는 승패를 추구하고, 수준 높은 검도는 이합을 추구한다.

때가 있다.
　　어려서는 기본을
　　젊어서는 승부를
　　나이들어서는 완숙함을
　　늙어서는 자연스러움을 추구하여야 한다.
　　때의 정점에서 다음 단계로 이동함에 있어
　　제도(문화)에 의해 자연스러워야 한다.

관록(貫祿)

완숙함이 쌓이지 않는 원인

1. 격에 맞는 계고를 할 줄 모른다.
   단과 연령에 맞는 연습방법을 모르고
   상호 간 한판의 가치기준에 대한 공감대가 형성되어 있지 않음.
2. 기회를 만드는 연습보다 패턴에 의한 기계적인 반복 연습을 중시함.
   일족일도 거리에서의 연습.
3. 한 단계 끌어올릴 수 있는 지도자의 부재
   계고를 통해 경외감을 심어줄 선생, 롤모델의 부재.
4. 기초 이법에 대한 무지
   이법이 축적되어 있지 않음.
5. 기본을 중시하기보다 성적 위주의 검도
   지도자의 이해관계가 더 중요.
6. 조급증
   단기간에 이루려 하는 것.
7. 검도 문화 부재
   이념과 이상이 없는 검도, 심사제도, 심판 수준, 계고 문화, 경직된 사고, 상호존중, 상생검도, 체육관 문화, 한판의 정의, 연구 부재 등

사범(師範)

- 본질을 가르쳐 주는 것이 아니라, 본질로 안내하는 것이다.

- 사범은 제자들에게서 정념(正念), 정자(正姿), 정검(正劍)을 끌어내야 한다.

- 유능한 사범은 기능(技能) 속에서 본질을 끌어내고
  무능한 사범은 규범(規範) 속에서 예(禮)만을 강조한다.

- 좋은 선생은 계고로 본질을 전달하려 하고, 무능한 선생은 말로써 끝없이
  '왕년에' 소리나 해대며 과거 속에서 사는 사람이다.

- 좋은 선생과의 계고에는 가슴 뿌듯함과 훈훈함이 있다.
  제자의 부족함을 깨닫게 하여 희망을 심어준다.
  무능한 선생과의 계고는 두려움이나 실망감을 주게 된다.

- 선생은 제자들에게 마음의 상처를 주면 안 된다.

- 위선적인 선생은 자기의 희생 없이 말로만 때운다.
  제자들에게 영혼의 자유함보다 굴종을 강요한다.

- 큰 선생의 지도로는 평범한 말밖에는 해줄 수가 없다.
  그러나 한 단계 전진하기 위해서는 시급하고 절대적인 것이다.

- 어떠한 가르침이 되었던 그 바탕에 애정이 깔려 있지 않으면
  참 스승이라 할 수 없다.

- 선생은 무조건 베풀 뿐이다. 제자가 죽기 전에 깨닫기만 한다면,

허나 그 계(界)에서 해악으로 남는다면 일찍 정리하는 것도 선생의 의무다.

- 선생은 학생들을 가르치는 학생이다.

- 마땅히 행할 길을 가르치라.
  그리하면 늙어도 그것을 떠나지 아니하리라.(잠언 중에서)

- 三尺長劍中 萬券經書在(삼척장검중 만권경서재)
  죽도 한 자루 속에는 교육에 관한 500년 간의 노하우가 있다.

- 교육은 사람을 세련되게 할 수 있으나, 변화되게 하는 데는 한계가 있다.

- 種松(종송) : 화담 서경덕은 천년 뒤에 용트림 할 소나무를 위해 작은 구덩이를 파는 심정으로 제자를 기른다.

- **최고의 사범**
  실력있는 사범에는 세 부류가 있다.
  바르게 하는 사범
  묘기로 대응하는 사범
  항상 이기는 사범
  이 중 최고의 사범은 바르게 하는 사범이다.
  바르게 하면서도 묘기나 이기려는 유혹을 떨칠 수가 없다.
  진정 최고의 사범은 바르게 하면서도 모든 것을 할 줄 아는 사범이다.

  바르게 해서 이기고,
  바른 것이 최선이라는 것을 깨우쳐 주고,
  바르게 행하도록 하고,
  바른 것을 몸에 배게 가르치는 사범.

검도를 즐겁게 하는 요소

1. 覺快
2. 劍快
3. 體快
4. 겸손(예, 배려, 관용, 상생, 비움)
5. 열정(몰입)
6. 교검지애(좋은 사람, 선생)

겸검위락/이호암

하수(下手)

- 물러서는 것
- 막는 것
- 목에 거는 것
- 첫 칼 승부에 손목, 허리 치는 것
- 자세를 무너뜨리는 것
- 속여서 치는 것
- 한칼 한판이 아닌 연타로 가는 것

위의 모든 것은 기(氣)가 약하거나 교감(交感)할 줄 모르는 데서 비롯된다.

통합(統合)능력

대련의 기능은 수많은 기본들의 조합으로 이루어져 유기적 관계를 가지며 시너지효과를 낸다. 책을 보거나 설명을 들어서 안다는 것은 여러 학습방법 중에 하나이며 그것으로 실력이 즉시 나아진다고 할 수 없다.

무도에서 아는 것과 이해하는 것과 깨닫는 것과 할 줄 아는 것은 서로 다른 것이다. 할 줄 안다는 것은 기본들을 통합할 줄 안다는 뜻이다.

무도를 선(禪)에서의 돈오돈수(頓悟頓修) 개념으로 접근하는 것은 사(詐)된 마음의 소산이다.

검도 실력의 향상은 기본들의 돈오점수(頓悟漸修)와 반사신경에 맡길 정도의 부단한 연습으로 필요한 근육의 감각과 근력, 이 모든 것들이 통합되어 나타나는 것이다.

스스로 통합에 저해되는 부분을 찾아 교정해나가는 것은 뛰어난 사람만이 가능하다.
선생은 제자들의 통합된 기본 중 화(和)하지 못한 부분을 우선적으로 지적한다.

전체를 보는 안목으로 평하여 스스로 답을 찾게 하거나, 말없이 오로지 계고를 통해서만 몸으로 깨닫도록 지도한다.

수련이 끝난 뒤 지도한 선생을 찾아 개인적으로 예를 취하지 않음은 배움의 기회를 상실한 것이다.

계고 중 본인의 부족한 점을 느끼지 못했다면 아둔함으로 인해 선생과의 공감대가 형성되지 않은 탓이다.

즐검(樂劍)

정간에서 상대를 고즈넉이 바라본다.
춤을 추듯 검선을 맞대고 스킨십을 하며 상대를 탐색한다.
검선을 타고 들어오는 기의 파동을 음미하며
나의 마음은 명경지수와 같아 상대의 마음을 여과 없이 받아들인다.
연인과 대화를 하듯 찰나의 순간에 수많은 영감을 주고받는다.

이 분의 수준은, 스타일은 누구와 비슷할까?
이 분이 원하는 것이 무엇일까?
이 분의 본마음을 알기 위해 삽입을 시도한다.
각자의 성감대가 다르듯 삽입의 깊이와 변화에 따른 상대의 반응을 이끌어낸다.
상대의 오르가즘에 맞춰 나의 타메를 폭발시킨다.
마주쳐 나가는 순간에는 생과 사, 승과 패를 초월한 혼끼리의 부딪침이 있다.

존심으로 돌아와 감사와 반성을 가져본다.

마치고 인사하는 순간 무언의 대화를 나눈다.
나와의 계고가 즐거웠습니까, 불쾌했습니까?
서로 간의 유익한 계고였습니까, 아니었습니까?
다음에도 서로의 계고가 기다려지십니까?
나는 과연 상생검도를 하고 있나 자문해본다.

검도에서 수는 끝이 없으며 궁리는 무궁무진하다.
수는 살아있는 생명체와 같아서 정의내리는 순간 죽은 것이 된다.
같은 상대라 하여도 오늘 통하던 수가 내일은 통하지 않는 경우가 다반사다.
상대도 궁리하고 나왔기 때문이다.
이렇게 진화해 가는 과정이 검도의 묘미인 것이다.
정간에서 일족일도의 거리까지 접근하는 것이 검도 기술의 진수이며 검도의 재미다.
그 접근이 섬세할수록 더 재미있다.

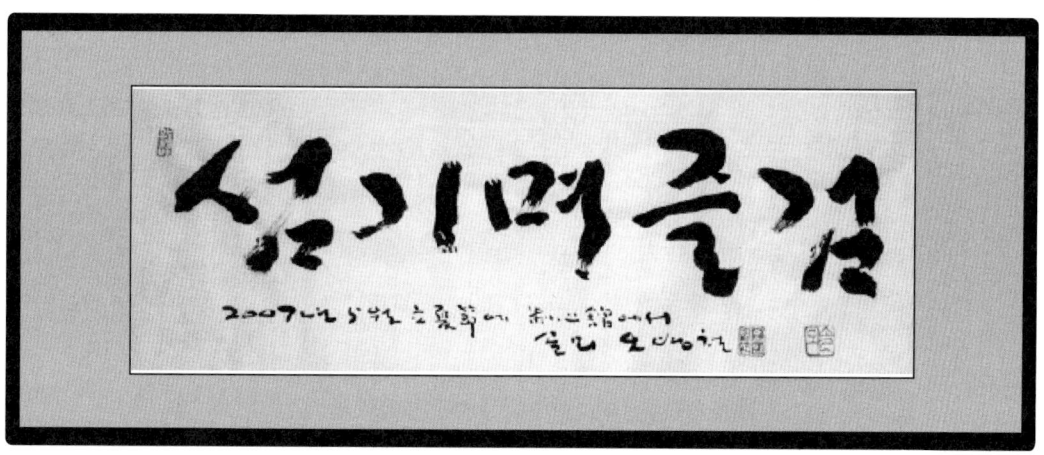

솔뫼 오병철

효과적인 대련 연습

효과적인 대련 연습이란 실전에 강해지고 발전적인 검도의 토양이 되며, 검도이념에 맞는 연습을 말한다.

1. 맞받아 쳐야 한다.

상대가 기술을 걸 때 불리하더라도 맞받아치거나 응하는 기술을 구사하여야 한다. 이를 통해 상대의 기(機)가 일어나는 것을 간파하는 안목과 선을 취하려는 적극적인 자세, 순발력, 판단력, 타이밍, 공방일치의 터득 능력과 연결 동작이 좋아진다.

2. 공격 목표의 우선순위는 머리여야 한다.

공격의 근본을 머리에 두어야만 기술이 능동적이고 적극성을 갖게 되며, 기술의 전개가 다양해지며 자세가 좋아진다. 요령은 상대를 중심으로 일족일도(2~3m)의 거리까지 관통하면서 기술을 구사하는 것이다. 훈련의 우선은 뛰어나가는 몸 던지기(捨身)에 있다. 그 다음이 정확성이다.

3. 일단의 공격이 시작되면 한 호흡으로 끝장을 보아야 한다.

한 호흡으로 9~10회 정도의 공격력을 가짐으로써 기술의 연속성과 조합력 연속 동작의 약점 등을 터득하게 되며 심폐기능, 체력의 향상과 손과 발의 조화, 컨트롤 능력이 배양된다. 또한 공격의 우선이 머리였듯이 마무리도 머리여야 한다.

4. 퇴격 외의 격자는 왼발 뒤꿈치로 발사하여 쳐야 한다.

기검체 일치란 신체 역학적 합리적인 흐름이다. 격자의 순간에는 손을 뻗는 동작에 앞서 왼발 뒤꿈치부터 발사되는 신경계통이 준비되어 있어야 한다. 기회라고 인식되는 순간에는 온몸을 던져서 쳐야 한다.

5. 공세는 급하게 걸어야 한다.

정간의 간격에서 근거리로 접근하면서(공세) 기회가 발생되는데, 이 10~20cm의 접근을 급하고 다양하게 걸면서 몸의 탄력을 받거나 상대의 효과적 반응을 유도할 수 있다. 이를 바탕으로 강약완급과 리듬, 박자를 터득할 수 있다.

6. 몸은 항상 살아 있어야 한다.
살아있다는 것은 즉시 격자할 수 있는 몸의 자세를 말한다. 관절이 지나치게 펴져 있거나, 혹은 접혀 있거나, 양발체중이 한 쪽으로 지나치게 쏠려있거나, 상체와 하체, 오른손과 왼손이 조화를 이루지 못한 몸은 죽어 있는 몸이다.

7. 지면에 발바닥이 붙어 있으면 안 된다.
연습을 시작할 때부터 끝날 때까지 늘 이동 중에 기술이 구사되어야만 수준 높은 검도를 구사하게 된다.

8. 기술의 시작은 선혁이 부딪치는 정간의 거리에서 시작하여야 한다.
시합에 나가 원거리에 있는 상대를 거부감 없이 대할 수 있으며 효과적인 접근 기술을 터득 할 수 있다.

9. 올린 칼은 그냥 내려오면 안 되고, 물러남은 반드시 격자가 있어야 한다.
상대를 방어하려고 올리거나 정중선을 떠난 칼은 그대로 되돌아오지 말고 격자의 기회를 찾아야 하며, 몸 받음이나 코등이싸움 이후 거리를 맞추기 위하여 슬그머니 물러나면 안 된다.

10. 눈과 검선이 정중선을 지키며 품위를 항상 유지하여야 한다.
인사하고 들어가서 나올 때까지 상대의 눈과 중심선을 제압하는 기본자세가 중요하다.

11. 모든 격자에 있어 검선이 상대방 정중선을 이탈하여서는 안 된다.
이를 통해 합리적 방어가 가능하며 효과적인 재공격이 가능하다.

12. 일타 일타는 득점으로 연결되어야 한다.

그냥 한번 쳐본다든가, 놀리기 위해 치는 것은 금하여야 하며, 일타 일타는 혼이 담겨져 있어야 한다.

13. 연습은 실전과 같이 긴장감과 파이팅이 있어야 한다.

실전과 같이 긴장감과 파이팅이 있어야만 기술을 실제적으로 터득할 수 있으며, 득점 감각이 시합에서 적용될 수 있다.

14. 격자 후 맞지 말아야 한다.(특히 머리)

격자 후 완전한 방어자세(존심)을 갖춤으로써 기회에 오히려 실점하는 우를 범하지 말아야 한다.

15. 기술의 우연한 만남은 정립시키고, 상대의 좋은 기술은 훔쳐라.

우연한 기술의 결정과 상대의 훌륭한 기술은 철저히 해부하여 습득하여야 한다.

16. 하루에 한 가지씩 깨닫는 연습 자세여야 한다.

묵상을 통해 그날의 과제를 스스로 설정하거나 정리하여, 전에 몰랐다거나 혼돈이 있던 것을 정립하거나 깨닫는 자세로 훈련에 임하는 것이 중요하다. 늘 현재 하고 있는 기술보다 나은 방법을 모색하고 개선하려는 자세가 몸에 배면 배움의 즐거움이 커지고 검선일치를 터득하게 된다.

17. 모든 상대에게 배운다는 겸손함과 학구열이 있어야 한다.

인간의 공통적인 약점은 자신의 약점일 수 있으며 이를 타산지석으로 삼아 스스로 보완한다. 사범은 스스로에게 엄격하고 아랫사람에게 애정이 있어야 하며 비전을 제시해야 한다. 배우는 사람은 스승을 향한 존경과 스승을 능가하고자 하는 보은정신과 겸허한 마음이 있어야 한다.

(대학검도보 1996년 봄호에서)

대화(對話)

칼끝을 통한 대화(岩立三郎 범사)

검도는 칼끝으로 대화가 가능하다고들 하는데 정말로 그런 것 같습니다.
칼끝 대화가 통하는 사람과는
오랫동안 칼끝을 맞추고 있어도 전혀 싫증이 나지 않지요.
언제까지라도 칼끝을 맞추어도 대화를 하고 싶고,
연습이 끝나면 다음날 다시 칼끝을 맞추어 대화하고 싶은 마음이 생깁니다.
그러나 두 번 다시 만나고 싶지 않은 상대도 실제로 있습니다.

나는 받아주는(立元) 입장에서 칼을 맞출 때는
칼끝을 통하여 그러한 대화의 기를 전달합니다.
감지할 능력이 되는 사람은 그 기의 메시지를 감지합니다.
처음 칼끝을 맞춰보는 상대라도 당연히 그럴 수 있습니다.

그러나 이쪽의 공세에 대해서 물러나 버리거나,
칼끝을 벌려서 방어하려고 한다거나,
혹은 자기는 맞지 않으면서 상대를 때려보려고 하는 식으로 대응하는 상대의 경우에는
이쪽의 마음(氣)을 전달할 방법이 없습니다.

이러한 검도를 하는 사람에 대해서는
옛날의 선생들은 "에이! 그만 합시다."하고 연습을 중단해버리거나
천천히 치고 들어가는 연습을 시키거나 합니다.
상호 기(氣)의 연결을 깨달을 수 있을 때까지 그렇게 단련을 시켰습니다.

처음에는 기를 감지하지 못하고 자기식대로만 하다가도
도중에 느낌으로 기(氣)를 알아차리는 사람도 있습니다.

5분 연습을 한다면 3분은 기가 통하지 않아도
그 이후부터는 대충 감을 느끼면서 연습을 하게 되는 것이지요.

이쪽의 기를 알아차리게 되면 그때서야
"이런 식으로 검도를 하면 안 되는 것이구나.
똑바로 치고 들어가는 것이 좋은 방법이구나."하고 깨닫게 됩니다.
그렇게 되면 기가 서로 연결되는 모양으로 되는 것이죠.

그때까지 도망가거나 기를 피하고 있던 사람도
이윽고 이 방식에 응하여 '좋다 해보자'는 식으로 마음을 고쳐먹습니다.
그렇게 되면 비로소 '서로 정면치기' 기술이 나올 수 있게 됩니다.
바로 이것이 연습의 원칙이라고 생각합니다.
그렇게 하지 않으면 '강함'은 양성되지 않습니다.

결론적으로 말해서 검도의 시합과 연습에 있어서도
본(本)의 연습, 고류(古流)를 배울 때도
상대와의 기의 연결이 없다면
'진정한 것'은 생겨나지 않는다고 생각합니다.

검도는 상대를 느끼지 못하면
아무것도 아니고, 재미도 없고,
얻는 것 없이 끝나버리고 마는 것이지요.

검도의 본질을 추구하다

(持田盛二 범사_1885~1974)

검도는 50세까지 기초를 열심히 공부해 자기 것으로 만들어야 하는 것이다.
일반적으로 기초라 하면 초심자 때 터득했다고 생각하지만
그로 인해 기초가 머릿속에 갇혀버린 사람이 상당히 많다.
나는 검도의 기초를 몸으로 기억하는데 50년이 걸렸다.

나의 검도는 50세를 넘기고서 참된 수행에 들어갔다.
마음으로 검도하려 했기 때문이다.

60세가 되자 하반신이 약해진다.
이런 약점을 보충하는 것은 마음이다.
마음을 움직여 약점을 강하게 하도록 노력했다.

70세가 되자 몸 전체가 약해진다.
이번엔 마음이 동요되지 않는 수행을 했다.
마음이 동요하지 않게 되면, 상대의 마음이 나의 거울에 비쳐진다.
마음을 차분하게 동요되지 않도록 노력했다.

80세가 되자 마음은 동요하지 않게 되었다.
하지만 때때로 잡념이 들어온다.
마음속에 잡념이 들지 않도록 수행하고 있다.

도장(道場)

중앙도장

1961년　　임시 중앙도장 비원 내 세심관
1965년　　임시 중앙도장 성균관대학 내
1978~1980년　성무관 서울시 용산구 남영동 소재
　　　　　관장 : 이종림
　　　　　지도사범 : 박종규　사범 : 박귀화, 송귀영
1980~1984년 중앙도장 개관 서울시 서대문 홍제동
1985~1988년 서대문 형무소 내
1989~1991년 광화문 (구)경기여고체육관(미대사관 부지)
　　　　　설립자 : 대한검도회
　　　　　지도사범 : 김영달, 임영대, 조승룡, 이종림, 한승호
2001년 6월 1일 충청북도 음성군 보룡리 중앙연수원 개원

성남중앙도장

1992년　경기도 성남시 중원구 은행동 설립
1993년　성남시검도회 창립, 은행초등학교,
　　　　도로공사검도부 창단, 경원대(가천대)지도
1995년　일본 후쿠오카현 오카가키마치(岡垣町)와 4박5일 홈스테이 방식으로 현재까지
　　　　친선교류
1996년　은행중학교 검도부 창단
　　　　관훈 : 正(바름), 和(어울림), 誠(다함)　관장 : 허광수

연무관

2002년 경기도 성남시 분당구 탄천종합운동장 내 성남시검도회 도장

관훈 : 검덕정본(劍德正本) 존심함양(存心涵養)

지도사범 : 허광수

사범 : 김창기, 오용문, 황동선, 유재영, 이보식

검도의 본질을 찾아 평생검도를 실현하면서 여유로운 삶을 영위하기 위해 계고문화를 정착시키는 곳이다.

40대는 50대를, 50대는 60대를 위해 고령의 검도를 준비하는 도장이다.

서로를 존중하며 검도의 정수인 이합을 추구한다.

연무관 현판/이종림

노마도장(野間道場)

1925년　세이지 노마 설립(고단샤_講談社 사장)
　　　　　"무술은 인생의 행로를 반영한다."라는 취지.
1933.11월　현재 건물로 확장(가로9m x 세로28m)
1934. 5월　하사시 노마(26세) 천황배 우승, 30세에 요절.(세이지 노마의 아들)
1944년　　태평양전쟁으로 인한 중단
1962년　　모치다선생을 모시고 재개, 현재 모리시마 선생 지도 하에 연습

특징
연중 내내 아침 연습(오전 7~8시, 신정 연휴만 쉼)
많은 선생님 지도하에 8단 심사에 준하는 규범으로 연습.
유파를 초월한 문호 개방(단 도장내의 규범, 동료에 대한 예의가 수준 미달이면 제외)

검도의 완성은 진실을 향하고 진실은 인간을 만든다.
세이지 노마(노마도장 설립자)

혼연일체(渾然一體)
"각 부분이 내적으로 완벽해지고 몸 전체가 심장과 일치하게 움직임에 따라 즉 모든 것이 하나로 협력하면서 검이 위대함을 이루게 된다."
"마음과 함께 생각하고 한 치의 간격도 없이 팔과 다리가 함께 움직이게 되면 모든 것이 통일되고 검신(劍神)이 탄생한다."
- 세이지 노마의 회고록

검덕정세(劍德正世)
검의 덕은 세상을 올바르게 한다.
검이 검 자체를 바르게 할 뿐 아니라 검이 사회를 바르게 한다.
- 추타로 오가와 해석, 모치다 선생이 가장 좋아하는 문구
　武者修行중 노마도장에서(07' 6/14)

검도의 수파리(守破離)단계

수(守)의 단계

學
- 검도의 예와 규범을 익히는 것
- 검도의 기초. 기본을 정확히 익히는 것
- 기본 훈련을 통해 근력과 체력을 키우는 것

習
- 기본기를 응용하여 대련하는 것
- 정중선 몰입으로 교감 능력을 끌어 올리는 것
- 시합에 나가 난관을 돌파하는 것
- 승단심사를 통해 부족함을 드러내고, 단에 맞는 자기 검도의 품격을 높이는 것
- 교검지애의 지경을 넓혀 경험을 축적하는 것
- 감사 반성으로 검도와 자기를 진화 시키는 것

劍理공부
- 검도의 본을 공부하여 劍理에 맞는 한판을 체득하는 것
- 체득한 검리에 벗어남이 없는 한판으로 계고하는 것
- 선인들이 도달한 검리의 뜻을 공유하는 것
- 승타법(선선의 선)으로 대련하는 것
- 격의를 확장하는 것

파(破)의 단계
- 수많은 대련을 거쳐 검도 본의 검리를 재해석 하는 것
- 검리의 중화지기를 체득하고, 검도의 뜻을 구하는 것

- 검도가 할수록 어렵다는 幽顯함과 겸손의 덕이 스며드는 것
- 자기 안에 부족함을 찾아 스스로 기본을 수정하는 것

리(離)의 단계
- 경험으로 일관된 원리를 발견하는 것
- 오랜 기초. 기본기에 의문을 품고 더 효율적인 기본을 정립하는 것
- 검리로 인륜과 자연을 바라보고 그 뜻을 아는 것
- 지극한 중화지기의 삶을 실천하는 것
- 평생 검도로 감사 생활을 하는 것
- 민중들의 삶의 질을 향상시키는 검도 문화를 보급하는 것

검도의 단상

50대 초반에서 후반의 삶은 가장 치열했던 검도와의 삶이었다.
문득 문득 떠오르는 단상(斷想)들은 나의 삶 자체이기도 하다.

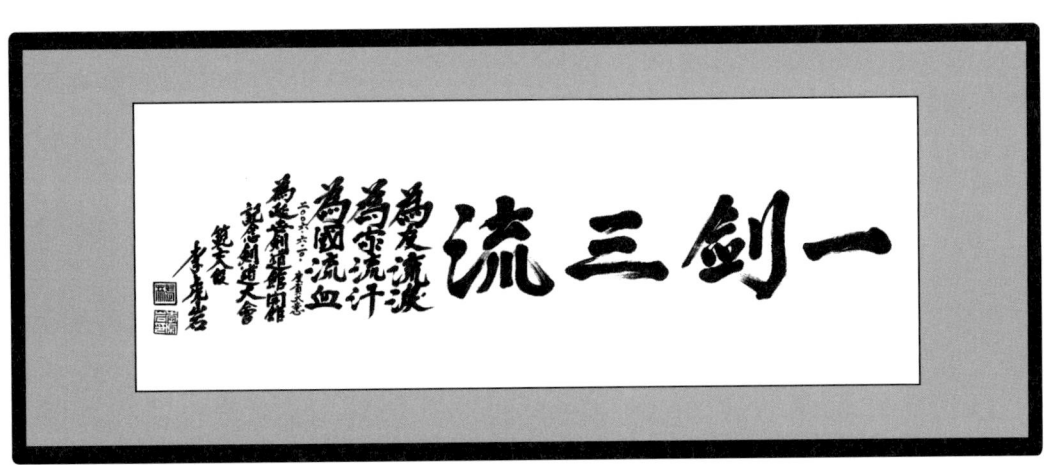

一劍三流/이호암

새벽 도장 문을 열 때

- 새벽 도장 문을 열 때 -

오늘 하루도 새롭게 하소서
서로에게 배우려는 겸손함과
바르게 전달하고 실행할 수 있는 지혜를 주소서
깨달음의 기쁨과 심안(心眼)으로 검도 할 수 있는
혜안과 통찰력을 주소서
교검(交劍)으로 인(仁)을 배양하게 하고,
정기(精氣)로서 세상을 당당하게 살아갈 수 있는
단련의 장소가 되게 하시여
正(바름) 和(어울림) 誠(다함)을
실천하는 검사(劍士) 되게 하소서

김창덕 사범 부인 유선숙 글씨(07' 5/1)

스트레스

검도는 스트레스를 피해가거나 풀려고 하는 운동이 아니라
지금보다 차원 높은 스트레스를 즐거운 마음으로 만들어가는 무도입니다.
스트레스를 해소하러 와서는 더 큰 스트레스를 만들어 가지요.

스트레스는 다양합니다.
스트레스는 양날의 칼과 같습니다. 수련에 도움이 되기도 하나 자칫 방해가 되기도 합니다. 사람, 조직, 경기, 심사 등으로 스트레스를 받아 극복하지 못하고 검도를 그만 두는 경우도 많습니다. 이는 다른 사람들로부터 인정받거나 이를 통해 수련의 정도를 확인하려는 본질에서 벗어난 마음에서 나온 것입니다.

이불론(二不論)이 있습니다.
조직과 사람을 논하지 말라는 것입니다.
나의 검도 안에서 해답을 찾지, 밖에서 찾지 말라는 것입니다.
나의 수련이 게으름을 경계하고 본질에 충실하라는 말입니다.

검도를 정말 오래하고 싶으면 본질을 화두삼아 더욱 수신에 용맹정진 하십시오.
검도가 정말 좋은 이유는 검도 안에 해답이 있고 치유의 능력이 있다는 것입니다.
본질에 충실하고 차원 높은 스트레스를 찾아가는 동안 먼 훗날 당신이 부동심의 경지에 도달했을 때 당신 주변에는 진정한 사람과 아름다운 사람들이 동행하고 있을 것입니다.

심사의 스트레스를 받는 분을 위하여
"서검(書劍)은 우리가 평생을 걸쳐 익혀야 할 일이고 공명(功名)을 얻고 못 얻고 하는 것은 세월에 따라 차질이 있는 것이지 영화(榮華)의 방편이 아니다." 광해조 때 강직한 선비 채진형이 남긴 글귀로서 서봉(書峰) 김사달 선생이 씀. (07' 4/26)

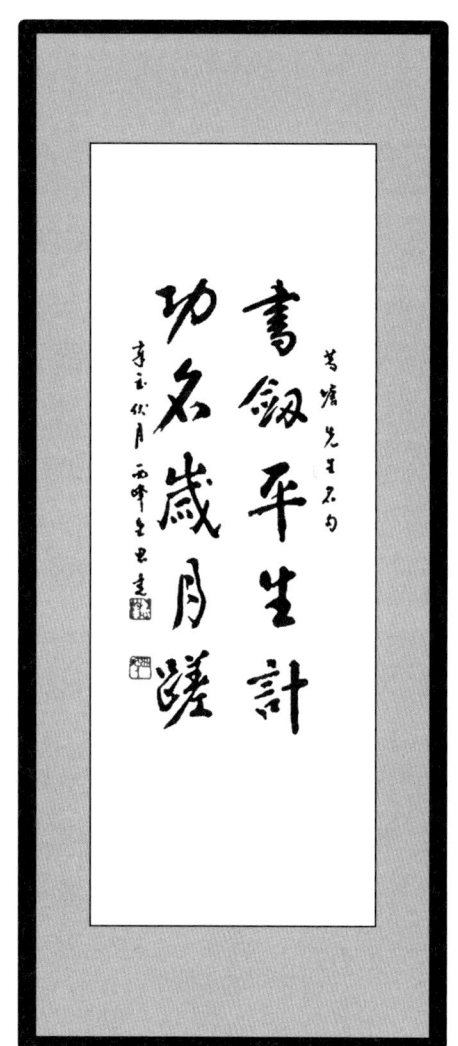

盡人事(진인사) 待天命(대천명)하듯이 書劍(서검)은 우리가 平生에 걸쳐 익혀야 할 일이고, 功名(공명)을 얻고 못 얻고 하는 것은 歲月에 따라 蹉跌(차질)이 있는 것이지 榮華(영화)의 방편은 아니라는 뜻입니다.
光海朝(광해조)때의 剛直(강직)한 선비였던 순당公 蔡震亨(채진형)의 글귀로서
西峰(서봉) 金思達(김사달)선생 씀.

書劍平生計 功名歲月蹉

평상심(平常心)

 원로 선생님들에게 검도의 궁극의 목적을 질문하면 '부동심'이나 '평상심'을 가장 많이 말씀하신다. 작년(06') 고단자 대회에서 '평상심'이 무엇인가를 조승룡 선생님 스스로가 몸소 보여주셨다. 한국 최고의 유일한 9단 선생이시며 80을 앞둔 연세에 모든 것을 내려놓으시고 후학들을 위하여 선수로서 출전을 결정하시고 경기에 임하시는 모습이 그토록 경건해 보일 수가 없었다. 경기 시간 5분 동안을 온몸에 소름이 돋으면서 행복감에 젖어 관전한 것은 나의 검도 인생에 있어 처음이자 마지막이 될 것이다. 선생님은 사석에서 검도 이야기를 잘 안 하신다. "죽도를 진검 쓰듯이 하세요." "평상심을 갖고 부드럽게 하세요." 정도이다. 요즘은 가볍게 하신 말씀들을 되새겨 보곤 한다. 그 말씀 속에 오랜 세월의 연륜이 담겨 있음을 느끼며 의미를 찾아가는 중이다. 그 날 나의 검도 인생에서 귀중한 체험을 하였다.(07' 6/9)

평상심시도(平常心是道)란

 '평상심이 도(道)'라는 말은 일상생활 속에서 늘 변함없는 마음 그대로가 도(道)라는 것이다. 평상심은 어떤 분야에서든 치열하게 30년 이상을 일관(一貫)되게 정진한 사람이 얻을 수 있는 것으로, 검도에서는 '劍道卽生活' '生活卽劍道'의 일관된 자세로 수련하라는 가르침이다. 평상심은 경기할 때의 마음상태만을 말하는 것이 아니라 과거에도, 현재도, 앞으로도 변함없는 일상적인 태도를 말한다. 즉 일상적인 태도가 치열한 '삶'을 말한다.

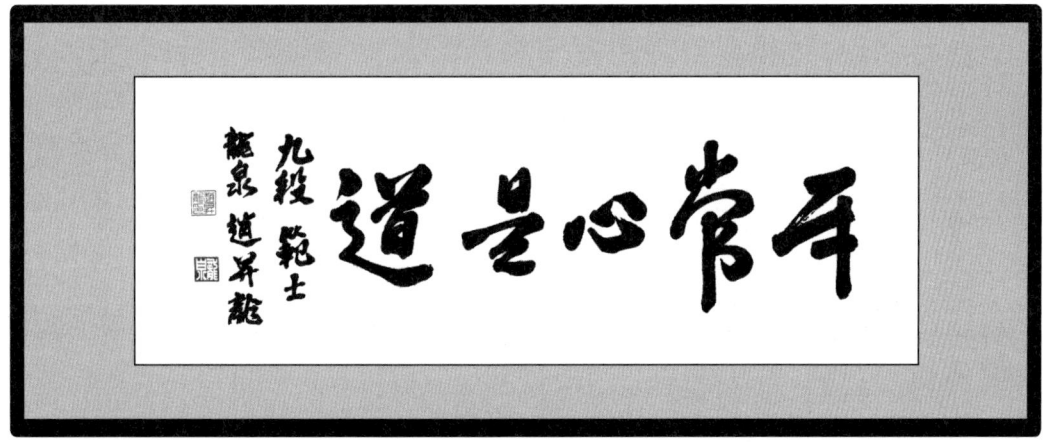

平常心是道/조승룡

절제(節制)

검도는 절제의 미학(美學)이다.
절제는 세련됨으로 가는 지름길이다.

여느 스포츠들이 기와 열정을 밖으로 표출한다면 검도는 내면으로 끌어들이고 정제되어 세련되게 표출한다.

칼끝 하나, 몸 움직임, 마음의 표출 등 필요 이상의 움직임을 절제한다. 더불어 감성, 욕망 등을 절제하지 못하면 냉정함을 바탕으로 하는 부동심을 기르기는 어렵다. 인생의 중요한 승부의 갈림길에서는 평상심으로 승패를 결정짓는 것이다. 특히 기능이 뛰어난 사범으로서 우쭐대거나 과시하려는 마음을 다스리지 못하면 천박한 검도로 전락하고 만다. 학생의 경우 절제하는 훈련이 되어 있지 않으면 정상적인 사회인으로 성장하기 힘들다. (08' 2/1)

不動心

비움(虛)이란

강물이 흐르듯
비워서 채우는 것이 아니라 새것이 옛것을 밀어내는 것.
비우려고 애쓸 필요가 없다.
채우려고 애쓸 필요도 없다.
모든 것에 배우려는 겸손함과 쉼 없는 열정,
믿음들이 일상일 때 자연스럽게 비워진다.
늘 연구하고, 묵상하고, 연습하고, 반성하지 않으면
새것이 묵은 것을 밀어내지 못한다.

(08' 2/6)

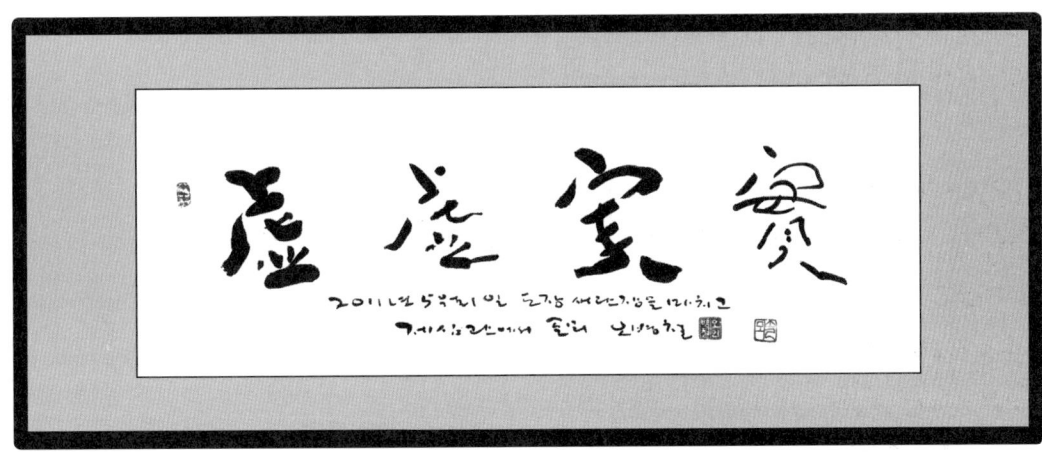

虛虛實實/솔뫼 오병철

노당당 (露當當)

참 모습이 조금도 은폐되지 않고 모두 당당하게 드러나 있다는 말.
진리가 우주 만물에 분명하게 확실히 드러나 있다는 말.
노당당체당당(露當當體當當)이라고도 한다.

공세가 없는 검도는 검도가 아니다.
공세가 없으면 당당함을 가르치거나 키울 수가 없다.
검도이념을 실현시킬 방법이 없으며 검덕을 쌓을 수가 없다.
현 한국사회에서 검도도장의 어려움은 검도의 본질을 외면하는 데 있다.
그 근본 중에 공세가 가장 중요한 부분을 차지한다.
공세가 없는 검도 지도는 학생들에게 검도의 덕목을 줄 수 없으며
몰입의 즐거움을 주지 못한다.
이는 펜싱처럼 전문 선수만 하는 종목으로 전락할 것이다.

(08' 2/19)

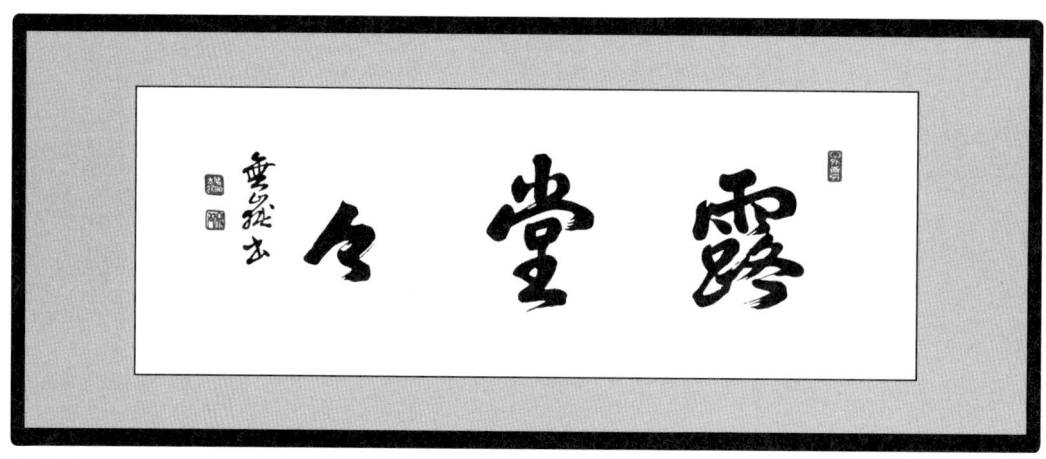

露當當

정정당당

검도인이 살아가는데 선악의 판단과 행동에 주저함이 있다면 자기를 되돌아볼 필요가 있다. 이는 자기의 검도 수련이 육(肉)적인 수준에서 벗어나지 못한 사람이기 때문이다. 일반적 처세술을 내세워 선악과 타협한다면 자기의 정체성을 상실하게 될 것이다.

정정당당의 상실은 내면의 세계가 붕괴됨을 말하며, 그 첫 번째 현상이 거짓말이다. 영적 세계는 사라지고 빈껍데기만 남는다. 거짓말의 첫 번째 행위는 자기 영혼과 타협하여 자기를 스스로 부정하는 행위이다. 즉 정정당당의 포기는 자기 검도의 부정이요, 자기의 존엄성을 부정하는 것이다.

거짓말에는 3단계가 있다.
첫째가 충동적 허언증(虛言症)으로 위기상황에서 자신을 제어하지 못해서 거짓말하는 경우.
둘째가 습관적 허언증으로 한 번의 거짓말 이후 그 때문에 거짓말하고, 또 그 거짓을 숨기기 위해 거짓말을 일삼는 것.
셋째가 공상적 허언증으로 스스로 한 거짓말을 진실로 인식해버리는 증세.
그 밖의 행동은 정상적이어서 사회 적응력이 뛰어나 유창한 문장과 언변으로 신용을 얻는 경우가 많으며, 지도층 인사로서 자신이 처세에 능하다고 자위한다.
검도는 스스로 속이는 자를 큰 병폐로 꼽는다. 바르게 나가는 훈련을 통해서 바른검도를 터득한다. 정직은 훈련에 의해 키워진다. 정직할 때마다 손해 보는 불이익을 감수하는 결단력을 키우는 것이다.

"세상에서 가장 소중한 세 단어가 있는데 그것은 'to be honest(정직하라)'이다. 거기에다 세 단어를 추가한다면 'all the time(언제나)'이다."라는 랜디 포시의 말처럼 검도는 끝없는 바름을 추구하며, 궁극에는 바름의 강함을 터득하는 것이다.
정정당당하게 살아간다는 것은 실력이 있거나 성실한 사람만이 할 수 있는 하나님의 축복이다. (08' 2/19)

응무소주 이생기심(應無所住 而生其心)

정중동(靜中動)의 원리
명인은 교묘히 손바닥의 근육을 움직여 제비 다리의 반동력을 빼놓아 날아가지 못하게 했다. 손바닥을 움직일 때와 중지할 때 그 정중동의 원리를 가르치고 있다.

음악이라는 게 음표와 음표 사이의 침묵에 의해 더 큰 감동을 불러일으키니 능숙한 지휘자는 정적에도 깊은 주의를 기울이게 되며, 분별 있는 무도가라면 먼저 동작을 멈추고 상대의 반응과 자신의 내면을 고요하게 관찰하는 것과 같은 이치다.

무의식적인 자각
제비를 손바닥에 어르고 있는 양노선 명인에게서 소림사의 권법승은

첫째, 이 여백과 중지를 느꼈고

둘째, 자신의 의사를 미물인 제비에게 전달할 수 있는 명인의 무심을 깨달았던 게야.

무심이란 그저 마음을 비운다는 뜻이 아닐세.

동양의 옛 선사들은 그것을 아무 잡념 없이 마음이 흐르는 상태

즉 '무의식적인 자각'으로 풀이했네.

자는 듯하면서도 깨어 있고, 없는 듯하면서도 있는 상태.

그런 경지에 이르기 위해서는 유심(有心)의 단련이 있어야 해.

여백과 중지
흙은 빚어 그릇을 만들면 그 빈 곳이 더 유용하다.

위대한 지휘자는 음악이 멈추어진 순간 오히려 더 장엄한 여음이 들리게 하며,

숙달된 화가는 그리지 않는 부분에 더 많은 시선을 두게 한다.

고수들은 싸우는 중간 중간에 중지 동작을 넣는다.

결정타를 날리기 위한 충전과 준비의 순간인 것이다.

(최배달 어록 중 08')

無我/김영달

검은 몸으로 닦고 저절로 가는 것이다.

궁극의 기술은 저절로 가는 것이다.
틈이 보이기 때문에 칼이 가는 것이 아니라
자기의 의지와 상관없이 저절로 빨려 들어가는 것이다.
신체가 깨닫고 있어 몸이 시키는 대로 자연스럽게 움직이는 것이다.
검도에서 자연스러움이란
겨룸 자세의 내면에 품고 있는 각각의 이(理)가 기회에 응하여 스스로 작동하는 것이다.

최고의 명승부는 몰아의 경지인
응무소주 이생기심에서 이루어진다.
무심이란 마음을 비워 물 흐르는 듯한 자연 상태가 되는 것을 이른다.
고도의 기량을 가진 달인은 적도 잊고 자신도 잊는다.
기교도 잊고 승패도 잊는다.
오로지 마음이 흐르는 상태 그대로 둔다.
기술을 과시하려 든다든가 상대를 제압하려 들 때,
자의식은 동작을 방해하여 실수를 저지르게 된다.

자의식은 무심 속에 녹아버려야 하며 자아를 그저 흐름에 맡겨야 한다.

무사는 생사의 갈림길에서 주저함이 없어야 한다.
선수는 승부의 갈림길에서 주저함이 없어야 한다.
검도인은 선악의 갈림길에서 주저함이 없어야 한다.
망설임 없이 저절로 가는 것이다.

끊임없는 공부와 수많은 연습을 통해 반사신경으로 행하는 것이다.
생활 속에서 작은 선부터 실천하는 몸 공부가 필요한 이유이다.
이는 저절로 하기 위해서다.

심사유감(審査有感)

주변의 환경들이 나를 좌절시키려 한다.
분노와 실망과 허탈감에서 자기의 성찰로 되돌아온다.
성찰은 그럴 수밖에 없는 이유를 이해하게 하며 연민의 정으로 되살아나서 자신의 부족함을 깨닫는다.
승단 심사의 결과를 본인의 내적인 것에서 찾느냐, 외적인 것에서 찾느냐에 따라 검도와 인간 성숙의 정도가 달라진다. 심사는 수련 과정의 일부일 뿐이다.
내셔널지오그래픽의 8단 심사과정을 그린 기획물 〈120초 간의 승부〉 중
78세의 미야모토 선생의 25번째의 도전 과정은 많은 감동을 준다.
또한 자기성찰의 장을 만드는 공정한 심사제도도 부럽기도 하다. 일본 검도가 강한 것은 모든 문제점을 본인의 내적인 것에서 찾으려는 검도 문화의 시스템을 갖추고 있다는 점이다.

- 90초 간의 대련 심사는 실력 50%, 표현력 50%이다.
- 진정한 심사란 심사위원이 심사자의 표출되지 못한 무한한 잠재력까지 보는 것이다.
- 1차 심사의 관점, 2차 평상심, 3차 신념과 도리를 구분하게 되었다. (08' 5/6)

선수(選手)

- 나는 기본을 충실히 가르칠 뿐이다. 선수나 일류가 되는 것은 본인의 몫이다.
- 일류 선수는 소질을 타고나야 한다. 숨겨있는 소질을 볼 줄 아는 것은 지도자의 몫이다.
- 이류 선수가 자신의 신체적 장점으로 우위를 점하는 사람이라면 일류는 스스로 문제를 해결할 줄 아는 선수를 말한다. 이런 과정 속에서 인생(선악)을 알아간다면 그가 진정한 일류인 것이다.
- 휴머니즘이 결여된 지도자는 사람을 키우는 것이 아니라 조직의 목적 달성을 위한 부속품으로 전락시킨다. (08' 3/21)

호연지기 (浩然之氣)

- 도의에 근거(根據)를 두고 굽히지 않고 흔들리지 않는 바르고 큰 마음
- 하늘과 땅 사이에 가득 찬 넓고 큰 정기(精氣)
- **공명(公明) 정대(正大)하여 조금도 부끄럼 없는 용기(勇氣)**

- 잡다한 일에서 벗어난 자유로운 마음 −사전

　맹자(孟子)의 가르침인 인격(人格)의 이상적 기상(氣像)
　'기(氣)'를 통일적 의지와 상호 보충되는 도덕적 실천력의 문제로 다루고 지정의(知情意)와 더불어 총체적·자발적으로 도의를 실현하는 기상으로 기를 것을 주장하여, 그 이상적 상태를 "그 호연(浩然)의 기(氣)야말로 지대지강(至大至剛)하며, 바르게(直) 길러(養) 손상함(害)이 없다면, 하늘과 땅 사이에 충만(塞) 하다."라고 표현하였다.

검도 경기·심판 규칙 제1조 「본 규칙의 목적」
　이 규칙은 검도 경기에서 검의 이법에 따라 공명정대하게 경기를 하며,
　적정 공평하게 심판하는 것을 목적으로 한다.

　대도(大刀)의 씀씀이는 천지를 가르듯 호연지기로 쓸 것이다. (08' 5/8)

모자람

　새벽 개인 운동은 모자란 듯
　식사와 여흥은 모자란 듯 끝난다.
　개념의 정리는 모자란 듯
　정을 나눔은 모자란 듯 끝난다.
　포만감보다 다음이 기다려지는 설렘 때문에!
　웅덩이는 차야 넘쳐난다.
　저절로 찰 때를 기다릴 줄도 알아야 한다.
　검도도 글로 앞서 가는 것은 더디 감만도 못하다.
　요즈음 나의 검도는 글로 확인되는 정도다. (08' 5/13)

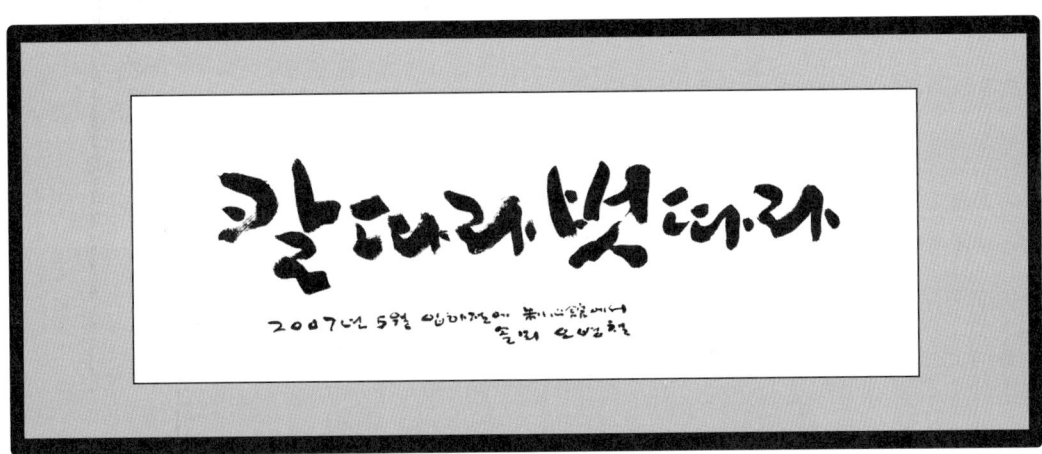

칼따라 벗따라/솔뫼 오병철

칼따라 벗따라 섬기며 즐검

경기장에서 만난 선수는 이겨야 하는 상대이기 전에
검의 길을 함께 가며 서로 격려하고 지도하고 분발하는 길동무입니다.
서로 상대를 섬기는 대회.
오심도 기분 좋은 한판으로 받아들이는 즐거운 대회가 되시기 바랍니다.

- 제3회 성남시 협회장기 검도대회에서 (08' 12/14)

착각(錯覺)

검도시합은
죽도 폭(약5cm)만큼의 외나무다리를 건너는 경기이다.
외나무다리를 건너는 비법은 상대를 다리 밑으로 떨어뜨리거나,
정대(正對)하여 가르고 몸 던지기(捨身)로 나가는 것이다.

대부분의 승부는 착각에서 이뤄진다.
전쟁도 상호 간에 이길 것이라는 착각에서 시작한다. 배신도 해볼 만한 상황이라는 판단 하에 행한다. 검도에서의 명승부는 서로 간의 정중선 다툼에서 2~3cm(죽도 폭)의 착각 속에서 서로 간의 승부수를 띄운다. 결국 누가 정교함의 소유자인가에 의해 승부가 갈린다. (08' 9/25)

새벽 개인 수련

아내는 나보다 1시간 먼저 일어나 4시 반에 새벽 기도를 하러 교회에 간다.
새벽의 개인 수련은 새벽의 맑은 기를 받아 온몸의 오감을 느끼면서 기본을 재정립하고 이합을 점검하는 시간이다. 2년 전부터 8단 승단 준비로 2시간 정도 하고 있다.
새벽의 개인 수련은 아내가 새벽 기도를 가는 한 승단과 관계없이 계속 할 것이다.
돌아가신 어머니도 평생 새벽 기도를 가셨다. 아마도 새벽 수련은 평생 해야 할 것 같다. 후배들은 나를 선생님이라 부른다. 부끄러울 뿐이다. 새벽 기도를 가지 못해 아내에게 미안하다. 기본 동작의 반복 연습은 1시간 지날 즈음에 오르가즘(orgasm)이 오듯 느낌이 오기 시작한다.
새벽 운동을 게을리 하면 정교함이 사라진다. (09' 1/13)

韓(城南市) – 日(福岡 岡垣町) 少年劍士 親善交流會

답례사

　성남시와 오카가키마치(岡垣町)의 제8회 소년검사친선교류회를 갖게 되어 기쁘게 생각합니다. 어려운 난관을 이기고 우리가 이 교류회를 하는 것은 성남시와 오카가키마치(岡垣町)가 14년 간의 쌓아온 신뢰가 있기 때문이라 생각합니다. 그 밑바탕에는 高山 선생님의 교육철학과 양국 선생님들의 학생에 대한 헌신적인 사랑이 있기 때문입니다. 배려와 관용의 정신을 우선으로 하는 본 교류회는 생산적인 미래를 위해 지속되어야 하며, 이 교류회를 통해 학생들의 가치관 정립에 많은 도움이 되었으면 합니다.

　스포츠의 행사는 정치 이념이 개입되면 안 된다고 생각합니다. 정치 이념보다 스포츠 이념이 위에 있으며 검도 이념은 그 위에 있다고 생각합니다. 한일 관계가 어려울 때마다 이런 행사가 많아야 하며, 지금 행사는 궁극에 양국가 간의 평화를 실천하는 지름길이라 생각합니다. 한국을 떠나올 때 성남시검도회의 홈페이지에 이런 말을 올렸습니다. 모든 난관을 극복하고 약속을 지키려고 우리는 갑니다. 대범, 신뢰, 배려, 관용을 청소년들에게 심어주려 합니다.

　끝으로 이 행사를 주관하는 백운연성회(白雲鍊成會) 회장님 이하 여러 선생님께 심심한 사의를 표하며 우리 학생의 Home stay를 받아주신 학부형님께 감사의 인사를 전합니다. 저희 모두가 4박5일 동안 신세를 지겠습니다.
　잘 부탁드립니다.

2008. 8. 3.
단장 허 광수

廣渡忠義 會長님

安寧하세요.

第8會 韓(城南市)-日(福岡 岡垣町) 少年劍士 親善交流會는 廣渡會長님 筆頭로 白雲練成會 會員들과 Home stay를 맡아주신 學父兄들의 獻身的인 사랑에 힘입어 이번 交流會도 成功리에 마무리 한 것 같습니다.

이번 交流會는 7월 21일 獨島(竹島)問題가 불거지면서 韓國의 敎育廳에서 學生들의 韓-日文化 交流를 全面 中斷할 것을 學校에 指示하면서 難關에 부딪쳤습니다. 城南市 內에도 進行 中이던 10個 學校가 交流를 取消하고, 計劃 中이던 體育團體나 學校는 全面 取消된 상태에도, 저희들이 日本에 간 것은 高山先生님의 가르침과 兩國이 14年間 쌓아온 信賴와 會長님의 努力이 커다란 밑받침이 되었다고 생각합니다.

이스라엘과 팔레스타인이 좋은 宗敎와 人才가 있어도 1,000年을 넘어도 分爭이 끝나지 않은 것은 政治理念의 限界가 아닌가 생각합니다. 韓-日關係가 어려울 때일수록 지금의 交流會가 더욱 持續되어야 한다고 생각합니다. 다행인 것은 兩國의 劍道 指導者들이 高山先生님의 指導哲學을 共感하고 있고 交流會 必要性을 느끼고 있습니다.

다시 한 번 岡垣町사람들의 따뜻한 마음, 까다로운 우리 小學生의 Home stay를 받아 獻身的인 사랑을 준 學父兄, 온몸을 아끼지 않고 協助 해주신 白雲練成會 會員들, 太田議長님께 고맙다는 人事를 일일이 드림이 마땅하나 2年 後에 城南市에서 恩惠를 베풀 것을 期約하며, 健康한 모습으로 뵈올 것을 期待하며 感謝의 글로 代身합니다.

2008.8.6.

許光洙 拜上

존경하는 허광수 선생님!

편지 고마웠습니다.

2008년 8월1일 이래 한·일소년검도교류회는 어려운 사회 상황과 더불어 허 선생님 자신이 큰 부상을 입은 가운데서도, 오카가키마치를 방문해 주신 것에 대해 진심으로 감사드립니다. 허 선생님! 귀국 후 상처는 나아졌나요? 무더운 여름이었기에 걱정하고 있었습니다. 이번 교류회에서도 허선생님의 강한 신념, 큰 마음, 검도에 대한 열정을 언어의 벽을 넘어 강하게 느낄 수 있었습니다.

다카야마 선생님이 건강하셨다면 하는 생각에 가슴이 아픕니다. 다카야마 선생님을 만날 수 없게 된 것 정말로 안타깝게 생각합니다. 허 선생님의 마음은 다카야마 선생님께도 도달했으리라 믿습니다. 다카야마 선생님과 허 선생님의 교육철학, 이념은 이번 교류회에서도 생생하게 전달되었다고 확신하고 있습니다. 허 선생님의 말씀 한 마디 한 마디에 나타나 있었습니다. 허 선생님의 신념과 소년 검사의 빛나는 눈을 보고 감격했습니다. 검도 체험이 없는 제가 성남시를 방문해 성남시검도회의 허 선생님과 그리고 여러 검도 선생님들과 만날 수 있게 된 것은 인생의 큰 보람이었습니다. 나아가 성남시의 검도 선생님들이 형제처럼 대해 주셔서 어린 시절부터 가깝게 지내온 친구처럼 느껴졌습니다. 성남시의 선생님들과 함께 있을 때에는 인간의 따스함을 온몸으로 느낄 수 있었습니다. 왜 그런가 생각해 보았습니다. 인간은 전쟁에 의한 상호살육의 역사의 교훈으로서 우정, 우호, 인간성에 의한 룰을 갖추고 있는 스포츠를 문화로 만들어 냈습니다.

스포츠의 경기, 승부는 상대를 인정하고 자신을 반성함으로써 강한 마음, 정신을 키우는 것이라 생각합니다. 또한 소년검도교류회의 일본 지도자들에게도 크고 깊은 마음으로 대해주신 것 정말로 감사드립니다.

앞으로도 많은 부탁드립니다.

사모님께서도 매일 매일의 합숙생활로 무척 힘드셨을 것입니다.

안부 전해주십시오.

저의 과거를 조금 소개하겠습니다. 가난한 가정에서 태어나 중학교를 졸업으로 無學(무학)이나 마찬가지입니다. 28세 때 오카가키마치(岡垣町)의 시의원이 되고서 10선,

68세까지 40년간 정치의 길을 걸어왔습니다.

저의 정치신념은 '주민에의 헌신' '평화주의·정의와 우호'를 이루는 것입니다. 40년 동안 정치 신조·신념을 이루는 것은 대단히 어려운 일이었습니다. 격렬한 공격, 반대도 폭풍처럼 몰아치기도 했습니다. 하지만 단 한 번도 굴복하지 않았습니다. 제 주위에서 일반 주민들이 항상 지켜주었기 때문입니다. 제 자신에게는 매일이 시련이며 수업이었습니다. 정치의 세계에는 겉과 속이 있습니다. 그것을 적절하게 가려 쓰는 것이 정치·정치가라 생각하는 사람들이 많습니다.

정치가와 정치꾼은 다릅니다.
1. 참된 정치가는 이성과 용기를 갖고 있습니다.
2. 정치꾼은 자기의 이익, 장삿속으로 움직입니다.

그러나 정치 역시 오랜 역사 속에서 여러 가지 시련을 받은 인간들이 인간을 위해 봉사하는 사회기구(시스템)로서 생겨난 문화라 생각합니다.

한국과 일본은 가장 가까운 나라입니다. 역사의 진실 위에 서서 일본은 진심으로 반성하면서 우호를 쌓아가야 한다고 생각합니다. 그러나 현실은 힘든 상황입니다. 한국, 일본의 국민 한 사람 한 사람이 우호관계를 쌓아나가는 것이야말로 참된 우호국을 만들어 가는 것이라 생각합니다. 어느 나라에나 좋은 사람과 나쁜 사람은 있습니다. 저는 한일소년검도교류에 긍지를 가지고 있습니다. 앞으로도 조그마한 일이라도 도움이 된다면 그것으로 행복하다고 생각합니다. 70이 다되어 가니 건강이 가장 중요합니다. 존경하는 허광수 선생님 짧은 글이지만 저의 마음을 열었습니다. 2년 후에 웃는 얼굴로 "안녕하세요"라는 말을 나눌 수 있기를 기대합니다.

2008년 9월 17일

호소가와 미츠토시(細川 光利)

第10回 韓(城南市)-日(福岡岡垣町)少年劍士親善交流會

正 : 바르고
美 : 아름답고
勇 : 씩씩하게

2012. 8. 3~7.

다카야마(高山 弘)선생님 검도 교육 이념

- 검도 사랑
- 제자 사랑
- 이웃 사랑

선생님은 평생을 검도 사랑, 제자 사랑, 이웃 사랑을 몸소 실천하고 검도를 통한 교육이념을 남기고 가셨습니다. 다카야마 히로시(高山 弘) 선생님의 조문은 애도에 앞서 나의 삶의 신념을 굳히기 위해서다. (09' 1/31~2/1)

동량탁(棟梁擢)

　대들보를 제거하여도 서로 간의 역학구도에 의해서 기득권 세력은 무너지지 않는다.
　북한의 3대 세습이 존재하는 이유이다.
　이미 형성된 사회조직의 역학구도는 저마다의 이해관계가 얽혀있어 쉽게 무너지지 않으며, 이념과 정의와 원칙이 부패되어도 자체 자정 능력이 상실되어 조직의 개선은 힘들어진다.
　기득권 세력은 항상 조직 전체의 비전보다는 이해관계에 의해서 지탱되어 있으며, 집행부가 기득권을 유지하기 위해 모든 역량을 집중할수록 그 집단의 경쟁력은 나날이 뒤떨어지며 현실에서 도태되어버린다.
　정년 제도는 기득권 세력들이 자리 보존을 위해 힘쓰는 것을 세월이라는 흐름으로 씻어 버리고 조직의 신선한 피를 제공하는 순기능이 있다. (09' 3/4)

눈물

　2월 28일 익산에 내려가 미국 대표팀과 합동 계고를 하다.
　옆에서 아픈 몸에도 불구하고 11명의 대표 팀 중 8명을 차례대로 지도하는 전영술 선생님의 몸놀림이 경이롭다.
　저녁 회식 때 몸이 불편한 선생님이 한 사람씩 탁자에 불러 지도와 칭찬을 하면서 평생검도를 하라는 당부의 말씀과 함께 술 한 잔씩 권하면서 꼭 껴안아 주신다. 그들은 감격하여 회식이 끝날 때까지 흐르는 눈물을 주체하지 못한다. 몸소 사범의 표상을 보여준 기막힌 광경이다. 집으로 올라오는 내내 그들은 왜 눈물을 보이며 감격했을까라는 상념에서 헤어나지 못했다. (09' 3/4)

허심탄회(虛心坦懷)

처세에 능한 사람은 대화를 통해 자기의 본심을 감추고 상대의 마음을 읽고자 한다. 그러나 더 큰 것을 잃어버리게 된다.
"아! 이 사람은 솔직한 사람이 못 되는구나!"
한-일 간의 교류는 나의 허심탄회와 일본인의 섬세함의 교류이다. (09' 3/22)

검생호일(劍生好日)

어느 날 계고(稽古) 중 문득 터득된 모든 것이 독창적인 것인 줄로 알고 좋아한다.
옛것이 없이는 현재도 없듯이, 평범한 진리를 깨닫는데 그리 오랜 시간이 걸리지 않는다. 옛 명인들의 숨결이 아우러져 생성된 것을 통해 그 숨결이 느껴진다. 그들이 느꼈을 감성과 오성과 이성의 사유함을 공유하며 짜릿함이 온몸으로 퍼져간다. 검도로 인한 마음의 상처는 검도 안에 있는 치유의 능력과 자생력으로 아물게 한다. 검도 수련은 신앙과 같아 몸과 마음에 평온함을 가져다준다. 즐기면서 도를 행하니 이 또한 즐겁지 아니하랴! (09' 11)

努力一生夢一生/遠藤

우보천리(牛步千里)

네 스타일대로 가는 거야!

내가 이제 허 사범에게 딱, 한 가지만 이야기하고 끝내겠네.
일본 사람들의 좋은 것도 보고 참, 대단하다고 보는데,
그것을 보는 것으로 끝내지 말게나.
나의 눈에 흙이 들어갈 때까지 죽도를 놓지 말고 수련한다는 마음을 가지고 검도를 하게나.
우리 한국 선생들의 잘못된 점이 이론상으로는 일본 선생들 뺨치는 정도 이상이지만 실제로 부딪치면 안 되지.

자네는 나가는 검도를 하는 것뿐이야.
이제 자네 스타일을 만들어서 가는 것이지.
선생이란 다른 것이 없다네. 연습이 내 선생이지 전영술이 이제 선생이 아니야.
당신 선생은 연습이라네. 꾸준히 자네 스타일을 만들어서 제자들에게 '이것이다' 라고 해야지.

앞으로 어디 가서 그런 이야기 할 필요가 없네.
일본 사람들 만나도 그런 이야기하지 말고,
어떤 선생하고도 그런 이야기하지 말게나.
자네 검도 스타일로서 그렇게 해 나가라는 말일세.
이제 그럴 위치가 되었어.
이미 다 알았으니까 자네 스타일대로 가는 거야.
자신의 검도를 만들어서 가는 것이라네.
자기만의 방법을 가지고 꾸준히 수련함으로써 어떤 경지에 이를 수 있는 것이지.
《월간검도》 2002년 5월호 17페이지에)

우보천리/전영술

우보천리(牛步千里)

 검도 수련은 기본을 착실하게 다져가는 자세와 연습을 선생으로 삼아 흔들림이 없는 마음으로 천릿길에 들어선 황소처럼 쉼 없이, 조금도 쉼 없이, 오로지 앞을 향해 한 걸음 한 걸음 나아가야 하는 것이다.(전영술 범사)

 최고의 목적에 도달하기 위해 노력 정진하고
 마음의 안일을 물리치고
 수행에 게으르지 말며
 용맹정진하며 몸의 힘과 지혜의 힘을 갖추고
 무소의 뿔처럼 혼자서 가라고 한다.

(09' 11/21)

유용규 형!

 깔끔하고 군더더기 없이 살다간 형!
 작년 초 백혈병 판정을 받고 병문안 마치고, 나는 더불어 사는 인생 혼으로 살아야 하겠다는 생각에 현 검도계의 사정을 A4용지 3장 분량으로 적어 선생님께 충언을 드린 일이 어제 같은데 웃는 사진 얼굴로 저를 대하니 이게 어인 일입니까!

 일찍 된 홀어머니를 지극 정성으로 모신 효자.
 20 초반에 전남의 검도 대가이신 김기성 선생님께 지도 받고자 혼자 호구를 둘러메고 농장을 찾아가는 탐구정신.
 오랫동안 전국체전에서 활약하신 초창기 전남 대표선수.
 중앙도장 시절 30대 중반에 주장으로 시합에 지면 밥을 산다고 하며 기백을 보여준 일.
 30대 후반에 잘나가던 일본 회사를 접으며 갑자기 공부의 길로 들어서 대학 학과장까지 가신 열정.
 강화도 사저 옆에 30여 평 도장을 지어 대학동아리학생들을 지도하는 검도사랑.
 2003년 7단 대회에서 1회전을 이기고 나서 나와의 2회전을 기권하시고 나머지를 부탁한다며 3위에 입상하게 응원해주신 후배사랑
 8단 심사 응시 무렵 일본 8단과 계고하고 난 후 나는 멀었다고 스스로 승단을 포기하신 형!
 작년 병상에서 빨리 나아 지 회장님을 도와 검도 발전에 이바지했으면 하는 염려.
 엎드려 문상하는 사이에 30년 이상의 삶이 주마등처럼 스쳐갑니다.

 중앙 휴게실에 나와 앉아있으려니 6살 난 여자아이가 웃으며 떠들며 동화책 이야기를 하는데 총명함과 눈매가 단번에 형의 손녀인 줄을 알았습니다.
 장례를 치르는 두 아들의 의연함이 형이 살아 돌아와 있는 것 같습니다.
 형의 요절함에 비통한 마음 금할 길 없음에도
 형은 다 이루고 갔구나 하는 생각에 위안이 됩니다.
 검도정신이 점차 실종되어 가는 이 시대에 형 생각이 간절할 겁니다.

이 다음에 하늘나라에서 만나 멋진 계고를 부탁드립니다.
편안히 가십시오.

2010. 3. 15. 발인일 부평 승화원에서 후배 허광수

어린이 검도 수련의 목적

공부(工夫)의 길은 욕망 등으로 본래의 마음(本心)을 상하지 않고
항상 있는 그대로의 상태를 보존하여
선천적으로 내재(內在)하는 도덕성을 기르는 것이
마침내는 하늘에 통하는 길이 된다. 〈맹자의 진심편〉

어린이의 해맑은 마음을 가지고 검도 수련을 하면 본래의 마음이 자라게 됩니다.
이 본래의 마음이 자라 사람됨을 형성합니다. (存心涵養)
바른 자세, 바른 마음, 바른 검도는 서로 상호작용하여
검도의 장점(劍德)을 통해 자신의 근본을 바르게 하며(劍德正本)
바르고 아름답고 씩씩한 사람으로 성장하게 합니다.

검도 이념, 검도 수련의 마음가짐, 경기 및 심판 규칙, 심사, 검도 대회, 연습
(稽古) 등 검도와 관련된 모든 실천의 근간은
"검의 이법에 따라"가 기본 전제조건입니다.
검의 최고의 이법은 바름(正)이며, 첫째 덕목도 바름입니다.
상대를 정면으로 대하고(正對) 크고 바른(正大) 동작의 되풀이 과정에서
올곧음을 체득하게 되며,
중심선(中心)과 균형(重心)이 하나로 합쳐져 있는 것을 지키고 공략하는 대련
과정에서 정(正)에 대한 깨달음을 얻게 됩니다.

"검은 스스로가 바르고 그 바른 것이 나의 근본을 바르게 하고
이것이 세상을 바르게 합니다." (劍德正世)
"검은 바른 것을 밝혀 드러내는 것이고,
도는 올곧은 마음을 향상되게 보존하는 것이다." (劍顯正道存心)
"자신을 바르게 하는 것이 검도,
자신을 바르게 하고 있으면 상대의 올바르지 않은 것을 알 수 있다."

바르고 아름답고 씩씩하게

위의 말씀들처럼 검도의 수련은 근본(根本)을 바르게 하는 데 그 의의가 있습니다.
나의 바름을 세상을 향하여 담대하고, 당당하게 실천하는 것이
검도의 궁극적 목적인 것입니다.
(성남시장기 제1회전국초등학생검도대회 10' 8/3)

60 즈음에

이즈음에 아이들에게 검덕(劍德)을 가르쳐줄 수 있을 것 같다.
어떤 느낌을 먼저 주입시켜야 하는지,
어떻게 가르쳐야 평생 좋은 검도를 할 수 있는지,
무엇을 가르쳐야 좋은 인품으로 성장하는지,
검도라는 몸짓 속에 어떤 기(氣)를 담아야 하는지를…

이즈음에 오류가 어디에서부터 생겨나는지가 보이기 시작한다.
말장난에서 파생되는지,
제도에서 생겨나는지,
문화의 차이에서 생겨나는지,
무지에서 생겨나는지,
이러한 오류들이 현실의 검도를 어렵게 하며,
그로써 검도의 경쟁력이 날로 상실되어 가는 것이 눈에 보인다.

이즈음에 20년 전에 가르친 문하생들이 50세가 넘는 사범님들이 되어
검의 길을 동행하는 길동무가 되었다.
일요일마다 연무관에 모여 합동 계고를 하는 것이 일상 중에 커다란 낙(樂)이다.
그들이 도장과 협회에서 제자들을 양성하는 것을 보는 것은 복 중에 복이다.
그들 중 미망(迷妄)에 빠진 이들이 본래의 자리로 돌아올 때를 기다리는 것도 나의 몫이다.
인생 후반부의 낙(樂)은 좋은 사람들과 같은 길을 동행하는 것이 아니겠는가?

이즈음에 도장 커플들이 아이들을 데리고 와서 운동을 한다.
40대 중반부터 문하생들의 주례를 10여 차례 보았다.
부모가 계고 중일 때 사무실은 어린이집으로 변한다.
그 아이들 중에 미래의 검도 대가가 나올 것을 기대해본다.
아이들의 성장과 함께 나의 늙어감을 느낀다.

그러나 그 늙음은 희망과 함께 유쾌한 것이다.

이즈음에 60대 OB성남시대표 축구선수로 아침운동을 한다.
내가 축구를 하는 이유는 검도를 오래하기 위해서다.
고단자들이 60대에 다리 힘이 빠지는 것은 검도의 딜레마다.
극히 절제된 동작을 요하는 검도는 날이 갈수록 이합의 깊이는 더하나
그와 더불어 신체는 쇠퇴한다.
내가 늙어서 입으로 하는 검도를 경계하고자 함이다.

여기서는 내가 막내다.
볼 잘 차는 사람이 최고다.
50대와 시합을 하면 반말은 예사다.
그러나 인간적인 정이 흐른다.
교만을 내려놓기는 여기만한 곳이 없다.
검도의 본질을 엉뚱한 곳에서 찾는 경우도 있다.

이즈음에 말과 계고를 가려서 하려고 한다.
말에 힘이 실리지 않으면 사람만 추해진다.
말을 하려면 세(勢)가 실려야 하며 실행되어야 한다.
남이 상처되는 말은 안 하려 하나 덕이 부족해 잘 안 된다.
계고는 내가 필요한 자리가 아니면 안 가려 한다.
확인할 필요도 없고 과시할 필요도 없고 인정받을 필요도 없다.
그저 내 자리에서 내공만 쌓을 뿐이다.

이즈음에 만남을 신중하려고 한다.
만나서 공허한 사람은 만남을 자제한다.
만나서 즐거운 사람일수록 예를 다한다.
여자든 남자든 자존감을 존중하는 사람이 좋다.

이즈음에 앞으로 10여 년을 어떻게 살까를 생각한다.
응무소주 이생기심(應無所住 而生其心)으로 살까!
'검도의 본질'을 화두 삼아 치열한 삶을 살까!
검도의 본질 중 '정(正)'이라는 것을 실천하고 살아가는 것도
부끄러운 삶이 아니지 않겠는가?
(60을 맞이하는 정초에 11' 1/28)

범사에 감사 기도

고난으로 영육을 연단하게 하시고
모자람을 성찰의 기회로 삼게 하심을 감사합니다.
교만의 자리를 피하고 겸손의 자리에 머물게 하시고
비움으로 쓰임 받음을 깨닫게 하심을 감사합니다.
조급함에도 사도(邪道)의 유혹을 뿌리치고 정도(正道)를 걷게 하사
검덕(劍德)을 쌓게 하시니 감사합니다.

부정적인 것에서조차 검도의 본질을 깨닫게 하시고
검덕으로 진짜와 가짜를 선명하게 보이게 하사
검도로 받은 상처 검도 안에서 치유의 능력이 있음을 감사합니다.

반면교사를 통해 나의 노년의 검도를 경계하게 하여 주시고
이 시대 진정한 사범의 표상을 보게 하사
그분들로부터 받은 깊은 사랑과 지도가 마음 속에 밀알이 되어
후학들에게 전해지게 됨을 감사합니다.

검도 수련이 나의 의지를 붙들어
검덕(劍德)으로 승화시키려는 열정을 식지 않게 하시고
정직한 검우들과 함께 서로를 존중하며 즐겁게 같은 길을 걷도록 하시며
섬김을 받으려고 동이불화(同而不和) 하기보다는
섬김으로 화이부동(和而不同) 되게 하심을 감사하며
모든 것에 우선하여 계고(稽古)하는 순간이 가장 행복함을 감사합니다.

나의 지도와 연습이 제자들에게 믿음과 신뢰를 회복시켜줌으로써
부끄럽지 않는 남편과 아버지와 관장이 되어
청소년들에게 검덕을 가르치는 소중한 사명을 갖게 하심을 감사합니다.

심사 일 건강하게 임하게 하시고
중심을 가다듬고 상대 호흡을 잡아 마음의 흔들림을 보게 하사
중단의 대적세가 평안함으로 다가옴에 감사합니다.
같이 심사를 준비한 검우들과 가족들의 심신을 위로하사
그들의 드러나지 않는 실력이 제대로 인정받아 자긍심이 회복되기를 기원합니다.

이 모든 것들이 협력하여 선을 이루게 하시는 하나님께 감사드립니다.
(11' 4/23 새벽에)

Camino(길걷기, 순례)

불편한 조건 속에서 자기의 인생의 짐을 지고 자신의 속도로 걸어나가는 과정
경쟁이 아닌 탓에 순례자들은 자기보다는 다른 사람들이 무사히 순례를 마치기 바란다.
그럼에도 유독 한 사람만은 나를 무자비하게 짓누르려 했다.
그 사람을 피할 수도 없었고 그와의 경쟁을 무시해 버리기도 힘들었다.
그 사람은 바로 나 자신이었다.
오랜 힘든 길을 걸어가다 보면 저절로 인격이 갖추어져 그 길 위에 따뜻한 인격이 스며들고, 길은 그런 인격으로 존재한다.
(아더 폴 보어스 〈걸어서 길이 도는 곳 산티아고〉중, 8/25-위도섬에서 외국인 배낭족을 보고)

순례란 걸어서 답을 찾는다.
생각은 발뒤꿈치에서 나온다.
검도란 마루에서 깨달음을 얻는다.
(11' 10/15)

조승룡 선생님을 그리며

선생님은 정이 많으신 분입니다.
이북 함경도 북청군의 부유한 집안에서 태어나,
어려서부터 집에서 음식을 싸가지고 동네 불쌍한 사람들에게 나누어 주는
"인(仁)의 덕성"을 선천적으로 가지고 태어나신 분입니다.
또한 최고의 높은 단에 계시면서도 제자들에게 전화를 걸 때면
"나 조사범이에요."라고 스스로 낮게 칭하시고 늘 존대말을 하시는
수평적 사고를 하시는 열린 마음의 선생님이셨습니다.

22세부터 53세까지 30년 경찰공직 생활 중 수많은 공을 세웠으나
늘 주변에 승진을 원하는 동료들에게 양보하시어 스스로 낮은 자리에 임하셨습니다.
일찍이 지리산 공비 토벌로 큰 부상을 입어 국가유공자로서
자녀 교육과 편안한 혜택을 누릴 수 있었으나 선생님의 대범함으로 뒤늦게
유공자로 된 것은 애석한 일이기도 합니다.
허나 그 대범하심으로 검도 9단의 경지까지 올라가신 것이 아니겠습니까!

오랜 기간 서울시 사범과 대한검도회의 심의위원장의 직책을 수행하면서 자칫 검도인들의 한 쪽으로 치우치기 쉬운 사고에 대하여 균형적 감각으로 일깨워준 '중용의 덕'을 몸소 실천하신 한국 검도계의 큰 어른이셨습니다.
1982년 중앙도장 지도사범으로 부임하면서 저희들과 사제의 인연이 시작되었습니다. 30년 넘게 헌신적으로 지도하신 덕분에 뛰어난 제자들이 배출되어 각 분야에서 검도계를 이끌어 나가고 있습니다.
특히 8년 전 직장암에서 기적적으로 소생하시어 못난 제자들을 힘써 지도하신 것은 저희 모두 평생의 은혜로 생각하여 후학들에게 그 은혜를 돌리려고 합니다.

이제 이북에 두고 오신 그리운 부모님과 큰 아드님이 계시는 하늘나라로 보내드리지마는 저희들의 마음속에 살아 움직이는 선생님의 말씀과 행동으로 검도를 통한 많은

인재양성과 각자 평생의 수신이 되도록 노력하겠습니다.

　세상일은 후학들에게 맡기시고 편안히 쉬십시오.

　제자들을 대표하여 화창한 봄날 현충원 마당에서 추모하는 마음을 드립니다.

2013. 5. 1. 못난 제자 허광수

용천(龍泉) 조승룡(趙昇龍) 선생님 약력

1928 4.1 함경남도 북청군 신창읍 장호리 77번지 백천(白川) 趙씨로 태어나심.

1936(9세) 신창 동국민학교 입학

1940(13세) 4학년 검도입문

1942(15세) 신창 동초등학교 졸업, 서울로 유학

1942 서울 중동중학교 입학

1943(16세) 한성상업학교 전학 후쿠오카(福岡) 선생에게 본격적인 수련

1946 졸업

1949(22세) 경찰에 투신

1950(23세) 초단 입단 경찰검도선수로 활약

1980(53세) 경찰 경사로 은퇴

1982(55세) 대한검도회 중앙도장 지도사범으로 부임

1983(56세) 8단 승단(제830003호)

1991(64세) 범사(範師) 칭호 수여

2001(74세) 9단 승단(제 01-09-001호)

용천 조승룡 9단 범사/2013 황경로(5단) 作

인(仁)한 대한민국!

학교 앞 어린이 보호구역에서 60km로 운행하다 사고가 났다.
친구가 운전하고 당신이 옆에 탑승하여 법정 증언대에 섰다면
당신은 어떤 증언을 하겠느냐는 설문조사를 했다.
한국은 친구를 살리기 위해 30km로 운행했다고 위증하는 사람이 70~80%이고,
유럽은 60km로 정직을 선택한 사람이 70~80%여서 대조를 이룬다.
4월 21일 체육단체의 모임에서 세월호에 대한 나의 의견을 위 말로 대신하였다.

인(仁)은 "어질다, 민감하다, 씨, 만물을 낳다."의 공시태(共時態) 뜻이 있다.
공자가 인의 본질은 서(恕)라고 한 것은 감정(感情) 이입(移入)으로
나의 마음을 타인의 마음에 이입하여 같이 느끼는 공감이라 하였다.
인은 관계 속에서 교감하여 감응(感應)하는 기(氣)의 공감능력이다.

세월호 사건 안에는 복합적인 인간상이 혼재되어 있다.
자기이익에 따라 움직이는 사람, 자기를 희생하는 학생, 선생, 승무원 등
우리가 알지 못하는 영웅적 희생으로 선실 내에서 생을 마감한 이들도 있을 것이다.
자기 일처럼 나서는 자원봉사자들, 온정의 손길 등 온 나라가 비탄과 슬픔에 빠지는 것은 이 민족이 인(仁)하기 때문이다.

국민성이 인한 나라는 선한 사람들이 다수를 이루는데 반해
위정자, 관료, 사이비종교가, 사업가, 자기 이익에 따라 움직이는 소수의 사람들이 너무도 살기 편한 세상이며, 기득권세력을 형성하여 대물림함으로써 사회의 독이 된다. 정직하지 못한 이 사회의 독이 표출된 것이 세월호 사건이다.
신은 우리에게 경종을 울리는 데 너무도 가혹하게 어린 생명들을 화목제로 쓰셨다.

인은 정기(精氣)를 근본으로 하고 의(義)와 함께 하여야 한다.
이성을 포섭하는 심미적 감성이면서, 윤리적이어야 한다.

인한 대한민국은 절망 속에서 자기를 희생하는 학생과 소녀에게서 희망을 본다.

그들의 희생이 헛되지 않기 위해 사회의 독을 제거하는 제도가 정착되어야 한다.

역사적으로도 기득권세력은 세가 불리하면 때를 기다리며 잠복할 뿐이지 사라지지는 않는다.

우리 사회는 인을 근본으로 의를 구축하는 시험대에 올랐다.

이 난관을 어떻게 극복하는가에 우리 민족의 미래가 달렸다.

인은 모든 덕의 기초이며 도덕과 정치이념의 근간이기 때문이다.

(14' 4/26_안산 세월호 임시분향소에서)

第110回 全日本劍道演武大會 참관기

시기 : 2014. 5.2~5.
장소 : 武德殿
주최 : 전일본검도연맹
주관 : 京都府劍道連盟

3년간 참석인원과 참가자 내용

	2012년	2013년	2014년
검 도	2,264	2,337	2,563
거합도	697	677	751
장 도	135	144	152
나기나다	76	86	91
각종 형	150	145	166
합 계	3,323명	3,387명	3,723명

검도 (2,563명)　연사:768　7단교사:1,312　8단교사:408　범사:108
거합도 (751명)　연사:116　교사:240　범사:20

연무 방침과 내용

* 각 거합도 단체는 각 자의 본을 10개 이내로 추려 정해진 시간 안에 연무한다.
* 검도는 전적이 비슷한 사람끼리 2~3분 대련하되 범사는 모범연무를 한다.
* 자발적으로 참여하되, 라이벌끼리의 대련과 8단과 범사로 가기 위한 자기의 존재감을 각인시키는 데 최선을 다한다.

참관기

심기력일치(검체일체)

형식 안에서 심신을 합일시켜 병기를 다루다.

기와 호흡과 동작을 일치시켜 단련하고 정기(精氣)를 함양하여 생활화한다.

다양성의 존중

각자의 전승되어 오는 고류(古流)를 존중하고 유파마다의 특성을 통하여 심신을 단련한다. 다양성에서 문화가 형성되며 비교를 통해 진화된다.

1956년 전검련에 거합도가 산하단체로 가맹되고 1966년 연구위원회가 발족되어 1980년 제정거합 10본을 만들어내었다.

이를 통해 각 유파들이 중앙심사로 등급이 나누어지며 경쟁을 통해 자기를 발전시키는 동기를 갖게 된다. 다양성의 비교는 장비의 개발로 경기화되어 대중성으로 발전되고 사회체육으로 발전한다. 다양성의 존중은 진화의 법칙이며, 획일성이 독점과 도태의 지름길이 되는 이유는 인간의 보편성 때문이다.

무도의 가치와 전승

역사를 통해 무도 문화의 가치가 검증되었고, 무도의 자긍심이 국가적으로 인정된다. 각자의 고류는 대가와 명인들에 의해 형으로 전승되며, 후학들은 형을 재현함으로써 시대를 초월하여 그들의 정신세계와 이합을 체험한다.

무도의 생활화

생활 속에서는 기(技)를 통한 기(氣)를 정제함으로써 정기(精氣)가 지기(志氣)가 된다. 무도 단련으로 인한 수신이 자기 삶에 긍정적 영향을 미친다.

복장과 장비를 개발하고 생활화하여 그들의 수신의 가치를 사회적으로 높게 평가받아 사회에 긍정적으로 작용한다.

검도의 라이프사이클 : 30대 초반에서 90대까지의 검도의 지향점

6단 연사부터 8단 범사까지 한자리에서 연무하고 공부하는 것을 자기의 수신으로 삼는다. 시합에 능한 선수보다는 검의 이법에 능한 수련자가 50대 8단에서 좋은 모습을 보여주었고, 예전에 형의 수련을 중시했던 80~90대의 명인은 사라진 느낌이다.

새벽 계고에서 8단 선수권자의 계고 유형

강함을 드러내는 자

상대를 좌절시키는 자

묘기로 대하는 자

검의 이법으로 바르게 하는 자

상대를 바르게 지도하는 자

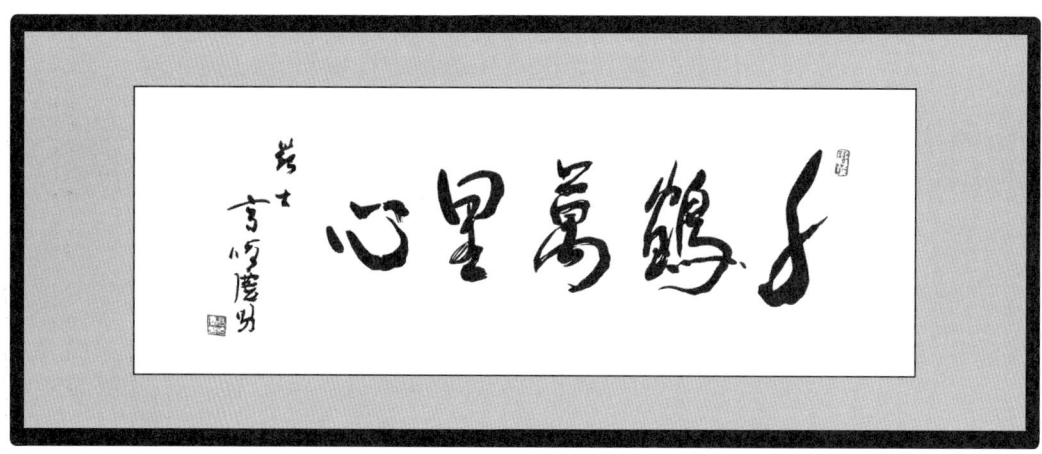

老鶴萬里心/高崎慶男

성기인야! (成己仁也)

제17회 세계검도선수권이 2018.09.13. ~ 15일까지 인천 남동체육관에서 열렸다.
이 경기를 관람하기 위해 일본 니가타 현에서 山田 8단을 포함 10명이 성남시를 방문하였다.
일행은 1923년생이신 범사 8단 高崎慶南선생. 7단 여섯 분과 여중 2년인 佐藤 Sara와 엄마이다. 5박 6일 동안 권회봉(權會奉)사범과 내가 안내를 맡았다.
나의 관심사는 96세인 高崎선생이 한국의 바쁜 일정을 어떻게 소화할 것인가였다.
3일 간의 세계대회 관람과 2번의 성남시 사범들과의 합동 훈련, 여러 곳의 관광 일정 등이다.

검도에서는 도복 옷깃에 목덜미가 붙어 있도록 바른 자세를 가르친다.
놀라운 것은 高崎선생은 앞서 와 같은 바른 자세로 모든 일정을 소화시키신다.
우리와의 1시간 넘는 합동 연습을 하시고, 따로 일본 7단 전부를 몸소 공격 연습을 받아 주시고 10여분 넘게 논평까지 해주신다.
모든 사람은 高崎선생의 신체능력에 대하여 경의로움을 표하지만,
6일간의 Bus안에서의 49세인 Sara 엄마와의 끝없는 대화와 3일간의 모든 경기의 관람, 관광지에서의 쇼핑을 지켜보면서 새로움에 대한 끝없는 호기심에 신선함을 느낀다.
주무실 때는 예방 차원에서 산소마스크를 착용하시고 일상의 행동이 항상 정갈하시다.
운동 후 식사 자리에서 술을 한잔 올리니 입에 조금 대시고 내려놓는다. 고스끼(小杉)선생에게 선생님이 술을 안 하시냐고 물어보니, 좋아 하지만 실수할까 봐 조심한다고 하신다.
"범사는 모든 행동거지에 본을 보이시는 분이며, 이에 미치지 못하면 칭호를 반납해야 한다."는 설명까지 하신다.
옆에서 내내 지켜본 나로서는 高崎선생을 평할 수 있는 적당한 단어가 또 오르지 않는다.
공황에서 환송하고 돌아오는 길에 문득 예전에 趙昇龍 선생님이 범사 칭호를 받을 때

證에 있는 단어가 또 오른다.
德操高潔!

高崎선생이 처음 자기를 소개할 때 "내가 일본 검도의 산 역사입니다."
오래 사셨기 때문에 모든 것을 경험하신 분으로 이해했으나, 한참 후에야
"내가 검도로 이렇게 되었습니다." 다를 겸손하게 표현하신 것이다.
成己仁也!
선생이 우리에게 남긴 지도 메시지는 똑바로(まっすぐ)이다.
그 가르침을 山田선생과 7단 여섯 분이 지켜갈 거며,
그 뒤를 14세 소녀 Sara가 따라갈 거다.
이것이 검의 길이며 검도의 문화이다.
이 길 위에서 사람이 만들어지는 것이다. 산티아고의 순례길처럼!

검도 수련의 결과는 2가지로 나타난다.
기능의 정도에 따른 단과 수신의 열매인 칭호다.
열매가 덕이다.
기능이 됐기 때문에 저절로 덕이 쌓이는 것이 아니라,
덕이 쌓이도록 검리에 맞는 운동을 하지 않으면 열매가 맺어지지 않는다.
특히 범사는 스스로 모범이 보이도록 끝없이 노력하는 것으로
誠之者의 길을 걷는 사람이지 자격증에 의해 결정되는 것이 아니다.
모든 부분에서 지고의 다다름은 인간의 성찰이다.
인간의 성찰로 나아가지 못한다면 자기 분야에서 선생이라 할 수 없다.

大學章句 經一章
物格而后知至 知至而后意誠 意誠而后心正 心正而后身修
身修而后家齊 家齊而后國治 國治而后天下平
검의 이치를 아는 것이 至極하면, 검도의 뜻이 誠스러워지며, 그 성스러움이 검도를 대하는 마음이 바르며, 그 바름으로 몸을 닦는 것이다.

"劍道は 劍の理法の修錬による 人間形成の 道である"의 검도이념과도 같다.

검도 수련은 기능을 동반하여 인간 형성이 이루어져야 하며, 그 열매가 덕(劍德正本)이다.
기능과 덕으로 가는 길이 一刀兩斷의 劍理에 따른 稽古이며,
그 핵심은 정중선이며 정교함이다.
검의 이법을 알고(智) 감사 반성으로 몸(體)으로 닦아 德으로 가는 것,
下學上達은 이를 말함이며 誠之者의 길이 검도다.

人能弘道 非道弘人
검도가 사람을 뜻있게 하는 것이 아니라, 사람이 검도를 뜻있게 하는 것이다.
검도의 진정한 뜻을 보지 못했다면 참다운 무도인이라고 할 수 없다.

아마이(天井) 선생은 체재기간 중의 사진을 모아 책을 발간했다.
동영상도 제작하여 「또 다른 세계검도선수권대회」라는 부제를 달았다.
"우리는 이렇게 인간 형성이 된 분을 모시고 왔습니다."
한국은 어떻습니까?

2019년 1월

칭호심사규정

稱號	人間形成	段(기능)	심사 연한
範士	德操高潔	劍理精通 技術圓熟	교사 → 10년
敎士	人格. 識見	기능 우수	6단 연사 → 4년 5단 연사 → 7년
鍊士	思想견실	기능 우수	5단 → 3년

人間形成

第十七回世界劍道選手權大會九月十三日から十五日まで韓國の仁川市南東體育館で開かれた。この試合を參觀する爲、新潟縣から山田八段を含めて十名が城南市を訪れた。一行は一九二三年生まれの範士八段の高崎慶南先生を始め、七段六名と女中學校二年生の佐藤ソラとその母親であった。五泊六日間、權會奉師範と私がガイドの役をつとめた。特に私の關心事は今年九十六才の高崎先生が韓國での忙しい日程をどのようにして消化して行けるかであった。それは三日間の世界大會參觀と二回の城南市師範達との稽古、そして數カ所の觀光日程などであった。

劍道では劍道着に首筋が付いてあるように正しい姿勢を教える。驚くべきことは、高崎先生はこのような正しい姿勢で全ての日程を消化したことである。私たちとの一時間を超える稽古、續いて日本の七段全員との稽古、又約十分ぐらいにわたる講評まで。
そこに集まった全員は高崎先生の身體能力に對して敬意を表したが、特に六日間のバスの中で四十九才のソラの母親との絶え間ない對話や、三日間の全ての試合の觀戰、觀光地でのショッピングを見守りながら、先生に對する果てしない好奇心に新鮮さを感じた。お休みになる時は、予防のために酸素マスクを着用し、日常の行動が常に清潔であった。
稽古の後、食事の席で酒を一杯あげたら、口に少し入れてそのまま置く。小杉先生に"先生はお酒をお飲みになりませんか"と聞いたら、好きですが もし うっかりミスでもするのではないかと氣をつけているという。
"範士はあらゆる拳止進退に模範を示すべきで、これに及ばない場合はその稱號を返却しなければならない"という說明までなさった。そばでそれをずっと見守っていた私としては、高崎先生に對する適切な言葉が思い出せなかった。空港での歡送の後、歸る途中ふと 昔 趙昇龍(チョ・スンリョン)先生が範士の稱號を受けた時 その証に書いてある言葉が思い出した。

「德操高潔!」

高崎先生が自分自身を初めて紹介した時、"私は日本劍道の生きている歷史です。"
それを長生きした人として今まで全てのことを經驗したと言う意味で理解していたが、後になって
"私は劍道を通してこのようになりました。"ということを謙遜に表現したのを悟るようになった。

「成己仁也!」

先生が我々に殘した指導のメッセージは 「まっすぐ」である。その教えを山田先生と六名七段が守っていき、その後を十四歳の少女サラがついていくであろう。
これこそ劍の道であり、劍道の文化である。この道の上で人間が作られるのだ。サンティアゴの巡禮の道のように!

劍道修練の結果は二つに示される。技能の程度による段と修身の實である稱號だ。
その實こそ德である。技能が出來たからこそ自ずと德が積まれるのではなく、德が積まれるように、劍理に合う稽古をしなければ實は結ばれない。特に範士は自ら模範が見えるように絶えず努力しなければならないことで、「誠之者」の道を歩む人であって、資格證によって決まるのではない。あらゆる部分で至高の辿りは人間の省察だ。
人間の省察に向かって進めなければ、その分野で「先生」とは言えない。

「大學章句經」 一章
物格而后知至 知至而后意誠 意誠而后心正 心正而后身修
身修而后家齊 家齊而后國治 國治而后天下平

劍の理を知ることが至極であれば、劍道の志は誠になり、その誠によって劍道に對する心が正しくなり、その正しさで身をみがくのである。これは「劍道は劍の理法の修練によ

る人間形成の道である。」という剣道の理念と同じ意味である。

剣道の修練は技能と供に人間形成が行われ無ければならないし、その實が德である。機能と德で進む道が一刀兩斷の劍理による稽古であり、その核心は正中線と精巧である。劍の理法を知り、感謝と反省で體を鍛鍊して德へ進むこと、「下學上達」とはこれで「誠之者」の道こそ劍道である。

人能弘道　非道弘人
剣道が人を意味づけるのではなく、人が剣道を意味づけるのである。剣道の眞の意味を見なければ、眞の武道人とは言えない。

天井先生は　韓國滯在中の寫眞を集めて一册の本に發刊した。動面も制作して「もう一つの世界剣道選手權大會」という副題をつけた。
"私たちは、こうように 「人間形成」に達した先生をお迎えました。"
しかし、今の韓國はどうですか？

2019年 1月

劍道 8段 許 光洙

도(道)

검도에서 이법은 필연성을 말한다. 그렇게 갈 수밖에 없는 길이다.
이 길을 많은 사람이 가보고 인정할 때 당연한 길이 만들어 진다.
그 길을 도라 한다.
도는 성과가 더디어 완주하는데 믿음과 의지가 필요하다.
조급한 자는 엉뚱한 길에서 뜻을 찾는다.
도는 완주하는데 의미가 있는 것이 아니라 그 길을 걷는 지체가 의미가 있는 것이다.
그 길을 걷는 과정에서 얻게 되는 선인들의 공감대가 삶의 희열(élan vital)로 다가온다.

검도는 "기(技)로서 도(道)를 구하고, 도(道)로서 덕(德)을 드러내다."

군자시중(君子時中)

기를 보다(機を見る)는 "기회(機會)를 보다."로
'기(機)'는 사물이 현상으로 나타나기 직전 내면의 변화가 우선하는 것
"보다."는 상대 마음의 움직임이 밖으로 드러나려고 하는 내면의 변화를 느끼는 것
또는 조짐과 낌새를 포착하는 것.

사물의 변화는 생겨난 마음이 기분(氣分)을 작동시켜 기운을 일으키고,
힘을 동반하여 움직임으로 나타난다.
마음에서부터 움직이기 직전까지 내면의 과정을 느끼는 것이 "기를 보다"라고 한다.

"一機一會" 란 지금이며, 때를 아는 것이다.
기(機)의 변화는 같은 식으로 두 번 다시 오지 않는다.
스포츠의 수많은 경기에서도 같은 식의 득점은 되풀이되지 않는다.
많은 사람들은 아둔하여 기(機)의 변화를 느끼지 못하고 지나친다.

눈으로 보지 말고 마음(心)으로 보아라!
마음으로 보지 말고 기(氣)로 보아라!

기(氣)로 보아 이긴다 함은 명경(明鏡)의 승(勝)으로
한 점 흐림도 없이, 맑고 깨끗한 마음의 상태.
스스로 구애됨이 없이 자유로울 때,
상대 마음의 움직임을 거울에 비치듯 손에 잡히듯 알 수 있는 것이다.
마음이 명경지수 상태로 상대의 심장의 파동을 느껴 때를 아는 것이다.

천명지위성(天命之謂性)
하늘은 끝없이 메시지를 날리시는데
인간들이 해석을 못하거나 곡해할 뿐이지!
상대의 기(機)를 읽지 못한다 함은
눈으로 보지 말고 심으로 보아라!
심으로 보지 말고 기(氣)로 보지 못함이라!
검도에서 기(機)를 보는 감각을 키운다 함은
대련에서 더 나아가 천지의 흐름을 감지하고 때를 아는 것이다.

2020. 코로나가 창궐하는 봄날

극기복례(克己復禮)

자기의 욕(慾)을 억누르고 예(禮)로서 행한다.
절제되지 않는 언행을 예(禮)의 벗어남이 없이 반복함으로 심신을 바로 한다.
극기는 마음, 복례는 몸가짐을 병행하는 수신의 방법이며 군자의 일상이다.

주희의 "극기(克己)하여 예로 돌아간다."는 해석은
복례가 무엇이냐는 것과 어떠한 극기가 복례로 오는가의 필연성을 밝혀야 한다.
이를 명확히 하지 않으면 집단 윤리강령 정도의 공허함으로 끝난다.

공자가 안현과 인(仁)에 관한 대화의 전문을 보아 전자의 해석이 본뜻에 가깝다.
예(禮)가 아닌 것은 보지도, 듣지도, 말하지도, 행하지도 말라는 것은
모든 생각과 언행은 예에 벗어남이 없이 행하라는 몸공부이다.
복례가 극기의 결과물이 아니라 극기와 복례가 일체가 되는 수신이다.
이는 일상에서 예(禮)를 생활화하는 성지자(誠之者)의 삶이다.

공자의 가르침은 하학상달이다.
일상에서 작은 예의 실천이 인(仁)으로 가는 수신 방법이다.
중용에서 공자는 몸가짐 삼백 가지와 규범 삼천 가지를 실천한 사람이다.
마음이 몸을 지배하는 것보다 몸이 마음을 바로 한다는 것을 통찰하신 분이다.
「움직임의 힘(켈리 맥고니걸)」에서 행함으로 두뇌 변화를 준다는 것을 깨달은 것이다.

예(禮)속에 어떤 마음(性)을 담을 것인가가 중요하다.
예(禮)라는 틀 안에 극기 마음을 담아 반복하여 행함으로써 그 마음의 지향성을 키우는 것이다.
반복함으로써 성(性)이 성향 성격 성품 성질로서 지향성을 가지게 된다.
성(性) 중에 솔성(率性)으로 가는 길목에서 교육에 의한 지향성은 인(仁)한 선택을 유도한다.

「극기복례(克己復禮)」의 일상이 「습여성성(習與性成)」이 되어 「성기인야(成己仁也)」가 되는 것이다.

　전검련은 검도 이념 실천을 강화하는 방안으로 2003년 「검도지도의 마음자세」 중 「예법」의 지도 안을 정했다.
　상대의 인격을 존중하고, 마음이 여유 있는 인간의 육성을 위해 예법을 중히 여기는 지도에 힘쓴다. 검도는 승부의 장에 있어서도 예절을 존중한다. 서로를 존중하는 마음과 자세의 예법 지도에 의해, 절도 있는 생활태도를 몸에 익히고, 「교검지애(交劍知愛)」의 지경을 넓히는 것을 지도의 요점으로 한다.

　검도에서 계고(稽古)는 기술의 숙달과 사람됨이 목적(目的)이다.
　기(技)에 이합(理合)을 담고, 규범에 예(禮)의 마음을 담아야만 기술과 인품이 향상(向上)된다. 조급함을 억제하고 성과가 더딘 이합이 담긴 기본의 충실함이 두 가지를 실현하는 것이다. 대련에서 시작할 때 "부탁합니다"와 끝날 때 "감사합니다"의 시종 예의는 검도 규범이다. 이법과 규범의 반복 훈련이 상대에 대한 존중하는 마음을 키우는 것이다. 진정한 검도는 이법에서 도(道)를 찾고, 사이비는 규범에서 도(道)를 찾아 예(禮)만 강요한다.

　"기(技)로서 도(道)를 구하고, 도(道)로서 덕(德)을 드러낸다."
　기(技)에 이법을 담아 수련함으로써 뜻을 구하고 덕을 쌓아간다.
　검의 이법에 따른 몸공부로 인(仁)한 깨달음이 활연관통하여,
　사물의 본질에 가까운 뜻을 구하고 덕을 드러내는 것이다.
　이러한 몸공부가 무덕으로 체화되는 것이 검도의 참뜻이다.
　뜻있는 검도가 일생동안 성지자(誠之者)의 자세로 공부해볼 만한 가치가 있는 것이다.

일이관지(一以貫之)

- 하나의 이치로써 모든 것을 일관함(꿰뚫다)
  처음부터 끝까지 변하지 않거나, 끝까지 밀고 나가는 것을 말한다. (사전)

공자는 많이 알아서 행하는 것이 아니라, 일관된 원리를 알아 행한다고 한다.
너절하게 많이 아는 것이 아니라, 관통하는 원리로 사물을 깨닫는 것을 말한다.
이는 검도나 학문이나 삶이나 일관된 원리를 모르고 행한다면
그는 정상이라고 할 수 없으며, 무도로는 리(理)의 단계인 달관의 경지에
다다랐다고 할 수 없다.

증자는 일이관지를 충서(忠恕)라고 말한다.
충(忠)은 나의 마음의 중심을 잡는 것이요,
서(恕)는 상대와 교감하며 상대의 마음을 헤아리는 것으로
이는 검도의 특성과 같아 교검지애(交劍知愛_友)의 근본이 되는 것이다.

중용에서는 수신의 덕목으로 지인용(智仁勇)을 말한다.
지(知)는 배우는 것을 즐거워하다의 호학(好學)의 뜻이며
인(仁)은 힘써 행하다의 역행(力行)의 뜻이며
용(勇)은 부끄러움을 안다의 염치(廉恥)의 뜻이다.
지인용은 하나로 통한다. 그것은 성(誠)이다.
이를 3가지 원으로 하여 일본검도연맹이 마크로 쓰고 있다.

유교의 인(仁)이나 기독교의 사랑은 '일이관지'다.
"하나님은 사랑이시다."의 구절에서 성경의 모든 것이 집약되어 있다.
검의 이법에서 정중선이나 격자에서 칼의 궤적(刃筋)은 관통하는 용어이며
이러한 것들은 이해에서 얻어지는 것이 아니라 몸 깨달음에서 밀려온다.

"검리는 천지자연의 리"(徐廷學 範士)

"검의 리(理)는 하늘의 리(理)요, 인륜의 근본"(柳生)

"검의 길은 사람의 길"(澤庵)

"검리는 중화지기(中和志氣)요, 생생지위역(生生之謂易)이다"(허광수)

일이관지(一以貫之)하니 사물은 활동운화(活動運化)인 기의 작용으로 흐르고, 그 흐름의 원리는 중화지기로 자연에 존재되고 순환한다.

검의 이법은 중화지기이며 천지자연의 이치 또한 중화지기이다.

체득한 검의 이법으로 자연을 바라보고, 마땅함을 얻는 것이 검도인문학이다.

一以貫之/村嶋恒德

정명(正名)

언어가 나를 끌고 왔다면, 지금은 내가 언어를 끌고 간다.
이는 검도를 통한 몸 깨달음에서 오는 검덕(劍德)의 소산(所産)이다.
그러던 어느 날 언어에 매몰되어 있는 나 자신을 발견한다면,
나의 수련은 종착역에 다다른 것이다.

언어가 사실관계를 접근할 수 있지만,
「격의(格義)」로 한 부분 만을 말할 뿐이다.
사실을 확연히 밝힐 때 진실은 수면 위로 떠오른다.
언어를 귀로 듣지 말고, 마음으로 들어라!
마음으로 듣지 말고, 기(氣)로 들어라!
그리고 전체가 어떻게 흘러가는지 보아라!

스포츠공정위원회가 인간의 존엄성을 바탕에 두어야 한다.
존엄성이 훼손될 때 우리는 치열한 투쟁을 할 준비가 되어야 한다.
명분(名分)의 싸움은 승패를 초월하여 시대를 이어가야 하는 것이다.
「명예」는 우리가 행한, 행하고 있는, 행할 행위에 대하여
양심에 반함이 없는지 잠시 생각한다.
그리고 행하면 그것이 「명예」다.

공자는 정치가 바로 되려면 「정명(正名)」하라고 한다.
대의명분을 바로잡아 실질을 바르게 하는 「정명(正名)」은
말을 똑바로 하는 것이다.
언어를 가지고 장난하는 사람은
그가 설혹 이겼을지라도 인생은 보잘것없는 것이다.
스포츠공정위원회는 언어를 바로 하는 곳이다.
검도의 덕성으로 미혹함이 사라질 때 스포츠공정위원회의 언어는 「正名」이 된다.

2021. 4. 8

유현(幽玄)

마음이 빠를까,
칼이 먼저 갈까?
마음에다 형(形)을 담을까,
형(形)에다 마음을 담을까?

"형은 보이는 마음"
차(茶)잔에 이법을 담을 줄 모르니
뜬구름만 떠다니고
어느 날에 님을 만나
차 한 잔에 이 마음을 전할거나!

검도는 "형(形)에다 마음을 담아,
기(技)로서 그 마음을 키우는 것"
그 마음이 정중선 수로를 타고
마중한 심연(深淵)에서 그리운 님을 만나
교감하며 담론한다.

해는 서산에 지려하고
심연의 강가에서
중화지기(中和志氣) 배를 띄워
검리무진(劍理無盡)하고 오검만례형통(悟劍萬藝亨通)하니
누구를 만나 교검(交劍)하며
술 한 잔에
검(劍)의 유현(幽玄)을 논하리오.

2020년 만추에

마음이 빠를까
칼이 먼저 갈까
마음에다 形을 담을까
形에다 마음을 담을까

形은 보이는 마음
茶잔에 이법을 담을 줄 모르니
뜬구름만 떠다니고
어느 날에 님을 만나
茶 한잔에 이 마음을 전할거나

劍道는 形에다 마음을 담아
技로서 그 마음을 키우는 것
그 마음이 청중턴 수로를 타고
마중한 深淵에서 그리운 님을 만나
교감하며 담론 한다

허는 서산에 지려하고
深淵의 江가에서
中和志氣 배를 띄워
劍理 無盡 하고
누구를 만나 交劍하며
술 한잔에
劍의 幽玄을 論하리오

김창덕 사범 부인 유선숙 글씨

幽 玄

気が早いか、
刀が先にとどくか。
心に形を入れようか,
形に心を込めようか。

「形は見える心」
茶わんに理法を入れることを知らないから
浮雲ばかり漂い
いつの日に
あなたに会って
お茶一杯にこの気持ちを伝えるか!

剣道とは「形に心を込めて、
技でその心を育むこと」
その心が正中線の水路に乗って
出迎えの深淵で懐かしいあなたに会って
交感しながら談論する。

日は西山に沈もうとし
深淵の川辺で
中和志気の船を浮かべ
剣理無尽にして、悟剣萬藝形通。
誰に会って剣を交しながら、
一杯の酒で
剣の幽玄を論じるかな。

2020年 晩秋に

幽玄/濱田臣二

부록

부록1 | 검도의 본(本・形)
부록2 | 검도의 본(本)의 소고
부록3 | 검도 용어사전

검도의 본(本)

검도의 본 수련은 검의 이법을 체화함으로써 바른 검도를 실현함을 목적으로 한다.

기술(記述)은 다음과 같이 한다.
1) 이해하기 쉽도록 선도 후도의 동작을 나누어 기술하고, 같은 동작에 대해서는 공통으로 기술했다.
2) 동작을 □안에 넣어 기술했다.
3) 선도, 후도의 동작 진행에 대해, ○번호로 순서를 표시했다.
4) 자세한 내용과 이법을 습득할 수 있도록, ○번호를 보충 설명했다.
5) 몸을 운용하는 방향, 칼날의 방향은 동작하는 자를 기준으로 했다.
6) 상단은 양손상단을, 오른·왼호(鎬)는 격자부의 오른쪽·왼쪽호를 말한다.
7) 입회의 거리(원위치), 칼을 뽑아 맞춘 거리(맞선위치), 1족1도(공격)의 거리를 말한다.

몸에 익혀야 하는 것(體化)
1) 본은 상호교감하면서 행한다.
2) 본은 호연지기(浩然之氣)로 행한다.
3) 공방(攻防) 관계 속에서 기검체일체로 행한다.
4) 각 본의 대적세(構え)와 공방의 기회와 이법을 정확히 이해하고 행한다.[1]
5) 각 본의 미묘한 간격을 정확히 인식하고 행한다.
6) 격(擊)은 몸의 중심 이동에 따라 똑바로 들어 일도양단의 기로 정면을 가른다. 공반(攻反)에서 들고치는 것은 「칼의 궤적(刃筋)을 바로하여」 한 박자로 행한다. 각각의 자세는 축경(溜め)으로 행하되 반동을 주면 안 된다.
7) 서로가 선의 기위로 나아가 상대의 정면을 공략하는 것을 원칙으로 한다. 선도는 결사의 자세로(捨身), 1.2.3.5본 후도는 「선선의 선」 과 4.6.7본은 「후에 선」

---
[1] 이법론 검도의 본 극의 참조

으로 이긴다.

8) 후도는 선도의 어떠한 공격에도 효율적인 반격을 할 수 있는 태세(構)로 행한다. 선도의 확실한 공격을 유도하여 끝까지 보고(見切り) 대응한다.

9) 걷기는 무릎 이상의 상체의 흔들림 없이 스쳐걷기로 행한다. 몸의 이동은 자연체를 기준으로 앞발에 뒷발이 즉시 따라 붙는다.

10) 호흡과 리듬은 강유서급(强柔徐急)의 상호관계 속에서 자연스럽게 행한다.

11) 존심은 처음의 충실한 기를 유지하고 마무리까지 기를 단속하며 행한다.

12) 선도는 지도적 입장에서 행하나, 5단부터는 상호 상기 자세로 행하는 것이 바람직하다.

13) 기(技)로서 도(道)를 구하는 자세로 임한다.
"형(形)에다 마음을 담고, 기(技)로서 그 마음을 키운다."

수칙사항

1) 원위치에서 상호 중단 자세가 되고, 각각의 자세가 된다.
2) 맞선 위치에서 각 본을 마무리 하고 칼을 푼다.
3) 각 본마다 공격거리(1족1도)는 이법에 따라 미묘한 차이가 있다.
4) 원위치에서 맞선 위치는 3보 나가고, 맞선 위치에서 원위치는 작은 걸음으로 5보 물러난다. 자기 위치를 정확히 찾아 간다.
4) 선도의 호흡에 후도는 맡긴다.(乘る)
5) 선도의 기합은 야~, 후도의 기합은 도~로 한다.
6) (이후생략)은 반복되는 수칙사항으로 바르게 행한다.

주1) 이법론 검도의 본 극의 참조

검도의 본

입장 의식	
선도	후도

① 중앙 하좌(下座)에서 서로 좌례한다.
② 일어서서, 칼을 오른손으로 들고, 입회의 거리(원위치)로 나간다.

기합	
선도	후도
①「얍-」기합을 넣는다.	①「도-」기합을 넣는다.

칼

① 정식으로는 칼(가검)[2]을 사용한다.
② 연습에는 목검을 사용한다.

- 칼의 명칭

칼날부(刃部) : 날 부위

칼날(刃先) : 처음 베어지는 부분

칼끝(劍先) : 칼의 맨 앞부분, 높이는 칼끝의 수평을 말한다.

검선(劍線) : 겨눔(칼끝)의 연장선, 가까이 겨누는 것을「댄다」라고 한다.

절선(切先) : 칼끝 날부분, 칼을 맞출 때 상호 절선이 겹치는 것을 촉인이라 한다.

격자부(物打) : 칼 몸에서 가장 잘 베어진다는 부위. 칼 끝에서 10cm정도 되는 부분

호(鎬) : 날과 등 사이의 조금 불룩한 부분. 오른호. 왼호

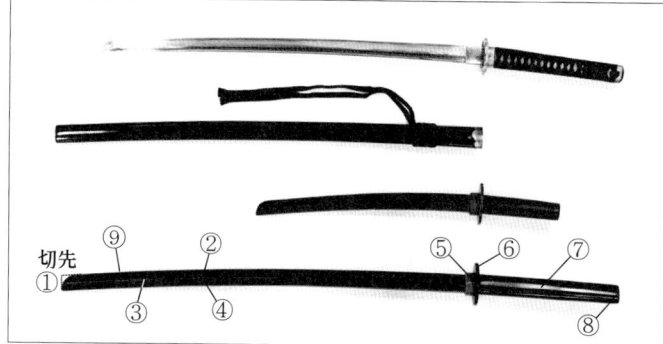

① 칼끝
② 칼날
③ 칼능각(鎬)
④ 칼등(棟)
⑤ 코등이 고무
⑥ 코등이
⑦ 칼자루(柄)
⑧ 칼자루머리(柄頭)
⑨ 격자부(物打ち)

2) 가검(刃引 はびき) : 날을 세우지 않아 베어지지 않게 한 도검

보충설명

① a.칼(목검)을 오른손으로 들고, 후도는 선도를 따라 입장한다.
　중앙하좌 약 3보 거리에서 서로 마주보며 정좌한다. 칼을 오른허리에, 칼날부(刃部)를
　안쪽으로, 코등이를 무릎 선에 맞추어 놓고, 서로 좌례를 한다.
② 총 길이 : 대도-약 102cm, 손잡이 24cm, 소도-약55cm, 손잡이 약 14cm

	b.칼을 쥐는 방법은, 오른손의 엄지와 인지로 소도를 잡고, 인지의 오른쪽과 나머지 세 손가락으로 대도를 쥔다. 소도 · 대도는 평행으로 쥐도록 한다.
c.좌례의 위치는, 특별히 정하지 않지만, 중앙하좌가 바람직하다. 선도, 후도의 위치에 대해서는, 반드시 선도를 상좌를 향해 우측으로 하지 않아도 된다. d.왼발을 약 반보 뒤로 빼어, 왼무릎, 오른무릎 순으로 앉는다.(左座右起)	
	e.소도는 대도의 안쪽에 놓는다. 정중히 다루기 위해 양손을 사용해도 좋다.
② a.좌례를 할 때, 　양손은 동시에 무릎 앞에서 붙인다. b.오른발 왼발 순으로 일어선다. c.칼날부는 위로, 칼자루를 앞으로, 절선(切先)을 뒤쪽으로 내리게 하여 오른손으로 쥐고, 입회의 거리로 나간다.(이때, 후도는 소도를 놓은 후, 입회 거리로 나간다.) d.입회의 거리는 대략 9보로 한다.	
	e.소도를 놓는 위치는, 후도의 입회 위치에서 오른쪽 후방 약 5보반 지점에 칼날부를 안쪽으로 해서, 하좌 우측 무릎에 연무자와 평행으로 놓는다.

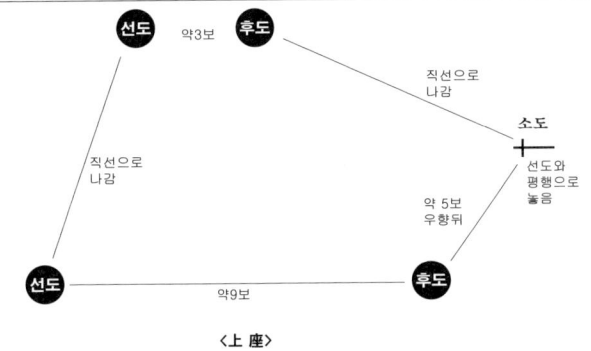

〈上座〉

선도, 후도, 칼을 들고 입례를 하고 시작한다.	
선도	후도

① 입회의 거리(원위치)로 나가, 상좌를 향해 인사, 상호 인사를 하고 칼을 찬다.

② 서로 오른발부터 크게 3보 딛고 나가 준거(蹲踞)하면서 칼을 뽑아 맞춘다.(맞선위치)

③ 중단 자세를 취하고, 칼끝(劍先)을 내리고 서로 왼발부터 작은 걸음으로 5보를 물러나 원위치로 돌아온다.

④ 일단 중단 자세를 한 후, 다음 자세로 진행한다.

	⑤ 소도의 경우에는, 대도에 준해 행하지만, 자세를 잡을 때는 칼을 맞춰 뽑는 것과 동시에, 왼손을 허리에 대고, 칼끝을 내림과 동시에 왼손을 내린다.

보충 설명

① a. 입회 거리로 나간 후, 우선 상좌를 향해 상체를 약 30도 인사하고, 이어 상호 인사는 상체를 약 15도 상대를 주목하면서 한다.
  b. 코등이에 오른손 엄지를 걸침과 동시에 왼손으로 칼집 끝(鐺)[3]을 들고, 칼집 끝을 복부 중앙으로 보내어 왼손으로 벌린 띠 사이로 넣는다. 왼손을 왼쪽 띠로 보내고 오른손으로 코등이가 배꼽 앞으로 오도록 칼을 찬다.(소도도 같다).
  c. 칼을 허리에 꽂을 때, 왼손을 코등이 밑부분에 놓고 엄지를 코등이에 걸친다.
  d. 목도의 경우, 몸의 중앙에서 왼손으로 옮겨 쥠과 동시에, 엄지를 코등이에 걸쳐 허리에 대고, 손잡이 끝이 정중선에 오도록 한다.
  e. 왼손 엄지를 코등이에 걸치는 요령은, 칼을 바로 쉽게 뽑을 수 있게 하고, 칼이 상대에게 뽑히지 않도록 하는 느낌으로, 엄지의 지문 부분으로 코등이 위를 가볍게 누른다.

② a. 선도, 후도 모두 발운용은 스쳐걷기(すり足)로 한다.
  b. 칼을 맞출 때 왼쪽 비스듬히 위에서 뽑고, 크게 머리 위로 치켜들지 않도록 한다.

③ a. 여기서 말하는 칼끝을 내린다는 것은, 자세를 푸는 것이다. 칼끝을 내리는 요령은, 자연스럽게 상대의 왼쪽 무릎에서 약 3~6cm아래, 하단 자세 정도로 오른 아래 비스듬히 내린다.
  b. 이때 칼끝은, 위에서 보아 상대의 몸에서 약간 벗어나는 정도로 벌리고, 칼날은 좌향 비스듬히 아래를 향하도록 한다.
  c. 소도 역시 이에 준한다.
  d. 맞선 위치는 칼을 뽑아 맞춘 거리로 상호 절선이 겹치는 거리(촉인)이며, 원위치는 입회의 거리를 말한다.

④ a. 중단 자세란 오른발을 앞으로, 왼주먹을 배꼽 앞에서 약 한 주먹 앞(약15cm. 죽도 약10cm)으로 해, 왼손 엄지의 2번째 관절을 배꼽 높이로 하고 정중선에 위치한다.
  b. 칼끝의 연장선(劍線)은, 양 눈의 중앙 또는 왼눈으로 한다.(1족 1도의 거리를 전제로 한다).
  c. 소도 역시 이에 준한다.

⑤ a. 왼손을 허리에 붙이는 요령은, 칼의 경우엔 엄지를 앞으로 해서 칼집줄고리를(栗形)[4] 가볍게 누르고, 목도의 경우엔 엄지를 뒤로 네 손가락을 앞으로 해서 허리에 댄다.
  b. 왼손은 몸의 바깥 쪽으로 자연스럽게 내린다.

---

3) 칼집의 끝 부분
4) 栗形 : 칼집에 붙은 반원형의 돌기 부분

대도의 본

1본 상호 상단에서 선의 기위(氣位)로 서로 나아가, 선선의 선(先先의 先)5)으로 후도가 이긴다.	
선도/打太刀(양손 좌상단)	후도/仕太刀(양손 우상단)
① 왼발을 앞으로 내밀고 좌상단 자세를 취한다.	① 선도의 동작에 맞추어 우상단 자세를 취한다.
② 상호 상단 자세를 잡고 앞발부터 3보로 1족1도의 거리로 나간다.(すり足)(이후 생략)	
③ 거리에 접하게 되면, 기회를 봐서 오른발부터 딛고 나가, 「얍-」 기합으로 후도의 정면을 친다.(打つ)	③ 이때, 왼발부터 물러나 선도의 칼끝(劍先)을 빼어(拔き), 오른발부터 딛고 나가, 「도-」 기합으로 선도의 정면을 친다.
④ 하단인 채로 밀어걷기(送り足)로 1보 물러난다.	④ 칼끝을 얼굴(顔) 중심에 댄다(つける).
⑤ 다시 1보 물러난다.	⑤ 왼발을 내밀면서 좌상단으로 쳐들고 존심을 나타낸다.
⑥ 상체를 세우면서, 하단에서 들어 중단이 된다.	⑥ 왼발을 빼어 좌상단에서 중단이 된다.
⑦ 자세를 풀고, 왼발부터 보통 걸음(歩み足)으로 5보 물러나, 원위치로 돌아간다.(이후생략)	

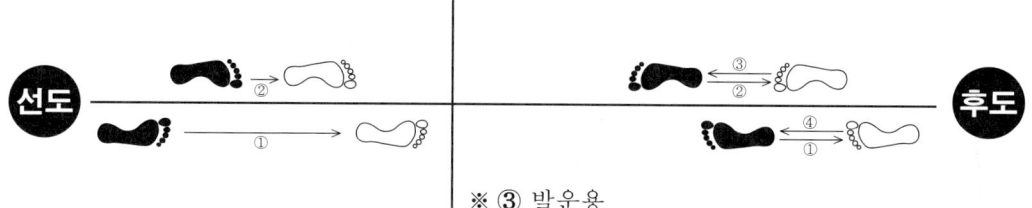

※ ③ 발운용

---

5) 先先의 先 : 이법론 先을 참조

1본 보충 설명

① 좌자연체가 되어, 왼주먹을 왼쪽 이마 위에 약 한 주먹 지점으로 하고, 칼끝(劍先)은 45도 후상방을 향하며, 약간 오른쪽으로 기울인다.

③ a. 기회란 상대의 마음, 몸, 기술의 변화가 일어날 때의 조짐이다.
b. 이 경우, 선도가 후도에게 이길 수 있는 기회를 가르치는 것으로, 후도가 충분히 준비되어 있는 것을 보고 친다.
c. 칠 때 반동을 넣는 것이 아니라, 칼의 궤적(刃筋)을 바르게 하여 축경(溜め)으로 치며, 후도의 손잡이까지 함께 정면으로 내려친다는 마음자세가 중요하다.
「친다」는 것은 「벤다」는 의미다.
d. 상체는 약간 앞으로 기울이지만, 얼굴만 드는 자세는 안 된다.
e. 눈길이 벗어나지 않는다.
「눈길」이란 눈과 눈을 서로 마주 보는 것이 원칙이므로 「눈을 본다」는 것이 된다.
f. 오른발부터 내디딜 때는 왼발이 따른다. 한쪽 발을 이동시킬 때는 다른 쪽 발도 따라 이동시키는 것을 원칙으로 한다.(이후생략)

④⑤ a. 밀어걷기로 약간 앞으로 숙인 채 2보 물러나는 것이다.
b. 그때의 보폭은 후도와의 거리에 따라 크고 작을 수 있다는 점에 주의한다.
c. 후도의 기위가 충분하게 되었을 때 물러나도록 한다.

⑥ 후도가 충분히 존심을 나타낸 후, 중단이 되기 시작한다.

① 왼주먹을 이마 중앙 약 한 주먹 지점으로 하고, 칼끝은 약 45도 후상방으로 향하며, 정중선상으로 한다.

③ a. 자연체로 물러나면서, 두 손을 뒤로 밀어올려 검선 방향으로 뺀다.
b. 빼는 것과 치는 것은 한 박자로 하며, 격자부(物打)로 친다.
c. 왼발부터 오른발도 따라 뒤로 물러나 빼고, 오른발에서 왼발을 따라 함께 딛고 나가 친다. 한쪽 발을 이동시킬 때는 다른 쪽 발도 따라 이동시키는 것을 원칙으로 한다.
(이후생략)

④ a. 충분한 기위로 선도를 압박하면서 행한다.
b. 얼굴의 중심이란 양 눈 사이를 말하며 칼끝을 댄다는 것은 칼끝의 연장선이다.
c. 기위(氣位)란, 단련을 거듭함으로써 얻어진 자신감에서 생긴 위력, 위풍을 말한다.

⑤ a. 존심을 나타낼 때, 얼굴의 중심을 찌를 듯한 기세로 압박하면서 행한다.
b. 존심은 유형이든 무형이든, 충분한 기위로 상대의 반격에 대응할 수 있는 몸과 기(氣) 자세로 한다.

⑦ 원위치로 돌아간 후, 일단 중단 자세가 되고, 각각 다음 자세가 된다.(이후생략)

2본 상호 중단에서 서로 선의 기위로 나아가, 후도가 선선의 선으로 이긴다.

선도(중단)	후도(중단)
① 상호 중단이 되어 앞발부터 3보로 1족1도의 거리로 나간다.	
② 거리를 접했을 때, 기회를 봐서 오른발부터 내디디며 「얍-」 기합으로 후도의 오른손목을 친다.	② 왼발부터 반좌향 뒤로 물러나는 것과 동시에 칼끝을 내려 빼고(抜き), 크게 오른발부터 내딛임과 동시에 「도-」 기합으로 선도의 오른 손목을 친다.
③ 중단이 되면서, 왼발부터 맞선 위치(合わせた)로 돌아온다.	③ 서로 중단으로 되면서, 오른발부터 맞선 위치로 돌아온다(戻る).
④ 원위치로 돌아간다.(帰る)	

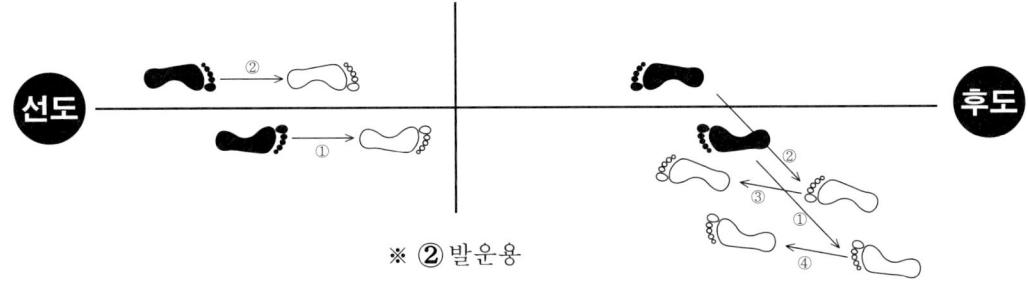

※ ② 발운용

2본 보충 설명

② a.칼끝이 후방으로 내려가지 않도록 들어 올린다. b.큰 기술로 후도의 오른손목의 위치보다 약간 낮게 친다. c.정중선으로 크게 들어, 정중선으로 한 박자로 친다.	② a.칼끝을 내리는 정도는, 대략 하단과 같은 칼끝 높이로 한다. 이때, 칼끝을 내리면서 반좌향 뒤로 물러나기 때문에, 그 궤적은 자연스럽게 호를 그리는 것이 된다. 일부러 돌려서 반원을 그리지 않는다. b.양팔 사이로 선도의 전체가 보일 정도로 들어올리고, 비스듬히 치지 않도록 한 박자 큰 기술로 바르게 친다.
③ 맞선 위치로 돌아오는 동작은, 선도가 먼저 시작한다.(4본, 6본도 동일)	③ 무형의 존심이므로 충실한 존심의 기위를 나타내면서 실시한다. 무형의 존심은 항시 상대의 반격에 대응하는 긴장을 유지한다.

3본 상호 하단에서 서로 선의 기위로 나가며, 후도가 선선의 선으로 이긴다.

선도(하단)	후도(하단)
① 상호 하단자세를 취하고, 앞발부터 3보로 1족1도의 거리로 나간다.	
② 거리에 접하면, 기쟁(氣爭)으로 자연스럽게 상호 중단이 된다. 상호 중단이 되어 칼이 10cm 정도 겹치는 것을 교인이라 한다. 기타 본은 촉인이다.	
③ 기회를 보아 오른발부터 1보 내디디면서 칼날(刃先)을 약간 우향하여, 「얍-」 기합으로 후도의 명치(水月)를 양손으로 찌른다.	③ 왼발부터 1보 크게 몸을 빼면서, 선도의 칼몸(刀身)을 격자부(物打)의 왼호(左鎬)로 가볍게 받아(入れ突き) 찌름을 느슨하게 하고, 오른발부터 내디디면서 「도-」 기합으로 선도의 흉부를 되찌른다.
④ 오른발을 뒤로 뺌과 동시에, 후도의 칼을 격자부의 오른 능각으로 오른쪽으로 누른다.	④ 더욱 찌름의 기세로 왼발부터 내딛고, 위압의 자세(位詰)6)로 전진한다.
⑤ 왼발을 빼는 것과 동시에, 격자부의 왼 능각으로 왼쪽으로 누른다.	⑤ 3보 위엄세로 나가려고 한다(進む).
⑥ 칼끝을 내리면서 왼발부터 뒤로 보통 걸음으로 3보 뺀다.	⑥ 칼끝을 얼굴 중심에 댄다(つける).
⑦ 칼끝을 올려 중단이 된다.	⑦ 상호 중단이 되면서 왼발, 오른발을 뺀다.
⑧ 오른발, 왼발, 오른발로 나가 맞선위치로 돌아온다.	⑧ 뒤로 왼발 오른발 왼발을 빼고, 맞선위치로 돌아온다.
⑨ 원위치로 돌아간다.	

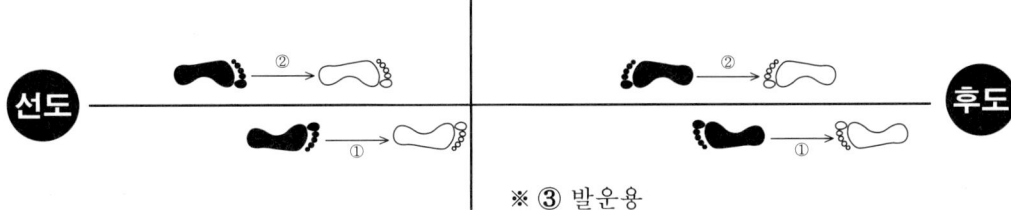

※ ③ 발운용

---
6) 위공세_위힐(位詰)이란 높은 기세로 상대를 정신적으로 압박하고, 유리한 자세를 갖추어 상대를 몰아가는 것

3본 보충 설명

① 하단의 칼끝의 높이는 상대의 무릎보다 약 3~6㎝ 아래로 한다.
② 기쟁이란, 쌍방이 먼저 공세하려는 기의 다툼을 말한다.
　　상호 중단이 되어 칼이 10cm 정도 겹치는 것은 교인이라한다. 기타 본은 촉인이다.

③ 왼호(鎬)로 스쳐들어가 찌를 때 잡이손(手元)이 올라가지 않도록 하며, 조인 양손의 호구와 칼등이 일치되도록 한다.	③ a.상대의 칼을 잡이손(手元)으로 느슨하게 하고, 곧바로 되찌르는 것을 받아찌름(入れ突き)이라 한다. b.몸을 빼지 않고 손으로만 빼면, 되찌를 때의 거리가 정확해지지 않기 때문에, 선도가 나오는 정도에 따라서 빼는 것에 충분히 주의해야 한다. c.선도의 칼을 느슨하게 하는 정도는, 선도의 검선(劍線)이 몸을 벗어나는 정도로 한다. d.느슨하게 만들 때, 왼주먹이 정중선에서 벗어나지 않도록 하고, 칼날은 우하향하고, 되찌를 때는 바로 아래로 향한다. e.되찌를 때는, 선도가 찌르는 칼몸과 후도 칼몸의 경계가 떨어지지 않도록 한다.
④ a.후도가 되찌를 때, 칼끝을 후도의 칼날 아래에서 돌리고, 양손을 약간 뻗어 좌자연체의 자세가 되며, 검선은 후도의 목을 겨누고 오른능각으로 오른쪽으로 누른다. b.칼날은 약간 우하향 한다. c.오른발을 빼는 방법은, 후도가 들어오는 것만큼 정확하게 한다. d.왼주먹은 정중선에서 벗어나지 않는다.	④ a.위엄세(위힐:位詰)란 몸공세로 상대에 대해 우세한 자세를 갖추고, 충실한 기위로 상대를 서서히 몰아붙이는 것을 말한다. b.찌름의 기세로, 왼발을 내딛고(2번 찌름은 하지 않는다.)기위로 압박한다.
⑤ a.칼끝을 후도의 칼날 밑에서 되돌리고, 우자연체의 자세가 되며, 검선은 후도의 목을 겨누고 왼능각으로 왼쪽으로 누른다. b.칼날은 약간 좌하향 한다. ⑥ 후도의 기위에 눌려 칼끝을 내려서 물러선다. b.내린 칼끝은 위에서 보았을 때 후도에 몸에서 약간 벗어난다. ⑦ 후도가 존심을 충분히 나타낸 후, 칼끝을 올리기 시작한다.	⑤⑥ 곧바로 오른발부터 작은 걸음으로 3보 빠른 위엄세로 나가면서, 칼끝을 가슴에서 점차 들어, 얼굴의 중심에 대고, 존심을 나타낸다. ⑦ 선도가 칼끝을 들기 시작하는 것과 동시에, 칼끝을 내려 중단이 되면서 왼발, 오른발 순으로 뺀다.

4본 음양의 자세에서 서로 나아가, 후도가 후의 선으로 이긴다.

선도(어깨칼, 八相)	후도(허리칼 자세)
① 왼발을 앞으로 내디디면서, 어깨칼 자세를 취한다.	① 오른발을 뒤로 빼고, 허리칼 자세를 취한다.
② 앞발부터 3보로 1족1도의 거리로 나간다.	
③ 거리에 접하면, 기회를 봐서 어깨칼 자세에서 좌상단으로 변화시켜, 오른발부터 내딛는 동시에 후도의 정면을 친다.	③ 허리칼 자세에서 좌상단으로 변화시켜, 오른발부터 내딛는 동시에 선도의 정면을 친다.
④ 쌍방이 서로 칼날을 부딪치며(切結) 상격(相打)이 된다.	
⑤ 쌍방 같은 기위로 서로의 칼몸의 호(鎬)를 깎듯이 하면서, 자연스럽게 상호 중단이 된다.	
⑥ 기회를 봐서 칼날을 조금 우향하여 나감과 동시에, 격자부의 왼쪽 호로 감아눌러(拳き押さ)—스쳐들어(すり込み)가면서 「얍-」 기합으로 후도의 오른 폐(右肺)를 찌른다.	⑥ 선도가 감아누르면서 스쳐들어오며 찌르는 순간, 왼발을 왼쪽 앞으로, 오른발을 그 뒤로 옮김과 동시에 크게 되감아(拳き返し) 「도-」 기합으로 선도의 정면을 친다.
⑦ 상호 중단이 되면서 맞선 위치로 돌아온다.	
⑧ 원위치로 돌아간다.	

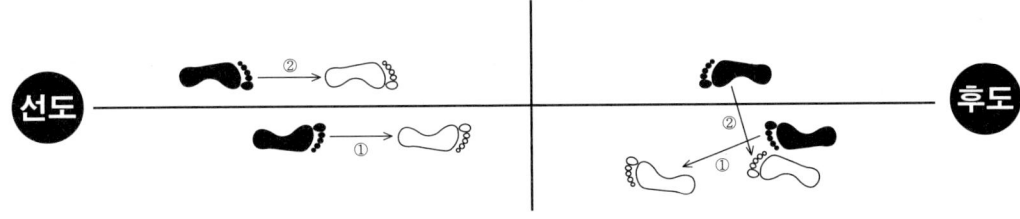

※ ⑥ 발운용

4본 보충 설명

① a. 자세를 잡을 때는 왼발을 내밀고, 칼을 중단에서 크게 양손좌상단으로 들어올리는 기분으로 자세잡고, 칼날은 후도를 향한다.

b. 양손좌상단의 자세에서, 그대로 오른주먹을 오른 어깨 근처까지 내린 형태로, 칼을 잡는 위치는 코 등이를 입 높이로 하고, 입에서 약 한 주먹 떨어지게 한다.

c. 좌상단을 하는 기분이지 좌상단 했다가 어깨칼 자세가 되는 것은 아니다.

d. 왼주먹의 위치는 거의 정중앙으로 하고, 칼몸의 기울기는 후상방 약 45도로 한다. 칼날은 상대를 향한다.

e. 오른발 끝은 약간 우향하고, 발꿈치가 마루에 닿지 않도록 주의한다.

f. 상체는 좌자연체이나 약간 우향하는 기분.

① a. 자세를 잡을 때는 오른발을 뒤로 물리면서, 칼을 중단에서 오른주먹이 입 높이를 통과할 정도로 크게 오른허리칼을 하고, 좌반신이 된다.

b. 칼끝은 뒤로, 칼날은 반우향 밑으로(수평에서 45도 하향) 향하고 특히 칼몸이 선도에게 보이지 않도록 한다.

c. 칼끝은 하단 자세에서 약간 내린 위치로 잡는다.

d. 왼주먹은 배꼽에서 반우향 밑에 두고, 배꼽과는 한 주먹 벌려서 띄우고 위치한다. 이때 왼손목은 구부리지 않는다.

e. 오른발 끝은 약간 우향하고, 발꿈치가 마루에 닿지 않도록 주의한다.

f. 상체는 좌반신(½정도의 우향)이 된다.

② 보폭은, 약간 작게 3보 전진한다.

③ a. 쳐드는 정도는, 양팔 사이로 상대가 보일 정도로 한다.
b. 정면으로 치고 들어갈 때는 양손을 충분히 뻗고, 똑바로 쳐 내린다.
c. 4본은 큰 기술을 보이는 것이므로, 크게 뻗도록 하는 것이 좋다. 따라서 거리를 조절하는 것에 특히 주의해야 한다.
d. 일단 상단을 취하고 치고 들어가는 것이 아니라, 쳐드는 것과 치는 것이 한 박자로 이루어진다.

④ 상격일 때 서로의 격자부는 상대의 머리에 가까이 놓여있어야 한다.

⑤ 상격이 된 후, 거리가 너무 가깝게 된 경우는, 선도가 왼발부터 물러나 거리를 잡는다.

⑥ a. 상체는 약간 앞으로 기울인다.
b. 칼끝의 높이는 수평보다 약간 낮게 하고, 칼날은 우향한다.
c. 눈길은 상대에게서 벗어나지 않게 하고, 얼굴은 후도를 향한다.

⑥ a. 왼주먹을 머리위로 들어 올림과 동시에, 몸을 왼쪽으로 옮기고, 칼날을 뒤로 해 되감는다.
b. 비스듬히 치지 않도록 똑바로 크게 휘둘러 친다.
c. 일단 머리위에서 멈춰 치는 것이 아니라 되감는 것과 치는 것이 한 박자로 이루어진다.

⑦ 후도에게 존심을 나타내게 하며, 중단을 취하면서 왼발부터 맞선위치로 돌아온다.

⑦ 2본과 마찬가지의 형태로 나타나지 않으므로, 충실한 존심의 기위를 나타내면서, 오른발부터 맞선 위치로 돌아온다.

5본
상단과 중단에서 서로 선의 기위로 나가, 후도가 선선의 선으로 이긴다.

선도(양손 좌상단)	후도(중단)
① 좌상단 자세를 취한다.	① 검선을 선도의 왼주먹에 맞추어 중단 자세를 취한다.
② 앞발부터 3보로 1족1도의 거리로 나간다.	
③④ 거리에 접하면, 기회를 봐서 오른발부터 딛고 나감과 동시에, 좌상단에서 「얍-」 기합으로 후도의 정면을 친다.	③ 왼발을 뺌과 동시에, 왼호로 선도의 칼을 스쳐올려(すり上げ) 오른발부터 내디딤과 동시에 「도-」 기합으로 선도의 정면을 친다. ④ 칼끝을 얼굴 중심에 맞추면서 오른발부터 빼어 좌상단으로 치켜올려 존심을 나타낸다.
⑤ 칼끝을 올려, 상호 중단이 된다.	⑤ 왼발을 빼어 칼끝을 중단으로 내려, 상호 중단이 된다.
⑥ 뒤로 왼발부터 작은 걸음 3보로 맞선위치로 돌아온다.	⑥ 앞으로 오른발부터 작은 걸음 3보로 나와, 맞선 위치로 돌아온다.
⑦ 원위치로 돌아간다.	

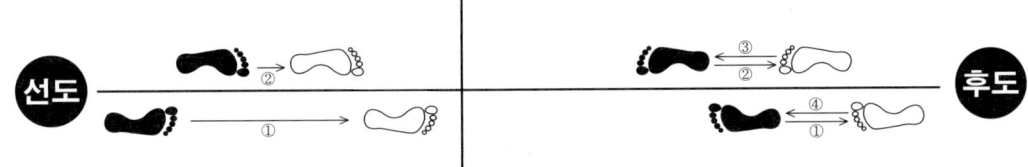

※ ③ 발운용

5본 보충설명

	① 왼주먹(手元)은 약간 앞으로 옮겨 자세를 잡는다.
③④ a.턱까지 베어 내린다는 기분으로 쳐내린다. b.후도의 칼을 목표로 쳐내리지 않도록 한다. c.스쳐올림을 당할 때, 칼은 죽은 칼이 되고, 자세를 푼 정도까지 떨어진다.	③ a.스쳐올림은 양팔 사이로 상대의 신체가 보일 정도로 하고, 떨쳐-머리(払い面)가 되지 않도록 주의한다. b.스쳐올림은, 선도의 칼을 머리 위까지 충분히 끌어붙여 격자부의 왼 능각으로 한다. c.칼끝이 뒤로 내려가지 않도록 하고, 한 박자로 정면을 친다.
⑤ 후도가 충분한 존심을 나타낸 것을 확인한 후, 칼끝을 들기 시작한다.	⑤ 선도가 칼끝을 들어올리기 시작하면, 동시에 상호중단이 된다.

6본 중단과 하단에서 서로 선의 기위로 나아가, 후도가 후의 선으로 이긴다.

선도(중단)	후도(하단)
① 중단을 취한다.	① 하단을 취한다.
② 앞발부터 3보로 1족1도의 거리로 나간다	
③ 거리가 접하면, 후도가 칼끝을 올리기 시작하므로 이와 동시에 칼끝을 내리기 시작한다.	③ 기회를 보고 칼끝을 중단으로 들기 시작한다.
④ 오른발을 뒤로 빼어 양손좌상단으로 들어올린다.	④ 오른발부터 크게 1보 공세로 나간다.
⑤ 곧바로 왼발을 뒤로 빼어 중단이 되며, 기회를 봐서「얍-」기합으로 후도의 오른손목을 작은 기술로 친다.	⑤ 선도의 칼을 왼발을 왼쪽으로 벌림과 동시에, 작게 오른호로 스쳐올려(すり上げ) 오른발을 내디디며「도」기합으로 선도의 오른손목을 친다.
⑥ 칼끝을 내려, 왼발부터 반좌향 뒤로 크게 물러난다.	⑥ 왼발을 내밀면서, 좌상단으로 들어올려 존심을 나타낸다.
⑦ 오른발로 상호 중단이 되면서, 맞선 위치로 돌아온다.	
⑧ 원위치로 돌아간다.	

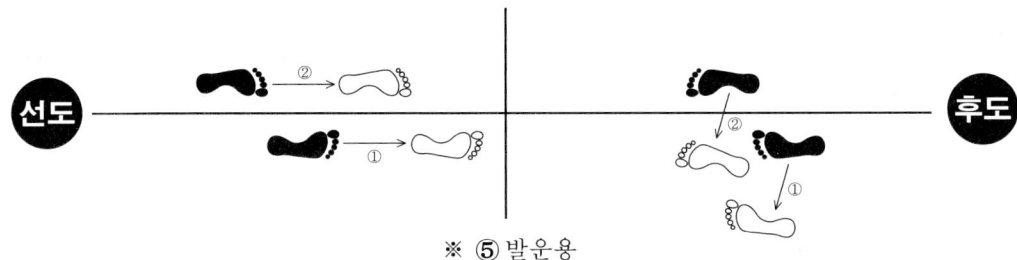

※ ⑤ 발운용

6본 보충 설명

① 후도가 하단이 되더라도 칼끝을 내리지 않는다.	
③ a.후도의 공세를 누르기 위해 칼끝을 내린다. b.칼끝을 내릴 때, 칼날이 우향되지 않도록 한다.	③ 선도의 양주먹 중심을 공격세하는 강한 기세로 칼끝을 올린다.
④ 양쪽의 칼이 서로 만나려는 순간, 후도의 공세에 대해, 기세를 누를 수 없기 때문에 상단으로 들어 올린다.	
	④ 곧바로 중단에서 검선을 선도 좌상단의 왼주먹에 겨누면서 공세로 나간다.
⑤ a.후도가 공세로 나오므로 곧바로 중단이 된다. b.후도의 ④에서 ⑤로 변화되는 자세 속에 손목이 보이므로 작은 기술로 오른손목을 친다.	
⑥ a.이때 칼날은 우향하도록 하고, 칼끝은 후도의 오른무릎에서 약간 밖으로 벗어난다. b.칼끝은 하단보다 약간 낮은 높이까지 떨어진다. c.후도와 정대하지 않고 뺀다.	⑤ a.후도 역시 이에 맞춰 중단이 된다. b.작게 반원을 그리는 기분으로 스쳐올려, 한 박자로 바르게 오른손목을 친다. c.손운용을 이용해 작게 친다. ⑥ 칼끝을 선도의 양눈 사이를 찌르듯 공격하면서, 존심을 나타낸다.
⑦ 후도가 충분히 존심을 나타낸 후, 맞선 위치로 되돌아오기 시작한다.	⑦ 선도가 움직이기 시작한다면, 맞선 위치로 되돌아오기 시작한다.

7본 상호 중단에서 서로 선의 기위로 나아가, 후도가 후의 선으로 이긴다.

선도(중단)	후도(중단)
① 상호 중단이 되어 앞발부터 3보로 1족1도의 거리로 나간다.	
② 거리에 접하면, 기회를 봐서 오른발부터 1보 경쾌하게(軽く) 내딛고, 양손으로 후도의 가슴을 찌른다.	② 왼발부터 몸을 뒤로 뺌과 동시에, 양손을 내밀어(伸ばし), 격자부의 왼호로 선도의 칼을 받는다.
③④ 상호 중단이 되어, 왼발을 내딛고, 오른발을 내디딤과 동시에 「얍-」 기합과 함께 몸 던지기(捨て)로, 후도의 정면을 양손으로 친다.	③ 상호 중단이 되어, 오른발을 반우향쪽 앞으로 벌려, 왼발을 오른발 앞으로 내디뎌 몸이 서로 스쳐지나가면서 「도-」 기합으로 선도의 오른허리를 양손으로 치고, 오른발을 내디뎌 왼발의 반우향 앞으로 가볍게 무릎 꿇는다.
	④ 허리칼 자세를 취한 후 존심을 나타낸다.
⑤ 상체를 세워 칼을 크게 들면서, 오른발을 축으로 왼발을 뒤로 빼고, 후도와 정대해 칼끝을 중단 정도로 맞춘다.	⑤ 동시에, 충실한 기세로 칼을 들어올리면서 왼쪽으로 방향을 바꾸어 선도와 정대하고, 칼끝을 중단 정도로 맞춘다.
⑥ 왼발부터 뒤로 빼어, 상호 중단이 된다.	⑥ 오른발을 내디뎌 일어나, 상호 중단이 된다.
⑦ 서로 떨어지지 않도록 하여, 왼발부터 맞선 위치로 돌아온다.	
⑧ 7본의 경우에는 일단 대도의 본이 끝나므로, 준거해 서로 칼을 꽂고 원위치로 되돌아가 입례한다.	

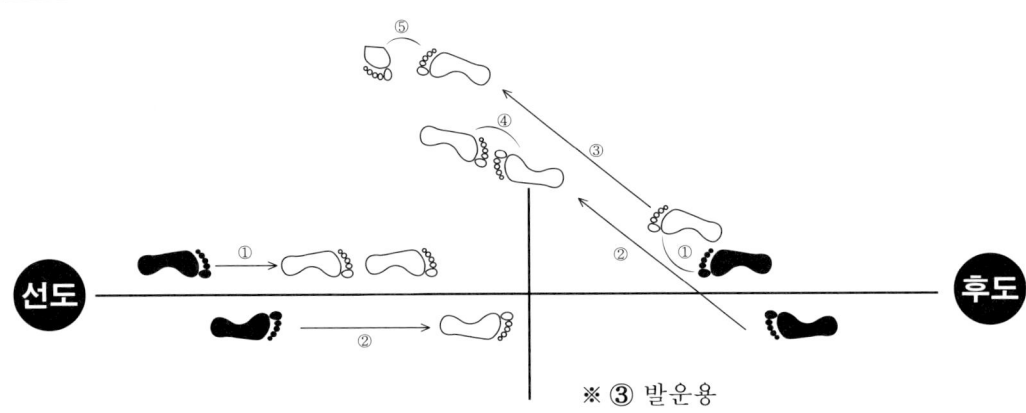

※ ③ 발운용

대도의 본에서 소도의 본으로 옮기는 경우

선도	후도
① 준거로 기다린다.	① 소도로 교체한다.

7본 보충 설명

② a.이때 충실한 기세로 칼날을 약간 우향으로 비틀어 왼 능각으로 스쳐넣으면서 가슴을 바르게 찌른다. 「느낌 : 氣받음(氣當たり)」 b.기받음이란 상대를 「치겠다」「찌르겠다」는 기세로 공격해, 상대 마음의 반응을 보거나, 움직임을 예지하기 위한 것이다.	② a.선도가 나오는 정도에 따라 몸을 물러나면서, 칼날을 좌향하게 하여 격자부의 왼호로 선도의 칼을 찌름의 기세로 받치고, 이때의 기위는 서로 같다. b.양쪽의 칼끝은 약간 올라가고, 교차한 격자부의 높이는 대충 어깨 높이로 한다.
③④ a.왼발을 내디디면서 칼을 들어 오른발을 내딛고 몸을 내던지며(捨て身) 치고 들어가는 것으로, 몸은 약간 크게(1본, 4본에 비해) 앞으로 기운다. b.이 때, 선도의 눈길은 떨어지지만, 치고 난 후 곧바로 후도를 향한다. c.앞으로 곧게 나가 친다.	③ a.오른발을 벌릴 때, 상체는 이동하지 않는다. b.왼발은 오른발 앞으로 내디딜 때 칼을 바로 세워 허리를 친다. c.스쳐 지나치면서 허리를 칠 때, 선도의 몸은 변화하지만, 눈길은 상대로부터 떨어지지 않도록 한다. d.양손은 충분히 뻗고, 칼과 손은 거의 평행(오른 어깨의 연장선)으로 오른쪽 앞으로 기울인다. e.이때 오른무릎은 마루에 대면서 오른발바닥을 세우고, 왼발은 상대를 향하게 하여 왼무릎을 세운다. ④ 그 후, 절도 있게 칼을 돌려 허리에 대고 존심을 나타낸다.
⑤ 일단, 허리칼이 되고 난 후 칼을 드는 것이 아니라, 몸을 일으키면서 칼을 쳐든다.	⑤ 이때 오른 무릎을 축으로 오른발을 오른쪽으로 옮겨 선도와 정대한다.
⑥ 칼끝이 교차한 후, 후도를 끌어 일으키는 느낌으로 칼을 떼지 말고 왼발부터 뒤로 뺀다.	⑥ 선도의 움직임에 계속 대응하면서, 충분한 기세로 오른발을 내딛고 일어선다.

⑦ a.충만한 기세로 정대하고, 서로 절선(切先)이 떨어지지 않도록 하여 보통 걸음으로 맞선 위치로 돌아온다.

b.맞선 위치로 돌아올 수 있도록 주의한다.(거리가 선도보다 후도가 ⅓정도가 짧기 때문)

⑧ a.납도한다.

b.원래 위치로 돌아온 후, 허리에서 칼을 풀어 오른손으로 옮겨 잡는다. 목도의 경우에는, 몸의 중앙에서 왼손에서 오른손으로 옮겨, 양손을 자연스럽게 하고 입례한다.

c.허리에서 칼을 푸는 요령은, 왼손으로 칼을 오른쪽 앞으로 내밀면서, 오른손을 왼손의 내측으로 보낸다. 오른손 엄지손가락을 코등이에 걸고 나머지 4손가락으로 칼집 입구 가까이 쥔다. 왼손을 좌측 허리띠로 보내 오른팔꿈치를 펴서 탈도한다.

① a.이어 소도의 본을 행하는 경우, 후도가 소도로 바꾸는 사이, 준거로 기다린다. b.이때, 대도를 오른손으로 쥔 채, 칼 자루머리(柄頭)를 안으로 해서 오른쪽 허벅지 위에 놓는다. c. 후도가 일어서서 원위치로 돌아오는 순간 일어서기 시작한다.	① 뒤로 물러나면서 소도가 놓여있는 위치로 이동해 하좌 우측의 무릎을 꿇고 대도를 놓고, 소도를 쥐고, 일어서 원위치로 돌아온다.

소도의 본

소도 1본

선도(양손 좌상단)	후도(중단 반신)
① 왼발을 앞으로 내밀며, 양손 좌상단으로 자세를 취한다.	① 중단 반신 자세를 취한다.
② 앞발부터 3보로 1족1도의 거리로 나간다.	
③④⑤ 거리에 접하게 되면, 후도가 입신하려 하기 때문에, 오른발부터 내디디며, 「얍-」 기합으로 후도의 정면을 친다.	③ 입신하려 한다. ④ 오른발부터 오른쪽 비스듬히 앞을 몸을 내밀면서 오른쪽으로 벌림과 동시에 왼쪽호(鎬)로 받아흘리고(受け流し), 「도-」 기합으로 선도의 정면을 친다. ⑤ 왼발부터 1보 물러나 상단으로 존심을 나타낸다.
⑥ 일단 그 자리에서 상호 중단이 된 후, 서로 왼발부터 맞선 위치로 돌아온다.	
⑦ 자세를 풀고, 원위치로 돌아간다.	

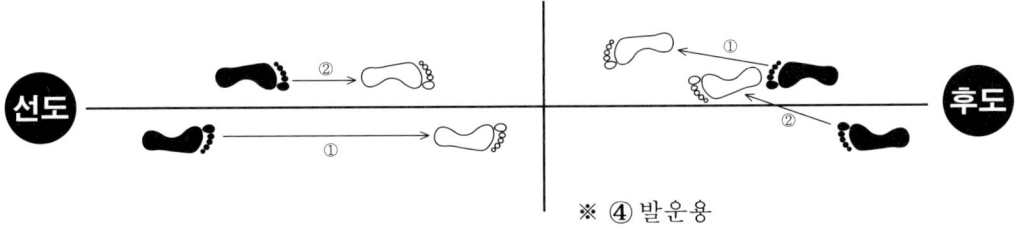

※ ④ 발운용

소도 1본 보충설명

	① 상단에 대한 중단 반신의 자세는, 오른발을 약간 앞으로 내밀고 왼쪽 어깨를 당겨서, 칼 끝의 수평 높이는 선도의 얼굴 중심을 겨눈다. 중단 반신의 길이는 상대의 중단과 같아야 한다.
② 서로 앞발부터 3보 거리로 나간다.	
③ 후도가 공격권 안으로 진입하므로, 양손 좌상단에서 반동을 붙이지 말고, 바르게 완강하게 후도의 정면으로 내려친다.	③ a.입신이란 기세를 충실히 하여, 상대의 수중(手元)에 뛰어 들어가는 상태를 말한다. b.「입신하려 한다」라는 것은 들어 가려고하는, 나가기 직전의 내면적 상태를 말한다.
④ 눈길을 벗어나지 않게 하고, 얼굴을 후도 쪽으로 향한다.	④ a.오른손을 머리 위로 들고, 칼날은 뒤로 하며, 왼호로 받아 흘린다. b.받아 흘림이란, 손운용을 유연하게 하고 바르게 한다. c.오른발부터 반우향 앞으로 벌릴 때, 몸을 너무 벌리지 않도록 주의한다. ⑤ a.상단을 잡을 때, 칼끝을 얼굴의 중심에 댈 필요는 없다. b.확실히 정면을 치고서 존심을 나타내며 반사적으로 취하지 않는다. c.오른주먹은 이마 앞 위로 하고, 칼끝은 약 45도 후상방을 향한다.
⑥ 소도 1본만, 그 자리에서 서로 중단이 된다.	
	⑦ 소도의 자세를 푸는 방법은, 왼손을 왼허리에서 내리고, 칼끝은 상대의 몸에서 약간 벗어나도록 내리고, 날은 좌향 비스듬히 밑으로 향한다.

소도 2본

선도(하단)	후도(중단 반신)
① 하단 자세를 취한다.	① 중단 반신 자세를 취한다.
② 앞발부터 3보로 1족1도의 거리로 나간다.	
③ 거리에 접하게 되면, 하단에서 중단이 되려 한다.	③ 선도의 칼을 제압해 입신하려 한다.
④ 오른발을 뒤로 물러 허리칼 자세를 취한다.	④ 곧바로, 재차 중단으로 입신하며 공세로 들어간다.
⑤⑥ 허리칼에서 변화해 좌상단으로 쳐들고, 오른발부터 내디딤과 동시에 「얍-」 기합으로 후도의 정면을 친다.	⑤ 왼발을 반좌향 앞으로, 오른발을 그 뒤로 나가면서 몸을 왼쪽으로 벌리는 것과 동시에 오른쪽 호(鎬)로 받아흘려,(受け流し) 몸을 돌려 「도-」 라는 기합으로 선도의 정면을 친다. ⑥ 선도의 팔죽지(二の腕)을 제압하며 존심을 나타낸다.
⑦ 선도는 왼발부터, 후도는 오른발부터 상호 중단이 되면서 맞선 위치로 돌아온다.	
⑧ 원위치로 돌아간다.	

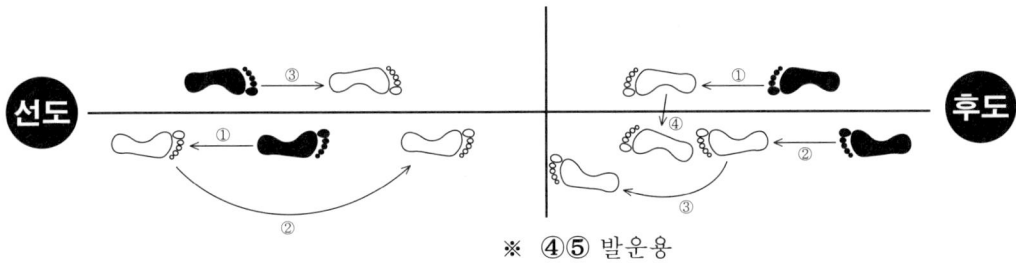

※ ④⑤ 발운용

소도 2본 보충 설명

	① 하단에 대한 중단 반신의 자세란, 오른발을 약간 앞으로 내밀고 왼어깨를 당기며, 칼끝은 선도의 가슴 높이로 잡고, 약간 낮게 자세를 잡는다.
③ 이것은 방어한다는 의미다.	③④ a.하단에서 중단이 되려 하는 순간, 제압해 입신하려 할 때의 칼날은, 우향으로 비틀어 서서히 내린다.
④ 크게 하지 않고, 칼끝을 재빨리 오른쪽 아래 비스듬히 하고, 허리에 댄다.	b.오른발부터 1보 나아가, 칼끝을 선도의 목 높이로 해 중단(자연체)으로 공세하며 들어간다.
⑤⑥ a.상단으로 쳐드는 정도는, 양팔 사이에서 상대의 몸이 보이는 정도다. b.비스듬히 치지 않도록 한다. c.허리에서 상단, 치는 동작은 한 박자로 행한다. d.눈길을 떼지 않고, 얼굴을 후도로 향한다.	⑤ a.오른손을 머리위로 들어 칼날을 뒤로 하고, 오른호로 받아흘린다. b.확실하게 머리를 치고, 존심의 행동으로 옮긴다.
	⑥ a.존심의 경우 관절(팔꿈치)에서 약간 상부를 위에서 눌러, 팔의 자유를 제압함과 동시에, 오른주먹을 오른허리에 대고 칼날은 약간 우향하고, 검선(劍線)을 목에 겨눈다.(소도 3본도 같다.) b.존심을 취할 때, 특히 몸을 내밀어 접근하지 않도록 한다.

소도 3본

선도(중단)	후도(하단 반신)
① 중단 자세를 취한다.	① 하단 반신 자세를 취한다.
② 오른발, 왼발 순으로 거리로 나간다.	② 하단 반신인 채로 오른발부터 거리로 나가, 입신하려 한다.
③ 이어 오른발을 내디딜 때, 후도가 입신하려 하기 때문에 중단에서 우상단으로 쳐들어, 「얍-」 기합으로 후도의 정면을 친다.	③ 선도의 칼을 스쳐올리고(すり上げ), 왼쪽 비스듬히 앞 아래쪽으로 스쳐떨어트린다(すり落とす).
④ 곧바로 왼발을 내디며, 후도의 오른허리를 친다.	④ 왼발을 왼쪽 비스듬히 앞으로 내딛고, 몸을 오른비스듬히 여는것과 동시에, 허리를 치고 들어오는 칼을 왼호(鎬)로 스쳐흘리며(すり流し), 「도-」라는 기합으로, 그대로 왼호로 선도의 코등이 쪽으로 스쳐밀며(すり込み), 소도의 날부분의 쇠태7)로 눌러, 입신이 되며, 선도의 팔죽지를 누른다.
⑤ 왼쪽 비스듬한 후방으로 오른발, 왼발, 오른발 순으로 보통걸음으로 뺀다.	⑤ 왼발, 오른발, 왼발 순으로 보통 걷기로 3보 공세하며 들어가 존심을 나타낸다.

⑥ 선도는 오른발부터, 후도는 왼발부터 서로 중단이 되면서, 맞선 위치로 돌아온다.
⑦ 준거해서 서로 칼을 꽂고 원위치로 돌아가 상호 예를 취한 후, 상좌 쪽으로 인사를 하고 끝낸다.

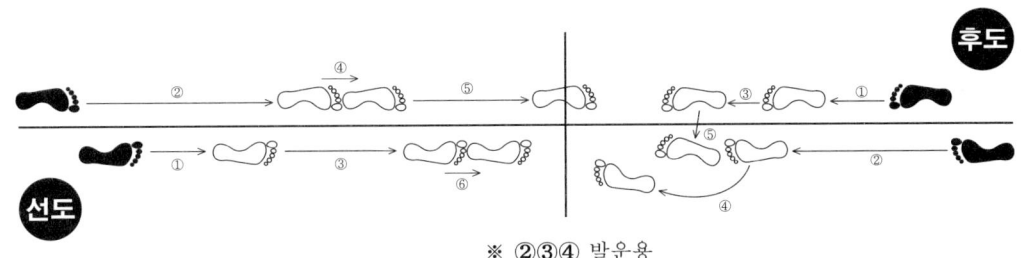

※ ②③④ 발운용

---

7) 도검의 날밑 앞뒤에 끼워 날밑이 움직이지 않고 칼몸이 빠지지 않게 하는 쇠붙이(銅護刃)

소도 3본 보충 설명

① 하단에 대해, 칼끝을 내리지 않는다.	① 하단 반신의 자세는, 오른발을 약간 앞으로 내밀고, 왼쪽어깨를 당겨, 칼끝의 높이는 대도의 하단 높이에 준한다. ③ a.입신하려는 것을 정면으로 내리치기 때문에, 이 칼을 왼호로 스쳐올려 스쳐떨어뜨린다. b.후도의 칼끝은, 선도의 몸에서 약간 벗어난다.(높이는 선도의 배꼽정도) ④ a.손목을 부드럽게 해서, 스쳐떨어뜨린 위치에서, 오른주먹이 높이 올라가지 않도록 옆으로 한일자로 복부의 앞을 지나 오른쪽으로 옮기고 스쳐흘린다. b.왼발을 왼쪽 비스듬히 앞으로 내미는 것과 동시에 몸을 오른쪽으로 돌려 왼호로 스쳐흘린다. c.후도의 코등이가, 선도의 코등이와 접하도록 누르면서 스쳐밀어넣고, 칼날을 아래로 해서 손목을 세운다. d.스쳐밀어넣기가 끝났을 때, 후도의 쇠테는 선도의 쇠테와 직각이 된다. e.소도와 대도는 대략 열십자로 교차시킨다. f.관절보다 약간 상부를, 약간 옆으로 눌러 팔의 자유를 제압한다. 퇴장 의식 ① 뒤로 물러나 대도가 놓여있는 위치로 이동하고, 하좌 우측의 무릎을 꿇고 대도를 맞춰 쥐고 일어나 좌례 위치로 간다.

② 서로 마주보며 앉아, 좌례하고 칼을 들고 일어나, 후도는 선도의 진로를 열고, 선도를 따라 퇴장한다.

퇴장 의식	
선도	후도
① 좌례의 위치로 간다.	① 대도, 소도를 가지고 좌례의 위치로 간다.
② 좌례한 후, 퇴장한다.	

참고문헌

日本劍道形解說書	全日本劍道連盟	1981년 12월7일 제정
全解 日本劍道形 增補版	《劍道日本》編集部	1987년
검도본 해설서	김덕선	1990년
김덕선의 본연구	《월간검도》	2002년 6월~2003년 3월 연재
幼少年劍道指導要領	全日本劍道連盟	1995년 李虎岩 譯
詳解 全日本劍道連盟居合	《劍道時代》編集部	1995년 6월25일
검도	李種林	1995년 9월20일
劍道講習會資料	全日本劍道連盟	2011년 4월1일
劍道	高野弘正	1942년
劍道	三橋秀三	1972년 3월1일
劍道敎本	金應文	1976년 2월5일

※ 전일본검도연맹 『검도강습회 자료』 「일본검도형」 2002년 판을 중심으로 원본(1933년)을 살리고, 보충 설명에서 개인적 해석을 첨부시켰다.

검도의 본(本) 소고(小考)

한판의 시대적 배경

에도시대 초기(야규 무네요시 柳生宗嚴 1529년 ~ 1606년)

신음류가 보인 '열십자 치기(合擊)', 一刀流의 '키리오토시(切り落とし)' 등이 '일도(一刀)' 비법이 되면서, 지극히 단순한 일도에서 모든 칼에 이기는 기법이 체계화된다. 다양하게 변화하며 날아오는 칼을 상대로 일도가 통용되기까지 반복 또 반복하여 음미하는 방법은 '본(本) 계고'로 정착하여, 최종적으로 '적의 기(機)를 보는 마음'(見切)을 기를 것을 도모하게 되었다. (機 : 대립하고 있는 것이 상호작용하여 다른 상황으로 변화하는 순간)

에도시대 중기 무렵

본 계고를 보완하기 위해 직심영류(直心影流)인 나가누마 시로자에몬(長沼四良左衛門)과 일도류의 나카니시 추조(中西忠蔵) 등은 머리, 손목, 허리, 목 등을 보호하는 호구(검도구)와 죽도의 고안 및 개량에 따른 '죽도 공격 계고법'을 탄생시켰다. 이것이 긴박한 '승부의 장'을 재현하기 위한 시합 계고를 가능하게 하면서 많은 유파에 받아들여지면서 타류와의 교류의 장이 되었다. 호구와 죽도를 사용하여 서로 겨루는 시합에 의해 본 계고의 '一刀'를 음미하게 된 것이다. 여기에서 일도에 담긴 의미를 이어받은 '한판'이 탄생한다.

치바 슈사쿠(千葉周作, 1794-1855)

격자부위를 정해 판정을 명확히 함과 동시에 심기력일치(心氣力一致)의 격자, 즉 '한판'을 목적으로 하는 〈검술 68수〉 기법을 체계화하고 보급시켰다.
(현대 검도의 시조 北辰一刀流, 문하: 사카모토 료마)

1895년 대일본무덕회가 설립

1911년에는 격검이 학교 교육의 정규 과목으로 추가 문부성이 격검을 통일적 보편적으로 가르치기 위해 무덕회와 동경사범대학에 검도형을 의뢰 1912년에 〈대일본제국검도형〉이 제정

1915년 타카노 사사부로(高野佐三郎)
《검도》를 저술하고, 치바 슈사쿠의 〈검술 68수〉를 '한판'의 사상과 더불어 〈수법 50종〉으로 계승하면서 형, 시합, 치고 들어가기의 세 가지 연습법으로 오늘날의 검도 지도의 기초를 형성(현대 검도의 아버지)

1919년 '검술. 격검'을 '검도'로 변경
니시쿠보 히로미치(西久保弘道)는 무덕회를 대표하여 "무도 본래의 목적은 육체를 완전히 단련하고 정신을 충분히 수련하는 것"
무의 명칭을 '술(術)'에서 '도(道)'로 바꾸어야 한다고 주장하여 지나친 경기화에 대해 경종을 울렸다.
1926년에 문부과학성은 학교 체육상의 명칭을 '검도'로 하였다.

1927년에 대일본무덕회의 〈검도시합 심판규정〉에
"격돌(擊突)은 충실한 기세와, 칼의 궤적(刃筋)을 바르게 한 기술, 그리고 적법한 자세로써 행함을 유효로 한다."라는 세 가지 조건이 명문화

1975년에 〈검도의 이념〉 제정
이념을 토대로 〈검도시합·심판규칙〉의 재검토와 개정이 이루어져, '한판'은 "충실한 기세, 적정한 자세를 가지고, 칼의 궤적(刃筋)을 바르게 하여 죽도의 격자부로 격자 부위를 타격하고, 殘心이 있는 것으로 한다."
(검도시합·심판규칙 제12조) 명문화

2003년 〈검도지도의 마음자세〉 제정
죽도의 의미. 예법. 평생검도의 지침을 확립한다.

한판(검도)의 발생과 진화
柳生(1600년경)→ 호구.죽도개발(1700년경)→ 千葉周作(1800년경)→ 高野左三郎(1900년경) → 全劍聯 검도 이념. 殘心(1975)→ 검도 지도의 마음자세(2003)

검도 문화는 상기 과정으로 인간의 보편성에 따라 400여 년간 일관된 가치관을 유지한다. 검도는 한칼한판(一刀一本)이 진화되어온 무도이자 스포츠이다.
일대일 관계에서 죽도를 이용하여 한판을 득점으로 하는 경기화를 통하여 대중적이고 국제적인 스포츠로서 즐거움과 건강을 주는 체육종목이다.
또한 검도는 수신을 목적으로 생겨나 그 후 '사람이 되어가기 위한 지침'으로 다듬어져 우수한 전인교육 방법으로 확립된 것이다.

'일도의 사상'을 한판에 어떻게 발현시킬 것인가?
무도의 목적인 수신과 스포츠의 장점을 어떻게 조화시킬 것인가?
"첫 칼 정면 한판을 어떻게 할 것인가?" (初太刀一本面)
검도 현재와 미래의 큰 과제이기도 하며, 매우 중요한 테마로 이어져오고 있다.

검도의 본(形) 제정 유래

현재 전일본검도연맹이 정식으로 채택하고 있는 일본검도형은 구(旧) 대일본무덕회가 1912년에 제정하고, 1917년에 주석을 달고, 나아가 1933년에 주석을 달아 증보한 것을 원본으로 하며, 그것을 1981년에 표현을 현대식으로 개정하여 제정한 해설서에 따른 것이다.

일본에서 검도(당시 격검)가 중학교의 정규과목으로 채택되고 나서 학교마다 사범들이 지도하던 각 유파의 본(形)은 그 수가 여러 수백 가지가 있었다. 유파 모두가 특징이 있었지만 때로는 형으로서의 의의를 져 버리거나 혹은 실지 시합에서는 불필요하여 수업에 불편한 점이 있었다. 이에 지도의 보편성. 효율성. 통일성을 위해 검도의 본을 제정할 필요가 있었다.

문부성의 의뢰로 일본 무덕회가 주최가 되고 동경고등사범학교와 서로 협의 하에, 명치 44년(1911) 일본 전국 검술계의 권위자 根岸範士 이하 23명의 주사위원으로 위촉하여 조사하도록 하였다.

주사위원(主査委員)으로 선정된 사람은

辻眞平(佐賀), 根岸信五郎(東京), 內藤高治(本部), 高野佐三郎(埼玉) 門奈正(본부) (範士 5명)

위원으로는

川崎善三郎(高知), 中山博道(동경), 小關敎政(山形), 小澤一郎(茨城), 田中 厚(愛知), 失野勝次郎(京都), 二宮久(山口), 星野仙藏(埼玉), 佐佐木政宣(鹿兒島), 淺野一摩(福岡), 上村信夫(新潟), 眞貝忠篤(동경), 溱邊邦次(본부), 太田彌龍(京都), 和田 傳(態本), 高橋赴太郎(兵庫), 주江運八郎(長崎), 富山圓兩(臺灣) 등이며, (18명)

임원으로는

회장 大浦兼武 子爵, 부회장 三好成行 男爵, 상근 의원 北垣國道 男爵, 楠正位, 전무이사 市川阿蘇次郎, 이사 井上角八郎, 이사 仁保龜松 법학박사, 이사 雨森菊太郎 등이었다.(8명)

주사위원은 수개월 동안 깊이 연구하여 원안을 작성하여 이것을 각 위원에게 회부하여 연구를 하게 했다. 이 동안 각 위원과 주사위원과의 사이에는 질문과 응답을 깊게 한 연후에, 大正元年(1912)을 기해서 무덕회 본부에서 정식으로 주사위원회를 열었다. 회장과 임원이 배석한 가운데 각 위원은 허심탄회하게 의견들을 내어 놓음으로써 토의 안건인 원안을 몇 번씩이나 수정을 가하면서 확정된 의결 사항을 공표하기에 이르렀다. 기존에 실시되었던 무덕회 검도형 및 문부성(文部省)이 선정한 형을 폐지하고 통일된 검도의 본 10본인 「대일본제국 검도형」으로 제정된 것이다.

그 후 大正6년(1917)에는 수련 상 편리하도록 하여 일반에게도 함께 보급이 될 수 있도록 세밀하게 정성스럽게 만들어 내도록 위원 11명이 주석을 달고 일부 개정하였다.

昭和8년(1933) 새로운 주사위원을 위촉하여 보충하여 다듬게 하여, 주석을 달아 증보한 것을 원본이라 하여 현재의 모양을 갖추었다. 새로운 위원 명단은 다음과 같다.

범사 高野佐三郎, 高野茂義, 川崎善三郎, 中山博道, 小川金之助, 高橋赴太郎, 島谷八十八, 持田盛二, 齊村五郎, 교사 佐藤忠造, 津崎兼敬, 宮崎茂三郎, 부회장 田所美治, 전무이사 市川阿蘇三郎. (14명)

1981년(쇼와 56년) 12월에 표현을 현대식으로 개정하여 해설서를 발간하였다.
제정된 검도형은 불과 10개에 지나지 않으나 이를 활용하여 변화, 응용할 수 있으며, 당시 주사였던 高野佐三郎는 실제 연습과 시합에도 응용할 수 있도록 주안점으로 제정한 형이라고 설명한다.

사물이현의태(事物而現意態_物格顯心境)

"劍道は劍の理法の修鍊による人間形成の道である"(전검련 1975년 제정)
"形より心に入り, 技によりて心を養う"(劍道時代 19. 1月 P77)

- 형에 마음을 담아, 技로서 그 마음을 양성한다. →일반적 형의 해석
- 高野 : ① 형의 연습 ② 시합 ③ 치고 들어가는 계고 (연습의 3가지)
- 笹森順造 : 형은 계고같이, 계고는 형같이. 70~80세까지 검도가능
- 空田淸音 : 형을 본으로 하여 시합을 으뜸으로 하고, 형으로 되돌아온다. 본에 담긴 이법(意味)을 이해하고, 이법에 의한 技의 숙달로 본을 재해석하여 이법을 확장시킨다.(三摩의 位)
  본의 가르침이 지켜지지 않는 것은 본에 이법을 담을 줄 모름이요,
  중요성을 모르는 것은 실전에서 이법으로 인한 강함을 체험하지 못했기 때문이다.
- 심경은 상황에서의 감성의 상태이나, 의태는 여러 환경 속에서 축적된 이성(格意)에 의해 표출된 모양 (見性成佛)
- 사랑이 머리에서 가슴으로 오는데 70년이 걸렸다.
  (김수환 élan vital 知→行→覺→德)

검도 수련(지도) 방법

사물의 상태는 사람의 마음 상태(心境)와 의태가 남아있다.
심경을 보고 기검체일치를 통해 효율적인 심신의 조화를 지도하고 意態를 보고 그 사람의 意識의 세계를 되돌아보고(顧) 格意를 확장시킨다.
心. 氣. 意는 사람의 내적인 작용으로 이를 드러내어 형상화(意態)하여 교정하거나 단련하는 것
검도의 本에 이법을 담아, 稽古(대련)로서 그 뜻(이법)을 體得하고 격의를 확장시켜 德을 양성한다.

검도(稽古)의 문화

격물치지에서 성의정심으로 가는 상학상달의 방법이 아니라

검의 이법이나 도장. 경기장에서 지켜야 하는 예나 규범들을 지키게 하고,
체득시켜 스스로 그 뜻을 이해하고 이치를 깨닫게 하는 行行行裏覺인 하학상달의 수련 방법이다.

劍禪一如(三摩의 位. 知行合一)

기술의 체계와 격의의 확장이 같이 가야 한다.
반사신경에 준하는 검의 단련과 부단하게 검의 이법을 확장시켜야 한다.
검의 이법에 따른 수련은 궁극에는 자연의 섭리(道法自然)를 체득하게 하고, 그 섭리(誠意)는 검도의 가치관을 바르게 정립하여, 그 바름(正心)으로 몸을 닦는 것이다.

劍德正本(成己仁也. 誠之者)

검도 수련은 기능을 동반하여 인간 형성이 이루어져야 하며, 그 열매가 德이다. 기능과 덕으로 가는 길이 一刀兩斷의 劍理에 따른 稽古이며, 그 핵심이 정중선이며 정교함이다. 검의 이법을 알고(智) 감사 반성으로 몸(體)을 닦아 근본을 바르게(德) 가는 것,
技로서 道에 이르는 下學上達은 이를 말함이며 誠之者의 길이 검도다.

中和志氣(大中之正)

사물의 中(근본)은 和(조화)로 존재하고, 존재의 뜻(意)은 자연의 섭리요.
그 섭리의 깨달음은 인간의 성찰에 다다름이다.
검도의 窮極은 자연의 섭리를 깨닫는 것이다.

검도의 본 요약

大刀7본 小刀3본	기 술		理 法	
	先刀	後刀	先刀	後刀
대도 1 (間合) 一刀兩斷	정면(좌상단) *間合(大) *刃筋 *정면(정중선) *배꼽(兩斷) *반동 無 *일도양단	빼어정면(우상단) *ため *見切リ *劍先의방향 *間合(小) *몸운용 *한박자	*先의 기위(공통. 4본예외) *間合(大:일족일도) *기회를 보아(공통. 후도6예외) *刃 筋(공통. 3본예외) *正中線(공통) *일도양단(공통.2.6본예외)	*先의 기위(공통. 4본예외) *間合(小:격자부) *ため(공통) *見切リ(공통) *正中線(공통) *수족일체(한박자. 공통) *先先의 先(1.2.3.5본) *존심(공통)
대도 2 (正對) 교감	손목(중단) *교감 *정중선 *正大 *손목 아래	빼어손목(중단) *ため *見切リ *正對. *발운용	*正對(자연체) *正中線 *기회를 보아 *正大 *死즉生. 氣勢	*자연체. 삼각구 *正對(기회) *정중선 *角 *수족일체
대도 3 (位詰) 勝機	찌름(하단) *기쟁 *정중선(명치) *허리로 찌를 것	스쳐받아 찌름(하단) *勝機(공방의 틈) *받아찌름(가슴) *몰아 감(位詰)	*中心+重心 *正中線 *공방의 원리(劍線)	*격자부(역학) *勝機(공방의틈) *공세(位詰) *우산의 법칙 *공방의 원리
대도 4 (刃筋) 정면치기	상호面치기(八相) 찌름받아정면(허리칼) *刃 筋 *정중선 *切結	*快刀斬亂麻 *정중선 *正對	*면치기 *切結(合擊) *刃 筋 *氣爭 *능각 활용	*겨눔의 성질(음양오행) *면치기 *刃 筋 *상호공세
대도 5 (見切リ) 誘引	정면(좌상단) 스쳐올려 정면(중단) *刃 筋 *정중선	*ため *見切リ *격자부	*일도양단	*ため *見切リ *격자부(능각) *공방일여(轉變)

대도 6 (공세) 삼살법	손목(중단)	스쳐올려 손목(하단)	*겨눔의 성질(음양오행)	*三殺法(氣.技.劍) *공세 *2.5본 활용 *構え.동선의 틈
	정확한 構え	*삼살법 *2.5본활용 ため		
대도 7 (捨身) 반사	정면(중단)	빼어허리(중단)	*捨身 *뛰어들기(2족일도) *관통	*기받음 *끌어냄(引) *허리치기.見切リ
	*기받음 *捨身	*ため *눈길		
소도 1 (입신)	정면(좌상단)	받아흘려정면(중단반신)	*間合 *때(하려고 할 때) *일도양단	*입신 *끝까지 보기 *正對 *수족일체
	*刃 筋 *정중선 *機(하려고할 때)	*겨룸-얼굴 *입신 *正對		
소도 2 (입신)	정면(하단)	받아흘려 面(중단반신)	*間合 *때(하려고 할 때) *일도양단	*자연체 *올라 탐(乘る) *正對 *수족일체
	*刃 筋 *정중선 *間合	*겨룸-가슴 *머리위받음		
소도 3 (입신)	정면(중단) 스쳐받아-떨궈-흘려- 밀어-제압(하단반신)		*間合 *때(하려고 할 때) *일도양단	*有構無構 *능각 역학
	*間合 *정중선	*시선 *능각		

검도의 본 이법

이 법	본 해석	요점(稽古)
정중선	대1.2.3(중심 攻め). 4(切結) 合擊. 刃筋. 기준점. 집중	人中路. 中和志氣
正對	대2(기회). 대4. 소1. 2. 3 角	自然体. 삼각구. 正面.
刃筋	대도1.4 소1.2. 三角構. 정중선. 신근력	一刀兩斷. 격자 원리
仁(交感)	間合. 리듬박자. 强維徐急. 機. 性察(顧). 감사반성	成己仁也. 1:1관계
氣	선의氣. 호흡. 捨身. 入身.氣位(位詰) 気当たり. 気構え	理外의理. 기세(意志)
先	先氣位. 후도 대1.2.3.5본-先先의 先 4.6.7본-後의 先	기회. 선취. 心
한박자	轉變. ため. 見切り. 삼각구(오른팔꿈치). 중심이동(뒤발목). 수족일체. 후도. 正對. 축경. 격자부(스쳐)	攻防一如. 一足一刀
間合	이법. 全本의 미묘한 차이	기술 선택
攻め	대3(位詰). 6(삼살법) 入身. ため. 氣位(位詰)	승타법. 先. 位
勘	見切り. 시각. 촉각. 반사신경. 物打ち. 역학. 틈	타이밍
발운용	体さばき. 접근+기회+격자+S. すり足. 차닫기. 수족일체	중심이동. 자연체
手の內	무지구. 중지. 지점. 역점. 평하근. 지렛대원리. 촉감	冴え생성→전달.집중.투철력
격자부	대3. 촉감(0.14초). 역학. 능각활용. 유효부(제13조)	物打ち(공반의거리)
切結(落)	정중선. 정밀. 手の內. 신근력. 타이밍. 조화. 역학	상호면치기
반격	轉變. 溜め. 거리. 正對. 삼각구. 수족일체. 한박자	先先의 先
三角構	정중선. 畜勁(溜め) 發勁(쏜다). 반격.	
捨身	기공세. 대7. 割る. 대2	理外의 理. 氣魂
自然体	構え	
入身	位詰. 位構え. 삼살법. 승타법	位劍道
ため(溜)	攻め→입신→幾微→기회 力.S→T→중심.心검도	先先의 先
構え	음양오행. 삼각구	
見切り	一眼二足三膽四力. 공방거리감	
存心	存心	
中和志氣	中也者大本也(體.構) 和也者達道也(用.관계)	格物致知. 정중선
도법자연	轉變. 柔. 虛. 활인검(相生). 生生之謂易. 通攝	中和志氣
공격이법	正對. 間合. 刃筋. 한박자. 신근력. 선의기. 捨身. 검체일체. 割る. 機	
반격이법	柔. 虛. 正對. 間合. 刃筋. 한박자. 入身. 정중선. 乘る. 見切り. 선선의 선	
선도	交感. 선의氣位. 間合. 正對. 정중선. 刃筋. 入身. 捨身.	
후도	ため. 乘る. 間合. 기회(機). 반격(한박자). 柔. 오른팔꿈치. 왼주먹. 정중선. 능각(스쳐). 방어원리. 수족일체. 見切り. 入身. 先先의 先. 활인검(相生)	
공방일여	交感. 자연체. 正對. 선의氣位. 이동. 호흡. 시선. 間合. 攻め. 입신. ため(축경). 幾微. 轉變. 見切り. 삼각구. 한박자. 정중선. 手元. 격자부. 刃筋. 一刀兩斷	

"검의 이법에 따라" 출처

경기 심판 규칙 제1장 목적
검도경기. 심판규칙 제1조 (본 규칙의 목적)
이 규칙은 검도경기에서 "검의 이법에 따라" 공명정대하게 경기를 하며,
적정 공평하게 심판하는 것을 목적으로 한다.

검도의 이념
"劍道は 劍の 理法の 修鍊に よる 人間形成の 道で ある"
검도란 "검의 이법에 따라" 수련함으로써 인간형성을 하는 도다.

검도 수련의 자세
"검도를 바르고 진지하게 배우고" 심신을 연마하여 왕성한 기력을 키우며
검도의 특성을 통해 예절을 존중하며 신의를 중히 여겨 정성을 다하고
항상 자기의 수양에 힘쓰며
이로써 국가사회를 사랑하여 널리 인류의 평화 번영에
기여하려는 것이다.
(전검련 1975년 3월 20일 제정)

검도 지도의 마음자세

죽도의 의미
검도의 올바른 전승과 발전을 위해 "검의 이법에 따라" 죽도 사용법을 지도하도록 노력한다.
검도는 죽도에 의한 「心氣力 一致」를 목표로 하고 자기를 창조해 가는 도이다.

「죽도」은 상대를 향한 검인 동시에 자신에게 향해진 검이기도 하다.
이 수련을 통해 죽도와 심신의 일체화를 도모하는 것을 지도의 요점으로 한다.

평생검도

함께 검도를 배우고 안전·건강에 유의하면서
평생에 걸친 인간형성의 도가 되도록 지도에 힘쓴다.
검도는 세대를 넘어 서로 배우는 도이다.
기(技)를 통해 도(道)를 추구하며 사회의 활력을 높이면서 풍부한 생명관을 키우며,
문화로서의 검도를 실천해 가는 것을 지도의 목표로 한다.

(전검련 2003년 3월 14일 제정)

事物而現意態 (物格顯心境)
"形より心に入り, 技によりて心を養う"

"검리는 천지자연의 리" (徐廷學 範士)
"검의 理는 하늘의 理요, 인륜의 근본" (柳生流)
"검의 길은 사람의 길" (澤庵)
"검의 이법은 중화지기요, 생생지위역(生生之謂易)이다." (허광수)

이법은 필연성을 말한다. 그렇게 갈 수밖에 없는 당연함이다.
갈 수밖에 없는 길을 많은 사람이 가보고 인정 할 때 길이 만들어 진다.
그 길을 도라 한다.
도는 성과가 더디어 완주하는데 믿음과 의지가 필요하다.
조급한 자는 엉뚱한 곳에서 뜻을 찾는다.
도는 완주하는데 의미가 있는 것이 아니라 그 길을 걷는 지체가 의미가 있는 것이다.
그 길을 걷는 과정에서 얻게 되는 공감대가 삶의 희열(élan vital)로 다가온다.

검도·검도의 본·검법의 비교

	죽도(검도)	眞 劍		本 → 죽도(검의 이법)
		劍道의 本	검법	
시대성(상대)	경기성(1:1)	예도성(1:1)	전시성(1:多)	交感.三角構.正面. 正中線
한판사상	一刀一本	一刀兩斷	多刀多殺	初太刀 一本 面
계고	경기화(한판) (1927)氣+刃筋+構 競技性	지침(교범)용 (1912) 藝道性	실전훈련용 (1621) 武術性	中和의 道
목적	人間形成(1975)	劍의 理法	제압	修身
자세(構)	自然體	자연체	임기응변	中段(三角構.正中線) 中也者大本也
氣 운용	氣劍體一致	心氣力一致	心技體一致	心身一如(沖氣以爲和) 和也者達道也
덕성	浩然之氣	格物致知	심신단련	成己仁也
이합	先.간격.기회.공방. 존심.겨눔(중.상단)	先.간격.기회.공방. 존심.겨눔의 이해	간격.기회.공방	유효격자 요소와 요건
격자 원리	발.허리 신근이용 신근의 전달력	등.가슴 신근이용 신근의 조합력	코어(core)	신근전달력
텐션/축경 (kinétic poténtial)	슈팅(전신) 발+허리→솜씨(冴え)	조이기(상체) 등+가슴→손운용	코어	발→단전이하 溜め 손→삼각구를 살림 슈팅→왼발 아킬레스
몸(발) 운용	一足一刀 뛰어들기(하체) 발구름	一足一刀 당기기(상체) 摺り足	수족일체	기검체일체
손운용	지레대원리(手의 內) 때리다(冴え)	양손일체 가르다(割る)	양손일체	모든 근육의 조화와 통합
칼의 궤적 (刃筋)	왼손 중심선	왼손 중심선	곡선	격의 이법
重心	세울 때 / 단전	가슴		단전의 수평 이동

격자	몸 관통(捨身)	入身	중심축 회전	검체일체
存心	follow through+ 기 보존	마무리	호흡	기의 단속(감사 반성)
기합	존심과 함께 상승	아움의 원리		개성/탁기를 몰아냄
타격 진화	빠르고→기세 정확하고→자세 힘차게→칼의 궤적	이법		감각을 경기화(반사신경) 이법을 기술화
계고 중점	교감.공세.正面.존중	理事倂重. 明悟	숙달	仁.幾.精氣의 배양

검도 용어사전

가르다(割る) [waru] 상대가 공격해 오는 방향을 치는 것. 상대의 중심을 공격하는 것.

각도(角度) [kaku-do] 각의 크기, 또는 사물을 보는 입장.

간격(間合) [ma-ai] 거리 잡기, 상대와의 공간적 거리, 상대와의 사이, 이 간격을 잡는 방법은 상대와의 균형에 의한 미묘한 것이며, 또한 중요한 것이다.

감(勘) [kan] 설명이나 증명을 거치지 않고, 사물의 진상을 마음으로 곧바로 느껴 알 수 있는 것.

감다(捲く) [maku] 상대 죽도의 코등이 근처를 이쪽 죽도 끝으로 오른쪽 상하 또는 왼쪽 상하로 조그마한 원을 그리듯이 힘을 작용시키는 것.

감아 기술(捲き技) [maki-waza] 상대 죽도를 자기 죽도로 감듯이 하여 상대의 자세를 허물고 격자하는 것.

감아 누르기(捲き落とす) [maki-otosu] 상대 죽도의 코등이 근처를 이쪽 죽도 끝으로 오른쪽 아래 혹은 왼쪽 아래로 조그마한 원을 그리듯이 감아, 상대 죽도의 움직임을 죽이는 동작.

감아 돌리기(捲き返し) [maki-kaeshi] 상대의 찌름에 대해, 왼주먹을 머리 위로 들어올림과 동시에 칼 끝을 뒤로 하여 찌름을 피하는 것으로, 검도 제 4본 동작에 사용되는 기술이다.

감아 올리다(捲き上げる) [maki-ageru] 상대 죽도의 코등이 근처를, 이쪽 죽도 끝으로 오른쪽 위, 혹은 왼쪽 위로 조그마한 원을 그리듯이 감아, 상대 죽도의 움직임을 죽여버리는 동작.

갑, 허리(胴) [do] 검도 도구의 하나로, 허리와 복부를 감싸는 것.

갑상(遂れ) [tare] 검도구의 하나. 허리 아래 붙여, 하복부와 대퇴부를 보호하는 것.

강약(强弱) [kyo-jaku] 강한 것과 약한것. 강함의 정도. 악센트.

개인적 기능(個人的技能) [kojin-teki-gino] 기본적인 기능. 상대와 대전하기 위해 몸에 익혀두어야 할 최소한의 기술.

개인전(個人試合) [kojin-shiai] 연습을 통해 습득한 기술, 체력, 기력을 가지고 다른 사람으로부터 어떤 도움도 받지 않고 자기 혼자의 능력으로 승부를 겨루는 것. 개인전이라고도 한다.

거는(仕掛け) [shikake] 스스로 적극적으로 공격해 가는 것. 상대에 대해 어떤 목적을 가지고 준비하는 것.

거는 기술(しかけ技) [shikake-waza] 상대보다 먼저 기술을 거는 것에 의해 상대의 공격력을 없애고, 상대가 동요해 틈이 생겼을 때 격자하는 기술의 총칭. 떨쳐 기술(harai waza), 감아 기술(maki-waza) 뛰어들기 기술(tobikomi-waza), 나오는 기술(debana-waza), 메어 기술(katsugi-waza), 퇴격 기술(hiki-waza), 연속 기술(2단·3단), 한손 기술, 상단 기술 등이 있다.

거리(距離) [kyo-ri] 거리, 간격. 두 점을 잇는 선분의 길이를 그 두 점간의 거리라고 한다.

거합도(居合道) [iai-do] 거합이란, 한쪽 무릎 혹은 양쪽 무릎을 꿇은 채, 재빠르게 칼을 뽑아 적을 베는 검술. 전국시대 말기에 하야시자키 시게노부(林崎重信)가 창시한 것. 居相(이아이)·居合術(이아이쥬쓰)라고도 한다. 1956년 전일본검도연맹에 거합도부가 설치되었으며, 1969년에 立技 3본, 坐技 4본의 거합형이 제정되었다. 또한 1980년 立技 3본이 추가되어, 이것을 새로운 거합도의 제정형으로 보급이 이루어졌다.

거착하다(固着く) [kotsyak] 격자 부위 한 곳에만 마음을 빼앗겨 상대의 움직임이나 틈을 보지 못하고, 자기의 충분한 힘을 발휘할 수 없는 것. 상대에게 움직임과 공·수에서 주도권을 빼앗기지 않도록 해야 한다. 또한 순간적으로 기가 빠졌기 때문에 자기의 움직임이 제약되어 움직임이 멈춰버리는 것.

검도(劍道) [kendo] 1대 1로 검도구를 착용하고 죽도를 이용하여 서로 격자하는 연습을 거듭함에 의해 심신을 단련하고, 인간 형성을 추구하는 무도의 하나이다. 검도라는 말은, 1919년 무술통괄단체였던 大日本武德會가, 擊劍·劍術을 검도라고 개칭한 것에 의해 일반화되었다.

검도구(劍道具) [kendo-gu] 검도에서 사용하는 도구. 머리를 보호하는 호면, 좌우의 손에 끼는 호완, 허리를 보호하는 갑(鉀), 복부를 보호하는 갑상(鉀裳)이 있다. 호구라고도 한다.

검도복(劍道着) [kendo-gi] 검도 연습이나 경기에 알맞은 상의. 통소매의 목면 누빈옷으로 만들어진 것이 많다. 감색(藍染)과 백색이 대부분이다. 튼튼하고 청결하며 신체를 보호할 수 있는 두꺼운 것이 좋다.

검선일치(劍禪一致) [ken-zen-itchi] 검술은 원래 사람을 죽이는 기술이며, 선은 어떻게 사람을 살리고 자기도 살까 하는 것을 밝히기 위한 종교이다. 따라서, 본래는 서로 어울릴 수 없는 것이지만, 검을 가지고 적과 대치했을 때, 그 劍技術 속에 감추어져 있는 精神性과, 禪에서 추구하는 몰아(沒我)의 정신성과는 궁극적으로 같은 것이라는 것. 거기에서 검도의 窮極은, 禪의 無念無想의 경지와 같다고 하는 것.

겉 찌름(表突き) [omote-tsuki] 상대죽도의 겉 방향(상대의 좌측면)으로부터 찌름을 하는 것.

겉(表) [omote] 상대의 왼쪽, 자기쪽에서 보면 오른쪽. 중단세를 취했을 때 자기 죽도의 좌측.

격자(打突) [da-totsu] 치기와 찌르기

격자기회(打突機會) [datotsu-no-kikai] 격자하는 기회로 기술을 걸기에 가장 좋은 찬스를 말함. 「격자好機」라고도 한다.

격자동작(打突動作) [datotsu-dosa] 팔에 의한 죽도 조작과 발에 의한 몸의 이동이 협조적으로 작용해 상대의 격자부위를 격자하는 일련의 동작을 말함.

격자부(物打ち) [mono-uchi] 칼몸에서 가장 잘 베어진다는 부위로 칼끝에서 10cm정도 되는 부분이다. 죽도의 경우에는 가장 힘이 유효하게 작용하는 날 부분으로 칼끝에서 중혁 근처까지를 말한다.

견학연습(見取り稽古) [mitori-geiko] 다른 사람의 연습을 보는 것에 의해 그 사람의 좋은 점을 배워 자기의 검도를 반성하고 개선하는 데에 도움이 되는 연습방법.

결정(きめ) [kime] 결말, 규정. 결론. 하나의 기술을 한판으로 하는 기법. 하나의 기술로 하기 위해서는 마음을 집중시켜야 한다. 격자 시의 손놀림 작용.

경구의혹(驚懼疑惑) [kyo-ku-gi-waku] 놀라는 것. 두려워하기도 하고, 의심스러워하기도 하며, 당황하기도 하는 마음의 병을 나타낸 말. 강한 상대와 대치했을 때에 일어나는 마음의 동요, 혹은 마음의 동요를 완전히 억누르지 못한 상태를 말함.

경기방법(試合方法) [shiai-hoho] 경기를 하는 형식. 個人對個人으로 하는 개인 경기와, 단체로 하는 단체경기가 있다.

경기연령(競技年齡) [kyogi-nenrei] 경기를 하기 위해 정해진 일정의 연령. 일정한 연령을 정해서 경기를 하는 것.

경기연습(試合稽古) [shiai-geiko] 연습 방법의 하나로, 경기의 예습을 하기 위해 하는 연습. 습득한 모든 기술을 유감없이 자유롭게 발휘해서 승패를 겨루는 연습법을 말한다. 심판을 세워서 승패를 표시하는 경우와 자기 판단에 의한 경우가 있다.

경지(境地) [kyo-chi] 연습을 거듭한 결과 얻어진 심경.

고단자(高段者) [kodanshya] 단위가 높은 자로, 특히 확실한 기준은 정해져 있지 않다.

고수(上手) [uwa-te] 위쪽·기능·학력 등이 다른 사람보다 뛰어난 것. 뛰어난 사람.

고의(故意) [ko-i] 안 된다는 것을 알면서도 그것을 행하는 것. 일부러 행하는 것.

공간격자(空間打突) [kukan-datotsu] 직접적으로 상대와의 거리나 자세 등에 관계없이, 상대(목표)를 공간으로 가상해서, 그 목표를 향해 머리·손목·허리·찌름 등의 격자 연습을 하는 방법.

공격(攻擊) [ko-geki] 경기나 연습 등에서 상대를 몰아붙이는 것. 또는 몰아서 치는 것. 나아가 적을 치는 것.

공세(攻め) [seme] 압박하여 상대보다 우위의 위치를 확보하는 것. 상대를 압박하거나 변화를 주어 타돌의 기회를 만드는것. 3살법과 연결되어 기력에 의한 공세, 검선에 의한 공세, 격자에 의한 공세 등이 있다.

관견의 눈(觀見の目付け) [kan-ken-no-metsuke] 상대를 보는 데에는 전체를 한눈으로 보는 방법과 일부분을 보는 방법 등이 있다. 또한 현상을 통해서 사물의 본질까지 파악하는 것과, 단지 현상만을 보고 있는 방법 등이 있다. 전자를 관의 눈, 후자를 견의 눈이라 하며, 상대의 기량이나 심리상태까지도 파악할 수 있는 안목의 중요성을 설명한 말.

교사(敎士) [kyo-shi] 칭호 3계급 중에서 중간의 것. 연사 7단 중에서 지도력을 갖고 있는 자에게 수여된다고 규정되어 있다. 특례로 연사 6단에게 수여되는 경우도 있다.

교육(敎育) [kyo-iku] 가르치고 육성하는 것. 선덕(善德)으로 이끄는 것. 가르쳐 지식을 계발시키는 것.

교육적 배려(敎育的配慮) [kyoiku-teki-hairyo] 발육하는 과정 중에서의 교육적 배려. 특히 학령기의 검도 경기에서 경기 심판 규칙·세칙의 적응을 연령에 맞게 적용하는 것.

교정(矯正) [kyosei] 결점을 고치고 올바르게 하는것.

교체연습(回り稽古) [mawari-geiko] 전원이 2열이 되어 일제히 행하는 연습방법. 전원이 일정 시간 상대를 바꾸어가면서 하기에 기력과 체력을 필요로 한다. 계속해서 상대를 바꾸어 가기 때문에 기술을 연마하고, 기력을 기르며 나쁜 습관을 교정하는 데에 적절한 연습방법이다.

구보의 간격(九步の間) [kyu-ho-no-ma] 구보거리 마주 서 있을 때의 간격. 검도의 본에서 상호 인사를 행하는 위치. 3보 크게 앞으로 나가 칼을 뽑으면서 자세를 잡아 一足一刀의 거리가 될 수 있는 위치.

국제검도연맹 (F.I.K) 1970년에 국제검도연맹이 탄생. 당시 회원국은 15개국이었다. 검도의 국제명칭은 한자로 「劍道」 영문으로 「Kendo」 이며, 국제연맹은 「Intenational Kendo Federation」 이다. 국제검도연맹이 2006년 4월 GAISF(국제경기연맹총연합회)에 가맹되면서 국제검도연맹의 약칭이 I.K.F에서 불어식인 F.I.K로 바뀌었다. 대한검도회는 국제적으로 영문표기를 「Korea Kumdo Association」 으로 공인 받았다. 1970년 제1회 세계선수권대회가 개최된 이래 3주년을 주기로 계속되고 있다. 현재 FIK 가맹국은 59개국이다. (2019년 기준)

근거리(近間) [chika-ma] 자기에게는 공격·방어 모두 최적의 간격(이것을 일반적으로는 一足一刀의 거리라 한다) 보다도 가까운 거리. 기술을 걸기에 최적의 거리.

금지기술(禁止技) [kin-shi-waza] 사용해서는 안 되는, 못하게 되어 있는 기술. 또는 위험이 따른다고 생각되는 기술.

기(氣) [ki] 생성·발전·소멸하는 모든 것에 작용하는 근원적 에너지의 하나. 인간에게는 지각·감각·본능을 움직이고 있는 동적인 에너지의 하나. 한편, 검도에서는 자기와 상대와의 사이를 이어주는 분위기를 의미하며, 자신의 마음과 신체와의 관계를 결정짓고 있는 것이다.

기(機) [ki] 기회 불교용어로, 눈·귀·코·혀·몸·생각 등 신체의 모든 감각 기능이 외부에 대해 발동하는 순간을 말함. 사물의 움직임 또는 대립하고 있는 것이 서로 상호작용을 하여, 다른 상황으로 변화하는 순간.

기(技) [waza] 상대에게 도전해 이기기 위한 일정한 型에 의한 동작. 기예, 기술, 솜씨도 같은 뜻.

기검체일치(氣劍體一致) 攻防동작을 효과적으로 하기 위한 중요한 내용을 표현한 말. 주로 격자 동작에 관한 것이다. 「氣」 란 기력을, 「劍」 이란 죽도 조작을, 「體」 란 몸의 움직임과 자세에 관한 것으로, 이런 것들이 알맞은 타이밍으로 조화가 이루어져 일체가 되어 작용하는 것.

기공세(氣攻め) [ki-zeme] 마음속으로부터 나오는 동적 에너지에 의해 상대를 압도하는 것. 동작으로 공세를 취하는 것이 아니라, 「치겠다」 라는 강한 기세로 공격하는 것.

기력(氣力) [kiryoku] 활동을 만들어내는 동적인 에너지, 마음속에서 솟구쳐 오르는 힘. 체력의 한계를 넘었어도, 여전히 무언가를 할 수 있다는 강한 정신력.

기를 보다(機を見る) [ki-o-miru] 기회를 보다. 상대 마음의 움직임이 밖으로 드러나려고 하는 현상을 순간적으로 파악하는 것. 또는, 그 순간을 포착하는 것.

기받음(氣當たり) [ki-atari] 서로 마주 보고 있을 때, 상대에 대해 「치겠다」 라는 기세를 보여주며, 상대의 반응을 보는 것. 상대의 움직임과 동작을 예감하는 것. 대도7본 선도 찌름에 후도반응을 끌어내는 것.

기백(氣魄) [ki-haku] 어떠한 고난에도 맞서가는 정신력. 기개(氣槪)라고도 한다. 닥쳐오는 적에 대해 이쪽에서도 압박해 가는 기세.

기본(基本) [ki-hon] 사물이 그것에 근거해 성립하는 근본.

기본격자(基本打突) [kihon-datotsu] 상대의 격자부위(머리, 손목, 허리, 목)를 올바른 거리에서 유효격자가 되는 격자를 행하는 것.

기본기능(基本技能) [kihon-gino] 근본. 기초. 기반이 되는 기술. 기반이 되는 솜씨, 움직임, 기술. 검도를 행할 때 기초가 되는 기술.

기본동작(基本動作) [kihon-dosa] 검도의 대인적 기능을 습득하는 데에 기본적으로 필요한 요소를 말함. 그 요소에는 1. 자세, 2. 발자세와 눈길, 3. 발도와 납도, 4. 발운용법, 5. 후리기, 6. 기합소리, 7. 거리, 8. 기본타격, 찌르기 및 받기, 9. 연격, 10. 몸받기, 11. 코등이 싸움, 12. 존심 등을 열거할 수 있다.

기본연습(基本練習) [kihon-renshu] 기초가 되는 기술이 몸에 익힐 때까지 되풀이 연습하는 것. 기반이 되는 기술을 몸에 익히기 위해 되풀이 연습하는 것.

기부림(掛け聲) [kake-goe] 마음속에서 거리낌 없이 기력이 충실한 상태를 자연스런 소리로 밖으로 내는것.

기선(機先) [ki-sen] 형체가 되어 나타나는 순간. 막 기술을 걸려고 하는 순간. 한편, 이 순간을 눌러버리는 것을 「기선을 제압한다」라고 한다.

기술이 다하다(技が盡きる) [waza-ga-tsukiru] 기술이 끝나다. 신체 동작이나 격자 동작이 끝난 순간으로, 공격이 멈추었을 때 이것은 놓쳐서는 안 되는 격자의 기회이다.

기위(氣位) [ki-haku] 자신감에서 오는 위력. 또는, 상대의 공격을 예감하는 높은 능력.

기준서기(元立ち) [moto-dachi] 기초 연습(地稽古), 적극 연습(掛かり稽古), 기본 연습(基本稽古)등을 행할 때, 지도의 입장에서 연습을 하는 것. 올바른 타격법과 받아주는 법을 알고 있는 자가 적임다.

기책(驅け引き) [kake-hiki] 책략. 상대가 나오는 것을 보고 교묘하게 자기를 유리하게 하는 것. 상대의 움직임을 보고 적절히 자기를 유리하게 대처하는 것. 상대가 특기를 발휘할 수 없게 하기 위한 처치.

기초연습(地稽古) [ji-keiko] 바탕 연습. 땅바닥에 발을 붙인 연습, 혹은 기초를 다지기 위한 연습이라는 의미. 경기에 이기기 위해 기술을 연마하거나, 기를 충실히 하며, 결점을 교정하기 위해 연구·노력하는 연습. 원래는 치고 들어가기 연습·연격·적극 연습·북돋기 연습·互格연습·경기 연습의 총칭으로서 쓰이고 있지만, 오늘날엔 호격 연습과 같은 뜻으로 쓰이고 있다. 본래는 연습을 청해오는 하수의 역량을 파악하여 지력을 향상시키는 연습.

기태세(氣構え) [ki-gamae] 기세. 기충만. 상대의 움직임을 충분히 파악하여, 언제라도 대응할 수 있도록 온몸 구석구석까지 신경이 미치게 하는 상태.

기합(氣合) [ki-ai] 상대의 움직임과 자신이 하려고 하는 것에 대해 정신을 집중하고, 만전의 주의를 다하는 것. 또는 이런 상태에서 내는 소리.

긴장(緊張) [kin-cho] 행동이 준비 상태에 있을 때, 혹은 다음에 일어날 어떤 일에 대처하려 할 때 단단히 위축된 심적 상태. 단, 너무 긴장하면, 여유를 잃고 실수하게 된다.

긴장세(はり) [hari] 활기. 경쟁, 경합 등의 뜻이지만, 검도에서는 자세나 기가 고양된 상태를 말하며, 항상 활의 시위처럼 팽팽해, 순식간에 상대에 대응하는 것을 의미하기도 한다.

끌어당기기(引きつける) [hiki-tsukeru] 가깝게 끌어붙이는 것.

끌어들이기(引き込む) [hiki-komu] 끌어들여 안에 가둔다. 상대를 자기가 싸우기 쉬운 공간으로 이동시킨다. 또는, 상대를 자기쪽으로 끌어들여 격자의 기회를 만드는 것.

끝보기(見切り) [mi-kiri] 상대의 치고 들어오는 칼날을 예측하고, 자신의 몸에 닿는 그 순간에 피하는 것.

끝까지 확인하기(見極める) [mi-kiwameru] 확인하는 것. 상대의 움직임, 기술이나 마음의 움직임을 끝까지 지켜보는 것.

나비 매듭(蝶結) [cho-musubi] 끈을 묶을 때, 나비가 날개를 펼친 것 같은 모양이 되게 묶는 법. 호면 끈이나, 갑의 허리끈을 묶는 법도 이것이 좋다.

나오는 기술(出ばな技) [debana-waza] 상대가 치고 들어오려 하거나, 또는 공세를 취하려고 하는 순간을 놓치지 않고 이쪽에서 치고 들어가는 기술. 나오는 머리치기, 나오는 손목치기, 나오는 찌름 등이 있다.

나올 때(出ばな) [de-bana] 상대가 치고 들어오려고 하거나, 또는 공세를 취하기 위해 앞으로 나오려고 하는 순간. 그 때는 이쪽이 치기 좋은 기회이기도 한다.

난적(苦手) [niga-te] 상대하기 어렵고 싫은 자. 승산이 없는 상대.

날숨(呼氣) [ko-ki] 외호흡에 의해 숨을 내뱉어 이산화탄소를 방출하는 것.

남염(藍染) [aizome] 쪽이라는 식물에서 취한 짙은 청색의 염료로 물들인 옷감 등을 말한다. 감색의 검도복은 거의 대개 목면을 누빈 옷으로 藍染이다. 감색의 검도용 하의도 거의 대개 목면의 남염이다. 일본의 에도시대의 소방수들이 입었던 누빈 옷에서 힌트를 얻어 만들어졌다고 한다. 藍이 화농방지에 효과가 있다고 하는 데서, 검도복으로 좋다고 생각하게 되었던 것 같다.

납도(納刀) [no-to] 칼을 칼집에 꽂는 것. 자세를 풀고 죽도를 왼허리로 거두는 것.

내려치기(振り下ろす) [furi-orosu] 들어올린 죽도로 머리·손목·허리 부위를 치기 위한 동작.

내리치다(打ち下ろす) [uchi-orosu] 상대를 치기 위해 죽도 등을 위에서 격자 부위로 향해서 쳐내리는 것.

눈길(目付け) [metsuke] 시선. 눈을 모으는 곳. 항상 칼 끝과 주먹에 주의해, 상대의 눈을 주시하면서도 몸 전체에 주의해 눈길을 두는 것을 말한다.

느슨하게 하고 찌르기(なやし突き) [nayashi-tsuki] 받아찌르기. 찌르고 들어오는 상대의 죽도를 호로 받아, 왼쪽 아래쪽으로 비스듬히 끌어들여 되치는 기술. 검도3본 후도 예.

느슨하다(萎す) [nayasu] 느른하다. 죽도의 칼능으로 상대의 찌르고 들어오는 죽도의 방향을 왼쪽 아래로 비스듬하게 바꾸어, 찌르는 힘을 약하게 하는 것. 검도의 본 제 3본 동작에서 볼 수 있다.

늘리다(伸ばす) [nobasu] 그 사람이 가지고 있는 재능을 끌어내어 키우는 것. 물건의 길이나 거리, 시간

등을 길게 하는 것. 휘어져 있는 것을 똑바로 하는 것.

다섯가지 자세(五つの構え) [itsutsu-no-kamae] 상단·중단·하단·팔상·옆구리 자세의 다섯가지 자세를 말한다. 五方의 자세, 五法의 자세라고도 한다.

단과 급(段と級) [tan, kyu] 검도 실력의 기준이 되는 제도. 段은 원래 講道館에서 쓰기 시작해, 1883년에 처음으로 초단이 발행되었다. 級은 경시청을 중심으로 검도에서 쓰기 시작했으며, 1885년에 제도화되었다. 검도에서 단을 사용하기 시작한 것은, 1908년에 동경고등사범학교가 처음이다. 전국적으로 段·級 제도가 통일된 것은, 1917년 대일본무덕회가 채용하고서부터이다. 이때, 단은 초단에서 10단까지, 급은 초단 밑에 1급부터 6급까지로 했다. 현재는 9급까지 있다.

단련하다(練る) [neru] 반복되는 연습에 의해 기술을 기능화함과 함께 그 기능을 더욱 발전시켜 어떠한 경우에도 능숙하게 구사할 수 있게 하는 것.

단위(段位) [tan-i] 단. 기능의 정도를 나타내는 등급. 급 위에 위치한다. 검도에선 초단부터 8단까지의 8단계가 있다.

단체경기(團體試合) [dantai-shiai] 3인 이상이 한 조가 되어 서로 대항해 경기를 하는것. 단체전이라고도 한다. 검도의 공식 경기는 勝者數法과 勝者連戰法(한쪽의 이긴자가 질 때까지 계속 경기를 진행하는 것)으로 하게 되어있다.

단체전(團體戰) [dantai-sen] 단체 경기와 같은 뜻.

달인(達人) [tatsu-jin] 기예에 통달한 사람. 뛰어난 기능을 가진 사람.

대도(大刀) [dai-to] 二刀의 경우, 경기 심판 규칙에서 긴 죽도를 말함.

대도(太刀) [tachi] 2척(60cm)이상의 굽은 칼로, 날을 아래쪽으로 패용하는 도검. 또한 大小 木刀에서 긴쪽을 태도라고도 한다.

대인동작(對人動作) [taijin-dosa] 상대의 움직임에 따르는 동작.

대인적 기능(對人的機能) [taijin-teki-gino] 상대의 움직임이나 변화 혹은 기술에 대응하는 기술을 사용할 수 있는 능력. 대별하면, 거는 기술과 받아 기술이 있다.

대적세(構え) [kamae] 태세, 상황에 대응할 수 있도록 자세나 태도를 갖춘 겨눔세.

대한검도회(大韓劍道會) 1953년 창립 발족하고 대한체육회의 정식 가맹단체, 한국 내의 검도를 총괄하며 보급 진흥하는 대표단체, 국제적 영문표기는 「Korea Kumdo Association」, 중요사업에는 검도에 관한 기본 방침의 결정 등 14가지 (대검 홈피 참조)

도(道) [michi] 사람의 도(인륜)란 뜻으로, 생활·행동의 규범으로 여겨져 생각되어 왔다. 한편, 불교에서는 깨달음으로의 길이란 뜻으로 쓰인다.

도장(道場) [do-jo] 석가가 깨달음을 얻는 보리수 아래의 金剛座를 말함. 후에 불도를 수행하는 장소, 사원도 도장이라 불리게 되었다. 또한 이것이 발전해 무예를 연습하는 장소도 도장이라 불리게 되었다.

도장관훈(道場訓) [dojo-kun] 무예를 배우는 경우 지켜야 하는 약속, 또는 그것을 적어 벽에 게시한 규정.

돌다(回る) [mawaru] 회전하다. 연습에서 일정 방향으로 이동하는 것. 격자 후 쭉 앞으로 나간 후 상대쪽으로(오른쪽·왼쪽) 방향을 바꾸기 위해 행하는 동작.

동등(同等) [do-to] 완전히 똑같은 것. 입장, 자격, 역량 등이 같을 때에 자주 쓴다.

동중정(動中靜) [do-chu-sei] 신체의 움직임이 빨라질 때는, 정신은 정숙을 유지해야 한다는 것을 말하는 것. 표면적으로는 활발하게 움직이고 있더라도, 내면적으로는 냉정하게 상대를 잘 관찰하고 있는 상태

두드리다(叩く) [tataku] 되풀이해서 치는 것. 상대 죽도의 움직임을 억제하기 위해 강하게 죽도를 치는 것.

둘러메기 기술(かつぎ技) [katsugi-waza] 메어치기 기술. 죽도를 왼어깨에 둘러메듯이 들어올려, 상대가 동요하여 손동작이 무너진 순간을 치는 기술. 둘러메어 머리, 둘러메어 손목 등 있다.

뒷발(後足) [ushiro-ashi] 자세를 취했을 때 뒤에 있는 발.

뒷기울기자세(後傾姿勢) [ko-kei-shisei] 후경 자세. 중단세나 타격 자세에 있어서 상체가 뒤쪽으로 기울어진 무리한 자세.

드잡이(組打ち) [kumi-uchi] 죽도를 떨어트렸을 경우, 곧바로 상대에게 달려들거나, 팔을 꺾거나, 호면을 벗기거나, 호면을 비틀어 움직일 수 없게 하는 것. 일반 연습에서는 심신을 단련하기 위해 실천하기도 하지만, 경기에서는 금지되어 있다.

든칼(提刀) [sage-to] 팔을 뻗어 칼이나 목도 혹은 죽도를 왼손에 들고, 입례할 때의 자세. 죽도는 등줄을 아래로 자연스럽게 내려뜨리고, 엄지손가락은 코등이에 걸지 않도록 한다.

들숨(吸氣) [kyu-ki] 외호흡에 의해 숨을 들이켜 산소를 받아들이는 것.

들어올리기(振りかぶる) [furi-kaburu] 죽도를 머리 위에 들어올리는 것.

등줄(弦) [tsuru] 죽도의 선혁과 병혁 사이를 잇는 끈

떨쳐 기술(拂い技) [harai-waza] 상대가 자세를 취하고 있거나, 응전 자세를 갖추고 있는 경우, 치고 들어갈 틈이 없을 때에 상대의 죽도를 왼쪽 또는 오른쪽으로 쳐 올리거나, 또는 비스듬히 왼아래, 오른아래 떨쳐내리기 등을 통해 자세를 무너트림과 동시에 치고 들어가는 기술. 떨쳐머리, 떨쳐 손목, 떨쳐 허리, 떨쳐 찌름 등이 있다.

뛰어드는 발(踏み切り足) [fumi-kiri-ashi] 차닫기. 격자 동작에서 발의 동작, 특히 왼발의 운동을 나타내며, 신체를 전방으로 이동하는 경우에 왼발로 마루바닥을 후방으로 차도록 하는 것. 단, 후방으로 이동하는 경우에는 역으로 오른발이 차주는 발이 된다.

뛰어들기 동작(踏み切り動作) [fumi-kiri-dosa] 격자 동작에서 죽도를 들어올리는 동작과 함께 왼발에 의한 차주는 동작이 협조적으로 이루어지는 것.

뛰어들어 동작(踏み込み動作) [fumi-komi-dosa] 뛰어들기 동작. 현대 검도의 격자 동작에서 특징적인 동작이며, 일족일도의 거리에서 민첩하게 격자 동작을 행하기 위해, 불안정한 상체의 앞기울기(前傾)동

작을 유지하고, 격자 후 자세의 재정립에 필요한 오른발에 의해 구르면서 나아가며, 그 후 왼발을 끌어 붙이는 동작에 의해 신체를 밀어걷기로, 전방으로 이동하는 일련의 동작을 말한다.

뛰어들어 머리(とび込み面) [tobi-komi-men] 상대가 기술을 걸어 들어오기 전에 먼거리에서 과감하게 오른발을 크게 내딛고 머리를 치는 기술.

뛰어들어가기((踏み込み) [fumi-komi] 뛰어들기. 뛰어 앞으로 나가는 것. 강하게 밟는 것.

뛰어머리(跳躍素振り) [choyaku-suburi] 전후로 뛰면서 연속적으로 행하는 후리기.

마주선 간격(立會いの間合) [tachiai-no-maai] 경기 및 연습 시 쌍방이 마주 서는 위치. 쌍방의 거리는 약 9보 거리, 提刀의 자세로 마주 선다.

맞상단(相上段) [aijo-dan] 경기, 연습 혹은 검도의 본을 할 때, 두 사람 모두 상단 자세를 취하는 것.

맞서기(立會い) [tachi-ai] 쌍방이 승부를 겨루고, 격투하는 것. 쌍방이 서로 마주 보며 서다.

맞중단(相中段) [ai-chudan] 경기, 연습, 혹은 검도의 본을 할 때, 두 사람 모두 중단자세를 취하는 것. 경기개시 혹은 재개할 때, 서로 이런 상태에서 시작한다.

맞추기(手打ち) [te-uchi] 발에 의한 이동 운동이 충분히 따르지 않은 채, 팔에 의해서만 이루어지는 격자.

맞하단(相下段) [ai-gedan] 경기, 연습 혹은 검도의 본을 할 때, 두 사람 모두 하단 자세를 취하는 것.

맨머리(素面) [su-men] 머리에 호면을 쓰지 않은 것. 또는 그런 상태.

맨손(素小手) [su-kote] 손에 호완을 끼고 있지 않은 것. 또는 그 상태.

맨손(素手) [su-de] 손에 아무것도 없는 것.

머리(面) [men] 격자 부위의 하나. 검도 기술의 일종으로, 상대의 머리부분을 치는 기술

먼산 눈길(遠山の目付け) [enzan-no-metsuke] 먼 산 보기. 멀리있는 산을 바라보듯. 가까운 상대를 가능한 한 멀리 보고, 머리에서 발끝까지 몸 전체를 한눈으로 보는 것.

면수건(手拭) [te-nugui] 호면을 쓸 때에 머리에 두르는 목면의 천. 본래는 손이나 얼굴, 몸을 닦기 위한 천.

명경지수(明鏡止水) [mei-kyo-shi-sui] 한점 흐림도 없이 맑고 깨끗한 마음의 상태. 스스로 구애됨이 없이 자유로울 때, 상대 마음의 움직임을 거울에 비치듯 손에 잡히듯 알 수 있는 것이다. 이것을 明鏡의 勝이라고 한다.

명인(名人) [mei-jin] 기예에 뛰어나 세상에 이름이 알려진 사람으로, 그 기예가 인정되고 영속성을 갖고 있는 사람. 단순히 기예가 뛰어난 것만으로는 達人이라고 하며, 여기에 예의 안정성과 영속성이 겸비되어야 비로소 명인이라고 한다.

명치(水月) [suigetsu] 흉골 밑의 움푹 들어간 곳.

모범(模範) [mo-han] 올바른 것으로서 배워야 할 型. 길잡이. 고단자가 많은 초심자 앞에서 본보기로 연습이나 검도의 본을 시범을 보이는 것.

모서훈련(署中稽古) [syo-chu-geiko] 한여름 더운 기후 속에서 집중적으로 행해지는 연습.

모한연습(寒稽古) [kan-geiko] 일년 중 가장 추위가 심한 시기에 일정 기간 연속해서 치고들기와 연습, 그리고 몸받기, 연격, 기본 연습을 하는것. 정해진 기간 마지막까지 해내는 것으로 정신적 훈련이기도 하다.

목면(木綿) [mo-men] 「무명솜」 종자에 붙어있는 섬유. 이것으로 만든 실과 직물. 흡수성이 좋고 튼튼하기 때문에 검도복에 많이 사용되는 옷감 소재

목표(目標) [moku-hyo] 표시, 목적. 검도 연습에서 항상 마음속에 그리고 있는 기술의 습득에 대해 자기가 도달하고자 하는 것.

몰아머리(追い込み面) [oikomi-men] 공세에 대해 상대가 물러나는 것을 빠른 발놀림으로 몰아넣어 머리를 치는 것.

몰아치기(追い打ち) [oi-uchi] 도망가는 상대를 쫓아가 치는 것. 또한 기죽어 있는 자에게 타격을 는 것.

몰아넣기(追い込み) [oi-komi] 급하게 후퇴하는 상대에 대해서, 쫓아 들어가듯이 전진하는 것. 몰아넣어 연속적으로 머리치기와 손목치기, 연격들을 하는 연습 방법.

몸 던지기(捨身) [sute-mi] 몸 버리기, 생명을 버릴 정도의 각오로 전력을 다하는 것. 승부를 겨룰 때, 자기의 승패를 생각지 않고 공세를 시도하는 것.

몸 받음(體當たり) [tai-atari] 격자 시 따르는 여세로 몸 전체로 상대와 부딪치는 것. 몸 받기는 상대의 자세를 무너뜨리고 격자의 기회를 만드는 것 뿐만 아니라, 자기의 몸 자세(특히 허리)의 안정, 기력의 양성을 하는 것에도 중요하다.

몸운용(體さばき) [tai-sabaki] 발운용에 의해 몸의 위치나 방향을 바꾸고, 상대의 움직임을 피하거나, 끌어들이거나 하여 상대를 제압하는 신체의 변화. 이동.

몸 자세(身構え) [mi-gamae] 겨루기 형세. 상대의 공격에 대해 전신에 긴장을 취하면서 마주 치겠다는 형세를 취하는 것. 몸 자세에는 공격으로 전환하는 「捨身」의 몸 자세와, 방어에 전념하는 「護身」의 몸 자세가 있다.

무(武) [bu] 戈(무기)를 갖고 止(발)로 나아가는 것. 거칠게 돌진하는 것. 戰(싸움)의 기술. 유학의 영향이 강했던 에도시대에는 중국 最古의 자전인 『說文解字』에 「戈(창)을 止(멈추게 하다)의 會意文字」로 설명되어 있어, 역으로 투쟁에 의지하지 않고 武德에 의해 세상을 다스리는 것이라고도 했다.

무너뜨리다(崩す) [kuzusu] 쳐부수다. 정돈되어 있는 것을 어지럽히다. 상대의 자세나 격자 또는 氣를 죽도, 움직임, 기력으로 어지럽히는 것.

무념무상(無念無想) [munen-muso] 일체의 망설임을 떠나 무아의 경지에 들어가는 것. 거울같이 모든 사상을 비추는 상태. 정신이 순수하게 통일되어 어떤 것에도 구애됨이 없이, 또 그런 상태에서 기력이 충실하고 정신이 가장 잘 활동하는 상태.

무도(武道) [bu-do] 무사가 지켜야 할 道. 무술 또는 무예. 한편 메이지 말기에서 다이쇼 期에 걸쳐서, 무술 연습에 높은 정신성을 요구하게 되어, 단순한 術의 연습만이 아닌 좀 더 신성한 명칭으로 변경해야

한다는 주장이 나타났다.

1919년(大正8년) 당시 무술의 총괄단체였던 大日本武德會가 擊劍, 柔術, 弓術을 검도·유도·궁도로 명칭을 변경하고, 그것들을 총괄하는 명칭으로 새롭게 武道라는 명칭을 사용하게 됨으로써 일반화된 말이다. 오늘날엔 더 많은 종목을 포함해 무도라 칭하며, 검도·유도·궁도·스모·장도·합기도·공수도·총검도·소림사검법 등의 총괄 명칭으로 쓰이고 있다.

무도관(武道館) [budo-kan] 무도를 하기 위해 설비된 건물. 모든 무도를 할 수 있도록 설비된 종합 무도관과 단독 종목전용의 무도관 등이 있다. 일본 무도관의 약칭으로 쓰이고 있다. 한편, 예전엔 무도장(武道場)이라 했다.

무릎 세우기(立て膝) [tate-hiza] 한쪽 무릎을 구부려 세운 것. 또는 그런 상태

무심(無心) [mu-shin] 마음속에 아무런 구애되는 것이 없이 자유로운 상태의 정신을 말함.

무예(武芸) [bu-gei] 武의 技芸(기예).「芸(예)」라는 말에는, 기술 습득에 의해 심신을 단련한다는 의미가 있으며, 무예라 하는 경우에도 심신을 연마하기 위한 무의 기술이라는 의미를 포함하고 있다. 무술. 武技. 무예18반에 이르는 무예를 말함.

무의식(無意識) [mu-ishiki] 어떤 일을 하고 있으면서, 자기가 하고 있는 것을 알고 있지 못하는 것.

무자세(無構え) [mu-gamae] 자세가 없는 것. 바꾸어 말해, 형으로서는 자세를 취하고 있지 않지만, 언제 어떤 각도에서 공격을 받더라도 항상 대처할 수 있는 상태를 말함. 궁극의 자세, 최고의 자세.

무자수행(無者修行) [musha-shugyo] 각지를 여행하면서 기술 향상을 목적으로 하는 수행법의 하나

무제한 연습(立切り稽古) [tachi-kiri-geiko] 한 사람이 일정시간에 수 명의 상대와 계속해서 경기를 하는 특별한 경기법.

묵례, 목례(默禮, 目禮) [moku-rei] 검도에서의 인사하는 상대와 서로 마주선 경우에는 상대의 눈에서 눈을 떼지 않고 말없이 인사하는 것.

묵상(默想) [moku-so] 검도 연습의 시작과 끝에 일제히 열을 지어 행하는 예의 규범 중 하나. 정좌 상태에서 왼손을 오른손 위에 놓고 양 엄지손가락 끝을 서로 닿게하고 명상을 하는 것.

물집(肉刺) [mame] 신발과의 마찰이나 거친 일, 혹은 격렬한 운동 때문에 손발에 생기는 것.

밀어걷기(送り足) [okuri-ashi] 검도에서 가장 기본적인 발운용법. 이동하려는 방향에 가까운 발부터 내딛고 곧바로 다른 발이 재빨리 따르게 하는 식으로 이동한다. 전후, 좌우, 비스듬히 좌우전진, 비스듬히 좌우후진의 8방향의 움직임이 있다. 중심의 위치가 상하로 움직이지 않도록 발바닥이 가볍게 바닥을 스치듯이 해야한다. 이동 후에는 항상 처음 자세를 취한 상태의 보폭을 유지하는 것이 중요하다. 이동 시 자세의 동요가 적기 때문에, 공방 동작에 적합하다.

밀어내기(體押し) [tai-oshi] 격자할 생각이 없는 부당한 밀어내기. 폭력적인 밀어내기는 반칙이 된다.

밀어냄(押し出し) [oshi-dashi] 부당하게 상대를 경기장 경계선 밖으로 밀어내는 것.

박자(拍子) [hyo-si] 칼이나 몸운용 등의 움직임의 흐름과 리듬. 또한 상대와의 호흡을 맞추는 것. 상대와 자기 기분의 공유를 말하기도 한다.

반격(反擊) [hangeki] 상대의 공격을 받아, 곧바로 공격으로 바꾸는 것.

반동동작(反動動作) [hando-do-sa] 하나의 운동을 시작할 때, 그 방향과는 반대 또는 다른 방향으로 운동을 일으킨 후 목적하는 동작을 하는 것. 중단 자세에서 격자할 때에 순간적으로 칼끝을 내린 후 곧바로 들어올려 격자하는 등의 동작이다.

반신(右半身, 左半身) [han-shin] 상대에 대해 몸을 비스듬히 하는 자세. 오른발을 앞으로 내밀어 반신이 되는 것을 우반신이라고 하고, 왼발을 앞으로 한 반신을 좌반신이라고 한다.

받기(受け方) [uke-kata] 상대의 격자를 자기의 죽도로 방어하는 방법. 기본 연습 및 적극 연습(kakari-geiko) 등의 기준 서기(moto-dachi)의 방법.

받기(應じ) [o-ji] 받아내기. 상대가 나오는 것에 대처해 동작하는 것. 상대의 격자해 들어오는 죽도를 자기의 죽도로 받는 것. 방어하는 것.

받다(受ける) [ukeru] 상대의 격자해 오는 죽도를 방어하는 것. 기준 서기(moto-tachi)로 서서 연습 상대를 하는 것. 떨어지는 물건이나 닥쳐오는 물건을 막아 세우는 것. 움직임에 반응하는 것. 받아들이는 것.

받아 기술(返し技) [kaeshi-waza] 상대의 격자에 대해 신체를 움직여가면서, 자기의 죽도로 상대의 죽도를 받고, 손을 되돌려 치는 기술, 머리받아 허리, 머리받아 머리, 머리받아 손목, 손목받아 머리, 허리받아 머리 등이 있다.〈손목받아 손목〉

받아찌름 [入れ突き] 대도3본 후도는 왼발부터 1보 크게 몸을 빼면서 선도의 도신을 격자부의 호(鎬)로 가볍게 받아 죽이면서 동시에 선도의 흉부를 되찌르는 것.

받아 흘려기술(受け流し技) [uke-nagashi-waza] 격자해 오는 상대의 죽도를 자기의 죽도로 받아 옆으로 흘림과 동시에 상대에게 치고 들어가는 기술의 총칭.

받아 흘리기(受け流し) [uke-nagashi] 상대가 베러 들어온 칼이나 격자해 온 죽도를 자기의 칼능각이나 죽도로 받아 옆으로 흘리는 것. 검도의 본 소도 1본 소도 2본의 예

받아내다(受け止める) [uke-tomeru] 상대가 격자해 오는 죽도를 자기의 죽도로 방어하는 것. 공격을 막는 것. 기세 좋게 전진해 오거나, 날아오는 물건을 잡아세워 진행을 저지하는 것.

받아치기(應じ返す) [o-ji-kaesu] 상대의 격자해 들어오는 죽도에 대해서, 자기의 죽도로 받음과 동시에, 상대의 비어있는 격자부에 즉각 치고 들어가는 것.

발 구르기((踏み込み足) [fumi-komi-ashi] 격자 동작에서 하지, 특히 오른발 운동을 말하며, 상대와의 거리를 줄이기 위해, 왼발에 의한 도약에 의해, 오른발로 전방에 크게 발바닥 전체로 구르며 나가는 동작.

발 자세(足構え) [ashi-gamae] 상대의 움직임에 대응해서 순간적으로 동작할 수 있는 좌우 발의 위치 관계

발도(拔刀) [batto] 칼을 뽑는 것. 검도의 본의 연무에서, 입례 후 서로 크게 3보 전진하고 준거하면서 칼을 뽑는 동작. 또한 경기나 연습 시에 인사를 한 후에 죽도를 뽑는 동작을 말하기도 한다.

발성(發聲) [hassei] 소리를 내는 것. 경기자가 격자할 때나 경기의 중지를 요청하기 위해 내는 소리를 의미한다.

방심(油斷) [yu-dan] 마음을 놓는 것. 주의하지 않는 것.

방어(防禦) [bo-gyo] 격자 당하지 않도록 하는 것. 죽도로 받기도 하고, 몸놀림을 이용하기도 하며, 또는 강한 氣力으로 상대가 기술(技術)을 발휘하지 못하게 하는 것.

방향(方向) [ho-ko] 方角, 나가는 길.

배꼽아래 단전(臍河丹田) [sei-ka-tan-den] 체력이 모이는 곳으로, 여기에 기를 모아두면, 침착해지고 체력이 넘쳐나게 되는 곳. 배꼽 아래 하복부. 신체운동이나 情動을 콘트롤 하는 중심.

버릇(癖) [kuse] 습벽. 한쪽으로 치우친 기호 또는 습관. 어느 상태가 되어 원래대로 되돌리기 어려워진 것. 또는 그 상태.

벌려집기(開き足) [hiraki-ashi] 신체를 열어 격자하거나, 응전하는 경우 이용하는 발운용법

범사(範士) [han-shi] 칭호 3계급 중에서 최고 위의 것. 교사 8단을 취득한 자로 특히 德操高潔하고, 검리에 정통하며, 기능이 완숙한 만 55세 이상인 자에게 수여된다고 규정되어 있다. 특례로 교사 7단인 자에게 수여되는 경우도 있다.

병(病氣) [byo-ki] 일반적으로 신체의 건강을 해치는 것. 단, 검도에서의 病이란, 한곳에만 의식이 정지해 있는 것. 이기려고만 하는 의식이 너무 강하거나, 여러 기술을 내보이려고 너무 이것저것 생각하거나, 상대를 맞추기 위해 너무 힘이 들어간 것 등, 의식이 무언가에 사로잡혀 그 어떤 다른 상황에 대처할 수 없는 것. 「四戒」 참조.

병혁(柄革) [tsuka-gawa] 죽도의 손잡이 부분을 감싸고 있는 가죽.

보통걷기(步足) [ayumi-ashi] 발운용법의 하나로, 통상 보행운동을 사뿐히 하는 것이며, 전후로 멀리 빠르게 이동하는 경우에 사용하는 발운용법.

보폭(足幅) [ashi-haba] 기본적인 발 자세에서 좌우 발 위치의 전후 및 좌우 방향의 폭.

보행(步行) [ho-ko] 사람이 신체를 이동시킬 때의 기본적인 운동 양식으로, 좌우의 발을 교대로 밟아가면서 이동하는 것.

복식호흡(腹式呼吸) [fukushiki-kokyu] 횡격막의 신축에 의해 행하는 호흡이며, 검도에서 많이 사용하는 호흡법.

복장(服裝) [fuku-so] ① 검도 복장은 검도복과 하의를 입는다.
② 검도심판의 복장 - (대한검도회 규정 참조) 상하의는 감색(민무늬)으로 한다. 와이셔츠는 백색(민무늬)으로 한다. 넥타이는 연지색(민무늬)으로 한다. 양말은 감색으로 한다 라고 심판규정에 정해져 있다.

본 연습(形稽古) [kate-geiko] 죽도로 서로 격자하고, 치고 들어가기 연습에 대한 말로서, 本만을 연습하는 것을 말한다. 本의 반복 연습은, 그 가운데 숨겨져 있는 기술을 몸에 익혀, 기술에 포함되어 있는 情神性도 습득하는 것을 목적으로 하고 있다. 일반적으로 古武道라 불리는 검술 유파는 이 본만의 연습이 주체이다.

본(形) [kata] 실천을 통해 획득한 마음·기술·신체의 상태를 구체적인 「형태」로 나타내 규범으로 한 양식. 눈에 보이는 구체적인 형태. 예를 들면, 검도의 본 등이 그 예이다. 이 형은 끊임없는 반복 연습에 의해, 몸으로 외우고, 체화(體化)하여 비로소 자기의 형을 창조할 수 있는 것이다.

봉타(峯打ち) [mine-uchi] 도검의 날등, 칼의 날 등쪽으로 치는 것. 검도의 격자에서는 유효격자로 인정하지 않는다. 동타(棟打)라고도 한다.

부동심(不動心) [fudo-shin] 그 어떤 것에도 마음이 흔들리지 않는 것. 또는, 모든 변동에 대해 그때 그때 대응할 수 있는 유연한 마음.

북돋기 연습(引き立て稽古) [hikitate-geiko] 지도 대련. 상위자가 하위자를 지도적 입장에서 연습시킬 때, 하위자가 알지 못하도록 하면서 멋지게 칠 수 있게 하여 하위자로 하여금 성공의 기쁨을 맛보게 하거나, 칠 기회를 가르쳐주기도 하는 연습방법.

붙이다(着ける) [tsukeru] 검도구를 착용하는 것.

비김(引き分ける) [hiki-wakeru] 승부가 나지 않은 채 경기를 종료하는 것.

빠지다(拔ける) [nukeru] 치고 들어간 기세로 상대쪽을 지나쳐 가는 것.

빼다(拔く) [nuku] 상대가 치고 들어옴에 대해 몸을 피하거나 간격을 만들어 상대에게 허공을 치게 하는 것. 안에 있는 것을 빼내는 것. 칼을 칼집에서 빼내어 자세를 취할 때, 「칼을 빼다」라고 한다.

빼어 기술(拔き技) [nuki-waza] 빼어치기 기술. 상대가 치고 들어오는 것에 대해서 몸을 피해 상대에게 공간을 치게하고 기술이나 몸이 다했을 때 치는 기술. 손목빼어머리, 머리빼어머리, 머리빼어허리 등이 있다.

사계(四戒) [shi-kai] 마음에 생기는 경.구.의.혹(驚·懼·疑·惑)의 4가지 병으로, 이것을 어떻게 억누르는가가 열쇠이다.

사력을 다하다(鎬を削る) [shinogi-o-kezuru] 양쪽의 칼의 능을 서로 깎아내듯이 격렬하게 싸우는 것. 또는 격렬하게 다투는 모습을 말한다.

사범(師範) [shi-han] 검도에서 기술·인격 모두 뛰어나 모범이 되는 사람. 또한 학생이나 제자에게 검도를 가르치는 입장의 사람.

사제동행(師弟同行) [shi-tei-dogyo] 검도 연습에서, 선의 수행처럼 스승과 제자가 뜻을 같이 하여 수행하는 것을 말한다.

삼각구(三角矩) [sankaku-ku] 중단 자세의 포인트를 설명한 것으로, 눈·배꼽·칼끝의 삼각형 꼴을 벗어나지 않도록 자세를 취하는 것.

삼각구(三角構) [sankaku-ku] 검도에서 안정적인 자세를 위해 삼각형의 구도를 형성한 모든 자세의 통칭을 말한다. 특히 정중선을 기준으로 좌우 근력의 밸런스를 가져가는 것이 핵심이다.(허광수)

삼단기술(三段技) [san-dan-waza] 세 개의 격자를 연속해서 일련의 동작으로서 행하는 기술. 대표적인 연속 기술의 일종. 손목-머리-허리, 손목-머리-퇴격허리, 손목-머리-머리, 손목-머리-퇴격머리, 찌름-머리-허리 등이 대표적인 기술이다.

삼살법(三殺法) [san-sappo] 상대의 기선을 제압하는 방법에는 3가지가 있다. 칼을 죽이고, 기술을 죽이고, 氣를 죽이는 것을 삼살법이라고 한다. 칼을 죽인다는 것은 상대의 칼을 누르거나 떨쳐내어, 칼끝의 움직임을 죽이는 것을 말한다. 기술을 죽인다는 것은, 먼저 앞서 공격을 가해 상대에게 기술을 걸 여유를 주지 않는 것을 말한다. 또한, 氣를 죽인다는 것은, 氣力으로 상대를 압도하고 항상 先을 취한다면, 저절로 氣位가 높아지고, 상대의 기를 압도할 수 있게 된다는 것이다.

상격(相打ち) [aiuchi] 경기나 연습 시, 한쪽이 머리를 치고 다른 한쪽이 허리를 친 상태에서 양쪽의 기술이 동시에 유효격자가 되는 것을 상격이라고 한다. 경기에 있어서는 유효격자로 인정하지 않는다. 또한 경기심판규칙·세칙에서는 쓰고 있지 않지만, 동시에 두 사람이 머리를 쳤으나, 양쪽 모두 머리에 맞지 않은 상태를 역시 상격이라고 하는 경우가 있다.

상격(打ち合う) [uchi-au] 서로 치는 것.

상단기술(上段技) [jodan-waza] 상단세로 치는 기술. 상단 머리, 상단 손목 등이 있다.

상단세(上段の構え) [jodan-no-kamae] 죽도를 머리 위에 위치한 자세. 양손으로 죽도를 쥐고 오른발을 앞으로 내민 자세를 양손 右上段勢(우상단세)라 하고, 양손으로 죽도를 쥐고 왼발을 앞으로 내민 자세를 양손 左上段勢(좌상단세)라 한다. 공격적인 자세이다.

상대하다(相對する) [aitaisuru] 서로 마주하다.

상하 후리기(上下素振り) [joge-suburi] 중단세에서 「손놀림」을 바꾸지 않도록 하면서 죽도를 될 수 있는 한 크게 휘두른다. 멈추는 일 없이 양팔을 펴고, 왼주먹을 왼쪽 복부 앞까지 끌어당겨 충분히 내려치는 동작을 되풀이 하는 것. 내려칠 때의 칼끝의 위치는 가상의 상대의 무릎 높이까지 한다.

색(色) [iro] 기색. 낌새. 색이란 虛實의 虛를 말한다. 은근한 조짐이나 기색, 조짐으로서 현상화되어 나타나는 것. 예를 들면, 상대에게 틈이 없는 경우, 자기쪽에서 일부러 틈을 만들어 유인하는 경우가 있다. 이것도 색이라 한다.

선수(先手) [sen-te] 상대보다도 먼저 공격을 거는 것. 선수를 친다고 한다. 기선을 제압하고 공격의 우위에 서는 것.

선혁(先革) [saki-gawa] 죽도 끝부분에 가죽을 이용해 만들어 붙이는 부품.

세가지 마음을 놓아서는 안 될 것(三つの許さぬところ) [mittsu-no-yurusanu-tokoro] 삼불허. 공격측에 있어서는 격자의 호기가 되며, 방어측에 있어서는 가장 주의해야 할 기회. 첫번째는 기술이 막 일

어나려 할 때, 두번째는 기술을 받아 냈을 때, 세번째는 기술이 다했을 때의 세가지.

세가지 선(三つの先) [mittsu-no-sen] 삼선. 氣勢나 몸의 운용, 그리고 기술을 걸 때에 있어서도 상대보다 여유를 갖고 대치하는 것. 이것을 「선을 취한다」고 한다.

이 세가지 선에 관해서는 타카노 사사부로(高野佐三郎) 『劍道』에 다음과 같이 말하고 있다.

* 先先의 先 : 상대와 승부를 겨룰 때, 상대의 움직임을 재빨리 機微한 순간에 알아차리고 곧바로 치고 들어가 기선을 빼앗는 것이라 한다.

* 先 : 틈이 생겨 상대가 치고 들어와, 공격이 성공을 거두기 전에 먼저 재빨리 선을 빼앗아 승리를 얻는 것을 말한다. 先前의 先 이라고도 한다.

* 後의 先 : 틈이 생겨 상대가 치고 들어오는 것을 쳐 내거나, 칼을 피한 후에 상대의 기세가 수그러들었을 때, 강하게 치고 들어가 이기는 것을 말한다. 先後의 先, 得의 先 이라고도 한다.

세계검도선수권대회(世界劍道選手權大會) [sekai-kendo-senshuken-taikai] 국제검도연맹(International Kendo Federation F.I.K) 주최의 검도선수권대회로, 1970년에 제 1회가 열렸다. 3년마다 아시아, 미국, 유럽지구에서 개최된다. 단체선수권 경기와 개인선수권 경기가 있다.

소도(小刀) [sho-to] 二刀의 경우, 경기 심판 규칙에 의해 짧은 쪽의 죽도. 도는 목도의 小太刀.

손목(小手) [ko-te] 격자 부위의 하나. 검도 기술의 하나로 상대의 손목 근처를 치는 기술.

손목놀림(手の返し) [te-no-kaeshi] 허리등을 칠 때, 칼날을 잘 조작하기 위한 손목의 움직임.

손운용(手の内) [te-no-uchi] 솜씨, 기량, 죽도를 쥐는 부분. 격자하거나 받아칠 때 양손에 힘을 넣는 방법. 늦추는 방법과 균형 잡는 것 등을 종합한 것으로 격자를 마무리짓는 중요한 역할을 한다.

손잡이(柄) [tsuka] 도검이나 죽도 등에서 손으로 쥐는 부분.

손질(手入れ) [te-ire] 도구를 사용하기 쉽게 손보는 것.

솜씨(冴え) [sae] 끊어 침.응집기. 격자할 때 오른손과 왼손이 조화있게 움직여, 순간적인 손운용으로 조여지면서 격자가 이루어지는 것. 「冴え」는 기술을 완결시키는 「결정」과도 관련되어, 유효격자를 판정하는 기술의 최종 국면을 구성하는 중요한 요소이다.

수리(修理) [shu-ri] 망가진 곳을 사용할 수 있도록 고치는 것.

수업(修業) [shugyo] 어떤 것을 배우고 얻는 것. 기술을 갈고 닦는 것.

수업연한(修業年限) [shugyo-nengen] 검도의 기법(技法)과 기술(技術)의 숙달을 목적으로 검도 연습에 정진해 온 年數. 다음 승단심사를 받을 때까지 필요한 수업 연수.

수파리(守破離) [shu-ha-ri] 어떤 것을 수련·면학하는 데 일반적으로 쓰이는 격언. 검술의 수행 단계를 설명하는 용어로도 사용된다. 守는 그 유파의 취지를 지키고 확실하게 몸에 익히는 단계, 破는 몸에 익힌 유파에 구애를 받지 않고 다른 유파와도 교류하고, 자기의 기술을 확장·심화시키는 단계. 離는 자기의 기술을 더욱 개발해, 독자적이고 새로운 것을 확립해가는 단계를 말한다.

수행(修行) [shugyo] 정신을 단련하고, 기예를 갈고 닦는 것. 또는 그것을 위해 여러 곳을 돌며 심신을 단련하는 것을 武者修行이라 한다.

숙련자(熟練者) [jukuren-sha] 고도의 검도 기능을 가지고 있는 사람.

스쳐 걷기(すり足) [suri-ashi] 발을 들지 않고, 발바닥으로 마루를 문지르듯이 걷는 것. 또는 그런 걷는 방법. 이동에 의해 생기는 몸과 자세의 동요를 막을 수가 있기 때문에 하반신을 안정시키고 상체의 움직임을 자유자재로 하는 데 유효하다.

스쳐 떨구기(すり落し) [suri-otoshi] 자기 죽도의 칼능으로 상대 죽도를 문지르듯이 위에서 아래쪽을 향해서 쳐내어, 상대의 공격을 막아내는 것. 검도의 본 소도 3본의 예

스쳐 올리기(すり上げ) [suri-age] 격자해 오는 상대의 죽도를, 자기의 죽도로 아랫쪽에서 윗쪽으로 칼 끝이 원을 그리듯 위로 들어올리고, 상대의 격자를 무효로 만드는 것. 자기 죽도의 좌측면을 스쳐올리는 방법과 우측면을 스쳐 올리는 방법이 있다. 스쳐 올릴 때에는 칼 끝이 항상 원을 그리듯이 죽도를 조작하고, 스쳐 올리기가 끝난 순간이 격자 시작의 상태가 되도록 하는 것이 중요하다. 대도5.6본 후도.소도3본

스쳐 흘리기(すり流し) [suri-nagashi] 자기 죽도의 칼 능으로 상대의 죽도를 가볍게 누르면서 막아내어, 상대 칼의 움직임을 막아버리는 것. 소도3본의 예

스쳐올려 기술(すり上げ技) [suriage-waza] 상대가 치고 들어오는 죽도를, 자기의 죽도 좌측면 혹은 우측면으로 스쳐 올리듯이 해서 제친 다음, 상대죽도의 방향과 자세가 무너지는 것을 치는 기술. 머리스쳐올려머리, 손목스쳐 올려머리, 손목스쳐올려손목 등이 있다.

습득(習得) [shu-toku] 배워 익히는 것. 기예나 기술을 자기의 것으로 하는 것.

승단심사(昇段審査) [shodan-shinsa] 이미 취득해 있는 段位보다 한 段 상위를 취득하기 위해 행하는 기량의 우열 을 판정하는 시험. 승단하기 위한 시험.

승부(勝負) [sho-bu] 이기고 지는 결정을 짓는 것.

승패(勝敗) [sho-hai] 이기고 지는 것을 정하는 것. 「勝負」 참조.

시범(示範) [shi-han] 모범이 되는 기술을 연무하는 것. 기술이나 동작을 실제로 행해 보여주는 것.

심(芯) [shin] 물건의 중앙, 중심의 의미. 죽도의 선혁 내부에 사용하는 물품.

심기력일치(心氣力一致) [shin-ki-ryoku-itchi] 공방의 핵심을 표현한 말. 「心」이란 정신작용의 靜的方面이며, 상대의 동정을 직감에 의해 감지하고 판단하는 능력. 무도에서는 無心이라 한다. 무심이란 是非의 분별없이 시비를 아는 마음을 말한다.

「氣」란 마음의 판단에 따라서 외부의 동작으로 나타나는 것으로, 소위 氣는 마음에 이끌려 마음의 명령에 따라서 활동하는 정신작용의 動的面을 말한다.

「力」이란 신체의 힘, 즉 기술을 말한다. 「心氣力一致」란, 어느 자극에 대해 마음의 직감으로 知覺判斷된 것이, 곧바로 정신작용에 의해 기술로 나타난 것이다. 더구나, 이 세가지가 순간적으로 행해지지 않으

면 안 된다.

심기체일치(心技體一致) [shin-gi-tai-itchi] 마음에 생긴 동적 에너지가 기술로 운동 표현 될 때, 멈추지 않고 부드럽게 움직여지는 상태를 말한다.

심득(心得) [kokoroe] 몸에 익히는 것. 소양. 검도에서 지도자로서 몸에 익혀두어야 할 유의점.

심사(審査) [shin-sa] 기량의 우열을 판정하는 것. 단이나 칭호의 合否를 확실히 정하는 것.

심신의 발달(心身の發達) [shin-shin-no-hattatsu] 마음과 몸이 함께 성장해 나가는 것. 커져 가는 것.

심신일여(心身一如) [shin-shin-ichi-nyo] 몸과 마음이 별개가 아닌 것. 신체와 마음은 따로따로 작용하려 하여, 생각하는 대로 신체는 움직이지 않는 것이다. 그러나, 이것을 언제 어떤 경우에서라도 생각하는대로 신체를 움직일 수 있도록 하는 것.

심판(審判) [shinpan] 경기의 승패와 우열, 경기자의 동작이나 태도 등 모든 행위의 適否를 판정하는 것.

심판회의(審判會議) [shinpan-kaigi] 경기 전에 열리는 심판원들의 협의

심호흡(深呼吸) [shin-kokyu] 가능한 한 많은 공기를 들이키고 뱉는 깊은 호흡법.

안 찌르기(裏突き) [ura-tsuki] 상대 죽도의 안쪽 방향(상대의 오른쪽 면)에서 찌르기를 하는 것.

안(裏) [ura] 상대의 오른쪽. 자기쪽에서 보면 왼쪽. 중단으로 자세를 취했을 때 자기 죽도의 오른쪽.

안손목(內小手) [uchi-gote] 중단세에서 약간 상대의 검선이 낮아졌을 때 상대의 검선을 넘어 손목을 치는 것.

앞기울기 자세(前傾姿勢) [zenkei-shisei] 상체를 약간 전방으로 구부린 자세.

앞기울기(前傾) [zen-kei] 몸을 앞으로 구부리는 것. 앞으로 구부리는 것.

약속연습(約束稽古) [yakusoku-geiko] 치는 쪽과 맞는 쪽 사이에 약속을 하여 기본적인 격자 연습을 하는 방법. 그 내용은, 기본 치고 들어가기(uchi-komi)에서 고도의 기술연습까지 포함되어 있다.

양손(諸手) [moro-te] 좌 우의 양쪽 손. 양손. 격자 설명에서, 찌름 기술 시 한손 찌름에 대해 양손 찌름의 명칭으로 사용된다.

어깨 칼(八相の構え) [hasso-no-kamae] 중단세에서, 왼발을 반보 앞으로 내어, 코등이가 입술 높이가 되도록 오른손을 들어올리고, 오른 어깨로 끌어당겨 칼을 세운 자세. 검도 제 4본에서 볼 수 있지만, 현대 검도에서는 거의 쓰이지 않고 있다.

억누르다(抑える) [osaeru] 누르다. 움직이거나 나오지 못하도록 하다. 움직임을 막다.

여력(余す) [amasu] 상대가 기술을 걸려는 의도를 간파하고, 기술을 걸었을 때 여유를 갖고 물러나, 자신을 유리한 위치에 놓고, 상대를 불리한 상황으로 몰아가는 것.

역기회(引き際) [hiki-giwa] 상대가 물러나려고 하는 순간이 「격자할 기회」 라는 것의 대표적인 하나이다.

역공세(攻め返し) [seme-kaeshi] 이쪽의 공세에 대응해서 상대가 반격해 오는 것. 한쪽의 공세에 대응

해, 다른쪽도 물러서거나 피하지 않고 공격하는 것.

연격(切り返し) [kiri-kaeshi] 검도 기능의 향상을 위해 빼놓을 수 없는 기본 기능. 정면머리치기와 좌우머리치기를 조합한 기본동작의 종합적인 연습법이다. 검도를 배우는 데에 있어서 초심자도 숙련자도 반드시 해야하는 중요한 연습법이다.

연무(演武) [en-bu] 무예를 행하는 것. 무예를 연습하는 것. 무예를 여러 사람에게 보여주는 것.

연사(鍊士) [ren-shi] 칭호 3계급 중에서 하위의 것. 6단 수여자 중에서 심판 능력을 갖고 있는 자에게 수여된다고 규정되어 있다.

연속, 연속적(連續, 連續的) [ren-zoku, ren-zoku-teki] 물건이나 사건이 이어지는 것. 2, 3가지 기술이 이어지는 것.

연속기술(連續技) [ren-zoku-waza] 처음 격자에 의해 상대의 기와 자세를 무너뜨리고, 틈이 생긴 부위를 즉시 연속적으로 치는 기술. 연속적으로 치는 경우에는 2개 이상의 격자를 일련의 과정으로 치는 경우와, 처음 격자로 상대의 변화를 알아내고, 그 변화에 따라 격자하는 경우가 있다. 2단 기술, 3단 기술이라고도 한다.

연속좌우머리치기(連續左右머리치기) 연속적으로 상대의 오른머리와 왼머리를 치는 것.

연습(練習) [ren-shu] 반복, 되풀이해서 하는 것.

연습장(練習場) [ren-shu-jo] 학습하는 장소.

연습효과(練習效果) [ren-shu-ko-ka] 반복 되풀이한 결과, 자기 안에서 개선, 향상이 있는 것.

예(禮) [rei] 사회질서를 유지하기 위한 생활규범. 상대에게 경의를 보이는 것. 예로 시작해서 예로 끝난다. 무도, 특히 검도에서 상대에 대해 경의를 나타내는 예의범절의 중요성을 설명한 것.

예의(禮儀) [rei-gi] 경의를 나타내는 것.

예절교육(躾) [shitsuke] 예의범절을 가르치는 것.

요판(腰板) [koshi-ita] 바지 뒤의 허리에 닿는 부분의 헝겊으로 싼 판처럼 조금 딱딱해져 있는 부분.

운용, 조작(さばく) [sabaku] 신체나 죽도를 조작하면서, 자기에게 유리한 위치로 변화하는 것. 「운용」에는 발운용, 몸운용, 죽도운용 등이 있다.

원거리(遠間) [to-ma] 공격이나 방어에 최적의 거리(이것을 一足一刀의 거리라 한다)보다도 먼 곳. 상대의 공격을 막기에 최적의 거리.

원운동(円運動) [en-undo] 칼끝으로 커다란 원을 그리듯 죽도를 조작하는 것. 원주상을 도는 운동이지만, 동작을 매끄럽게 하도록 하는 의미로도 쓴다.

원호(円弧) [en-ko] 원주의 일부분

위(位) [kurai] 위상. 사물의 등급이나 우열. 인격과 실력을 겸비한 정도. 상대와 대치했을때 생기는 정신면이나 기술면의 격차. 이 격차는 연습을 거듭함에 따라 얻어질 수 있는 자신감에 의해 저절로 높아져 가는 것이다.

위엄세(位詰め) [kurai-zume] 위공세. 상대보다도 우위의 기세로 자세를 갖추고, 직접 기술을 걸지 않고 한발 한발 접근해 나가는 것.

위치(位置) [i-chi] 어떤 사람·인물·사항이 다른 것과의 관계 혹은 전체와의 관계에서 차지하는 장소 혹은 입장.

위험(危險) [ckiken] 위험한 것. 위해 또는 손실이 생기는 위험이 있는 것.

윗손목(上げ小手) [age-kote] 중단 자세에서 손끝이 올라갈 때의 손목 치기.

유구무구(有構無構) [uko-muko] 물이 용기에 의해 형태가 바뀌듯, 자세도 때와 장소, 상대에 따라 자유롭게 바꿀 필요가 있다는 것을 설명한 것.

유연성(柔軟性) [junan-sei] 특정 관절에서 적절한 가동 범위로 운동을 수행할 수 있는 능력.

유연체조(柔軟體操) [junan-taiso] 체조의 하나. 맨손으로 하며, 신체를 부드럽게 하기 위한 목적으로 모든 관절을 충분히 풀어주는 것.

유인(誘い) [sasoi] 끌어내는 것. 이쪽이 틈을 보여주어 상대가 공격을 가해오도록 유도하는 것.

유파(流派) [ryu-ha] 독특한 방식이나 교습 형태의 차이에 의한 기술의 갈래. 경기에 의해 승패를 겨루지 않는 形이나 연무 형식의 무술은, 생각이나 실행 방법의 차이에 의한 분파가 생겨나 별개의 단체를 조직한 것을 말한다.

응하는 기술(應じ技) [o-ji-waza] 상대의 기술에 대해, 죽도 조작과 몸놀림으로 상대의 기술을 막고, 틈을 보아 반격하여 격자하는 기술의 총칭. 스쳐올려 기술, 쳐 떨어뜨리기 기술, 돌려기술, 빼어기술 등이 있다.

이(理) [ri] 이치. 사물의 조리. 불변의 법칙. 도리.

이념(理念) [ri-nen] 이성에 의해 얻어지는 최고의 개념.

이단기술(二段技) [ni-dan-waza] 2개의 격자를 연속해서 일련의 동작으로서 행하는 기술. 대표적인 연속기술의 일종. 손목-머리, 손목-허리, 머리-머리, 찌름-머리의 二段공격 등이 대표적인 기술이다.

이도(二刀) [nito] 大刀는 114cm 이내, 小刀는 62cm이내의 2자루 죽도를 가지고 경기나 연습을 하는 것.

이도류(二刀流) [nito-ryu] 대도·소도의 2자루 칼을 사용하는 검유술파. 二天一流가 유명하다. 검도 경기에서 대·소 2자루의 죽도를 가지고 하는 것을 이도류라고 한다.

이도자세(二刀の構え) [nito-no-kamae] 대도와 소도 2자루 죽도를 동시에 가지고 연습이나 경기할 때의 자세. 오른손엔 대도를 왼손엔 소도를 쥐는 正二刀姿勢와, 오른손에 소도를 왼손엔 대도를 쥐는 逆二刀姿勢의 2종류가 있다.

이동(移動) [i-do] 위치를 바꾸는 것. 또는 위치가 바뀐 것.

이법(理法) [ri-ho] 따르고 본받을만한 도리나 사리.

이어걷기(繼ぎ足) [tsugi-ashi] 모음발. 기본 발운용의 하나. 주로 먼 거리에서 치고 들어가는 경우 쓰이는 발 사용법. 왼발(뒷발)을 오른발(앞발) 가까이로 끌어붙이고, 곧바로 오른발(앞발)로부터 크게 뛰어 들어가도록 한다. 전방 이동 시에만 쓰인다.

이합(理合) [ri-ai] 자기와 상대와의 사이에 이루어지는 움직임이 합리적인 것. 조리에 맞는 것.

인간형성(人間形成) [ningen-keisei] 인간으로서 심신의 완성을 목표로 하는 것. 인격형성이라고도 한다. 검도를 통해 훌륭한 인간이 되는 것. 검도에서의 궁극적인 목적으로 여기고 있다.

인격(人格) [jin-kaku] 그 사람의 사람됨과 품성. 복잡한 정신현상이 의식속에서 통일되어 있는 개체. 검도를 통해 몸에 익은 그 사람의 품성.

인사(あいさつ) [aisatsu] 타인과 만났을 때 주고받는 예의적인, 혹은 祝意・謝意・親愛의 뜻을 나타내는 동작이나 말. 특히 검도에서는 예를 중시하므로, 정중한 인사를 중요시한다.

일안이족삼담사력(一眼二足三膽四力) [ich-gan-ni-soku-san-tan-shi-riki] 검도를 수행하는 데 중요한 요소를, 그 중요도에 따라 나타낸 것으로, 처음에 눈의 움직임(특히 觀하는 눈) 두번째로 발운용(특히 왼발), 세번째로 어떤 것에도 움직이지 않는 마음, 그리고 네번째로 과감한 기술의 발휘가 중요하다고 한다.

일어남(起こり) [okori] 발동. 낌새. 일의 시작. 상대에게 공격을 걸려고 하는 의지와 욕망이 마음에 생겨, 동작으로 일어난 순간, 신체에 움직임이 나타나는 것. 그 순간에 틈이 생기기 쉽다.

일족일도(一足一刀) [issoku-itto] 고노(小野)파 一刀流 兵法目錄에 나오는 말로, 상대와의 거리를 약 6척(180cm)두는 것을 말한다. 즉, 서로의 죽도가 10cm 정도 교차한 상태로 이 거리는 1보 디디면 칠 수 있고, 1보 물러서면 벗어날 수 있는 거리이며, 공격과 방어의 전환점이기도 하다. 이 거리를 일족일도의 간격이라고도 한다. 신체 능력이나 숙련도에 따라 일족일도의 거리는 차이가 있다.

임기응변(臨機應變) [rin-ki-o-hen] 어떤 돌발적인 사건에 대해서도 자유자재로 대응하는 것. 상당히 유연하게 대처하는 것.

입례(立禮) [ritsu-rei] 선 채로 인사하는 것. 검도경기나 연습의 개시・종료 시에 있어서의 통상 예법.

입문(入門) [nyu-mon] 불도에 들어가는 것. 예능을 연마하기 위해 스승에게 제자로 들어가는 것. 스승의 문에 들어가는 것.

입신(入り身) [iri-mi] 몸넣기. 원래는 창술의 자세에서 온 말로, 낮게 半身勢를 취하는 것. 혹은, 상대의 품으로 재빠르게 파고드는 것을 말한다.

자루죽도(撓) [shinai] 대나무 끝을 가늘게 쪼갠 후, 집을 씌운 자루(袋)竹刀. 현재 사용하고 있는 4조각 죽도는 竹刀라는 한자를 쓴다.

자세(姿勢) [shi-sei] 모양. 몸매. 몸가짐. 사물에 대한 몸가짐. 태도.

자연체(自然體) [shizen-tai] 검도의 기본 자세로, 안정감이 있으며, 균형이 잘 이루어져 있어 어디서나

무리가 없다. 어떠한 신체의 이동에도, 또한 상대의 동작에 대해서도 민첩하게, 정확하게, 자유롭게 대처할 수 있는 자세. 이 자세의 요령은 양팔을 좌우로 약간 벌리고, 양발 끝은 전방을 향하며, 중심을 양다리 중간에 놓도록 함과 동시에 등은 자연스럽게 펴고, 허리를 넣어 하복부에 약간의 힘을 넣고, 얼굴은 턱을 당기고, 전방을 똑바로 쳐다보며 목을 부드럽게 하고 어깨는 힘을 빼고 양팔을 가볍게 몸에 붙이도록 하는 것이다. 유도에서는 양 다리를 어깨폭 정도로 평행하게 벌린 自然本體, 오른발을 약간 내민 左自然體, 왼발을 약간 앞으로 내민 右自然體의 3자세를 총칭해서 자연체라고 한다.

지레(梃子) [teko] 막대기의 한 점을 받침점으로 해서, 거기를 중심으로 막대기를 회전할 수 있도록 한 것. 받침점, 힘점이나 작용점의 위치를 바꾸어 무거운 물체를 작은 힘으로 움직이기도 하고 작은 움직임을 커다란 움직임으로 바꾸기도 하는 데 쓰인다. 검도의 격자 시, 오른손을 뻗고 왼손을 당기듯이 하는 것에서, 오른손을 밀손, 왼손을 당길손이라고 한다.

잡이 손(手元, 手許, 손밑) [te-moto] 죽도를 쥔 양손의 상태, 죽도를 쥔 부분. 또한 손운용(te-no-uchi)을 말하기도 한다.

장착(裝着) [chaku-so] 검도복·상하의 등을 입는 방법 및 검도구를 붙이는 방법을 포함한다. 장착한 것을 보면 그 사람의 검도 실력을 알 수 있다고 할 정도로 품위있는 장착에는 많은 시간이 필요했다. 아름답게 그리고 활동이 편할 수 있도록 장착하는 것이 중요하다.

적극연습(掛かり稽古) [kakari-geigo] 공격 연습. 기술이 하위인 자가 상위인 자와 연습시 피하거나 반격하는 것 등을 전혀 염두에 두지 않고, 지금까지 습득한 모든 기술을 사용해 단시간에 기력이 충실한 동안 전신을 사용해 주욱 주욱 치고 들어가는 연습.

적중하다(當たる) [ataru] 대상물에 닿거나 명중하는 것.

전술(戰術) [sen-jutsu] 경기를 유리하게 이끌어 내기 위한 수단·방법.

전일본검도연맹(재) (全日本劍道聯盟) [Zen Nippon Kendo Renmei] 일본의 검도·居合道 및 杖道界를 통괄한 유일한 단체이다. 검도(거합도·장도)의 보급진흥을 꾀하며, 더 넓게 사람들 사이에, 검도정신을 함양하는 것을 그 목적으로 하며, 일본국내뿐 아니라 해외에서도 모든 사업을 하고 있다.

전진 후퇴(前進後退) [zenshin-kotai] 전진과 후퇴. 전진한 후 후퇴하는 것. 전진과 후퇴를 반복하는 것.

전진(前進) [zen-shin] 전방으로 나아가는 것

정공법(正攻法) [seiko-ho] 정면 공격. 책략 등을 사용하지 않고 정정당당하게 공격하는 법.

정대(正對) [sei-tai] 마주보기 정면에서 마주 대하는 것.

정돈(整頓) [sei-ton] 사용한 검도구를 챙겨, 소정의 장소에 간직하는 것.

정리운동(整理運動) [sei-ri-undo] 운동이나 연습의 마지막에 지친 몸을 풀어주기 위해 하는 운동.

정면(正面) [syo-men] 물건의 겉쪽 면, 똑바로 앞. 검도장 등에서 국기가 걸려있는 장소, 또는 그 방향. 검도의 격자 부위에서 머리의 중앙부분.

정면머리치기(正面打ち) [syomen-uchi] 정면치기. 정면 머리를 치는 것.

정신(精神) [sei-shin] 인간의 마음. 정신. 사물에 대한 마음자세. 사물의 가장 근본적인 본질.

정신면(精神面) [seishin-men] 정신적인 부분.

정정당당(正正堂堂) [seisei-dodo] 속임수나 비겁한 수단을 사용하지 않고, 정면으로 맞서는 것. 상대를 존중하고, 올바른 방법으로 마지막까지 싸워가는 것.

정좌(正坐, 正座) [sei-za] 양무릎을 가지런히 하고, 정강이와 발끝을 마루에 붙여 앉는 방법. 일본에서는 이것이 올바로 앉는 방법이며, 위엄을 갖춘 앉는 방법이다. 조용히 마음을 가라앉히는 경우엔, 靜座라고 하며, 무도에 있어서 중요한 수행법의 하나이기도 하다.

정중동(靜中動) [sei-chu-do] 신체는 정숙을 유지하면서, 정신은 긴장해 활발하게 활동하고 있는 상태. 표면적으로는 온화하게 보이지만, 내면적으로는 충실한 心境에 있는 것.

정확(正確) [sei-kaku] 올바르고 확실한 것. 틀림없는 것. 또는 그런 모양.

젖힌 몸(反り身) [sori-mi] 몸을 뒤로 젖히는 것. 퇴격 시에 많이 볼 수 있는 자세로, 곧바로 반격할 수 없는 불리한 몸자세.

조작(操作) [so-sa] 기계나 도구 등을 조종해 움직이는 것. 자기에게 좋은 결과가 얻어질 수 있도록 손을 보는 것.

존심(殘心) [zan-shin] 격자한 후에도 방심하지 않고 상대의 반격에 대비하는 것. 또한, 격자 시 조금도 여운을 남기지 않고 전력으로 치고 들어가면, 재생의 힘도 솟구쳐 오른다. 이것도 잔심이라고 한다.

존중(尊重) [son-cho] 인간으로서의 존엄을 인정하는 것. 상대를 존중하는 것.

종대(縱隊) [jo-tai] 세로로 늘어서는 것. 지도자에 대해 집단이 세로 방향으로 정렬하는 것. 二列종대, 4열종대 등이 있다.

좌례(座禮 坐禮) [za-rei] 앉아서 행하는 예법. 정좌시의 인사법.

좌우 후리기(斜め振り, 斜め素振り) [naname-buri] [naname-suburi] 중단 세에서 크게 휘둘러 올려, 밀어걷기로 오른발부터 1보 나가면서 죽도를 오른쪽 비스듬히 45도 정도의 각도로 왼무릎 높이 정도까지 내려친다. 다시, 머리 위로 크게 휘둘러 올려, 왼발부터 1보 물러나면서 왼쪽 비스듬히 같은 요령으로 오른무릎 높이 정도까지 내려친다. 발운용은 밀어걷기로 이 동작을 되풀이하는 것.

좌좌우기(左座右起) [sa-za-u-ki] 검도 예의범절의 하나로, 좌례를 할 경우에 일어서는 방법과 앉는 방법을 나타낸 것. 앉을 때에는 왼발을 한발 빼고 왼무릎부터 바닥에 닿도록 해서 앉고, 일어설 때에는 오른발을 한발 앞으로 내밀고 오른무릎을 세우고서 설 것.

주특기(得意技) [tokui-waza] 가장 잘 숙련되어 있는 기술.

죽도(竹刀) [shinai] 검도 연습이나 경기에 쓰이는 일본도를 모방한 죽제 또는 화학제품의 물건. 4조각으로 된 대나무의 끝과 손잡이를 가죽으로 씌우고, 코등이를 낀 것.

죽은 몸(死に體) [shini-tai] 죽은 자세 균형, 자세가 무너져 다시 설 수 없는 상태로 된 것.

죽은 칼(死太刀) [shini-tachi] 상대에게 공격을 당해(눌려서) 위력을 잃은 상태의 검.

준거(蹲踞) [son-kyo] 발끝을 세우고 앉아, 무릎을 벌리고 상체를 세운 자세. 스모에서 씨름판에 올라선 역사들이 경기 전에 예의를 갖추는 자세. 검도의 예식에도 채용되어, 입례 후 칼을 빼면서 앉아 무릎을 벌리고 상체를 세워 죽도를 맞추는 자세. 이 자세는 충실한 氣를 갖게 함과 동시에 상대와의 거리와 공수를 위한 자세를 결정하는 준비 자세로서의 의미를 갖고 있다.

준비운동(準備運動) [junbi-undo] 경기를 하기 전에, 전력을 발휘할 수 있도록 또는 상해의 예방을 위해 행하는 유연 체조나 스트레칭 등의 여러가지 운동.

중단세(中段構) [chudan-no-kamae] 직립 자세에서 오른발을 약간 앞으로 내밀고, 오른발 뒷꿈치 선을 따라 왼발을 위치하도록 하며, 오른손으론 죽도의 코등이 부근을, 왼손은 칼머리 부분을 쥐면서, 검선의 연장이 상대의 목에서 눈썹 사이를 향하도록 죽도를 겨누는 자세. 검도에서는 가장 기본적인 자세이며, 공격과 방어에 가장 적합하다.

중심(中心) [chu-shin] 한가운데. 가장 주요한 곳. 검도에선 상대의 正中線上에 있는 목과 명치 등을 말한다. 또한 경기장의 정중앙을 나타내는 x 표시를 말하기도 한다.

중심(重心) [ju-shin] 물체의 각 부분에 미치는 합력이 작용한다고 생각되는 점. 질량중심.

중혁(中結い) [naka-yui] 죽도의 형성 유지나 위험 방지를 위해 죽도 끝에서 약 1/3되는 부분을 묶는 가늘고 긴 가죽

증서(證書) [sho-sho] 검도의 段位와 칭호를 증명하는 문서.

지나치기(すれ違い) [sure-chigai] 상대의 옆을 빠져나가는 것.

지도(指導) [shi-do] 어떤 의도된 방향으로 가르쳐 이끄는 것.

지도법(指導法) [shi-do-ho] 가르쳐 이끄는 구체적인 방법.

지도자(指導者) [shido-sha] 가르쳐 이끄는 사람.

지심(止心) [shi-shin] 마음을 한곳에 고정시키고, 거기에 얽매이는 것. 마음이 어느 것에 고정되어 있으면 손발도 기술도 경직되어 유연한 대처를 할 수 없게 된다.

지점(支点) [shi-ten] 지렛목. 지렛대의 고정점.

진검(眞劍) [shin-ken] 날이 붙은 칼. 진짜 칼. 혹은 사물이나 상대에 대해 전력을 다하는 것.

진검승부(眞劍勝負) [shinken-shobu] 진지하게 경기하는 것.

집중력(集中力) [shuchu-ryoku] 마음과 주의를 어떤 사물에 집중할 수 있는 능력.

집합(集合) [shugo] 모이는 것.

짜다(絞る) [shiboru] 짜기. 젖은 옷감 등을 비틀어 수분을 빼는 것. 보통이라면 나오지 않는 것을 무리하게 내는 것. 엄하게 추급하는 것. 엄하게 단련하는 것.

짜주기(茶巾絞) [chakin-shibori] 茶器(다기)를 닦을 때 쓰이는 행주를 짜는 데서 온 말로, 죽도를 쥔 손의 격자 시 죄어주는 법을 나타낸 것.

찌름(突き) [tsuki] 검도 격자 부위의 하나. 검도 기술의 일종으로, 상대의 목부분을 찌르는 기술.

찌름(突く) [tsuku] 막대 형태의 물건 끝으로, 순간적으로 강하게 누르는 것. 칼, 목도, 죽도 등의 칼 끝으로 호면의 목보호대만으로 한정한다. 검도에서 상대를 찌르는 기술에는, 양손으로 죽도를 쥐고 찌르는 양손찌름, 한손으로 죽도를 쥐고 찌르는 한손찌름, 앞찌르기, 겉찌르기, 속찌르기 등이 있다.

찌름기술(突き技) [tsuki-waza] 상대의 목부분을 찌르는 기술의 총칭

차렷칼(帶刀) [tai-to] 칼을 허리에 꽂는 것. 또는, 그런 상태. 죽도의 코등이에 왼손의 엄지손가락을 걸고, 왼 허리에 끌어 붙인 상태.

착석(着座) [chakuza] 앉아. 좌석이나 자리에 앉는 것. 검도에서는 서있는 자세에서 마루에 앉는 것을 의미한다.

착안(着眼) [chaku-gan] 겨눠보는 것. 눈길. 검도를 할 때 상대의 어디를 보면 좋을까 하는 것은 무척 중요한 문제이다. 검도에서는 자주「눈길」이라는 용어를 사용하고 있다. 일반적으로는 상대의 눈을 보면서 상대의 전체를 보는 것이 좋다. 또한, 자기가 칠려고 하는 곳을 보면 안 된다는 가르침도 있다. 혹은 한 점을 보고 거기에 집중하면 안 된다. 다른 부분이 보이지 않게 되기 때문이라는 가르침도 있다.

참고 견디다(しのぐ) [shinogu] 참는 것. 빠져나가는 것. 죽도의 호(鎬)를 이용해 상대의 공격을 막아내는 것.

철편(ちぎり) [chigiri] 죽도의 형상을 유지하고, 또한 위험 방지를 위해 손잡이 내부에 끼워넣는 4조각의 대나무를 고정하는 조그마한 철판.

청결(淸潔) [sei-ketsu] 지저분하지 않고 깨끗한 것. 위생적인 것. 인격이나 품행이 맑고 깨끗한 것.

체력(體力) [tairyoku] 계속적으로 어떤 일을 할 수 있는 몸 전체의 능력.

체력트레이닝(體力トレーニング) [tairyoku-toreiningu] 체력을 향상시키는 트레이닝.

쳐 떨구기(切り落とし) [kiri-otoshi] 맞받아 치기. 상대가 치고 들어왔을 때, 칼 호(鎬)로 상대의 칼을 힘있게 위에서 쳐 떨어뜨리는 것.

쳐 올리기(拂い上げる) [harai-ageru] 상대에 대해 치고 들어갈 틈이 없는 경우 등에, 상대의 죽도를 왼쪽 위 또는 오른쪽 위로 쳐 올리는 동작을 말함. 반대로 떨쳐 내리는 동작이 있다.

쳐내기 기술(打ち落とし技) [uchi-otoshi-waza] 상대의 치고 들어오는 죽도를 오른쪽 아래 혹은 왼쪽 아래로 쳐 내려, 상대의 격자를 무효로 함과 동시에 치고 들어가는 기술. 허리쳐내어 머리, 찌름쳐내어 머리 등이 있다.

쳐내기(はじく) [hajiku] 중단세에서의 공방 시 자기의 죽도 끝으로, 상대 죽도를 쳐내 견제하는 것.

쳐내기(打ち落とし) [uchi-otoshi] 상대의 격자해오는 죽도를 자기 죽도로 오른쪽 아래 혹은 왼쪽아래로 쳐내려 상대의 격자를 무효로 하는 것.

초보(初步) [sho-ho] 처음 배우는 것. 또한, 처음으로 배울 무렵.
초심(初心) [shoshin] 무언가 하려고 결심했을 때의 순수한 마음. 학문·技芸등을 배우기 시작해 얼마 안 된 기간.
초심자(初心者) [shoshin-sya] 막 배우기 시작한 사람.
축경(ため) [tame] 기술을 낼 경우, 몸과 마음에 여유를 가지고, 기력이 충실한 상태를 유지하는 것. 무도에서 특정의 동작을 일정시간 이상 행하는 것을 의미한다. 공세로 상대를 몰아 격자의 상황을 만드는 것.
취하다(取る) [toru] 유효격자를 하는 것.
치고 물러나가기(引き上げ) [hiki-age] 치고빠지기. 격자를 한 후, 필요 이상 상대로부터 멀리 떨어지는 것. 치고난 후 적절한 거리를 유지한 후 존심을 나타내지 않은채 물러나거나, 너무 멀리까지 떨어져 존심을 나타내는 경우 「보기 흉한 치고 물러나가기」가 되어, 유효격자로 판정되더라도 취소되는 경우도 있다.
치고들어가기 10덕(打ち込みの10德) [uchikomi-no-juttoku] 타격10덕. 北辰一刀流(호쿠신잇토류)에서 쓰인 말로, 타격 연습을 함으로 길러지는 10가지 덕목.
1. 움직임이 격렬해지고 빨라진다. 2. 타격이 강해진다. 3. 호흡이 길어진다. 4. 팔의 움직임이 자유로워진다. 5. 신체가 가볍고 자유로워진다. 6. 칼의 조작이 자유로워진다. 7. 단전이 조여져 몸의 균형이 쉽사리 깨지지 않는다. 8. 눈이 더 예리해진다. 9. 타격 거리가 더 명확해진다. 10. 손놀림이 가볍고 민첩해진다.
치고들어가다(打ち込む) [uchi-komu] 상대에게 격자하는 것.
치다(打つ) [utsu] 어느 물건을 다른 물체이 힘있게 부딪쳐서, 거기에 충격을 주는 것.
칭호(稱號) [syo-go-] 일정 신분과 자격을 나타내는 명칭. 검도에서는 鍊士, 敎士, 範士의 3단계가 있다.
카본죽도(カーボン竹刀) [kabon-shinai] 천연의 대나무 대신에 화학제품을 재료로 사용하여 만들어진 죽도.
칼끝(劍先) [ken-sen] 검이나 죽도의 끝 부분. 바꾸어 말해, 죽도 先端部의 움직임을 말하며, 항상 상대의 정중선에 칼끝을 두고, 공격이나 방어에 대응할 수 있도록 정신을 집중해두는 것이 중요하다.
칼날(刃部) [jin-bu] 칼에서 물건을 베는 곳. 칼날. 죽도에 있어서도 칼의 관념을 상기시키기 위해 등줄의 반대쪽을 이처럼 부르도록 했다.
칼등(峰、峯) [mine] 도검의 날과 반대인 등 쪽, 棟이라고도 한다.
칼의 궤적(刃筋) [ha-suji] 칼날에 의해 생긴 궤적. 진검의 경우 물체에 대해 날이 직각으로 닿지 않으면 자를 수 없다는 점에서, 죽도라도 손을 짜주어 날이 직각으로 맞도록 하는 것을 말한다.
칼자루 머리(柄頭) [tsuka-gashira] 손잡이 끝. 칼이나 죽도의 손잡이에서 가장 끝부분.
코등이 밑(鍔もと) [tsuba-moto] 칼몸(刀身)과 코등이가 서로 맞닿은 곳.
코등이 싸움(鍔ぜり合い) [tsubazeri-ai] 상대에게 가장 근접한 간격으로, 양자 모두 죽도를 약간 오른쪽으로 열어두고 코등이 혹은 주먹이 서로 맞닿은 채, 상대 죽도의 움직임을 서로 무너뜨리려는 상태.

코등이(鍔) [tsuba] 도검이나 죽도의 손잡이와 칼날부와의 경계 부분에 끼워, 손잡이를 잡는 손을 보호하는 판. 경기 규정에선 죽도의 코등이는 피혁 또는 화학제품인 원형의 것으로 크기는 직경 9cm 이내로 하고, 죽도에 고정하도록 규정되어 있다.

큰북(太鼓) [tai-ko] 타악기의 하나. 통처럼 생긴 것에 양면 혹은 한면을 가죽으로 붙인 것. 채로 쳐서 울려 연주한다. 검도 연습의 시작과 끝 신호를 쳐서 알리는 관습이 있다.

타격거리(打ち間) [uchi-ma] 격자거리. 상대를 격자하기에 가장 효과적인 자기 거리.

타격대(打撃台) [uchikomi-dai] 격자대. 혼자서 치고 들어가기 연습을 할 경우에 쓰이는 대.

타격봉(打擊棒) [uchikomi-bo] 격자봉. 검도구를 착용하기 이전에 서로가 치고 들어가기 연습을 하는 경우에 쓰이는 막대.

타격연습(打擊稽古) [uchikomi-geiko] 격자 연습. 미리 치고 들어가는 부위를 정해 두던가, 기준 서기(moto-dachi)가 만들어진 틈을 치고 들어가는 기본적인 연습법.

타격인형(打擊人形) [uchikomi-ningyo] 격자 인형. 혼자서 치고 들어가기 연습을 할 때 쓰이는 인형.

타다(乗る) [noru] 어떤 물건이 다른 물건 위에 위치하여, 그것에 몸을 맡기는 것.
상대의 죽도의 움직임을 제압하기 위해, 자기의 죽도가 상대죽도를 휘감듯이 하여 위에 올려놓는 것.

퇴격기술(引き技) [hiki-waza] 코등이 싸움이나, 접근해 있을 때, 혹은 몸받음 등을 통해 상대에게 틈이 생기거나, 적극적으로 상대에게 틈이 생기게 하여, 그곳을 물러나면서 치는 기술. 퇴격머리, 퇴격손목, 퇴격허리 등이 있다.

틈(隙) [suki] 물건과 물건과의 사이. 빈공간. 긴장이 풀린 것. 공격할 기회.

파지법(持ち方) [mochi-kata] 죽도나 목도를 잡는 것. 왼손은 손잡이 끝에 오른손은 코등이에서 약간 아래를 엄지와 검지의 분기점 부분이 죽도의 등줄의 연장선에 오도록 하며, 소지, 약지, 중지로 쥐어주고 검지와 엄지는 가볍게 붙여주도록 한다. 양팔은 너무 뻣뻣하거나 너무 움츠리거나, 너무 펴지 않은 상태로 너무 힘주지 말고 여유있게 쥐어야 한다.

팔자다리(撞木足) [shumoku-ashi] 종이나 징 등을 칠 때 사용되는 T자형 기구에서 온 말. 발 자세에서 전후의 발 끝이 똑바로 앞을 향하지 않고, 좌우로 벌여져 T자 형을 한 발 자세. 또한, 뒷발만 똑바로 향하지 않고 왼쪽으로 벌어져 있는「갈고리발 자세」라는 것도 있다. 모두 다 빠르게 전진 후퇴를 방해하는 발 자세로 바람직하지 않은 것이다.

패(敗け) [make] 지는 것. 상대와 대전해서 지는 것.

평상심(平常心) [heijo-shin] 평상시 기분. 사물의 변화에 대해 동요하지 않도록 매일 매일의 기분으로 냉정하게 대응할 수 있도록 연마된 마음의 상태.

평타(平打ち) [hira-uchi] 죽도의 옆면으로 치는 것. 평타는「유효격자」가 되지 않는다.

표리일체(表裏一體) [hyori-ittai] 상반되는 것처럼 보이는 2가지가 기본적으로는 밀접하게 연관되어 있는 것. 바꾸어 공격과 방어는 일체가 아니면 안 된다는 것을 설명한 것.

풀다(開く) [hiraku] 닫혀 있는 것을 연 상태로 하는 것. 검도의 본을 할 때 자세를 푸는(칼을 오른쪽 비스듬히 내린다) 동작이 있지만, 이것을 칼을 푼다고도 한다. 좋은 방향을 향해서 돌파구를 만든다. 상대가 중심을 공격해오거나, 혹은 치고 들어올 때, 몸을 좌우 혹은 오른쪽 비스듬히 앞으로 열어 공격을 바꾸어 유리한 상태로 가지고 가는 것. 이때 발의 운용법을 「벌려집기」라고도 한다.

하단세(下段の構え) [gedan-no-kamae] 중단세에서 칼끝을 상대의 무릎 근처로 향하도록 내린 자세. 수비에 알맞은 자세이다.

하수(下手) [shita-te] 하위. 다른 것보다도 낮은 지위. 段이 낮은 쪽의 사람.

하좌(下座) [shime-za] 객석, 자리, 도장 등에서 하위의 좌석, 말석. 연극 무대에서 관객을 향해서 왼쪽.

학과시험(學科試驗) [gakka-shiken] 단을 받기 위해 행해지는, 검도에 관한 이론적 내용에 관한 시험.

한무릎 자세(切り敷き) [kiri-shiki] 한쪽 무릎은 세우고, 한쪽 무릎은 구부려 바닥에 닿게 하는 몸자세의 하나.

한박자(一拍子) [ichi-byoshi] 죽도의 격자 동작이나 몸운용을 한 호흡에 행하는 것. 또는 그 호흡과 손발의 격자 동작이 일치한 격자를 말함.

한손기술(片手技) [kata-waza] 편수 기술. 한 손으로 죽도를 조작하여 격자를 행하는 기술. 한손오른머리, 한손 찌르기 등이 있다.

한판(一本) [ippon] 검도나 유도에서 기술이 결정되는 것. 유효격자를 한판이라고 한다.

한판치기(一本打ち) [ippon-uchi] 한칼한판(一刀一本). 어느 격자 부위든 한군데를 정해 첫 타격을 마음을 비우고 기검체일치한 격자를 전력으로 하는 것.

한호흡(一息) [hito-iki] 단숨. 기술을 거는 경우, 호흡과 호흡 사이(숨을 쉬는 순간)의 틈이 되며, 상대에게 공격할 수 있는 기회를 주게 되기 때문에, 틈을 보이지 않기 위해서도 한 호흡에 기술을 거는 것이 중요하다.

합기(合氣) [ai-ki] 상대와 氣를 맞추는 것. 무술의 승부는 상대와 「氣」가 일치한 순간에 결정이 나는 것으로 어떻게 상대에게 기를 맞추어 주지 않은가가 승부의 원형인 것이다. 따라서 상대가 강하게 나오면 약하게, 약하게 나오면 강하게 반응하라고 가르쳐 왔다. 이것을 「기를 피한다」라고 한다. 그러나, 연습을 반복하는 동안 한층 높은 차원에서의 「氣」와 「氣」의 작용이 생겨 상대의 힘을 없애고, 결국에는 반발하는 「氣」에서 화합하는 「氣」로 승화시키는 것이 「합기」의 이상이다.

합숙(合宿) [gasshuku] 같은 숙소에 머무는 것. 검도 기술 향상이나 팀웍(또는 단결심)을 높이기 위해, 수 일 계속해서 동료들과 함께 숙식하며 연습하는것.

행위(所作) [sho-sa] 행실, 처신.

허리 칼(脇構え) [waki-gamae] 중단 자세에서 오른발을 뒤로 빼고 칼을 오른쪽 허리 아래쪽을 향해 취

한 자세. 검도 제 4본에서 볼 수 있지만, 현대의 검도에서는 거의 쓰이지 않는다.

허리(胴) [do] 격자 부위의 하나. 검도 기술의 일종으로 상대의 허리를 치는 기술.

허리기술(胴技) [do-waza] 허리를 치는 기술의 총칭.

허리를 넣다(腰を入れる) [koshi-wo-ireru] 중단세나 타격 자세에 있어서, 하복부에 힘을 넣어 허리 뒷부분을 긴장시켜 등근육을 세운 안정된 자세를 말한다. 허리를 뺀 나쁜 자세에서 허리를 앞으로 내어 올바르고 안정된 자세를 만드는 것.

허리를 빼다(腰を引く) [koshi-wo-hiku] 중단세나 타격 자세에서, 상체가 앞으로 쓰러지고 허리가 뒤로 나와있는 것 같은 불안정한 자세를 말한다.

허리빼기(逃げ腰) [nige-goshi] 도망가려 하는 허리 자세. 겁쟁이.

허실(虛實) [kyo-jitsu] 거짓과 진실. 정신·기력이 아직 완전히 충실해 있지 않은 상태를 虛라고 하고, 충실한 상태를 實라고 한다. 검도에서, 스스로 기세가 충실한 심신에 방심이나 틈이 없는 實의 상태를 만들고, 상대를 어떻게 虛의 상태로 만드는가가 승리를 얻는 중요한 요소이다.

허심(放心) [ho-shin] 일반적으로는, 마음의 대상이 정해지지 않은 것. 검도에서는 집중한 氣를 밖을 향해서 내뱉는 것. 虛心 상태.

헛칼질(無駄打ち) [muda-uchi] 도움이 안 되는 것. 효과가 없는 것. 격자의 기회를 잡지 못하고 도움이 안 되는 타격을 가하는 것.

헤져놓다(引き分ける) [hiki-wakeru] 떼어 놓아 무리에서 별개로 하다. 「헤져」라고 하는 것도 포함한다.

현대일치(懸待一致) [ken-tai-itchi] 공방일치. 懸이란 상대에게 공격해 가는 것. 待란 상대의 움직임을 냉정하게 끝까지 보아두다가 나오는 것을 기다리는 것으로, 공격은 그대로 방어가 되며, 방어는 공격을 위해 행하는 것처럼 공격과 방어는 같은 관계에 있다는 것을 말할 것. 공반일치도 같다.

현중대(懸中待) [ken-chu-tai] 懸이란 공격을 말하는 것이며, 待란 방어를 말한다. 공격 중에 방어가 있으며 방어 중에 공격이 있으므로, 공격과 방어를 별도의 것으로 생각하지 않고, 공격이 방어가 되며, 또한 방어하면서 공격하는 것의 중요함을 나타낸 말.

호(鎬) [しのぎ] 칼의 날과 등 사이에 있는 불룩한 능선 부분. 칼의 중심에서 등쪽으로 치우쳐 있다. 날을 밑으로 향하여 칼을 잡았을 때 왼쪽 면을 표호(表鎬) 또는 외호라 하고, 오른쪽 면을 이호(裏鎬) 또는 내호라 한다

호면(面) [men] 검도구의 하나로 머리 부분, 얼굴 부분, 목과 어깨를 감싸는 것.

호완(小手) [ko-te] 검도구의 하나로 손끝에서 손목 위까지 덮어주는 것.

호흡 맞추기(阿吽の呼吸) [aun-no-kokyu] 상대와 호흡을 맞추는 것. 검도의 본 등의 연무 등에서, 서로의 미묘한 리듬과 박자를 맞추는 것. 「阿」는 呼氣, 「吽」는 吸氣. 또한 산크리스트어로는 「阿」는

입을 열고 발음하는 자음의 처음, 「吽」는 입을 닫고 발음하는 자음의 마지막을 나타내며, 만물의 始原과 究極을 상징하고 있다.

호흡(呼吸) [kokyu] 공기를 들이마시거나 내뱉는 것. 생물이 외계로부터 산소를 받아들이고, 이산화탄소를 외계로 방출하는 것. 특히 동물이 그것 때문에 행하는 근육운동을 외호흡이라 하고, 생물의 조직이나 세포가 산소를 받아들여 산화환원반응을 일으켜 에너지를 획득하는 것을 내호흡이라고 한다. 천지만물의 기를 체내에 받아들여 환원시키는 것. 상대의 동작을 예측하고 거기에 자기의 동작을 맞추는 것. 호흡이 맞는다고도 한다.

횡대(橫隊) [o-tai] 횡으로 늘어서는 것. 지도자에 대해서 집단의 횡방향으로 정렬하는 것. 2열 횡대, 4열 횡대 등이 있다.

후리기(素振り) [su-buri] 실제 장면을 상정하면서, 공간에서 죽도나 목도를 휘두르는 것. 기본적인 죽도의 조작 방법과 격자 동작을 체득하고, 교정하는 효과가 있다. 또한, 적절하게 행하면 준비운동과 정리운동으로서의 효과도 얻을 수 있다. 전진후퇴의 정면후리기, 전진후퇴의 좌우 후리기, 준거후리기, 상하 후리기 등이 있다.

훔쳐밟기(盜み足) [nusumi-ashi] 상대가 눈치채지 못하도록 왼발을 오른발로 끌어당겨 자기에게 유리한 자세를 만드는 것. 이어걷기라고도 한다.

휘감아 넣기(すり込み) [suri-komi] 감아넣기. 자기 죽도의 칼능으로 상대 칼에 휘감아 들어가듯이 하여, 상대 칼의 움직임을 막는 것. 검도의 본 소도 3본에서 볼 수 있다.

흥분됨(上がり) [agari] 처음으로 경기를 하는 경우나, 큰 대회에 출전했을 때, 일상적인 정신상태를 유지하지 못하게 되는 경우, 너무 흥분하게 되어 心身을 제대로 콘트롤 할 수 없게 된다.

찾아보기 | INDEX

ㄱ

가메이 83
간격 181, 182, 272, 238, 244
간결 219
간주관적 47, 52
감 226
감사 134
감사반성 281, 413
강영우 130
개인연습 159
거경궁리 93, 95
거는 공세 247
거듭남 122
거착 191
걷어내는 공세 248
걸어서 길이 도는 곳 산티아고 346
검덕 137
검덕정본 82, 96, 98, 132, 136, 177, 275, 309, 340, 357, 410
검덕정세 310
검도 405
검도 • 검도의 본 • 검법의 비교 416
검도 경기 • 심판 규칙 90

검도경기 • 심판규칙 52
검도 수련의 자세 64, 414
검도시합심판규정 41
검도 용어사전 419
검도의 3요소 154
검도의 각성 101
검도의 격자 원리 229
검도의 계고 279
검도의 단상 313
검도의 본 286, 375, 403
검도의 본 요약 411
검도의 본 이법 413
검도의 본질 31, 307
검도의 이념 41, 64, 405, 414
검도의 이법 145
검도의 정의 63, 64
검도의 정체성 75
검도의 지도 223
검도 이념 68
검도인 80
검도인문학 143
검도 즉 생활 105
검도 지도의 마음자세 41, 65, 405, 414
검리무진 368

검생호일 335
검선 181
검선일여 155, 410
검술 405
검의 이법 44, 414
검의 이법에 따라 414
검체일체 151, 352
겨눔 타법 254
격검 405
격의 154
격자 233, 274
격자 과정에서 공세 248
격자 기회 150, 244
격자부 49, 378, 383, 421
격자의 발운용 234
격자의 원리 161
격자의 차이 237
견성성불 111, 193
견자반주의 137
견학 계고 284
겸 126
겸검위락 298
경 132
경기력 향상 지도 262
경기성 38

계고 53, 280, 282, 283
계고 극의 293
계속 119
고 124
고단샤 310
고령인 검도 79
고린도전서 130
공감대 87
공격 공세 248, 250
공명정대 84
공방의 리 160
공세 149, 185, 233, 262, 273
공세방법론 245
공시태 109, 350
공자 93
관견 193
관조 111
관통 152
교감 147
교검지애 20, 66, 121, 153, 280, 298, 311, 364
교체 연습 285
교토대회 101
구르는 발 239
군자시중 361
군중과 권력 139
궁리 119
권회봉 355
규범 281
극기복례 33, 94, 110, 363
극의 163, 164

기 107, 156
기검체일체 47
기검체일치 107, 125, 156
기공세 157
기능적 오류 269
기덕전의 137
기력 156
기력일치 352
기받음 157
기백 156
기본 연습 285
기본의 중요성 158
기세 147, 157
기위 157
기질 104
기초지도 226
기초 지도 과정에서의 오류 270
기합 157, 200, 263
기회의 2단계 150, 238, 244
길걷기 346
김민조 83
김사달 315, 316
김수한 94
김영달 35, 308, 323
김용옥 122
김창덕 314, 369, 461
깨달음 121
꾸준함 119
끝보기 198

ㄴ

나라사키 206
나아감 235
나오는 머리 257
낚아챔 151
내무총리 266
노 111
노마 290
노마도장 310
노자 93
눈길 193
눈높이 246
눈물 334
능각 247
능구 110

ㄷ

다구치 272
다니구치 179, 289
다카야마 히로시 331, 333
다함 114
단련 282
단순명료 219
대도 2본 166
대도의 본 382
대등의 선 251
대련 282
대련의 규범 281

대련의 의의 292
대련의 품격 294
대일본무덕회 404
대중지정 34, 118, 167, 174
대화 305
덕 96, 112, 127
덕성 105, 106
덕성 함양 280
도 361
도끼의 원리 208
도모카와 290
도법자연 45, 54, 191, 220, 221, 410, 413
도장 308
도장 규범 281
도전과 기회 3C혁명 130
돈오돈수 299
돈오점수 299
동량탁 334
동선시 194
동이불화 345
들고 치고나가기 227
들어가는 기회 244
뛰어들기 151
뛰어머리 227

ㄹ

리 312
리켄노켄 111

ㅁ

마음 공부 218
마태복음 93
망지사목계의 137
맨손후리기 227
맹자 93, 326
머리치기 방법 256
메어치기 공세 248
멘 174
모리시마 199, 310
모서 훈련 285
모자람 326
모치다 221, 310
모한 훈련 285
목계지덕 138
몰아 감 149, 189
몰입 92, 120
몸공부 192
몸 던지기 146, 152, 204, 263, 429
몸맛 92
몸받음 없는 연격 249, 259
몸운용 149
무너뜨림 150
무념무상 150, 193, 421, 429
무의식적인 자각 322
무제한 계고 284
무한긍정 134
미야모토 무사시 55
믿음 135

밑 공세 247
밑으로(겨눔) 공세 252
밑으로 머리 250
밑으로 손목 250
밑으로 제쳐 손목 250
밑으로 크게 흔드는 공세 249

ㅂ

박귀화 308
박종규 308
반사신경 92
반응거리 182
반칙제언 85
발경 151, 202
발구름 235
발동작 227
발운용 237, 239, 273
방어 공세 249
배꼽 타법 257
백운연성회 329
범사에 감사 기도 344
변칙 타법 255
병법가전서 176
보편성 34
본 계고 284
부록 373
부정 용구 90
비움 319
빠른머리 227

ㅅ

사도 126
사람됨 64
사랑 129
사물이현의태 409, 415
사범 296
사심 86
사에 211, 435
사유화 70
사제동행 225, 278, 433
사즉생의 기 164
사토 히로노부 289
산티아고 346
삶의 희열 361, 415
삼각구 148, 170, 433
삼불허 195
삼살법 187
삼선 195
삼절법 187
삼좌절법 187
삼척장검중만권경서재 97, 297
상대 118
상수 118
상호 118
상호 존중 280, 281, 295
새벽 개인수련 328
생각을 바꿈 264
생명력 40
생명선 149
생명활동 97

생생지위역 95, 366
생활 즉 검도 105
서검 315, 316
서경덕 297
서병윤 127
서봉 315, 316
서정학 121, 133, 279
서파급 190
선 195
선선의 선 140, 195, 197, 199
선수 325
선순환 79
선의 선 250
성(城) 34, 102, 140
성(誠) 119
성기인야 96, 98, 110, 111,
  141, 153, 275, 355,
  359, 410, 413, 416
성남시장기 329, 341
성남중앙도장 308
성동격서 198
성안 머리 256
성의정심 93
성자명출 142
성지자 122
성철스님 93
성향 104
세계검도연맹 77
세워(공격) 공세 248, 252
세워나가 머리 250
세워받다 허리 251

세워스쳐올려 허리 251
세워 타법 255
세월호 350
세이지 노마 310
소도 1본 395
소도 2본 397
소도 3본 399
소도의 본 395
소명 102
소크라데스 93
손경익 290
손맛 92
손목-머리 공세 249
손운용 149, 232, 273
솔뫼 오병철 51, 57, 89
솔성 39, 93, 105, 106
솔성지위도 93, 105, 142, 143
솜씨 41, 50, 153, 211, 273
송기영 15, 103
쇠얀 키르케고어 129
쇼멘 174
수 311
수도지위교 142
수신 32
수파리 140, 311
수평 연격 259
순례 346
슈팅 239
스쳐 올려(떨쳐) 머리 257
스트레스 315
스포츠공정위원회 367

승부수 264, 265
승부수 공략법 266
승타법 193
시합 282
시합 계고 284
신근력 224
신음류 54
실격 90
심기력일치 37, 107, 125, 156
심법 274
심사 282
심사유감 324
심신일여 25, 102, 107, 155, 244, 416, 436
쌍수집병검법 34, 174

ㅇ

아더 폴 보어스 346
아이테 118
안중근 94
야규 195, 404
야마다 요시오 271
약속 계고 284
어깨 메어 머리 256
어린이 검도 340
어린이 검도 지도 마음가짐 275
어울림 67, 114
언행일치 123, 124
에도시대 404

엘리아스 카네티 139
여백과 중지 322
역지사지 111
연격 249
연격의 분석 257
연공 연습 285
연무관 89, 309
연습 282
열십자 치기 54
예도성 38
예법 66
예수 93
오검만례형통 368
오노파 54
오류 268
오르가즘 328
오른발 238
오른발운용 241
오병철 51, 301, 319, 327
오체투지 136
오카가키마치 329
오픈블로우 76
온고이지신 74
올라타는 247
왼발 239
왼발운용 240
요한1서 129
용 128, 158, 226
용의불용역 236
용천 348
우보천리 336, 337

우산의 원리 172
운 126
원조 73
월간검도 336
유선숙 314, 369
유수부쟁선 45
유용규 338
유현 159, 368
유효격자 46, 146, 162, 229
유효격자 과정 229
응무소주 이생기심 322, 344
응축 153
의식 두기 158, 261
이계무감응 137
이규호 106
이미지 트레이닝 285
이사병중 159
이종림 308
이합 160
이호암 121, 298, 313
인 109
인간형성의 도 146
인의예지신 101
인자무적 111
인중로 176
일담이력삼정사쾌 294
일대일 38
일도류 54
일도양단 28, 39
일본무덕회 41
일안이족삼담사력 294

일원삼류 145, 152, 216
일이관지 112, 119, 207, 365
일족일도거리 151, 182, 376, 440
임마누엘 129
임사이중 27, 113, 128, 279
임영대 308
입신 150, 188

ㅈ

자사 93
자세 232
자연스러움 221
자연체 147, 440
자유함 138
잔심 42
장한나 120
적극지도 계고 284
전시성 38
전영술 118, 271, 290, 337
전통 71
절제 318
정 114
정간 147, 181, 182, 183
정기 103
정기배양 82
정대 114, 147, 167
정면 169
정면 머리 257

정면 베기 206
정면치기 207
정명 93, 367
정안 246
정인재 109
정정당당 84, 96, 167, 181, 276, 321
정중동 322
정중선 148, 173
정중선 공세 246
정중선 머리 249
정중선 손목 250
정통 71
제17회 세계검도선수권 355
제110회 전일본검도연무대회 352
제비다리 188
제안 256
조승룡 45, 308, 317, 347, 348
존심 41, 87, 153, 235, 258
존심함양 89, 309, 340
종송 297
좋은 스승 158
좌우머리 258
좌청안 공세 246
주자 93
죽도 36, 414
죽도를 타는 것 274
죽도의 의미 65
준거 148, 173

중 34, 112
중단 112
중심 114
중앙도장 308
중앙선 149, 180
중용지도 24, 106, 174
중정 34
중축집중 179
중화지기 56, 95, 144, 366, 368, 410
즐검 300
즐김 120
지 122
지덕체 97
지도계고 283, 289
지도상의 유념 224
지바 123, 289
지승룡 113, 115
지·인·용 112, 123
지천명 102
집중력 120
찌름 공세 249

ㅊ

차별화 전략 71
차주기 234
착각 328
참고문헌 401
채진형 315, 316

천명지위성 142, 362

천인일치 44, 112

천지자연의 리 225

천하달도 112, 143

천하지대본 112, 143

체 226

최고의 사범 297

최배달 322

최선 119

축경 47, 150, 202

측은지심 130

치는 기회 244

치바 슈사쿠 404

칭호심사규정 357

ㅋ

칼날 49

칼날부 49

칼등 49

칼따라 벗따라 327

칼의 궤적 41, 49, 146, 209

칼의 명칭 152, 378

쾌 92

크게 들어 치는 공세 248

크리스토퍼 라이트 127

큰 동작 타법 255

큰 머리 249, 256

큰칼 51

키리오토시 54

ㅌ

타간 151, 181

타격대 치기 227

타격 연습 285

타격의 진화 54

타다 150, 189

타법 254

타카노 사사부로 405

탐색거리 182

태세 262

통합 299

퇴격 기술 264

퇴장 의식 401

ㅍ

파 311

파지 232

패자의 공격 특징 268

페인팅 267

평상심 317

평상심시도 317

평생 검도 27, 29, 41, 46, 66, 281, 309, 334, 405, 415

폼 226

풋워크 262

ㅎ

하단전에 의한 공세 247

하사시 노마 310

하수 299

하학상달 56, 61, 97, 99, 106, 178, 357, 360, 410

하학이상달 67

한승호 308

한칼 한판 280

한판 52, 405

항력 234

허심탄회 335

호소가와 미츠토시 332

호연지기 84, 85, 96, 98, 276, 325, 326, 376, 416

호학역행 106, 126

호흡 지도 260

혼연일체 310

홍익인간 67, 77, 145

화 34, 112, 116

화이부동 116, 345

활동운화 126, 144, 147, 155, 366

활의 원리 203

회수 218

효과적인 대련 연습 302

효율적 공격 161

효율적 방어 161

후리기·정면치기 242

후의 선 251

휘어짐 151, 215

숫자

1 대 1 146
1본 382
2본 384
3C 130
3본 385
4본 387
5본 389
6본 390
7본 392
8단 심사지도 271
20분 공세 연습법 249
20분 공세연습 요약 253
60 즈음에 342

A

Altius 54

C

Camino 346
Character 130
Citius 54
Commitment 130
compassion 130
Competence 130
control 124
Coordination for Core and Spirit with Aim 60

E

élan vital 40, 97, 361, 415

F

feedback 124
feinting 267

form 226
Fortius 54

H

HIS 127
Home stay 329
Humility 127

I

image training 285
Integrity 127

P

partner 118

S

Simplicity 127
Sports 92

후기

이 책은 50대 중반부터 써온 글들을 정리한 것이다.
이 시기는 나의 검도 인생에서 가장 치열했던 날들이었다.
2007년부터 시작된 8단 심사 응시와
2009년부터 대한검도회의 상임이사로서 두 번의 세계검도선수권대회 참관과
나날이 경쟁력 저하로 힘들어하는 일선 도장의 활로를 찾고자 나름대로 고민하던 시기였다.

단편적으로 습득한 많은 기술과 지식 깨달음은 잠시 위안은 되었을지언정
"검도하면 사람이 된다."는 막연한 믿음만 가지고 수신하기에는
진전이 없거나 혼돈 그 자체였다.
2011년 전일본검도선수권대회 관람 차 무도관에 들렀을 때
전일본검도연맹 달력에 새겨진 연맹마크(지·인·용)를 보고
그들의 정신세계를 이해하게 되었다.
심학(心學)의 입장에서 전개되는 이론들은 경기력이나 수신에 별 도움이 되지 않았다.

2012년부터 심신(心身) 이원론에서 출발하는 심학의 이론적 가설들은 털어버리고
기(技)로서 도(道)를 어떻게 구해야 하는가를 다시 공부하기로 하였다.
우선 나의 몸과 주변에서 벌어지는 작은 것에서부터 출발하기로 하고,
내가 가르쳐서 검증되거나 몸으로 깨달은 것들만 전개하도록 하였다.
결국 검도의 본질을 통해 중화지기(中和志氣)를 체득하고
삶의 현장에서 실현하는 것이 검도 수련의 의미일 것이다.
이는 인간의 보편성에 따른 당연함이다.
이 책은 기학(氣學)의 입장에서 바라본 검도를 정리한 책이다.

나의 삶에서 검도는 일생을 걸고 할 만한 가치가 있는가?
검도는 미래가 있는가?

두 화두는 검도를 시작하면서 한 시도 나를 떠난 적이 없었다.
글을 마무리하는 마당에 지금의 답은 "하기에 따라서"이다.
"검도인은 죽도를 가지고 철학(禪)을 할 줄 알아야 한다.
즉 생각하는 힘을 키워야 한다."
氣力(함)과 智力(앎)이 조화를 이룰 때 우리의 삶은 마땅함(道)으로 흐르기 때문이다.
더 나아가 각자의 일에서 참 가치를 발견하고 확장하여 주변과 더불어
삶의 질을 향상시킨다면 이 또한 검도의 역할이 아니겠는가!

이 글이 나오기까지
해박한 일본어 실력으로 나의 격의(格義)를 확장시켜준 일문학박사 김창덕 사범님(4단)
탁월한 편집 실력으로 책의 모양을 갖추어준 이보식 사범님(6단)
거칠고 투박한 글을 매끄럽게 다듬어준 문장가 박리라 님(초단)
생전에 아낌없는 사랑과 지도를 베풀어주신 故 박종규, 김영달, 조승룡, 한승호 범사님
항상 격려와 응원을 해주신 지승룡, 전영술, 서병윤 선생님께 감사를 전합니다.

2015년 3월
허광수

저자 약력

김무홍(6단) 作

허광수
1952년 서울 생
숭실대 법정대 경영학과 졸업
검도 8단

역임
- 은행초, 은행중, 가천대(경원대)
  한국도로공사 지도사범
- 한국사회인검도연맹 부회장
- 한국대학검도연맹 이사
- 대한검도회
  - 용어분과위원
  - 생활체육보급분과위원
  - 정보전략분과위원
  - 중앙대의원
  - 상임이사
- 국민생활체육성남시검도연합회장

경기실적
- 제64회(1983년 서울대표)
  전국체육대회 일반부 우승
- 1990년 6단부 준우승
- 2002년 회장기 7단부 3위

현재
- 성남시 지도사범
- 성남중앙도장 관장
- 유당복지재단 이사
- 대한검도회 스포츠공정위원회 위원장
- 대한검도회 검도교본 편찬위원

저서 및 논문
劍道試合의 攻擊技術 中
"뛰어들며 머리치기"方法에 대한 一考(1991. 1. 18.)
검도의 본(대학검도보 1995. 봄호)
효과적인 대련연습(대학검도보 1996. 봄호)
효과적인 파지 운용법(대학검도보 1998. 봄호)
검도의 변천사(대학검도보 1999. 봄호)
일본검도사전정리(2003)
실전에 강한 발운용(《월간 검도》2004. 4.)
검도총담(劍道總談)(2005. 8.)
검도의 인성교육(2009. 7.)
검도의 본(本)(성남시검도회 2014. 9. 27.)